プログレッシブ経済学シリーズ

ミクロ経済学

市場の失敗と政府の失敗への対策

八田達夫 著

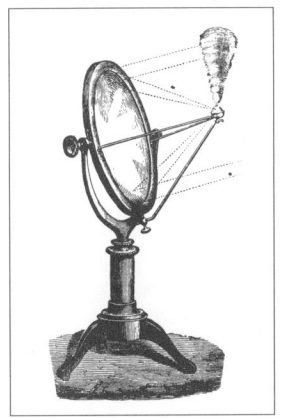

東洋経済新報社

編集委員
猪木武徳
岩田規久男
堀内昭義

は　し　が　き

「貧困を嫌悪している政治的に極左の人々は，貧困を固定化する政策を支持している．市場を尊重する自由放任主義の熱狂的な支持者たちは，市場の崩壊を引き起こすシステムを提唱している．」[1]

ミクロ経済学とは

　経済学とは，人間生活の物質的側面を向上させるための経験科学です．

　経済学は，マクロ経済学とミクロ経済学に分類されます．本書が扱うミクロ経済学は，個々の家計・企業・産業の経済行動や，市場における政府の役割などを分析する学問です．例えば，独占や公害に対して政府はどう介入すべきか，労働意欲を削がないように所得再分配をするにはどのようにすべきか，などの問題を分析する学問です．マクロ経済学は，GDP，物価水準，失業率など，経済全体の集計量の間の関係を分析します．通常，ミクロ経済学の入門を終えた後で勉強します．

本書の目的

　本書は，ミクロ経済学への入門のための独学書です．また，大学や公共政策系大学院におけるミクロ経済学の入門科目の教科書として用いることもできます．

　ただしこの本は，従来の日本のミクロ経済学の教科書と異なる目的を持って

---

1) ジョン・マクミラン（瀧澤弘和・木村友二訳）『市場を創る』（NTT出版，2007年）．

います.それらの教科書の多くは,より高級な経済学を分析するための基礎を作ることを目的としています.このため,経済学を専攻する人のためには役に立ちますが,それだけを読んでも現実の日本の政策問題に対する判断はできません.確かに現実の問題に言及した教科書もありますが,それらは,あくまで理論の説明のために,いくつかの現実問題を例示しているだけであり,日本の経済政策問題を広いスペクトルにわたって説明することを目的としたものではありません.

それに対して,本書は,現実の経済政策問題を数多く分析することを通じて,**経済学を初めて学ぶ人が,日本が直面している広範な経済政策問題に関する対応策を自分自身で考えられるようになること**を目的としています.

そのような教科書は,大学生だけでなく,経済学を独習したいと考えている社会人にも,大学で経済学を専攻するかどうか判断しようとしている高校生にも,役立つでしょう.

日本の他の教科書との違い

上記の目的を実現するために,本書は日本の他の教科書と比べて際だつ次の特徴を持っています.

第1に,**現実の経済政策問題を数多く分析**しています(表1に,各章で扱っている政策問題をリストアップしました).広い範囲の政策問題が分析されているので,読者や教師が好みに応じて材料を選択する自由度があります.

第2に,できるだけ簡単な分析用具を用いています.まず,**加減乗除以外の数学を用いていません**.次に,本書のほとんどすべての章で,**需要・供給曲線の応用のみで分析**しています.無差別曲線のような分析用具は,後半に現れるだけです.現実の経済政策の分析にあたっては需要・供給曲線の応用で大多数の問題が分析できるからです.

第3に,読者はまったくの初心者であることを想定しているので,非常にていねいに説明しています.このため,高校生はもとより,**高校を卒業して20年以上たった方々にも楽しく読んでもらえる**ことを目指しています.

はしがき iii

表1　各章で扱う経済政策問題

章	内容
序　章	構造改革，石炭から石油への転換政策
第1章	物価統制令，地代・家賃統制令，借地借家法，最低賃金制
第2章	計画経済と市場経済の生産効率に関する比較
第3章	美容師の国家試験，司法試験制度による参入規制，医薬品の販売に関する参入規制，農業の参入規制
第4章	物品税，厚生年金保険料は誰が負担するか，増産補助金，物価統制令，豊作貧乏対策としての販売量規制
第5章	国民年金保険料，課税ルール
第6章	独占対策，国有化，価格規制，料金規制，企業分割，一括補助金，二部料金制，時差料金制，プライスキャップ制，ヤードスティック制，電力の自由化，ネットワーク産業の自由化，民営化
第7章	炭素税，違法建築対策，商品規格
第8章	物品税，連担建築物設計制度，日影規制
第9章	薬品検査機関，火災保険，食品検査，欠陥住宅，中古車，大学の認可，女性差別，保育所への補助金の根拠，保険，借家，住宅補助，家賃補助，バウチャー，借地借家法，貸与奨学金，健康保険，生命保険，社会保険，医療保険，国民年金，厚生年金，介護保険，失業保険，生活保護，知的財産権の保護
第10章	有料道路，道路無料公開の原則，費用便益分析（本州四国連絡橋），研究助成，情報提供，知的財産権の保護，特許，道路特定財源，ガソリン税，高速道路料金，日本道路公団，道路公団民営化，高速道路付随施設の民営化
第11章	数量カルテル，生産量規制，温室効果ガスの排出権取引，キャップ＆トレード，メダリオン，博多の屋台村，テレビ局のライセンス制，酒の配給，配給切符の取引
第12章	バブル景気，伊丹空港の騒音
第13章	賃金所得税，最低賃金制
第14章	地代所得税，土地の固定資産税，幕末の不平等条約，関税，地租改正，専業主婦を優遇する日本の税制
第15章	売上げ税，所得税，住宅ローン，家賃規制（家賃統制令），物品税
第16章	交通混雑対策，ピークロード・プライシング，道路民営化，道路投資水準，通行料金
第17章	公共投資基準，混雑料金
第18章	アメリカ自動車産業の労働組合，フードスタンプ
第19章	戦後日本の鉄鋼産業への補助金，住宅補助，独占禁止政策
第20章	石炭から石油への転換政策，郊外のショッピングセンター新設の規制，発展途上国でのダム建設，セーフティネット，定期借家制度，職業・居住地選択の自由
第21章	価格の上限規制，価格の下限規制，輸入制限，ユニバーサルサービス，社会的義務，地域間財政再分配（首都圏と近畿圏における工場の立地制限，地方における工業団地のインフラ整備，地方へのネットワーク建設，地方交付税の拡大），炭素税，利用者負担原則（有料道路），航空の自由化，建築の確認検査業務の民営化
第22章	生活保護，農家，地方への財政再分配，郊外のショッピングセンター新設規制，固定資産税の小規模宅地所有者への優遇措置，最低賃金法，公共住宅，累進所得税，住宅補助，義務教育，バウチャー，ミーンズ・テスト
終　章	雇用契約法制の規制緩和，タクシー台数の上限撤廃，最低賃金規制の引き下げ，起業の自由化，高所得者の所得税引き上げによる生活扶助の「負の所得税」化，消費税シフトと高齢化

アメリカの教科書との違い

　アメリカの教科書の多くも，これらの特色を共有しています．例えば無差別曲線は補論でしか論じないというのは，多くのアメリカの入門教科書が守っている伝統です．

　ただし本書は，アメリカの教科書と以下の点で大きく異なっています．

　第1に，本書は**日本の経済政策問題を対象にしています**．例えば，法曹界における極度の参入規制や道路特定財源，さらには郊外におけるショッピングセンターの出店規制等は，日本特有の政策問題です．日本の読者にとって，本書のこの特徴は役に立つでしょう．本書は，日本の重要な経済政策問題を，ミクロ経済学理論の体系にしたがって配列して分析した本だとも言えます．

　第2に，本書は，日本の重要な経済政策問題を理解するのに必要なミクロ経済学理論のトピックのみを選択して解説しています．このため，大概のミクロ経済学の教科書が扱っていても，**日本の政策問題の分析に役立たない理論的トピックは**，省いてあります．これは，選択した理論的トピックにはできるだけ多くのページ数をあてて，ていねいに説明するためです．

　第3に，この本の読者の多くが時間のない独学者であることを想定して，この本を読了できなくても，すなわち**どこで途中下車しても，それなりに役に立つ洞察が得られるようにしました**．極端な話，序章だけを読んでも役に立つし，第3章まで読めば経済学の基本的な考え方はすでに押さえられるように構成されています．[2] 多くの教科書が最後まで読んではじめて何らかの意味のあるメッセージが伝わる構成になっているのに比べて，これは本書の特徴的な点です．なお，独学者のために，自分が興味あるトピックに最短時間で到達できるよう，各章相関図をviページの図1に示しています．

　第4に，本書では，効率化政策と既得権尊重の価値観との関係など，**経済学的な政策判断の基本的な考え方の背景にある暗黙の前提を，掘り下げて説明し**

---

[2]　とはいえ，基礎理論部分である序章から第5章までと，基礎理論を応用する最初の本格的な章である第6章（あるいは序章から第4章までと，第7章）まで読むことをお勧めします．そこまで読めば，経済学とはどのような学問であるかが明確になり，一生頭に残ると思います．

ています．この点に関してはくどいくらいていねいに説明してあります．これは日本の非経済学的な知的風土の特徴に対処したもので，本書の最大の特色です．

アメリカでは効率を重視する経済学的な考え方が社会全体で受け入れられているため，アメリカの入門教科書では，効率化の追求は当たり前のこととして捉えられており，効率化と既得権保護との関連は詳しく論じられていません．

それに対して日本の知識人の間には，経済学的な政策判断の基本的な考え方がほとんど浸透していません．戦後長く経済学部では本書が基づく国際標準の経済学ではなく，（戦前戦中に抑圧されていたため戦後一気に花開き，日本独自の発展を遂げた）マルクス経済学が強い地位を占めてきたため，ジャーナリストや一般知識人の中に，現代経済学の政策への応用に関する訓練を受けてきた人材がきわめて少ないということが背景にあります．しかも官僚の場合も，法学部出身者が多いため，経済学を学んだ人が少ないという事情があります．

本書では，アメリカとはまったく異なる日本の知的風土の中にも経済学が活用されることを目指して，経済学的な政策判断の基本的な考え方を，裸にして，徹底的に説明しています．それが，アメリカの教科書との決定的な違いです．

分析対象

本書の上巻（Ⅰ）は，「基礎理論」と「市場の失敗」とを分析し，「排出権取引」の分析で終わります．「基礎理論」の中では，参入制限等の「政府の失敗」も分析します．この巻だけでも内容はそれなりに完結しており，経済学の基本的な考え方が学べます．毎週1章ずつカバーすることによって，2単位の「教養の経済学」などの科目の教科書として使えるでしょう．

下巻（Ⅱ）は，「生産要素」を分析したあと，「厚生経済学の基本定理」の証明を行い，さらに「効率化と格差是正の両立」を論じて終わります．下巻（Ⅱ）まで読めば現代日本のミクロ経済学的トピックの代表的なものをほとんどカバーすることになります．毎週2章ずつカバーすることによって上巻下巻を併せて4単位の「ミクロ経済原論」などの科目の教科書として使えるでしょう．

本書が厚くなってしまったため，政策的に重要なのに，本書から外したトピ

図1 各章相関図

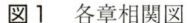

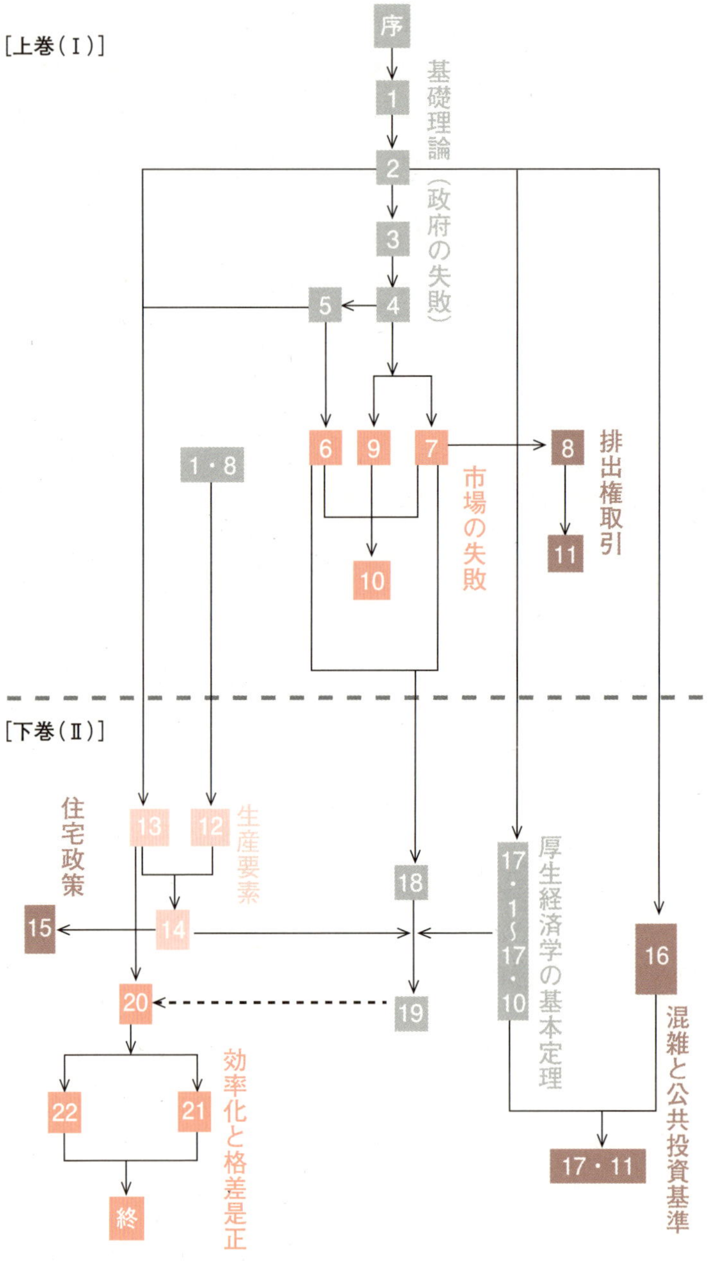
[上巻(Ⅰ)]
序
1
2
3
4
5
基礎理論(政府の失敗)
6
9
7
8
排出権取引
1・8
市場の失敗
10
11
[下巻(Ⅱ)]
住宅政策
13
12
生産要素
18
17・1～17・10
厚生経済学の基本定理
15
14
16
20
19
混雑と公共投資基準
22
21
効率化と格差是正
17・11
終

表2　各章での特徴ある分析

第1章	裁定の説明
第2章	混み合い現象と限界生産力逓減との関係
第3章	参入規制が非効率性であることの証明
第3章補論	補償需要曲線と消費者余剰の関係についての無差別曲線を用いない証明
第4章	規制がもたらす2次の死重の損失
第5章9節	限界収入と弾力性の関係の説明
第7章	民間企業による外部経済と，排除費用・結合生産物との関係
第8章	減産補助金と物品税の効果の類似性と，それを用いたコースの定理の説明
第9章	保育所補助の根拠
第10章	公共財と規模の経済との関係，公共財と外部経済との関係
第11章	規制によって得た権利の売買と減産補助金との関係
第13章	労働供給の弾力性の測定値が低い理由
第14章	要素市場における余剰分析の論拠，総量市場と取引市場
第15章	所得と便益，機会費用・帰属所得・シャドウプライスの関係
第16章	ピグー・パラドックスとフランク・ナイトの反論
第17章	自由参入の効率性，短期利潤の図示，マーシャルの調整過程，モーリングの定理
第18章	限界効用・限界生産物均等の法則を用いた独占の非効率性の証明
第19章	生産可能性曲線を用いた独占の非効率性の証明
第20章	効率化原則採用の条件
第21章	ヒックスの楽観主義
第22章	税の労働ディスインセンティブ効果，最適租税理論
終　章	格差を是正する効率化

ックは「不確実性」です．いずれ本書の改訂版では書きたいと思っています．[3]

　ミクロ経済学の中で最近，急成長した分野に，「ゲーム理論」があります．本書は，「価格理論」と呼ばれる分析だけを扱っており，ゲーム理論にはまったく触れていません．ゲーム理論は，本書のトピックである価格理論とは分析の方法論が大きく異なります．[4] このため，価格理論を十分にマスターしてか

3）不確実性に関しては，抽象的な理論から入るのではなく，理論が必要となる具体的なコンテクストの中で学ぶのがよいでしょう．例えばバートン・マルキール（井出正介訳）『ウォール街のランダム・ウォーカー』（日本経済新聞出版社，2004年）を勧めます．会社に勤めておられる方は本書の後で，小田切宏之氏の名著『企業経済学』（東洋経済新報社，2000年）を読むと，企業経営の全体の中での不確実性の重要性が理解できるでしょう．

らゲーム理論を学ぶ方法が，同時に学ぶより学習上効果的です．そのため，本書では価格理論に十分なスペースを与えることにしました．

なお独学書としても使えるようにしたために，本書では，いくつかの理論的トピックについては，新しい説明方法を採用してわかりやすくしました．これらについては先生方の中に興味を持たれる方もおられると思うので，その例を表2にあげておきました．

もう一つのブロードバンド？

アメリカでは，多くの経済学博士が政府の官僚として働いていますし，経済学博士の大臣も数多く生まれてきました．ロースクールに進学する学生も，学部で経済学を専攻してから進学するのが最も一般的です．司法試験に合格した人たちの多くは，政府に入りますが，上述の理由で，彼らのかなりの割合は学部で経済学を専攻しています．一方，EU本部からは競争政策でも貿易政策でも経済学的に筋の通った政策が次から次に打ち出されています．これはEU官僚の多くが経済学の訓練を受けた人たちであることも原因です．またIMFや世界銀行のプロフェッショナルスタッフの圧倒的多数が経済学博士です．経済学は市場と政府の役割分担を分析する学問であるために，政策を論ずる人にとっては必要な基本的素養であるためです．経済学の修得は，政策を論ずる人のドライバーズライセンスだとも言えるでしょう．

これに対して，前に述べた事情のため，日本では，政界にも，官界にも，ジャーナリズムにも，ミクロ経済学的なものの見方がほとんど浸透していません．

---

4) 価格理論が，市場の機能や市場への政策介入の効果を分析するのに対して，ゲーム理論は，市場に関しては，「いかにして市場が形成されるか，」あるいは「どのような市場を設計するか」を分析の対象とします．「ゲーム理論」については，優れた入門書がいくつかあります．例えば，佐々木宏夫『入門ゲーム理論』（日本評論社，2003年），ロバート・ギボンズ（福岡正夫・須田伸一訳）『経済学のためのゲーム理論入門』（創文社，1995年）．ゲーム理論が必要となる具体的なコンテクストを知るには，マクミランの前掲書や宍戸善一・常木淳『法と経済学』（有斐閣，2004年）をおすすめします．本書を読了された方には，宍戸・常木氏の本が最もわかりやすいゲーム理論への手引きです．

その結果，日本で効率化政策に批判的な人々が，経済学を知らずに批判していることがたびたび見受けられます．いわば食わず嫌いです．経済学の考え方がきちんとわかると，誤解が解けることが多いと考えられます．実は，批判者が最終的に目標としていることが，経済学的な意味での効率化基準を用いて設計された政策によって，最も確実に達成される場合が多くあります．

 知識人のほとんどが経済学に対して食わず嫌いだという意味で，日本は経済学後進国です．経済政策には，明確で首尾一貫した基準によって立案されるべき政策と，政治的判断が不可欠な政策があります．しかし日本では，前者の政策に関しても首尾一貫した基準によってではなく，既得権集団の政治力によって決められています．基準が合意されていないためです．

 日本は，貿易自由化を推し進めていった1960年代に急成長しましたが，1970年代中期以後は，国土の均衡ある発展政策に代表されるさまざまな既得権保護政策が採用されたことによって，1人当たりGDPはついに世界の20位前後になってしまいました．国際的な制度競争の時代に入った今，知識人の大半が経済学食わず嫌いという状況ではやっていけません．現在の日本の論壇では，「はしがき」の冒頭に引用したジョン・マクミランのいう極左と自由放任主義者が，共通の基盤なしに言い放しの論戦をしている場合が多いように見えます．この状況を劇的に変化させる必要があります．

 しかし，日本では，政策評価の経済学的方法を体系的に学べる入門書がほとんどありませんでした．また，大学のカリキュラムもあまりにプロの経済学者志望者向けでした．この環境さえ変えれば，日本が経済学の世界最先進国になれる可能性はおおいにあります．つい数年前まで，日本はブロードバンド後進国であると言われていたのに，わずか3年でブロードバンド最先進国になりました．経済学の普及に関してもこれと同様の劇的変化が起こりうるでしょう．

 このような日本の劇的変化を起こすことに，本書が多少なりともお役に立てば，こんな嬉しいことはありません．

2008年8月

八　田　達　夫

謝　辞

　本書は，私にとって初めて書いた経済入門の教科書なので，経済学を最初に教えて下さった Allan Gleasen 先生と高山晟先生にまず感謝したいと思います．
　1962年に私が国際基督教大学（ICU）の2年生の時に最初に履修した "Principles of Economics" は，MIT の Ph. D. の Gleasen 教授が約80人程の大教室で月曜と水曜に講義し，ロチェスター大学で Ph. D. をとって帰国したばかりの高山助教授（当時）が20人ずつに分けた小教室で金曜日にディスカッション・セッションを担当するというものでした．教科書も，講義も，たびたびある試験も，すべて英語でした．学生の8割が日本人でしたから，水準を落としてやさしくする誘惑はあったはずですが，周到な準備をすることによってわかりやすくし，世界的に見て一流の水準と速度を保った授業をされました．両先生に最も感謝するのはこの点です．
　さらに，ICU では入学したあとで専攻を選べるので，社会学・文化人類学・法学などの授業を履修した後で，"Principles of Economics" と比較して，自分には経済学が向いていると考え，専攻することに決めました．こういう教育システムを整えてくれた ICU にも感謝したいと思います．
　1962年に私が学んだ "Principles of Economics" の教科書は，サミュエルソン（P. A. Samuelson）教授の有名な教科書 *Economics* の第5版でした．本書は *Economics* に多くを負っています．
　第1に，理論的な事柄に関する本書の説明方法の中で新しいものの多くは，私が大学2年生の時に *Economics* を読んだ時に持った疑問が原動力になっています．この本は，書いてあることの先を考えさせる力があったので，当時持

った疑問が強く印象に残り，長年考え続けました．本書には，私なりにたどり着いた解答が数多く提示されています．

　第2に，本書は，「現実の経済政策を，経済学の観点から評価する」という *Economics* の精神から，強い影響を受けています．学生時代に，この教科書で学んだ産炭地アパラチアの貧困対策や，アメリカ農業政策の失敗は，今でも日本の経済政策を考えるうえで貴重な示唆を与えてくれます．

　その後，私は，27歳から33歳までの5年間，日米の3つの大学で *Economics* を教科書として用いて入門ミクロ経済学を教えました．Samuelson 教授の教科書は，版が変わるたびに，その時の政策問題に的確な経済分析の光を当てるので，新しい版になるのが待ち遠しかったものです．本書は，*Economics* の精神に沿って，日本の経済政策問題に光を当てる原論の教科書となることを目指しています．

　次に，本書は過去十数年私が教えてきた入門ミクロ経済学の科目に関わった方々にも多くを負っています．長いブランクを経て，50歳になった時に，再び入門ミクロ経済学の科目を教えるチャンスがめぐってきました．大阪大学で教養部が廃止され，それとともに社会経済研究所の教官にも入門科目が配分されたためです．それ以降もさまざまな大学でこの科目を教えました［大阪大学では全学共通科目「ミクロ経済学入門」（2単位）を1993年から6年間，東京大学では経済学部2年生のための科目「現代経済」（4単位）を2001年から3年間，ICUでは「ミクロ経済学原論」（3単位）を1999年から，非常勤としての5年間を含む8年間，担当しました．さらに非常勤講師として京都大学経済学部，政策研究大学院大学（GRIPS），大宮法科大学院でも同様の科目を担当しました］．これらの科目を教えるたびに，講義録を毎年増補改訂し，ホームページにのせたり，コピーしたり，仮製本したりしてクラスで使ってきました．本書はその最新版です．これらの科目の受講生による質問やコメントによって，本書を大きく改善することができました．これらの授業を受講した学生諸君に感謝するとともに，これらの授業を担当する機会を与えて下さった各大学および先生方にお礼申し上げます．

謝辞 xiii

　この本の編集にあたっては，ワープロ入力・図表の作成等に関して，授業を履修した学生およびTAの方々に，献身的に協力していただきました．その過程でいただいた数多くのコメントによって，誤りを正したりわかりやすくすることができました．特に以下の方々には厚くお礼申し上げます．

　まず大阪大学では，酒本和加子（現在の所属：芦屋市役所），北澤田鶴子（シャープ），東京大学では，守屋のぞみ（UBS），福島謙一（ミネソタ大学経済学研究科），河野道子（財務省），脇雄一郎（ミネソタ大学経済学研究科），川本敦（財務省），青木優（日本総合研究所），天野さゆり（デクシアクレディローカル銀行），扇内健太郎（三菱総合研究所），木原健介（総務省），ICUでは，池田真介（ボストン大学経済学研究科），関麻衣（ウィスコンシン大学経済学研究科），木元亮（東京大学法科大学院），樋口知香（スターリング・スターモス），佐々木芙美子（アメリカンエクスプレス），葉室雅代（格付投資情報センター），坂口正憲（HSBC銀行），上田浩平（メリーランド大学農業経済学研究科），植木紀子（大阪大学大学院経済学研究科），吉田伴憲（JPモルガン証券），一戸宏（レックス・アドバイザーズ），後藤陽一（ジョンズ・ホプキンス大学経済学研究科），三木陽介（東京大学大学院経済学研究科），樫村哲司（日本経済団体連合会），当麻江美（東京大学公共政策大学院），青野薫子（日本ビジネスシステムズ），伊藤彩乃（デロイト・トーマツ），笠井寛子（三菱商事），齋藤菜々（ゴールドマン・サックスAMC），さらに現在のICU生の深栖大毅，和田朋与，木村綾の皆さんです．

　1人ひとり印象に残る人ばかりですが，最初に協力してくれた酒本さんに代表になってもらい，お礼を述べたいと思います．この本は大阪大学の1年生だった酒本さんからノートを借りるところから始まりました．1996年には，前年にこの科目を履修した酒本さんのノートに基づいて講義し，彼女に授業のテープ起こしをしてもらいました．彼女は，わかりにくいところを明確に指摘してくれ，無数の改善を提案してくれました．幸運にも彼女のような第一級の人材に最初にめぐり会えたために，* 優秀な学生のパワーに気づき，その後，学生さんたちの力を借りるきっかけになりました．

　一橋大学の井伊雅子教授は，本書の原稿を，当時勤務先であった横浜国立大

学経済学部のゼミの教科書として採用して，各章ごとに周到なコメントを下さいました．さらに，ICU の村上雅子名誉教授，富山大学経済学部の岩田真一郎准教授は，原稿の一部に対して有益なコメントを下さいました．私が現在勤めている GRIPS では，学部で経済学を履修しなかった日本人学生のほぼ全員を対象に，本書の原稿を教科書とする授業を行ってきました．現在この科目を教えている，田中誠准教授と森田玉雪講師からも数々の有益なコメントをいただきました．ICU では毎週5分間クイズをしてきました（それが本書の演習問題です）が，堀井博史副手は，採点を含めてクイズの実施を担当してくれました．以上の方々に，厚くお礼申し上げます．

実は，この本を著す必要性を感じたのは，政府のさまざまな会議での委員あるいは専門委員としての論争経験からです．すなわち，建築審議会，政府税制調査会，住宅宅地審議会，社会資本整備審議会，総合規制改革会議，規制改革会議，電気事業分科会（総合資源エネルギー調査会），生活保護制度研究会，年金業務・組織再生会議などです．このような会議で，経済学的な政策の考え方を説明してきた経験から，経済学的な政策評価の基準を系統的に説明する必要性を痛感させられました．これらの会議で議論する機会を与えてくださった関係者の方々，および論争の相手をしてくださった方々にお礼を申し上げたいと思います．

これまでに勤めた大学の同僚，および諸学会や大学外の社会的活動で知り合いになれた多くの方々から，多大な影響を受けて本書はでき上がりました．これまで既に私の著書でお礼申し上げた方たちなので，ここではお名前はあげませんが，これらの方たちとの議論は本書のいたるところに影響を与えています．

現在私が勤めている GRIPS の学生の3分の2は47カ国から来ている留学生です．常勤の先生も，この1年間だけでイギリス・スペイン・台湾・アメリカ

＊ 彼女は学部学生でありながら，教育の経済学についての卒論とは別にもう1つの論文（八田達夫・酒本和加子「年金改革」『日本経済研究』1998年）も書きました．

から赴任されました．本来ならば，週末や放課後は，留学生や外国から来られた先生たちが日本にとけ込めるように，学長として手助けすべきです．しかし1年間，この時間帯を，本書の執筆のためにほぼ全面的に使ってしまいました．本書はGRIPSの基本教材の1つであるとは言え，これには，内心忸怩たる思いがあります．このような勝手を許してくれているGRIPSの学生・教職員の方々にも感謝したいと思います．

歴代の秘書さんたちにもさまざまな形でお世話になりました．小林和美，石田淑恵（以上，大阪大学），片野みどり，寺西文子，山田愛，三浦都美（以上，東京大学），高橋知恵，白石聖子，山本澄子（以上，ICU），谷麻由美（GRIPS）の方々です．特に，最終稿をすべて読んで下さった白石さんからは，フレッシュな観点から数多くの重要な指摘をいただきました．

長年にわたって辛抱強くこの本の完成を待っていて下さった東洋経済新報社の村瀬裕己氏にも厚くお礼申し上げます．

最後に，世界中を飛びまわっているキャリア・ウーマンであるにもかかわらず，「へたな人のお手伝いはジャマ！」と宣言して家事を全面的に引き受け，週末を著述に充てることを可能にしてくれた妻陽子に深い感謝をささげたいと思います．

2008年8月

八田達夫

上巻目次

はしがき

謝　辞

序章　市場と政府の役割分担 …………………………… 3
   1　市場の有効性　3
   2　再分配　4
   3　「市場の失敗」の是正　4
   4　「政府の失敗」の是正　7
   5　厚生経済学の基本定理　8
   6　効率化政策　10
   7　効率化原則　12
   8　経済学の役割　13
   9　効率化政策の具体例　15
  10　まとめ　18
  11　本書のプラン　19
    キーワードと練習問題　19

1章　市場 ……………………………………………………… 21
   1　経済の全体像　21
   2　経済活動　25
   3　需要曲線　30

上巻目次

    4　供給曲線　33
    5　市場均衡　34
    6　市場需要曲線と個別需要曲線　38
    7　市場に関する諸概念　42
    8　応用　48
  キーワードと練習問題　54

2章　供給　……………………………………………57

    1　生産　57
    2　費用　62
    3　利潤　66
    4　供給曲線　69
    5　生産者余剰　72
    コラム：利潤最大化とサンクコスト　74
    6　生産者余剰の図示（1）：限界利潤の総和　74
    7　生産者余剰の図示（2）：収入－可変費用　78
    8　帰属所得と利潤　80
    9　企業間の効率的な生産量配分　84
  キーワードと練習問題　90
  補論1：価格＝限界費用の直接証明　93
  補論2：生産者余剰と操業停止　94

3章　余剰と参入規制　……………………………………97

    1　参入規制　97
    2　消費者余剰：単純なケース　106
    3　消費者余剰：一般のケース　110
    4　生産者余剰　113
    5　総余剰　113
    6　水とダイヤモンドの便益分析　117

7　参入規制の余剰分析　　119
　　8　裁定の余剰分析　　124
　キーワードと練習問題　　125
　補論：補償需要と所得効果　　128

4章　市場介入 ……………………………………133

　　A．税と補助金　　133
　1　物品税の種類　　133
　2　売り手課税　　134
　3　税収に対する死重の損失の比率　　141
　4　買い手課税　　143
　5　売り手への課税と買い手への課税は同値　　148
　6　社会保険料は誰が負担するのか　　149
　7　補助金　　151
　　B．規制　　157
　8　販売量規制　　157
　9　価格規制　　160
　キーワードと練習問題　　165

5章　弾力性・限界収入 ……………………………169

　　A．弾力性　　169
　1　需要の価格弾力性　　169
　2　供給の価格弾力性　　173
　3　弾力性と税　　177
　　B．限界収入　　183
　4　収入曲線　　184
　5　限界収入曲線　　186
　　C．弾力性と限界収入の幾何学　　190
　6　需要の価格弾力性の計測　　190

上巻目次

   7　供給の価格弾力性の図示　195
   8　限界収入曲線の作図　196
   9　限界収入と弾力性　198
  キーワードと練習問題　200

6章　規模の経済：独占　……………………………205

   1　規模の経済　205
   2　独占　206
   3　独占企業の行動　209
   4　独占の弊害　215
   5　独占対策（1）：国有化　217
   6　独占対策（2）：料金規制　217
   7　独占対策（3）：企業分割　227
   8　民営化の経済学　230
     コラム：総括原価主義がみえる　231
  キーワードと練習問題　232
  補論：収入曲線と費用曲線　236

7章　外部経済と不経済　……………………………239

    A．外部不経済　240
   1　自由放任の非効率性　240
   2　ピグー税　247
   3　数量規制の非効率性　251
   4　個人と外部不経済　255
   5　外部不経済の必要条件　256
   6　混雑　257
   7　現実問題への応用　258
    B．外部経済　261
   8　外部経済とピグー補助金　261

9　外部経済の必要条件　262
　　10　発生源としての個人と政府　264
　　11　金銭的外部経済　264
　　12　相互外部効果　265
　　　コラム：都市の集積の利益　268
　　13　最長期供給曲線　270
　　　コラム：ディズニーランドとディズニーワールドの違い　271
　キーワードと練習問題　273

8章　減産補助金と環境権　279

　　1　減産補助金の下での供給曲線　279
　　2　ピグー減産補助金　288
　　3　コースの定理　293
　　4　コースの定理が機能しない場合　298
　　5　公害対策の比較　301
　　　コラム：環境権の日常的な例　305
　　6　応用：連担建築物設計制度　306
　キーワードと練習問題　309
　　補論1：減産補助金の下での総余剰の分解　313
　　補論2：減産補助金の下での生産者余剰と粗利潤　316

9章　情報の非対称性　319

　　1　逆選択：買い手が情報不足の場合　320
　　2　逆選択：売り手が情報不足の場合　327
　　　コラム：保育園に関する情報　328
　　　コラム：情報の商売　335
　　3　モラル・ハザード　336
　　4　社会保険　339
　　5　まとめ　346

xxii 上巻目次

キーワードと練習問題　347

10章　公共財 ……………………………………349

1　公共財と料金　349
2　規模の経済の一種としての非競合性　351
3　公共財の投資基準　356
4　公共財と排除費用　358
5　公共財と外部性　362
コラム：フリー・ライダーと公共財の適正規模　363
6　非競合財の有料供給　364
7　公共財としての情報　366
8　準公共財　368
9　一般道路利用者への課税　370
10　高速道路料金　375
11　市場の失敗とは　380
キーワードと練習問題　381

11章　権利の売買 ……………………………………385

A．生産数量規制　386
1　生産量規制　386
2　生産許可証の市場　394
3　排出権の市場　400
コラム：COP 3 で決められた温室効果ガスの排出権取引　405
4　許可証の有効期間の限定　406
B．購入数量規制　412
5　配給　412
コラム：民放テレビ局員の平均給与額　419
6　配給切符の市場　421
7　価格規制による生産抑制　426

キーワードと練習問題　427
補論：外部不経済発生企業の生産許可証売買における均衡　433

練習問題の解答　435
上巻索引　453

全体の構成

＜Ⅰ－市場の失敗と政府の失敗への対策＞

- 序章　市場と政府の役割分担
- 1章　市場
- 2章　供給
- 3章　余剰と参入規制
- 4章　市場介入
- 5章　弾力性・限界収入
- 6章　規模の経済：独占
- 7章　外部経済と不経済
- 8章　減産補助金と環境権
- 9章　情報の非対称性
- 10章　公共財
- 11章　権利の売買

＜Ⅱ－効率化と格差是正＞

- 12章　フローとストック
- 13章　労働
- 14章　生産要素の総量市場と帰属所得
- 15章　供給者による自家消費
- 16章　混雑
- 17章　長期均衡
- 18章　生産と消費の基礎理論
- 19章　厚生経済学の基本定理
- 20章　社会的厚生
- 21章　効率化政策への批判
- 22章　格差是正政策
- 終章　効率化政策と格差是正政策の両立

ミクロ経済学　I
市場の失敗と政府の失敗への対策

序章

市場と政府の役割分担

　民営化や規制緩和といった言葉が新聞に大きく現れるようになってから，もう20年以上になります．政府の力を弱め，市場の力を重視することにどのような利点があるのでしょうか．また，市場に利点があるとしても，政府が果たすべき役割もあるはずです．それは何でしょうか．

　本章では，市場と政府の役割分担に関する経済学における考え方を展望しましょう．[1]

1　市場の有効性

　市場では，他人が最も必要としている財やサービスを，より安く供給する個人や企業が成功します．このことを通じて，市場は国民の生活水準を改善します．

　アダム・スミス（Adam Smith）は，彼の主著『国富論』（1776年）の中で，人々が私利私欲を追求して消費や生産活動を行うならば，国全体にとって望ましい状況が得られる，と主張しました．スミスは，体系的に市場の重要性を明らかにした最初の経済学者でした．彼は，政府による規制が市場を窒息させる

---

1)　本章は全体の展望ですから，最初に読む時に理解できない箇所があったとしても，当然です．がっかりせずに，次章以降に進んでください．

ことを指摘しました．当時，ヨーロッパ各国が所有していた植民地の中で，規制が特に弱かった植民地アメリカの経済が，最も急速に成長していました．アメリカには，規制や既存の業界の締め付けがなかったため，各産業で自由な参入が行われていたからです．スミスは植民地アメリカの状況を観察し，市場の重要性に気がついたのでした．[2]

しかし市場は万能ではありません．政府には，市場を補完するさまざまな役割が求められます．その役割の第1は，低所得の人々への所得再分配であり，第2は市場の失敗の是正であり，第3は政府の失敗の是正です．[3]

2 再 分 配

市場に資源の配分をまかせるということは，あらゆる市場で新規企業が自由に参入し，競争することを許す，と言うことです．これは，競争に負けた者は市場から退出せざるをえなくなる，ということを意味します．したがって，競争の舞台から転げ落ちた者とその子供たちに対するセーフティネットを政府が整備する必要があります．そうすれば，市場の弊害を最小にして，市場機能を最大限に発揮させることができます．そのためには，たまたま訪れた運や，持ち合わせた才能によって高額の所得や資産を得た人から，運や才能に恵まれなかったために所得や資産が少ない人へと**再分配**を行うための，税制や生活保障制度が必要となります．[4]

3 「市場の失敗」の是正

市場経済における政府の役割は，再分配にとどまりません．実は，自由放任

---

[2] アダム・スミス（山岡洋一訳）『国富論』上・下巻（日本経済新聞出版社，2007年）第4編第7章参照．
[3] なお，このリストは，アダム・スミスが主権者の義務としてリストしたものとは多少異なります．前掲書下巻 p. 277 参照．ただし政府の失敗については p. 276 で述べられています．

にしておけば，市場がまったく成立しない場合もありますし，市場に歪みが生じてしまう場合もあります．これらを**市場の失敗**と言います．市場が失敗した場合には，政府が市場経済に介入する必要があります．逆に言うと，市場の失敗が取り除かれると，市場は資源を効率的に配分します．

市場が失敗するのは，次の4つのケースに限られることがわかっています．

第1の市場の失敗は，**規模の経済**がある場合です．たとえば，ある地域に送電線を引く場合には，低い送電量であってもある程度の建設費用をかけなければ敷設できません．しかし送電量を倍増しても費用が倍増するわけではありません．こういった技術的な特徴があるために，送電線を引く場合には，大規模なものを敷設することになります．

したがって，いったん1つの送電線ができてしまうと，別の会社がその地域に競合する新しい送電線を作ることは採算に乗りません．このため，最初にできた送電線が，その地域でのサービス提供を独占してしまいます．このような状況は**自然独占**と言われます．

他に競争相手がたくさんいる市場では，競争の結果，生産物（財）の価格は，その財をもう1単位生産するのに必要な追加的費用と等しくなるまで下がってしまいます（その理由は，第2章「供給」で説明します）．このような市場を**完全競争市場**といい，このような価格を**競争価格**と言います．また完全競争市場の中の企業を**完全競争企業**と言います．

ところが**独占企業**は，価格を高く吊り上げても競争相手にお客を奪われることがないため，生産物の価格を競争価格より高い水準に設定します．その際，価格を吊り上げるために，生産量を抑制します．すなわち独占企業は，独占価

---

4) 再分配を行う方法は基本的に2つあります．第1は，共産主義を採用することです．共産主義は19世紀にカール・マルクス（Karl Marx）により発案された考えに基づき，20世紀にV.レーニンやJ.スターリンによってロシア（ソビエト）で試みられました．共産主義では，市場や生産手段の私有自体を否定して，市場の代わりに，官僚機構に資源の分配をさせようとしました．しかし官僚機構が硬直化し腐敗した時に，その代替が利かないために潰れてしまったのです．ベルリンの壁の崩壊がその失敗を象徴しています．共産主義は，分配の公平を期すために，市場機能まで潰してしまいました．

市場がもたらす不平等に対応するための第2の選択肢は，市場機能を温存しながら，所得税や相続税や生活保護などの施策によって，所得や資産を再分配する方法です．

格の下で，より少ない量を生産します．

　実は，この生産量は，社会的に見て過小です．[5] すなわち，独占は，資源配分に非効率性を発生させます．政府が，自然独占企業が発生させている非効率を取り除く1つの方法は，この企業の販売価格を独占価格より低い水準に，(できれば，競争価格の水準に) 規制することです．それによって，この企業に増産を強い，過小生産を正すことができます．

　第2の市場の失敗は，**外部経済・不経済**がある場合です．つまり，ある個人や企業の行動が，価格メカニズムを通さないで，他人の生活水準や他企業の生産量に直接影響を及ぼす場合です．公害はその典型です．たとえば，工場の煙突から出る煤煙や有毒ガスは，周囲の人々に影響を及ぼします．また，防火に障害となるような建物は，周囲の住宅に対する消火活動を難しくします．このような場合に，市場にまかせておけば，利潤を最大化しようとする企業や，消費から得る満足度を最大化しようとする個人は，当然外部不経済を垂れ流します．政府が何らかの形で市場に干渉するのは当然でしょう．したがって，公害

---

[5] これは第6章「規模の経済：独占」で詳しく説明します．待ちきれない人のために，ここでその概略を説明すれば次のようになります．いま，経済には衣料と食料の2つの財しかなく，衣料を独占企業が，食料を無数の完全競争企業が生産しているとしましょう．政府が，衣料企業に対して無理やり少量を増産させるとします．その結果発生する費用増は1万円だとします．経済全体で労働の総量も資本の総量も一定だとすれば，この衣料増産に必要な労働や資本のサービスは食料産業から無理やり提供させることになります．結果的に1万円分の労働や資本のサービスが食料産業から取り上げられます．

　これは，市場価格で測ってちょうど1万円分の食料が減産されることを意味します．食料に付いている競争価格は，食料をもう1単位生産するのに必要な追加の費用に等しい価格だからです．一方独占企業は，競争価格より高い価格を付けますから，衣料産業の増産量を市場価格で測ると1万円以上になります．仮に1万5000円だとしましょう．この結果，市場価格で1万円分の食料を減産して節約できた資源を衣料企業の生産プロセスに移せば，衣料を1万5000円分増産できます．

　これは，ある人から (年間) 1万円分の食料を取り上げれば，その代わりに1万5000円分の衣料を生産できることを意味します．これによって，彼の生活水準は上がるでしょう．したがって，独占企業がある場合には，独占企業でたまたま生産されている財を増産すれば，誰の生活水準を下げることなく，ある人の生活水準を上げることができます (第6章で説明します)．したがって，独占企業が生産している財は社会的に見て過小に生産されているわけです．

の規制や建築基準法における集団規定の設定などが必要になります．

　第3の市場の失敗は，公共財の提供です．灯台や橋のような財は，市場にまかせておいても建設されません．灯台や橋は，ハンバーガーのような財とは決定的な違いがあります．ハンバーガーをある人が食べれば，そのハンバーガーは他の誰も食べることはできません．このような財を**私的財**と呼びます．それに対して灯台や橋は，誰かがそのサービスを受けても，他の人が受けるサービスは減りません．このような性質を持つ財は，無料で消費者に提供し，できるだけ多くの人に利用してもらうことによって，資源を効率的に活用できます．しかし民間は，無料で提供するのが得意ではありません．灯台を政府が造らなければならない理由はそこにあります．灯台や橋のように，誰もが他人に迷惑をかけずにそのサービスを利用できる財で，サービスが無料で提供されているものを**公共財**と言います．国防，消防，空いている時の道路なども公共財です．

　第4の市場の失敗は，**情報の非対称性**がある場合です．売り手は，売っている商品の性質を知っているのに，買い手にはよくわからないという場合には，悪い商品が良い商品を駆逐します．どんなに良い商品を作った売り手も，買い手側の不信のためにそれを売ることができません．こういう状況を，情報の非対称性があると言います．医薬品はその典型です．したがって，医薬品の効果については公的機関が検査し，何が取引されているかについての情報を消費者に知らせる必要があります．それによって初めて品質の良い商品が，品質の悪い商品に駆逐されず，市場で取引されることになります．

4　「政府の失敗」の是正

　所得再配分や上であげた4つの「市場の失敗」の矯正以外にも，政府がとるべき経済政策があります．「政府の失敗」の是正です．市場の失敗がないにもかかわらず，政府が市場に干渉しているために，歪みが発生している場合があります．これは，**政府の失敗**と呼ばれます．このような，人工的に作り出された歪みを除去する政策も必要です．

　「政府の失敗」の典型例は，さまざまな分野で設けられている参入規制です．

ある業種への新規参入者を制限すると，既存の業者は価格を高く維持できます．したがって，ありとあらゆる業界は，自分の産業への新規参入者を制限しようとします．薬局業界がコンビニエンス・ストアでかぜ薬や胃腸薬を売らせない法律を国会に作らせたのはその1つです．理容師や美容師になるには，原則として，高校卒業以上でなければなりません．いったん美容師の資格を得た人が理容師の資格を取るためには，また2年間理容師学校に行って，ほとんど同じことをもう一度学ばなければなりません．理容師組合や美容師組合が国会議員にそのような規制を作らせたのです．さらに，日本では，弁護士の数を極端に少なくし，弁護士の資格を得た人々の競争を制限しています．例は枚挙にいとまがありません．こうした参入規制を除去することも，重要な経済政策の1つです．

5 厚生経済学の基本定理

　市場が失敗する4つの場合を除くと，「市場は資源を効率的に配分する」と前節で述べました．では，効率的とはどういう意味でしょうか．この言葉を定義するためには，次の例によって「非効率的」な状況の意味を明らかにすることが役立ちます．

　たとえば，バナナさんとサンマさんという2人がおり，バナナさんはバナナの木を持っているとします．サンマさんは船を持っており，たくさんのサンマが獲れるとしましょう．以前は，バナナさんはバナナだけを，サンマさんはサンマだけを食べて暮らしていました．しかし，この2人が**市場**に出かけて行き，それらを交換することによって，バナナとサンマの両方を消費することができるならば，食材が多様になるわけですから，どちらの人の生活水準も上がるでしょう．交換によって，「一方の人の生活水準を引き下げることなく，他方の人の生活水準を上げることができる」状況にあります．ということは，この交換が行われる以前のサンマとバナナの資源配分状況には無駄があり，効率的ではなかったと言えます．

　すなわち，**非効率的な状況**というのは，与えられた資源と技術の制約の下で，

「経済にいる他の誰かの生活水準を引き下げることなく，ある人の生活水準を引き上げることができる」状況です．

　反対に，効率的な状況というのは，そういう形ではある人の生活水準の改善がもはやできない状況です．言い換えると，**効率的な状況**というのは，与えられた資源と技術の制約の下で，経済の中のある人の生活水準を引き上げるためには，必ず他の誰かの生活水準を引き下げなければならない状況です．サンマさんとバナナさんが交換をすませた後のような状況です．バナナさんの生活水準をさらに引き上げるには，サンマさんからいくらかサンマをむりやり取り上げて，バナナさんにわたすしか方法がありません．

　これを，経済学の専門用語では，**パレート効率**が達成された状況である，と言います．**上にあげた4つの市場の失敗がなく，政府が市場に介入しない場合には，市場はパレート効率な資源配分を達成します**．この命題を，**厚生経済学の基本定理**と呼びます．厚生経済学の基本定理は，図によっても，微分や積分を使っても証明できます．さらには位相数学を使うより一般的な証明方法もあります．[6]

　厚生経済学の基本定理は，アダム・スミス以来の「市場が見えざる手によって社会的に望ましい状況を達成する」という命題の現代的な定式化だと言うことができます．

　これまで，「政府の役割は，再分配を行うことと，4つの市場の失敗を取り除くことである．それさえすれば，市場に資源の配分を委ねるべきだ」と主張してきました．厳密に言うとその根拠は，厚生経済学の基本定理にあります．

　市場の失敗を1つひとつ是正していく政策は，経済を前述の意味で効率的な状況に一歩一歩近づけていく政策だと言えます．このような改善の余地がいっさいなくなった時，経済はパレート効率を達成します．

---

[6]　本書の下巻（Ⅱ）の第19章では「厚生経済学の基本定理」を図によって証明します．第19章を読むと，本章におけるこの定理の文言は，第19章のものを実用的にパラフレイズしたものだということがわかるでしょう．本章の文言は，第19章の定理の系だと考えてください（ところで，教科書によっては，実用的な観点から，5つ目の市場の失敗として「取引費用」があげられることがあります．しかし市場の失敗を起こす取引費用は，規模の経済の一種なので，本書では市場の失敗を4つに分類しています）．

6 効率化政策

利害対立

われわれの経済では，独占的な要素，外部経済・不経済，あるいは情報の非対称性によって生じた歪みが数多くあります．そのような歪みを取り除く政策によって，その国のすべての人々の生活水準を向上させることができるならば，その政策を当然実行すべきです．

しかし現実には，歪みを取り除こうとした政策の結果，ある人の生活水準は上がるが，他の人の生活水準は下がる，ということが一般的です．例をあげましょう．

サンマさんとバナナさんの話を思い出してください．今度は，この2人だけでなく，ジミーさんという人がもう1人いるとします．この人は昔サンマさんの弟子だった人で，やはりサンマを獲って暮らしています．バナナ＝サンマ市場は彼がアメリカに行っている間にできました．故郷に戻ってきてからも市場ができたことを知らず，もくもくとサンマを獲っていた彼は，市場の存在を知るに至って，市場に参加してきました．彼の参入は，①バナナさんを有利にします．サンマの供給が増えるので，バナナ1本当たり，前より多くのサンマを手に入れることができるようになるからです．次に，②ジミーさんは，サンマだけでなくバナナを食べられるようになり大喜びします．しかし，③サンマさんは，サンマ1匹当たり買うことのできるバナナの量が前より少なくなって困ることになります．

ジミーさんの参入の結果，すべての人の生活水準が上がったわけではなく，サンマさんの生活水準は下がってしまいました．

この場合，ジミーさんの参入を認めると，サンマさんの既得権が犯されるから，効率化を犠牲にしてもジミーさんの参入を阻止すべきだという意見もあるでしょう．一方で，全体のことを考えると，サンマさんには痛みに耐えてもらって効率化していくべきだという意見もありえます．どちらを選ぶかは，政策的な現場でいつも直面する大きな問題です．[7]

補償原理

ある政策の結果，ある人の生活水準は上がるが，他の人の生活水準は下がるという場合に，その政策の総合的な効果を示す１つの基準があります．

改革によって生活水準が上がった人が，下がった人に対して補償を与えても，なお改革前よりも高い生活水準を維持しうるのならば，この改革は経済の資源配分をより**効率化する**と言います．

上の例で言えば，ジミーさんの参入後，サンマさんの生活水準は下がっていますが，サンマさんが前と同じだけの生活水準を保てるように，バナナさんとジミーさんが，サンマさんに補償してあげるとします．そうしたうえでもまだ，バナナさんとジミーさんの生活水準が，ジミーさん参入以前よりも上がっているのならば，参入は経済を効率化しています．得をした人たちが，損をした人を補償してあげてもなお，得をした人に得が残る時，効率化すると言うわけです．

ジミーさんの参入が，資源配分を効率化するか否かは一見して明らかなわけではありません．しかし，この参入は効率化することを経済学によって示すことができます．この場合に，参入の後に再分配しさえすれば，全員に得をさせうることを，本書の第３章「余剰と参入規制」第７節で示します．

ジミーさんの参入を許可するかどうかのような問題を考えるにあたって，世間一般では，公平性の基準を採用することが多いようです．「ジミーさんにも平等に機会を与えてやるのが公平だ」と言うものです．サンマさんが金持ちで，ジミーさんが貧乏ならばこの議論はもっともらしく聞こえます．しかし，もしサンマさんが貧乏で，ジミーさんが金持ちならば，公平性を重んじる人の多くは貧乏なサンマさんの権利を守るために，アメリカ帰りの金持ちのジミーさんの参入を許すべきでないと主張するかもしれません．公平性の基準を採用するという人は，無意識のうちに参入の許可不許可を再分配の手段として考えてい

---

7) このような時，現実の経済では，既得権を持っているサンマさんは，ジミーさんの市場参入を阻止しようとします．政治家を使ったり，官僚の天下りを受け入れたりして，ジミーさんの参入を阻止する法律を作ろうとします（法律には，「ジミーさんは不潔だから，市場に参入すべきではない」といった，一見もっともらしい理由をつけます）．

るのです．

　公平性の基準は人によって異なるでしょう．それに対して，効率性の基準は客観的な基準です．

　このような効率化の定義を，「**補償原理に基づいた効率化の定義**」と言います．この原理では，得をした人から損をした人への「**仮設的な**」**補償**が何をもたらすかを基準として効率化の判断をすることに注意してください．「仮設的」ですから，この補償は実際に行われる必要はありません．これはあくまで，経済変化の良し悪しを，仮に補償が行われたら全員が前より良くなる可能性があるかどうかで決めよう，という判定基準です．

7　効率化原則

　ある政策が採用された結果，損をする人に同情して，「すべての人の生活水準をただちに引き上げるような政策のみを実行する」という方針を立てたとしましょう．この政策の方針を**既得権保護原則**と呼びましょう．

　しかし現実世界には，すべての人の生活水準が向上する政策はまず存在しません．もちろん，参入規制を撤廃する時には，既得権を持っていた人に対して，政府がある種の補償をすることもあります．しかし，普通は補償しません．厳密に補償することは，実際には不可能だからです．仮設的な補償によって定義された意味での効率化はできるが，実際には補償しない，ということになれば，かならず損をする人が出てきます．したがって既得権保護原則をとる場合には，結局は現状維持を選ばざるをえない，ということになってしまいます．

　既得権保護原則に対立する概念は，**効率化原則**です．これは，「効率化政策はすべて遂行する」という原則です．現実には，ある規制緩和では自分の既得権を奪われるために損をしても，他の規制緩和では得をするというのがほとんどです．効率化原則に基づいて，数多くの政策を実行すると，1つひとつの改革の後では実行前に比べて生活水準が下がる人はいるが，何十年かたった後では，大部分の人が得をするという状況になる可能性があります．効率化原則の下に多くの政策が行われる場合，自分の子供たちや孫の世代まで含めて考えれ

ば，ほとんどの人が得をすることになる可能性は高いでしょう．

　どちらの政策原則を採用するかは，価値観の問題です．

　この選択は，経済の成長か停滞かの選択に似ています．規制緩和と同じように，経済成長も多くの人に豊かさをもたらしますが，同時に衰退産業にいた人に痛みを与えます．ですから，炭焼き産業がかわいそうだから石油を輸入しないようにしようとか，人力車がかわいそうだからタクシーの営業はやめよう，と考える人は数多くいます．この考えを徹底すると，中世のままのほうが，犠牲者を出しつつ経済成長するより望ましい，ということになります．この「経済成長は望ましくない」という立場は，既得権保護原則の立場に似ています．

　一方，経済成長を続けていくと衰退産業に働く人は痛みを感じるが，**長い目で見ると**，彼らや彼らの子孫も経済成長から便益を得て，その国の国民全体が得をします．だから成長は望ましいと考える人たちもいます．この立場は，効率化原則の立場に似ています．

　ところで効率化原則は，次のように個々の効率化政策とは独立した分配面の改善政策を併用することができます．

① 　市場の失敗や政府の失敗を取り除く政策は，それが分配にどのような影響を及ぼすかを無視して採用する．
② 　その一方で，個々の効率化政策とは独立に，累進所得税や累進的な相続税による再分配を行う．

　こうすれば，特定の政策の下で一部の人の生活水準が下がる場合があっても，現状維持と既得権尊重から脱出し，長い目で見て，不平等が拡大しない形で，パレート効率に接近していくことができます．

8　経済学の役割

　経済学は，個々の政策が，「補償原理に基づいた効率化」をもたらすか否かを明らかにします．このため，効率化原則を採用すべきだという立場を取る人

にとって，経済学は不可欠の分析用具です．それが，経済学の，経済政策における役割です．

しかし，経済学の分析が「効率化原則を採用すべきだ」という結論を生むわけではありません．これは，航空工学の分析が「国が空港を建設すべきだ」という結論を生まないのと同じです．

また，効率化原則を採用すべきでないという立場を取る人には，ミクロ経済学の主要部分は役に立ちません．これは，飛行機には乗りたくないという人に航空工学が役に立たないのと同じです．[8) ある人たちには役立つ学問が，別の人たちには何の役にも立たないということはよくあることです．

効率化原則を採用すべきか既得権保護原則を採用すべきかは，価値観によって決まる問題です．この選択は主観的であり，投票に基づいて決められるべき性質のものです．アメリカ，カナダ，イギリス，オーストラリアなどでは，1980年代から，事前に行う規制の費用便益分析（規制影響分析）を経なくては新しい規制を導入できない制度が導入され，2000年代になってからはEUでも導入されました．これらは，効率化原則を，投票によって選択した結果であるとみなせます．またわが国では，内閣府の規制改革会議が，広く国民から問題点の指摘を受けた現行の非効率的な規制の改革を，各官庁と交渉して行うことが義務づけられています．さらに，日本では，貿易自由化や費用便益分析をはじめとして数多くの効率化政策が，投票に基づいて実行されてきました．これらも，効率化原則を，投票によって選択した結果であるとみなせます．[9)

---

8) ただし，自分は飛行機に乗りたくなくても，ビジネスマンたちが世界中を飛び回ってくれることによって，安い輸入財を消費できることから恩恵を受けている人は多いでしょう．その場合には，飛行機嫌いにも，航空工学は，間接的に役立っているはずです．

　同様に，自分の既得権を侵す効率化政策に反対するが，それ以外の効率化政策が引き起こす値下げによって恩恵を受ける人も多いでしょう．彼らにとっても，実は経済学は役に立つはずです．

9　効率化政策の具体例

　小泉元首相が提唱した「構造改革」は，効率化原則の立場に立った「政府の失敗」の是正策です．効率化政策の例として，日本における構造改革の新しい具体例をあげましょう．

構　造　改　革

　小泉首相は，「痛みをともなう構造改革」を唱えました．しかし，小泉内閣が強調した**構造改革**という言葉が何を意味するかわからないという声をよく聞きます．経済学的に筋の通った１つの定義は，次のとおりです．「何らかの制度的な障害によって資源が生産性のより高いところに動けない場合に，そのような障害を取り除く改革が構造改革である．」

　労働や資本などの資源に対しては，生産性の高いところではより高い報酬が支払われますから，市場システムの下では，資源は生産性の低いところから高いところに自動的に動きます．ところが，それを人為的に止める仕組みがある時に，その仕組みを取り除いて，きちんと資源が生産性の低いところから高いところに移っていけるようにすること，それが構造改革です．構造改革は，「政府の失敗」を取り除くことによって効率化する政策であると言えます．[10]

---

9)　じつは，日本国憲法自体が，「効率化原則を採用する」という価値観を表明していると考えられます．厚生経済学の基本定理が成立する以上，効率化原則は，「政府は，再分配のためと，市場の失敗を正すためには市場に介入すべきだが，その他の場合には市場にまかせるべきだ」という原則です．一方，憲法は，健康で文化的な最低限度の生活を営む権利（25条）を認めたうえで，公共の福祉に反しない限り，財産権（29条）と職業選択の自由と営業の自由（22条）を保障しています．これは，政府に，最低限の再分配を義務づけたうえで，公共の福祉に反しない限り，市場に介入することを禁じている，と解釈できます．「公共の福祉に反しない限り」とは，「市場の失敗がないかぎり」を意味すると考えることは自然なので，憲法は，国に対して，市場の失敗がないかぎり市場への不介入を，すなわち効率化原則という規範を，求めていると考えられます．

10)　本節で用いた「生産性」という用語は，第２章「供給」で定義するより正確な用語，「限界生産性」の意味で用いています．

多くの場合，政府の失敗——すなわち効率的な資源移動を阻害する人的な仕組み——は，特定のグループの利益を守るという分配上の考慮から設けられています．したがって構造改革によってもたらされる資源移動は，あるグループの所得を引き上げるが，別のグループの所得を鋭く引き下げることがよくあります．それが「痛みのともなう」という修飾句が改革の前に付けられた理由です．

以下では，そのような構造改革の具体例をあげましょう．

日本の戦後の歴史を見ると，目ざましい構造改革の成功例があります．1960年代の初頭に行われた，石炭から石油への転換政策です．

戦後日本は石炭の復興のために大変な政策的な援助をして，石炭産業を栄えさせました．しかし，1950年代末から中近東から石油を安く輸入することができるようになりました．しかも，このころは，毎年のように石油タンカーのサイズの世界記録が更新されるほど造船技術が発達しました．ある年に，10万トンのタンカーが造られると，次の年は12万トンのタンカーが造られ，その次の年は14万トン，というようにです．その結果，年を追うごとに，中東からの石油をより安く輸入できるようになりました．

しかし，まともに石油の輸入自由化をしたならば，日本の石炭産業はつぶれてしまいます．1960年代の初頭はそういう状況にあったため，石油の輸入制限に加えて，石油の使用を抑制するさまざまな規制がかけられました．たとえば，当時の銭湯に対しては，石油のほうが安くお風呂を焚けるにもかかわらず，値段の高い石炭を使わなければいけない，という規制がかけられていました．

ところが，1960年前後に政府は方向転換をして，石油への外貨割当の増額など石油の輸入自由化に踏み切りました．ただし，その結果，石炭生産の拠点だった三池や夕張や常磐の炭鉱は一気に没落し，石炭産業は壊滅しました．この石炭から石油への転換政策は，まさに痛みをともなう政治的には非常に難しい構造改革でした．

もちろん，石炭から石油への転換政策をやったから高度経済成長が始まった，というわけではありません．しかし，それをやらなかったら，日本の高度経済成長はありえなかったということも明白です．その決断を日本はしたわけです．

石炭から石油への転換政策が可能にした高度経済成長政策は，長い目で見て

三池炭鉱の労働者にとっても（少なくともその子や孫にとっては），より良い生活ができるようになった政策だったと言えるでしょう．特に，1960年代に行われた広範囲の貿易自由化や資本の自由化の一環として，石油への転換政策を眺めれば，このような効率化政策全体から，彼ら自身が正味では恩恵を受けた可能性があります．

さまざまな効率化政策を，それが必然的に引き起こす痛みのゆえに止めるべきだという議論は，石炭産業を没落させ大量の失業者を生むような石炭から石油への転換政策をやるべきでなかったという主張と共通点があります．

効率化と痛みの緩和策

石炭から石油への転換政策によって，三池も夕張も常磐も炭鉱はつぶれ，大量の失業者が出ました．この構造改革による痛みに対して，2つの直接的な再分配政策がとられました．第1は，炭鉱離職者を雇用した会社には補助金を出したことです．第2は，炭鉱離職者たちが東京や大阪で就業する時には，就業しやすいように当時としては非常にハイカラな公団型のアパートを雇用促進事業団が建設しました．

この再分配政策の特色は，変革による痛みの代償として，三池や夕張や常磐の炭鉱にお金を落とすのではなく，離職者の新しい就職先の都市に落としたという点です．つまり，資源の移動を抑制して，既得権を持つ人々の痛みを軽減するのではなく，資源の移動を促進させるような再分配政策を行ったところに特色があります．自由化を抑え農家に補助金をばらまくような現在の農業政策とは正反対です．[11]

---

[11] さらに特筆すべきことは，石炭から石油への転換が行われた時には，それと並行して結果的にはこの政策の痛みを緩和する強力な政策を行いました．それは，所得倍増計画を採用したことです．この成長促進策が景気を良くし，失業を減らし，炭鉱離職者の雇用を容易にしました．逆に言えば，構造改革を行う時には，その前提としてマクロ経済政策によって，失業の少ない経済を作りだす必要があります．さもないと，効率化政策によって発生する失業者を，経済全体として支えきれなくなってしまいます．

10 まとめ

　以上の議論は，次のようにまとめることができます．

　「政府が効率化政策を行うと，得をする人も損をする人もでてくる．しかし効率化政策が一貫してとられる場合には，既得権を失った人も，長期的には効率化の恩恵を受けることになる．特に，子供や孫の世代には，皆が得をする可能性が高い．

　さらに，社会全体の所得の分布が不平等にならないように，累進的な所得税や相続税を用意し，生活保護のような社会保障制度を整備すれば，個々の効率化政策を行う時には分配は考慮せずに行うことができる．

　反対に，損失を被る人を完全に補償できないならば効率化政策をすべきではない，ということにすると，全体的には得になることがわかっている数多くの政策は遂行されないことになり，袋小路に入ってしまう．結果的に国全体としては低い生活水準しか得られない可能性の中に身を閉じこめてしまうことになる．

　経済学という学問からは効率化政策を一貫してとることを正当化できるわけではない．しかし経済学は，個々の政策が補償原理に基づいた効率化をもたらすか否かを明らかにしてくれる．したがって，効率化政策を一貫してとる場合には，経済学は必要不可欠の分析用具である.」

　20世紀は，市場と政府の役割について，さまざまな考え方が交錯し，実験された世紀でした．ソビエトの出現と崩壊は，その混乱を最も如実に象徴しています．21世紀は，市場が得意な分野では市場に大きな力を持たせ，市場が失敗する分野と所得の再分配に関しては，政府が大きな役割を果たす時代になるでしょう．どのような生活が望ましいかに関する判断はあくまで国民に任せることとし，国は，国民がそのような選択を自由にできる環境を整えること，すなわち市場や政府の失敗を取り除くことに，力を傾注する時代になるでしょう．

11 本書のプラン

以下本書では，第1章「市場」で，市場が需要と供給をどのようにバランスさせるかを学びます．第2章「供給」では，限界費用の概念を利用して，生産者余剰の概念を導入します．さらに第3章「余剰と参入規制」では，ある政策が資源配分を効率化するか否かの判定の基準である「総余剰」という概念を定義します．第4章以降，第17章までは，この余剰概念を用いてさまざまな経済政策がどのように効率化をもたらすかを分析します．さらに第18章「生産と消費の基礎理論」では，市場間の関連性を重視した観点から市場の効率性を論じ，第19章「厚生経済学の基本定理」ではこの定理を証明します．第20章「社会的厚生」から終章「効率化政策と格差是正政策の両立」までは，効率化政策と再分配政策の関係を分析します．

キーワード

再分配　市場の失敗　規模の経済　自然独占　競争価格　完全競争市場　完全競争企業　独占企業　外部経済・不経済　私的財　公共財　情報の非対称性　政府の失敗　市場　パレート効率　厚生経済学の基本定理　効率化　補償原理　「仮設的」な補償　既得権保護原則　効率化原則　構造改革

練習問題

1. 与えられた資源と技術の制約の下で，経済の中のある人の生活水準を引き上げるためには，必ず他の誰かの生活水準を引き下げなければならない状況のことを，経済学では□□□□な状況という．空欄に入る語句を解答せよ．
2. 次の記述は正しいか誤りか，○×を付けよ．
   (1) 市場経済における政府の役割は，再分配だけである．

(2) 厚生経済学の基本定理によれば,「市場の失敗がなく,政府が市場に介入しない場合には,市場はパレート効率的な資源配分を達成する.」
3. ある制度改革が資源配分を効率化するということを,経済学的に定義せよ.
4. 戦後の日本における効率化政策の例を1960年代から1つ,1990年代以後から1つあげよ.

1章

市　場

1　経済の全体像

　財・サービスを消費したり，生産したり，取引したりすることを経済活動と言います．経済活動をする単位，すなわち家計や企業や政府などを**経済主体 economic actors** と呼びます．さまざまな経済主体がありますが，最も重要な経済主体は家計と企業です．家計と企業による経済活動がどのような経済システムの下で行われているか概観しましょう．

生産物と生産要素
　家計は，企業から豚まん，デジカメ，携帯電話といったさまざまな**生産物**を買います．生産物は，物(もの)（有形）だけでなく，サービス（無形）の場合もあります．みなさんは，パナソニックや東芝が作った携帯電話の製品だけではなくて，ドコモやKDDIのような会社から携帯電話の通信サービスを買っているでしょう．さらに，インターネットのプロバイダーからは，接続サービスを買います．英会話学校からは，授業というサービスを買います．美容院からは美容サービスを買います．このような有形無形の生産物を総称して，**財・サービス goods and services** と言います．
　反対から見ると，企業はこれらの財・サービスを家計に売ります．生産プロ

セスには，投入物が投入され，その結果として生産物が生産されてきます．したがって企業は，生産のために投入物を購入する必要があります．

投入物は4つに分類できます．まず**労働**と**土地**です．これらは生産することはできません．次は**中間投入物**と**資本**です．これらは，それ自身が生産された投入物です．生産された投入物のうち，短期間に生産プロセスで使われてしまうものを中間投入物といい，それ以外のものを資本と呼びます．資本とは，生産に使う道具，機械や工場などのことです．豚まんを例にとれば，豚肉や小麦粉は中間投入物で，蒸し器は資本です．ただし資本という言葉は，資金という意味でも用いられることがあるので，区別する必要がある時には**資本財 capital goods** とも呼ばれます．

多くの場合，企業は投入物を一定期間借りて使います．たとえば，自動車やコピーの機械などの資本を，2年間リースあるいはレンタルして借りることはよくあります．土地も，企業が買ってしまうこともありますが，個人から借りて，使用料（つまり地代）を支払うこともあります．そのように借りる場合は，「一定期間の間，投入物が提供するサービスを買う」という言い方をします．

1カ月いくら，1時間いくらという形で「労働者を雇う」という場合には，その期間中に労働者のサービスを買う，という意味です．これは，自動車のリースやレンタルと同じです．企業は労働者の「サービスを買う」のであって，「労働者を買う」わけではありません．

さて，家計が企業に対して，持っている労働や土地を貸す，というのはわかりやすいのですが，家計が企業に対して資本を貸すというのはどういう場合でしょうか．たとえば，個人が貸し店舗を持っており，これを貸しているという場合は，資本財を直接貸しているのですから，まさにこれに該当します．個人が社債や銀行預金を通じて企業に金を貸している場合には，間接的に企業に資本財を貸していることになり，個人はその報酬として利子を得ます．さらに，企業の株を持っている場合は，株主として結果的には企業の資本財を所有しているということになります．株主は配当を得ます．

ただし，投入物の中で中間投入物については，企業は借りるのではなく購入して使い切ってしまいます．

ところで，労働・土地・資本を**生産要素 factors of production** と呼びま

す．これは投入物のうち中間投入物を除いたものです．生産要素は，基本的には家計が保有して，そのサービスを企業に売る投入物のことです．[1] 中間投入物は，一定期間内に使われてしまうものなので，家計が所有するという性質のものではありません．

家計が働いて賃金を得たり，土地を貸して地代を得たり，資本を貸して配当や利子を得たりするということは，家計が生産要素サービスを企業に対して売るということです．一方企業が人を雇い，土地や資本を借りることは，企業が生産要素サービスを家計から購入するということです．

経済主体と経済全体の仕組み

図1-1は，経済全体の仕組みを単純化して示しています．左側に家計があり，右側に企業があります．図1-1の上半分のベージュの矢印は，生産物の流れを示しています．家計が，豚まんやデジカメ，携帯電話を企業から買っていることが示されています．この生産物購入の対価として，お金が家計から企業に流れることをグレーの矢印が示しています．

家計は財やサービスの購入をまかなうために，働いて賃金を得たり土地を貸して地代を得たり，資本を貸して配当や利子を得たりして所得を得ます．言い換えると，家計は自らが所有する生産要素のサービスを企業に売って，それを原資にして生産物を買っているわけです．

一方，図1-1の下半分のベージュ線は，生産要素サービスの流れを示して

---

1) 生産要素の特徴を2つあげましょう．第1に，国全体の生産能力を示す尺度には投入物より生産要素のほうが適切です．ある期間，たとえば1年間の生産を生み出す投入物としては，労働・資本・土地が根源的な投入物です．中間投入物は，その期間内に，さまざまな会社によって作り出されますが，それらはまた他の会社によって使われてしまうので，その国が期首に持っている生産能力を表す指標ではないと考えます．第2に，国全体の生産量を表す時には，最終的に消費財と，投資財（新たな資本の増加）の生産のみを合計します．中間投入物の生産は，次の理由で，合計しません．いま仮に，ある中間投入物の生産を国全体の生産量の一部として合計するとしましょう．その場合には，その中間投入物の売り手と買い手の会社が合併すると，その中間投入物の市場取引がなくなってしまうため，それだけで国全体の生産量が減少して見えます．現実の生産量は，合併によってまったく変化していないのですから，もともと中間投入物の生産は合計すべきではなかったわけです．

図 1-1 経済の全体像

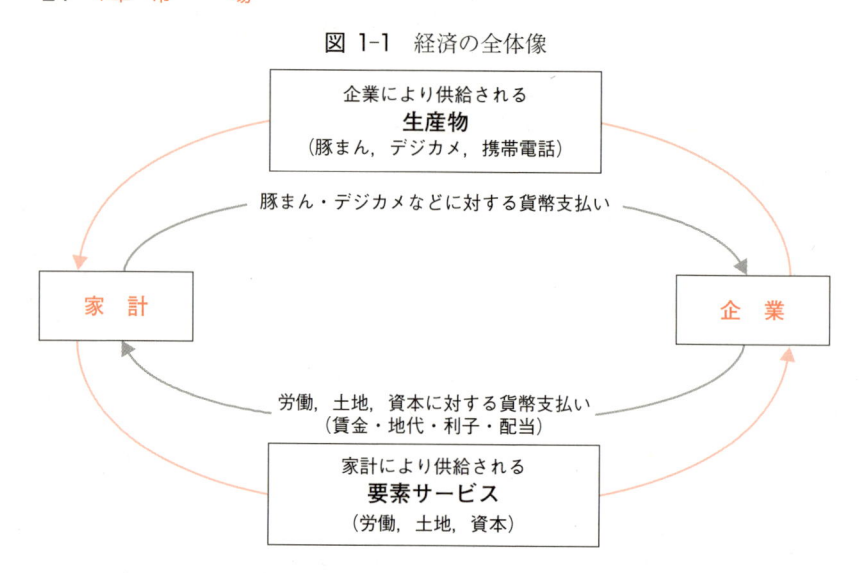

```
            企業により供給される
               生産物
         （豚まん，デジカメ，携帯電話）

       豚まん・デジカメなどに対する貨幣支払い

  家 計                              企 業

       労働，土地，資本に対する貨幣支払い
          （賃金・地代・利子・配当）

            家計により供給される
              要素サービス
             （労働，土地，資本）
```

います．企業は，家計から労働や土地，資本といった生産要素のサービスを購入しています．企業は生産要素サービスを家計から購入する一方で家計に生産物を売っています．

　経済の流れの基本はこの図 1-1 で表現できます．しかし，これが全部ではありません．たとえば，家計は，他の家計から物を買うこともありますし，物を自分で作ってしまうこともあります．それから企業も，他の企業からいろいろ物を買います．しかし，まずは出発点として，こういう単純化された見方をすると話がすっきりします．

企業と産業

　個々の生産者のことを**企業**と言います．これは株式会社でなくてもかまいません．利潤をあげようとしている事業所はすべて企業です．農家のことも経済学では企業と言います．

　一方，ある同種類のものやサービスを作っている企業の集まりを**産業**と呼びます．朝日新聞社，読売新聞社，毎日新聞社，スポーツニッポン新聞社などの企業が，新聞産業を作っています．お米を作っている個々の農家は企業ですが，米作農家の全体が米産業を作っています．豚まんを作っている中村屋，山崎製

パン，ローソンなどは企業ですが，これらがまとまって豚まん産業となります．このように企業と産業という言葉は，使い分けます．[2]

2 経済活動

市　場

　似たような物やサービスを売り買いするところを1つの**市場**と言います．魚や野菜をせりで売り買いする築地市場や大阪福島の中央市場，株が取引されている東京や大阪の証券取引所のように，特定の場所に市場が成立しているケースもあります．しかし，楽天市場やアマゾンのように実体を持たないインターネット上の市場もあります．また，豚まんやアイスクリームの小売市場のように，場所的に広がっているものもあります．生産物では，基本的に産業ごとに市場があります．生産要素もその種類ごとに市場があります．図1-2は，生産物は生産物市場で取引され，要素サービスは要素サービス市場で取引されることを示しています．

　個々の売り手または買い手が価格にどれだけの影響力を持っているかによっても，市場を分類することができます．

　無数に競争相手がいる時には，売り手も買い手も市場価格を受け入れざるをえません．個々の売り手の販売量が，市場全体の取引量に比べて極端に小さいため，多くの売り手が存在し，個々の売り手が市場価格に影響を及ぼせない状況での売り手を**完全競争的な売り手**と言います．たとえば，大豆の農家は，完全競争的な売り手です．この場合，市場価格で売りたいだけ売れますから市場価格より安く売る必要はありませんし，少しでも高くしたら買い手が競争相手のところに買いに行きますから自分のところには誰も買いに来ません．結局，自分のところが大量に生産しようがどうしようが市場の大豆価格を変えること

---

[2] 産業という言葉は企業の名前にも使われます．たとえば石川島播磨重工業は，英語ではIshikawajima-Harima Heavy Industriesと言っています．しかし経済学では通常，産業（industry）というのはある同一のものを作っているような企業群の全体のことを指します．

はできませんから，市場価格を受け入れざるをえないわけです．

　大都市の都心では，豚まんは，基本的に完全競争市場で取引されると考えることができます．それぞれの豚まんの売り手は，他の売り手が同じような商品を販売しているので，豚まんの価格を自主的に決められる余地はきわめて小さいと考えられます．まず，現在の市場価格よりも安く売る理由はありません．みすみすその差額の分だけもうけを失うことになります．一方で，高く売ろうとすれば，買い手は他の店で豚まんを買ってしまいます．同様に，どの豚まんの買い手も，豚まんの価格を左右することはできません．個々の買い手はわずかしか購入しないからです．[3]

　しかし，財やサービスの市場の多くは完全競争的ではありません．売り手が1社あるいは1人しかない場合，そのような売り手のことを**独占的**と言います．売り手が企業であれば**独占企業**です．たとえば，ディズニーランドは独占企業です．独占企業は，政府が価格を規制していないかぎり，自社で価格を決めます．[4]

　1社ではないものの，売り手が少数しかいない場合もあります．そのような売り手のことを**寡占企業**と言います．たとえば，ゲーム機器メーカー，自動車会社，全国紙を発行している新聞社などです．このような企業は，価格を自分たちで決めます．それにともなって売れる数量は変化しますが，自社製品は他社製品と質が異なるため，まったく同じ商品ではないのです．したがって，完全競争の場合とは異なり，現在の販売価格よりも少しでも価格を引き上げると売上げが急にゼロになるということはありません．

　独占企業や寡占企業は，価格を操作できるので，これらの企業を**価格支配力を持っている売り手**と言います．

　次に，売り手ではなく，買い手に注目しましょう．多くの買い手が存在し，1人ひとりの買い手が市場価格に影響を及ぼさない場合に，買い手を**完全競争的な買い手**と言います．生産物市場の買い手が消費者である場合には，普通は

　3）　ただし豚まんのサイズを大きくすれば高く売れます．標準的なサイズの豚まんの価格が一定だということです．
　4）　ただし，政府は，電力・ガスなどの地域独占会社の料金は規制しています．

完全競争的な買い手です．消費者は，医薬品の値段を左右することはできないし，ボールペンの価格を変えることもできません．一方，夜7時過ぎに，魚屋さんで魚が売れ残っているような場合には，交渉次第で値引きしてくれます．これは，魚屋さんが売ることのできるお客さんの数が極端に限られてしまっているために起きます．そのような場合のお客さんを，**価格支配力を持っている買い手**と言います．

ある市場で買い手も売り手も完全競争的である時に，そのような市場を**完全競争的市場**と言います．

要素市場

これまでは生産物市場を考えてきましたが，生産要素市場（以下では簡単に要素市場と言います）についても同様のことが言えます．コンビニエンス・ストアのレジ係の市場のように，買い手（コンビニエンス・ストア店）が多く，個々の買い手が価格を左右できない時には，買い手の企業は完全競争的な買い手だと言います．賃金は市場で決まっていることが多く，1社だけで左右することはなかなかできません．

ただし，ある会社に長年勤めて，その会社の特殊な技術について詳しい技術者などは，他の会社に転職しても自分の技能を生かすことができませんから，買い手の数がきわめて限られています．このため，そのような労働サービスの買い手は賃金に対する支配力を持っていることがあります．

一方，コンビニエンス・ストアのレジ係は完全競争的な売り手です．売り手の数が多く，個々の売り手は賃金を左右できないからです．ただし，要素市場の売り手も同種のサービスの売り手が少ない場合には，供給を制限することによって価格をコントロールすることができます．たとえば，人気があるのにコンサートをあまり開催しない歌手は，供給を制限してその分コンサートチケットの価格を高く維持している可能性もあります．

要素市場の場合にも，売り手も買い手も完全競争的な時，**要素市場は完全競争的である**と言います．

28　1章　市　場

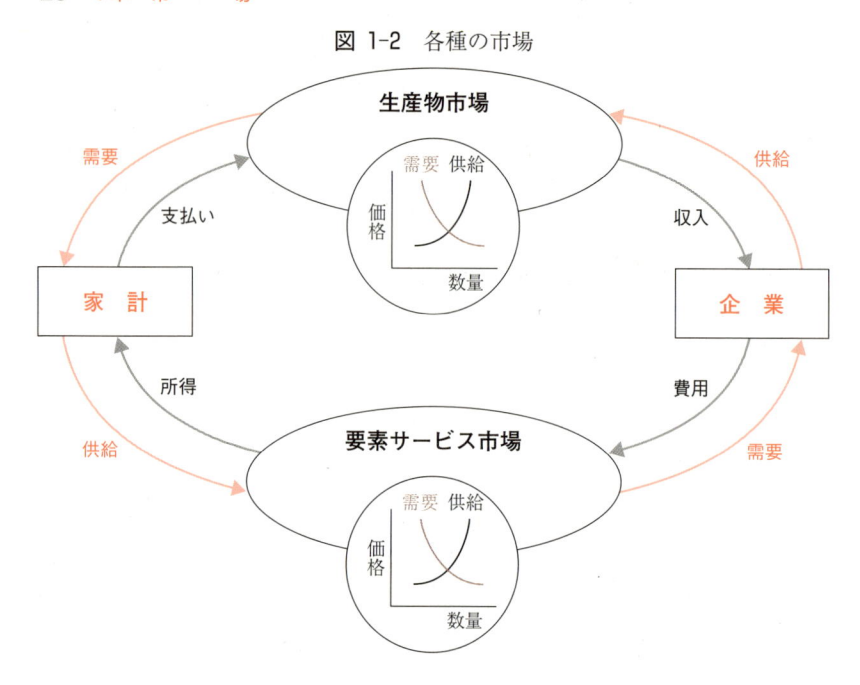

図 1-2　各種の市場

経済活動の成果

図 1-2 は，企業の生産物が生産物市場で売られ，家計が提供する要素サービスが要素サービス市場で売られる様子を描いています．

ここで，左側に描かれている家計は，要素サービス市場から所得を得て，その所得の制約のもとで生産物を購入します．この際，家計は，得られた所得からさまざまな財・サービスを買うことができますが，完全競争的な家計であれば，所与の価格の下で，自分の消費から得る満足度——これを**効用**と言います——を最大化するようにさまざまな財への支出の配分を決めると考えられます．一方，所得を得る際にも，労働時間をどれだけにするか，自分の土地をどれだけ貸すか，自分の所得のうち，今期支出してしまわないで貯蓄して企業に資本を貸す分をどれだけにするか，などの選択を，やはり自分の効用を最大限高めるように選択します．

一方，右側に描かれている企業は，費用を支払って要素サービス市場から要

素サービスを購入し，それによって作られた生産物を売却して収入を得ています．収入と費用の差を**利潤**と言います．企業はこの利潤を最大化するように購入する要素サービスの組み合わせを選び，また販売する生産物の量を決めます．したがって，所与の価格のもとで要素サービス市場への需要者として提示する需要曲線や，生産物市場における供給曲線は，利潤最大化の動機にもとづいて決められています．なお，利潤は，最終的には家計の所得の一部として配分され，家計は生産物の購入にあてます．

経済活動によって，最終的に経済システムの成果を得るのは誰かというと，結局，家計です．家計が生産物を消費することによって，ある生活水準を得ることができます．それが経済活動の最終的な成果です．

企業が儲けることは経済活動の最終的な成果ではありません．利潤は企業の持ち主（株式会社なら株主）の所得になり，彼らの生活水準を改善します．だから最終的には，企業の持ち主を含めたすべての家計の生活水準がどれだけ改善するかということが，経済の機能を評価する基準になります．

その場合，個々の家計がどれだけの生活水準を得ることができるかを決める要因としては，大きく分けて3つあります．

第1は，家計自身がもともとどれだけ労働，資本，土地などの要素を持っているか，という制約です．要素をどれだけ持っているかは，家計の生活水準を決める際に大きな役割を果たします．家計は，持っている要素を企業に貸すことで収入を得るからです．

要素を総称して**資源**と言います．家計が持っている資源には，目に見える労働時間だけではなくて，教育水準もあります．これは時間をかけて自分の中に蓄積されたものであり，いわば生産された投入物で，一種の資本です．たとえば高等数学を駆使して金融市場でのデリバティブ市場を設計することができるというのは，何年間かの教育の蓄積があるからこそできるわけで，それなりの投資の成果と言えます．これは機械に投資して時間をかけて生産性を上げるのとまったく同じです．このような理由から，教育水準を**人的資本 human capital** と呼びます．この言葉は，教育水準自体が一種の資源であることを表しています．

第2に，企業の技術水準が豊かさを決めます．同じだけの資源を投入しても，

能率的にたくさんのものが生産される，あるいは先端的なものが作れるという国と，そうではない国では全然違います．技術の蓄積で国全体の経済の規模が決まるというわけです．

　第3に，価格・数量がどう決まるかということには，家計の好みも影響します．どういう物を欲しいと考えるとか，どういう労働ならしてもよいと考えるとか，そういった好みが財・サービスの需要面でも要素の供給面でも影響してきます．

　全体的に見ると，初期の資源の存在量，企業の技術水準，家計の好みといったものが，ある国の経済の活動と家計の生活水準を最終的に決める要因だということが，これまでの議論から理解できると思います．

3 需要曲線

　本節では，市場が完全競争的であると想定します．完全競争市場は，次の2つの特徴を持っている市場です．①取引されている財はすべて同じ種類の物である．すなわち米は米の市場が，大豆は大豆の別な市場が形成されている．②売り手と買い手が多数存在し，市場価格を左右できるような単独の売り手や買い手は存在しない．完全競争市場においては，売り手も買い手も市場で決まった価格を受け入れざるをえないので，彼らは**プライス・テイカー**と呼ばれます．

　財・サービスの種類は何万とあります．そのうちの1つの財を取り出して，その取引量と価格がどうやって決まるのか見てみましょう．完全競争市場では，取引量と価格は**需要・供給**の関係で決まります．

独立変数と従属変数

　普通，ある財の価格が高いと消費者はその財をあまり買おうとしません．その逆に安いとたくさん買おうとします．消費者が一定期間内に所与の価格の下で買いたいと思う量を**需要量**と言います．「一定期間」は1日であることも，1カ月であることも，1年であることもあります．そのつど考えている期間を指定します．

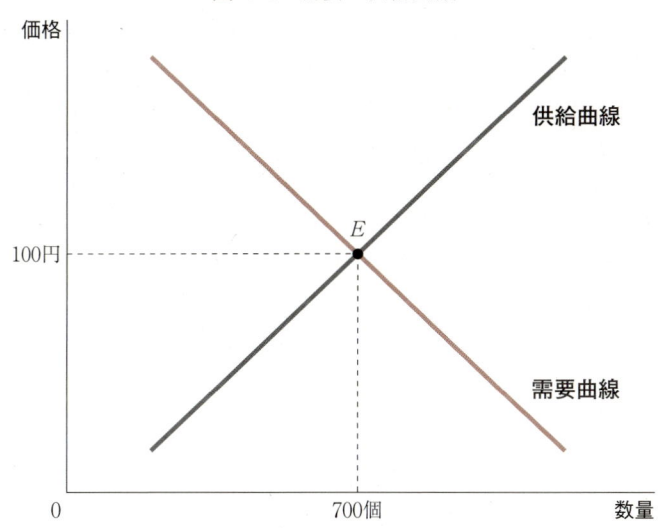

図 1-3 需要・供給曲線

　図1-3の茶色の右下がりの曲線は，ある町での豚まんに対する1カ月間の需要量と価格の関係を示しています．この曲線は，縦軸に示された市場価格のそれぞれの水準の下での消費者たちの需要量の総計を横軸に示しています．すなわち，所与の価格の下で，消費者たちは市場全体としてどれだけの数量を購入するつもりがあるかを示しています．このように価格と需要量の関係を示す曲線を**需要曲線**と言います．この需要曲線は，豚まんの価格が高いと人びとは豚まんをあまり買いたくないが，価格が低ければたくさん買いたいということを示しています．

　この図を見る際に注意すべきことは，中学や高校の数学で習った関数のグラフと見方が異なることです．数学のグラフでは，横軸の変数が与えられた時に縦軸の変数がどうなるかという関係を示しています．すなわち横軸が独立変数で，縦軸が従属変数です．

　ところが需要曲線は，縦軸で示された価格に対して，横軸で示された数量の反応を示します．たとえば，「価格が高くなると誰もが買おうとする量が減少する」という具合です．すなわち，需要曲線では，縦軸が独立変数で横軸が従属変数なのです．

他にして一定ならば

ところで，ある町の人びとがどれだけ豚まんを買おうとするかは，価格だけでなくほかの要因にも依存します．たとえば町の人口，人びとの所得，豚まんの代替財（たとえばパンやおにぎり）の値段などです．さらには，流行も影響します（豚肉は長寿で有名な沖縄の人も食べているから健康にいい，などというテレビの番組があって豚まんが流行したりすると，買い手が買いたいと思う量が増えます）．

しかし，図 1-3 のような需要曲線を描く時には，需要量に影響を与えるこれらの要因の水準を，価格以外はすべて不変だとします．そのうえで価格だけを変化させて需要量がどう反応するかを見ます．価格以外の需要に影響する要因をコントロールしたまま，価格だけを変化させた時，1 本の需要曲線が得られるわけです．他の要因を一定にすることを「他の条件を一定として」（other things being equal）と言います．文語調で「他にして一定ならば」（*ceteris paribus*，セタラス・パラバス）と言うこともあります．

価格以外の要因のどれかが変化した時には，需要曲線は左右にシフトします．もし，前に述べたように，所得が増加したり，あるいは寒い冬のため誰もが豚まんを食べたくなったりして，需要が増加する時には，需要曲線全体が右方にシフトします（図 1-5 参照）．

需要曲線は右下がり

需要曲線は，普通図 1-3 に描かれているように右下がりです．すなわち，価格が低くなると，それぞれの消費者が前よりも数多く豚まんを買うようになります．いままで基本的に朝食をパンと野菜ジュースですませ，1 カ月に 1 回豚まんを買っていた人が，安くなったから毎週 1 回くらい豚まんを朝食で食べてみようかということになります．これは，豚まんにかぎりません．たまにしか買わないテレビのような物でも，価格が低いと，「各部屋にテレビ 1 台の時代だ」などと言って，同じ人でも何台でも買いたくなります．

「他の条件を一定にした場合，価格が下がると一定期間における需要量が増える」ことを**需要法則**と呼びます．

4 供給曲線

本節では，市場が完全競争的であると想定します．完全競争市場は，次の2つの特徴を持っている市場です．①取引されている財はすべて同じ種類の物である．すなわち米は米の市場が，大豆は大豆の別な市場が形成されている．②売り手と買い手が多数存在し，市場価格を左右できるような単独の売り手や買い手は存在しない．完全競争市場においては，売り手も買い手も市場で決まった価格を受け入れざるをえないので，彼らは**プライス・テイカー**と呼ばれます．

定 義

図1-3に描かれたグレーの右上がりの曲線は，豚まんの**供給曲線**です．供給曲線は，もし市場価格が縦軸に示されたそれぞれの水準であったなら，生産者たちが市場全体としてどれだけ売るつもりがあるかを示す曲線です．豚まんの価格が高いと豚まん業者はたくさん売りたいと思い，価格が低ければ少数しか売りたいと思わない，ということをこの供給曲線は示しています．供給曲線の場合も，縦軸が独立変数を，横軸が従属変数を示します．

ある財の市場全体の供給量は，この財の価格だけでなく，生産技術の水準や投入要素の価格などに依存します．しかし，需要曲線と同様，供給曲線を描く時にも価格以外のすべての条件を一定にします．一定にしたうえで，価格だけが変わったなら供給量がどれだけ変化するかを示すのが供給曲線です．

価格以外の要因が変化した時，供給曲線全体が左右にシフトします．たとえば豚まんの材料である豚肉の価格が上昇した時には，供給曲線全体が左方にシフトします（図1-6参照）．製造技術が進歩すれば，供給曲線は右方にシフトします．火事や地震などで工場が焼けてしまう場合には，供給曲線は左方にシフトしてしまいます．例えば，1995年阪神・淡路大震災の時に，靴が生産できなくなって供給されなくなり，日本の靴の供給曲線は左方にシフトしましたが，それは長田の靴工場が全部焼失してしまったからです．

他にも供給曲線をシフトさせる要因があります．典型的なのは天候です．農

産物の供給は天候に左右されます．供給曲線は，天候が良い年には豊作で右方にシフトするし，悪い時には左方にシフトします．天候不順で米不足が起きるというのは，供給曲線が左方にシフトした結果です．

供給曲線は右上がり

豚まんの供給曲線が右上がりであることは，「それぞれの売り手は，価格水準が上昇すれば，前よりも多く売ろうとする」ことを示しています．これを**供給法則**と言います．豚まんを作る機械や道具を急に増やせないとすれば，生産量を増やすには労働者や原材料を増やすことになります．労働者は何人かで機械や道具をシェアして使うことになるので，1人当たりの能率は下がります．また，労働者に割高な賃金を支払って夜まで働いてもらったり，いままででより高いお金で原材料を買ってきて製造するというようなことにもなります．しばらくは使っていなかった能率の悪い古い機械も使って生産を増やすようにもなります．こういうわけで，生産量を1単位増やすごとに必要な**追加費用**は，生産量を増やすにしたがって大きくなります．[5] しかし，価格が十分に高ければ，それらの追加的費用がかかっても，増産によって企業は利潤を増やすことができます．これが，価格上昇の結果として供給量が増えることの基本的な理由です．

5 市　場　均　衡

均衡と不均衡

需要曲線と供給曲線とが交わる点での価格と取引数量の組み合わせを競争市場均衡と言います．これは短縮して**競争均衡**あるいは**市場均衡**というのが普通です．「市場」という言葉は，たんに財・サービスが取引されるところという意味でも使われていますが，需要曲線と供給曲線の交点で価格や取引する量が

---

[5] 生産量を1単位増やすのに必要な追加費用のことを，第2章「供給」第2節では**限界費用**と定義します．

決まる市場，すなわち競争市場の意味で使われることもよくあります．ここで「市場均衡」というのは後者の意味です．市場均衡では，売り手が売りたいと思う量と買い手が買いたいと思う量が一致しています．したがってこの価格ならば取引が円滑に行われるはずです．このような状態を**市場が均衡している**，と表現します．また，交点の高さを**均衡価格**，交点における取引量を**均衡取引量**と呼びます．図1-3では，均衡価格100円で，均衡取引量は700個です．

仮にこの均衡価格よりも価格が高ければ，供給量のほうが需要量よりも多いため品余りが発生します．図1-4では，価格が200円の時の品余りが，ベージュの矢印で示されています．所与の価格の下で，供給量から需要量を差し引いたものを**超過供給**（＝品余り）と言います．

反対に，均衡価格よりも市場価格のほうが低ければ，需要量のほうが供給量よりも多いため品不足が生じ，価格が上昇します．図1-4では，価格が50円の時，オレンジの矢印で示された分だけ品不足が生じていることが示されています．所与の価格に対する需要量から供給量を差し引いたものを**超過需要**（＝品不足）と言います．

超過供給（＝品余り）がある時には価格が低下し，超過需要（＝品不足）が

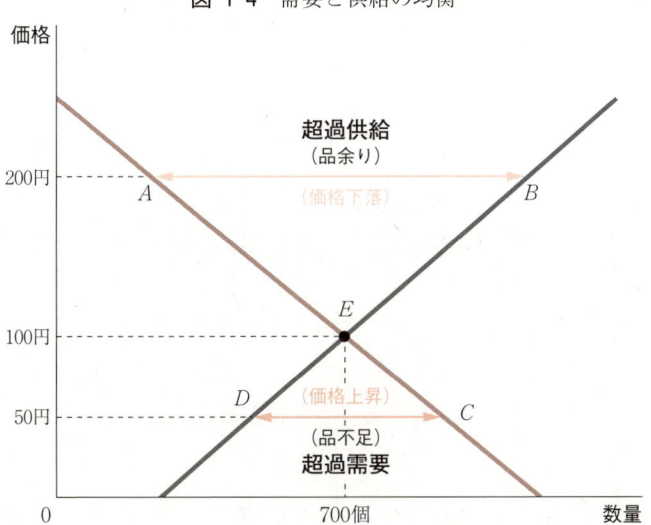

図 1-4 需要と供給の均衡

ある時には価格が上昇します．その結果，最終的には需要と供給が均衡します．

均衡に向けての調整[6]

仮に市場価格が均衡価格より上である場合，どのようなメカニズムで均衡価格が達成されるのでしょうか．図1-4で価格が200円の時に品余りがどのような過程を経て価格を低下させていくのかを，もう少し詳しく見ましょう．

図1-4で200円の価格の時に，売り手は点Bまで売りたいが，買い手は点Aの需要量の水準しか買いたくないわけです．したがって，ベージュの矢印の分だけの品余り現象が起こります．

この時，市場価格で売れない売り手が出現します．彼らはほんのちょっと市場価格よりも値段を下げます．すると他の売り手からお客が移ってきます．安く売られているというニュースが次第に伝わると，200円で売っている店の客は減っていきます．したがって，この事態に対抗するために，他の売り手もほんのちょっと価格を引き下げます．そのニュースも伝わると，200円より低い価格が相場[7]になります．しかし新しい価格でも品余りがあると，また誰かがさらに価格を引き下げます．その連鎖が次から次に起こり，市場全体での超過供給があるかぎり，相場は下落しいてきます．

そうして新しい相場が次第に形成されて，最終的に100円まで下がった時に品余りはなくなります．ですから100円になると，生産者が，売れ残りをさばくために自分の価格を下げるということはなくなります．

対照的な事態は，価格が50円の時に起こります．価格が50円のままだと，買いたい量が売りたい量よりも多くなるのでオレンジ色の矢印分だけ品不足が生じます．その時，買いたい人の中にはいまの市場価格よりちょっと高いお金を支払っても，「私に売ってよ」という人が出てきます．売り手のほうも，価格をほんのちょっと引き上げても買いに来る人が結構いるので，価格を上げる人たちがどんどん出てくるのです．そうすると，相場自体が変わってきて価格が上がります．それでも品不足があるかぎりは相場より高く売っても売れます．

---

6) この小節は飛ばしてもあとで困ることはありません．
7) 相場とは，市場一般で取引されている市場価格のことです．

生産者は価格を上げ続け，最終的に，品不足も品余りもない状態である100円の時に，これ以上価格は変化しない状態になります．それが，均衡状態です．

需要曲線と供給曲線のシフトと均衡の移動

前述したように，所得が増加したり，あるいは特別に寒い冬で誰もが豚まんを食べたくなったりする場合には，需要が増加します．この時，図1-5が示すように，需要曲線が右方にシフトします．この結果，均衡はE_0からE_1へと移ります（需要曲線が右方にシフトした直後に，価格が100円のままだと，超過需要が発生し，価格が上昇します．上昇が続いた結果，140円まで上昇した時超過需要がゼロとなり，新しい均衡がE_1で達成されるわけです）．この均衡の下では，価格が40円増加しています．また，数量は700個から1000個まで増加しています．

一方，供給曲線も条件が変化するとシフトします．たとえば豚まんの材料である豚肉の価格が上昇したとしましょう．その時図1-6に描かれているように供給曲線は左方にシフトします．その結果均衡はE_0からE_2へと移ります

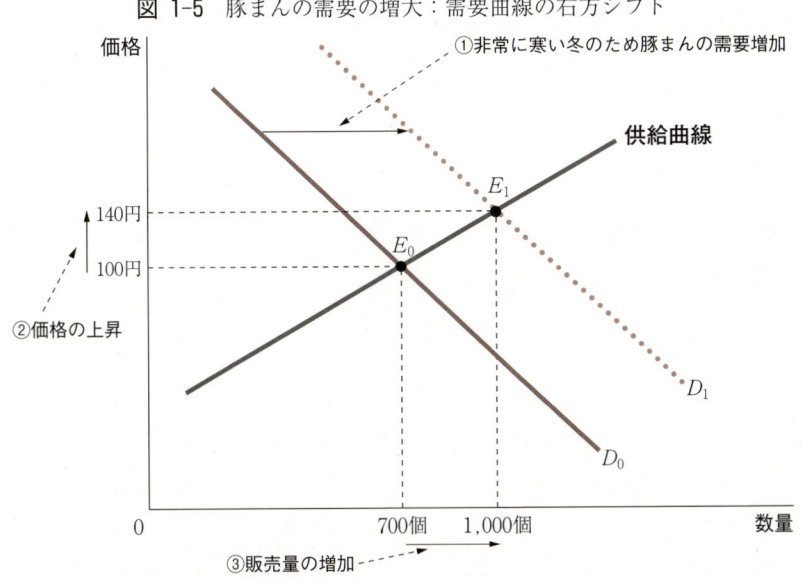

図 1-5 豚まんの需要の増大：需要曲線の右方シフト

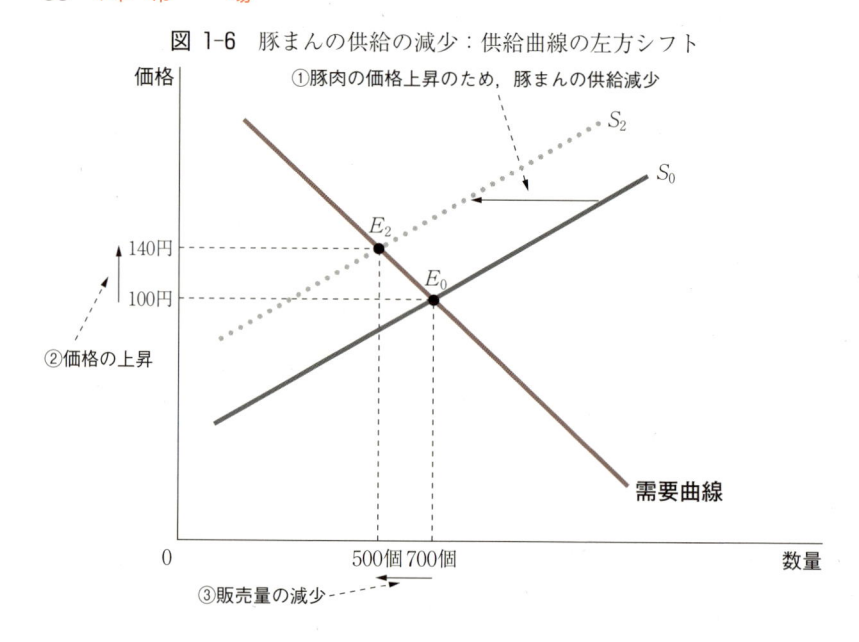

図 1-6 豚まんの供給の減少：供給曲線の左方シフト

①豚肉の価格上昇のため，豚まんの供給減少

②価格の上昇

③販売量の減少

（供給曲線が左方にシフトしたにもかかわらず，価格が100円のままだと超過需要が発生し，価格が上昇します．価格が，140円まで上昇した時超過需要がゼロとなります）．新しい均衡の下では，またもや価格は上昇していますが，この場合には数量が減少しています．

図 1-5 と図 1-6 を比べると，どちらのケースも価格が上昇しているのに，それが需要の増大でもたらされる時には均衡の数量が増え，供給の減少によってもたらされる場合には均衡の取引量が減少していることがわかります．

6 市場需要曲線と個別需要曲線

いままでは，市場の需要曲線と市場の供給曲線について分析してきました．しかし，市場需要曲線の背後には買い手1人ひとりの需要曲線があり，市場供給曲線の背後には売り手1人ひとりの供給曲線があります．本節では個々の経済主体の需要・供給曲線と，市場全体の需要・供給曲線との関係について考え

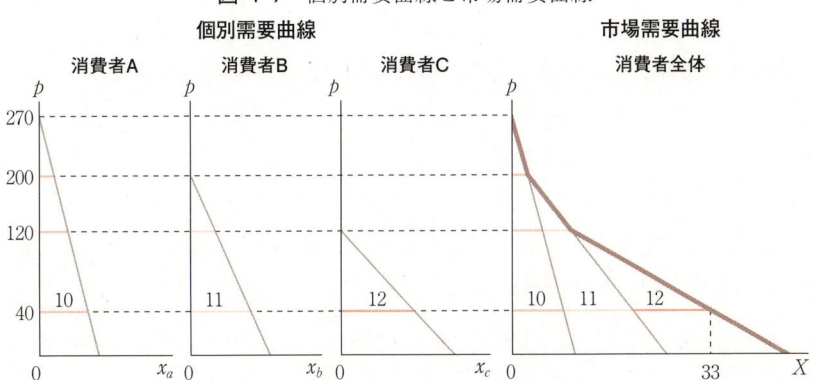

ましょう．

個別需要曲線と市場需要曲線

　財市場での個々の買い手である消費者は，1人ひとりが，ある財に対する**個別需要曲線**を持っています．ある消費者の個別需要曲線とは，財がいろいろな価格で提供された時，彼がその財をいくつ欲しいと思うかを示す曲線です．いま，消費者A，B，Cという3人の消費者がいるとすると，図1-7の左3つの図は，3人の各々の個別需要曲線を示しています．

　個別需要曲線が右下がりになっているのは，この財が安くなれば，いままで他のものを買っていたのをやめてこの財を買おうと思ったり，安くなった分だけお金に余裕が出てきて，以前より多く買えるようになったりするからです．ただし，あまり価格が高くなると誰も買おうとは思わなくなってしまうでしょう．つまり，需要量が0になります．

　図1-7の右端には，3人の個別需要曲線をすべて横方向に足し合わせて得られる**需要曲線**が描かれています．この需要曲線のことを，特に個別需要曲線と区別する時**市場需要曲線**と言います．この曲線は，それぞれの価格に対して，一人ひとりが欲しいと思う量の市場全体での総計，つまり市場需要量を表しています．たとえば，40円の時3人の消費者の需要量の合計は10＋11＋12＝33ですから，市場需要曲線の数量は33になっています．

　図1-7では，市場需要曲線は右下がりになっています．市場需要曲線が右

図 1-7　個別需要曲線と市場需要曲線

下がりになることの第1の原因は，個別需要曲線が右下がりだからです．

市場需要曲線が右下がりになる第2の理由は，価格が下がるにつれ，新しい買い手が市場に参加してくるからです．[8] 図1-7の右端の図で，価格の下落にともなって，270円を切ると1人，200円を切るともう1人，120円を切るとさらにもう1人買い手が増えています．図1-7では市場需要曲線は，200円と120円の間では消費者Aと消費者Bの需要曲線を合わせたものになりますが，120円以下だと全員の需要曲線が足し合わされたものになります．だから，市場需要曲線はだんだん緩やかになっていくわけです．

個別供給曲線と市場供給曲線

次に，供給曲線が右上がりである理由を確認しましょう．

図1-8の左3つの図には，ある産業を構成するA，B，Cの3企業の**個別供給曲線**が描かれています．ある企業の個別供給曲線とは，財の価格がいろいろとつけられた場合に，その価格ならその企業がいくつ売ろうとするかを示す曲線です．個別供給曲線は右上がりです．価格が上がれば，前には追加費用が高すぎるためペイしなかった量までさらに増産することによって，企業は利潤を増やすことができます．したがって企業は，価格上昇にともなって，生産量を増やそうと考えます．

図1-8の右端には，左3つの個別供給曲線をすべて横に足し合わせて得られる**市場供給曲線**が描かれています．これは，この産業全体での供給曲線です．普通の需要・供給曲線の図として描かれる「供給曲線」とは，この市場供給曲線です．

市場供給曲線が右上がりである2つの理由は，図から確認できます．

第1に，個別の供給曲線が右上がりなのでその性質を引き継いでいるからです．

第2に，価格がある程度以上になると，それまで採算がとれずに生産を控えていた企業の中から，新たに供給し始める企業が出てくるからです．

生産者の数は価格水準によって変化します．価格が低い場合，豚まんしか作

---

[8] 価格が低いと，買う人の数が増えます．価格が低ければ今まで吉野家や松屋フーズの朝定食を食べていて，豚まんなんて食べたことがないという人まで，「朝食は豚まんにかぎるね」などと言って豚まん派になることもあるでしょう．

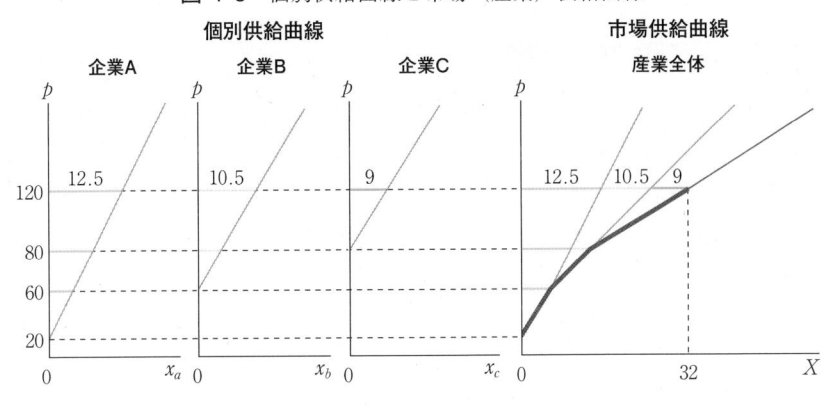

図 1-8　個別供給曲線と市場（産業）供給曲線

れない企業は豚まんを作り続けますが，他のものを作る能力や技術のある企業は，豚まんではなく他の財の製造に走るでしょう．対照的に価格が高ければ，いままで豚まん作りの経験のなかった人や会社までもが，豚まんの製造を始めます．

別の例としてお米を考えましょう．お米の値段が極端に安かったなら，沖縄の南の島で1年に三毛作くらいできるというようなところでは安く作れるから作るかもしれないですが，他ではもう作らなくなります．ところが，価格が高ければ相当無理をしても，山間の棚田や北海道でも作るようになります．それで供給数量が増加していきます．したがって，価格が上がることによって，いままではとても生産が無理だったというようなところまで生産できるようになります．それも供給曲線が右上がりである一因です．市場価格の上昇にともなって新規企業が生産を開始すると，市場供給曲線には新しい個別供給曲線が足し合わされます．このため，市場供給曲線の傾きはより緩やかになっています．[9]

---

[9] 逆に言えば，生産できない企業が増えると，市場供給曲線はより傾きが急なものになっていきます．これは，次の章の話題である**参入制限**に関係してくることです．

参入制限とは，ある産業で既に参入し，活動している企業（既存企業）が，その産業に他の企業が新しく自由に入ってきて生産することを邪魔する行動のことです．参入制限が行われると，本来市場にいられるはずの企業が，市場から締め出されてしまいますから，結局市場供給曲線が本来よりも急な傾きになります．このことが持つ意味は第3章「余剰と参入規制」で詳しく説明します．

7　市場に関する諸概念

ここで，市場に関するいくつかの概念を詳しく説明しておきます．

完全競争的な売り手

需要・供給曲線の図は，完全競争の仮定と密接な関係を持っています．

完全競争的な企業とは，自社の生産能力の範囲内で生産量を増減しても，市場価格に影響を与えられない企業です．すなわち，完全競争的な企業は，市場価格を与えられたものとして受け取らざるをえない企業だと言えます．彼らはプライス・テイカーと呼ばれていると前に述べました．

当該産業では各社が同質的な製品を生産しているとしましょう．この産業には，たくさんの企業があるため，その中のどの1社の生産量も，市場全体に比べれば小さくなります．そういう状況では，その生産物を市場価格で売りたいだけ売れるのですから，価格を市場価格より低く設定しても，得になることは何もありません．反対に，自社製品の価格を市場価格より高く設定したら，競争相手がたくさんいますから，消費者はみな他社製品に乗り換えてしまい，この企業の製品は1つも売れなくなってしまいます．したがって，価格を上げることも非合理です．ですから，個々の企業は価格は調整できず，市場価格を所与のものとして受け取らざるをえません．すなわち，所与の価格の下でどれだけの数量を売るかを決めるわけです．

したがって，**個々の完全競争的企業が直面している需要曲線は水平です**．その一方で，需要曲線は市場全体としては右下がりです．しかし，1つの企業が生産量を調整できる部分というのは，需要曲線全体から見ればほんの一部でしかないので，この企業にとってはほとんど水平線に感じられます．したがって，企業レベルでは，市場需要曲線を完全な水平線で近似できるということです．完全競争下の企業と市場の需要曲線の関係は，図1-9のパネルAとパネルBに示されています．

図 1-9　企業が直面する需要曲線

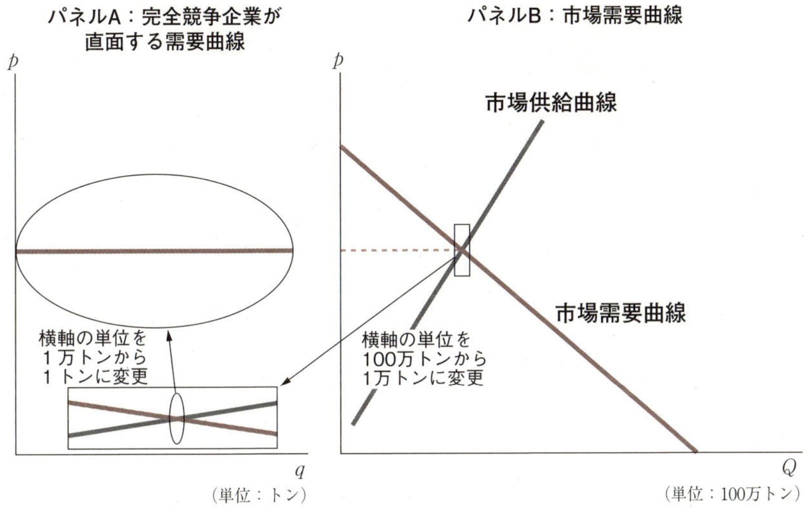
パネルA：完全競争企業が
直面する需要曲線
p
横軸の単位を
1 万トンから
1 トンに変更
q
（単位：トン）
パネルB：市場需要曲線
p
市場供給曲線
市場需要曲線
横軸の単位を
100万トンから
1万トンに変更
Q
（単位：100万トン）

市場支配力を持つ売り手

完全競争的でない売り手を，**市場支配力を持つ売り手**と言います．すなわち，**市場支配力を持つ売り手**とは，自社の生産能力の範囲内で生産量を増減することで，市場価格に影響を与えられる企業です．すなわち，右下がりの需要曲線に直面している企業です．個々の企業が右下がりの需要曲線に直面している例は，ゲーム機市場です．そこでは，個々の企業が特徴ある製品を売っているからです．たとえば，ソニーがプレイステーションの価格を高くしたら，客はマイクロソフトや任天堂に逃げてあまり買ってくれなくなります．安くすればそのような競争相手の製品からソニーに戻ってくるでしょう．

さまざまな差別化を行っているブランド物の洋服屋さんなども右下がりの需要曲線に直面しています．自分のところのブランドを気に入って買ってくれるお客さんがいると信じることができるので，自分で価格を操作して決めています．

供給曲線は完全競争的売り手を前提

(1) すべての企業は直面している需要曲線上で生産する

完全競争企業であろうとなかろうと，すべての企業は，自社が直面している需要曲線上の一点を選びます．

完全競争企業は，もちろん所与の価格に対応した水平な需要曲線上で最大の利潤をもたらす生産量を選びます．

右下がりの需要曲線に直面している企業も，需要曲線全体を見て，自社の利潤を最大にするような需要曲線上の一点を（例えば，図1-10のA点のように）選びます．この場合は，価格と数量の組み合わせを決めます．価格も選択するところが，完全競争企業と違うところです．もし企業が選択した価格の下で需要曲線上に企業が選択した数量より多くを売ろうとすれば，買い手が不足し，値崩れしてしまいます[10]（例えば，図1-10のB点を選ぶと，最終的にはC点に移行してしまいます）．反対に，それ以下の数量を売ろうとすれば市場

図 1-10 企業は，直面している需要曲線上で販売数量と価格を同時決定する

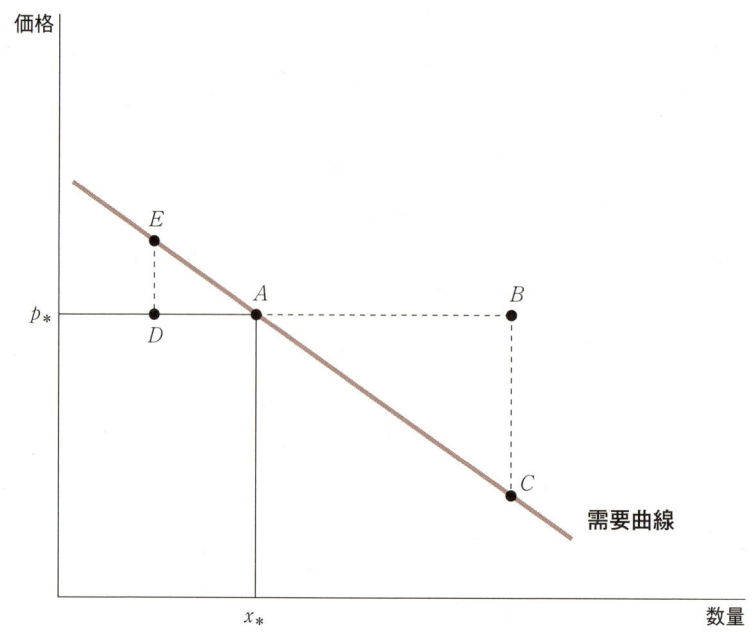

価格が上昇してしまいます（例えば，図1-10のD点を選べば，E点に移行してしまいます）．それなら最初から需要曲線上の点（この場合はE点）を選んだほうが有利です．

(2) 完全競争的な企業は，個別供給曲線上で生産する

完全競争的な企業は，所与の価格の下で販売数量を決めます．これは，所与の価格が変化すれば，それに対応した数量を供給するということです．こうしてこの企業の供給曲線を描くことができます．言い換えると，企業の供給曲線は，その企業が所与の価格の下で売りたいだけ売れる（すなわち直面している需要曲線が水平である）という状況で，どれだけの数量を売るかを示す曲線です．したがって，水平な需要曲線に直面している企業は，自社の供給曲線上で生産します．

(3) 不完全競争企業は，個別供給曲線上で生産しない

企業が直面している需要曲線が右下がりである場合にも，企業の供給曲線を描くことができます．そのためには，企業が現実に直面している需要曲線をまったく無視して，「仮に企業の直面する需要曲線がそれぞれの価格の下で水平であれば，」という，事実に反する想定をすればいいわけです．

しかし右下がりの需要曲線に直面している企業は，自社の供給曲線上で価格や生産量を選びません．仮に選ぶとすれば，（例えば図1-11のZ点のように）需要曲線と自社の供給曲線との交点を選ぶことになります．しかしこの企業は，交点における数量より供給量を抑制して価格を吊り上げることによって，利潤を引き上げることができます（第6章「規模の経済：独占」参照）．つまり，企業は，Z点よりは高い価格に対応した需要曲線上の（例えば図1-11のA点のような）一点を選択します．したがって，右下がりの需要曲線に直面している企業は，自社の供給曲線上で価格や生産量の組み合わせを選びません．[11]

(4) 市 場 価 格

完全競争市場では，各社の供給曲線を横方向に足し合わせた市場供給曲線と

---

10) 企業が完全競争的ならば，所与の価格の下で，企業はいくら売っても売れるわけですから，販売量を増やしても価格は下がりません．したがって，増産にともなう追加的費用を見ながら，生産量を決めます．

図 1-11　供給曲線はいらない

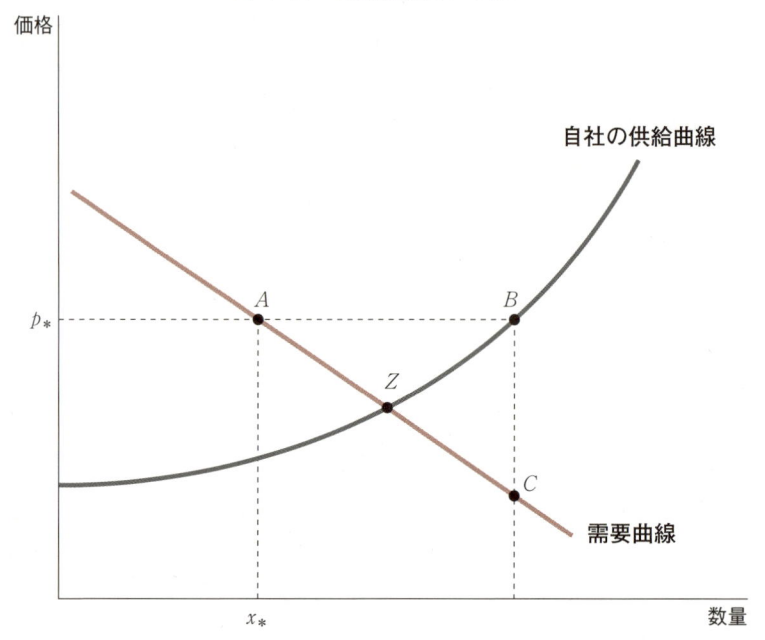

需要曲線の交点で価格が決まります．

しかし，個々の企業が右下がりの需要曲線に直面する場合には，供給曲線は，価格や供給量の決定に何の役割も果たしません．したがって，経済分析においてこの場合に，供給曲線を描くことはありません．

言い換えると，経済分析では，**売り手が完全競争的な場合にのみ供給曲線を描きます**．つまり，供給曲線を描くときには，無数の生産者がいることを前提にしているのです．

---

11) もしその企業が選択した価格の下で，需要曲線上の数量ではなく，供給曲線上の数量（例えば図 1-11 の B 点の数量）を売ろうとすれば，買い手が不足し，値崩れしてしまいます．一方，企業が完全競争的ならば，所与の価格の下で，企業はいくら売っても売れるわけですから，販売量を増やしても価格は下がりません．したがって，増産にともなう追加的費用を見ながら，供給曲線上に生産量を決めます．

完全競争的な買い手

これまでは売り手が完全競争的なケースを分析してきました．**需要曲線が価格決定に意味を持つのも，買い手が完全競争的な場合です**．生産物の市場で買い手が消費者の場合には，通常の場合は完全競争的です．すなわち買い手が大勢いるため，個々の買い手は，所与の価格を自分では操作できず受け入れざるをえないと考えています．

しかし要素市場では話が違います．ある町に大きな企業1つしかなくて，労働者もあまり地域間移動しないという時には，労働市場での買い手である企業が雇用量を調整することによって賃金の水準を決めることができます．この企業は右上がりの労働供給曲線に直面しています．この場合，労働者を少数しか雇わないことにすれば，賃金を安く決められます．

反対にたくさんの企業がある大きな町では，企業は市場で決まった賃金に従わざるをえません．もし市場で決まった賃金より低い賃金で募集すれば，労働者は他の会社で働くので，雇用できません．小さな町でも，労働者が地域間を自由に動く場合は同様です．

需要と需要量

経済学では，「需要が増える」というのと，「需要量が増える」というのとは，まったく別な意味で使います．

まず，「需要が増える」というのは，どの価格水準に対応する需要量も増えるということです．要するに，需要曲線が右方にシフトすることです．たとえば，以前と比べて全体の所得が増えたため同じ価格で買えるカラーテレビの量が増える現象を「需要が増えた」と言います．これは，需要曲線が右方にシフトすることを意味しています．

一方，「需要量が増える」という表現は，もっと一般的に用いられます．たとえば，「価格が下落したため需要曲線に沿って需要量が増える」というふうに使います．この場合，価格が下がった時に人びとが買いたいと考える量が増えるということです．これは，所与の需要曲線上で点が動くことによって示されます．

ですから,「需要が増えた」とは, 所得だとか, 流行の変化によって影響を受けて需要曲線全体が右方シフトすることを言います. それは価格の変化によって需要曲線に沿って「需要量が増えた」こととは区別します.

これを踏まえて, 次のような文章を考えてみましょう.

> 「所得が増加すると, 豚まんへの需要が増加するため, 一見価格が上昇するように見える. しかし, 価格の上昇は需要を減らす. 需要の減少は価格を下げてしまう. したがって, 所得の増大は, 最終的に価格を上げるのか下げるのかはっきりしない.」

実は, 需要法則と供給法則が成り立つのならば, 所得の増加は必ず価格を引き上げます. それにもかかわらず上の文章で結論が間違ってしまったのは,「需要の増大」と「需要量の増大」が混乱して使われているからです. 間違いを直すと上の文章は, 次のように書き直せます.

> 「所得が増加すると, 豚まんへの需要が増加するため, 需要曲線が右方にシフトする. この結果, 固定されている供給曲線に沿って, 均衡点は右上方に移る. したがって, 価格は上昇する. さらに所得増大前の需要量と比べると, 増大後の均衡における需要量は増加している.」

需要曲線の場合と同様に, 供給曲線が右方にシフトすることを「供給が増える」と言います. 一方, 価格が上がると供給曲線に沿って供給数量が増えることは「供給量が増える」と言います.

8 応 用

裁定と「一物一価の法則」

競争的な市場では, 同じものには同じ価格がつきます. このことを「一物一価の法則」と言います. たとえば, 図1-12が示すように渋谷では桃が100円

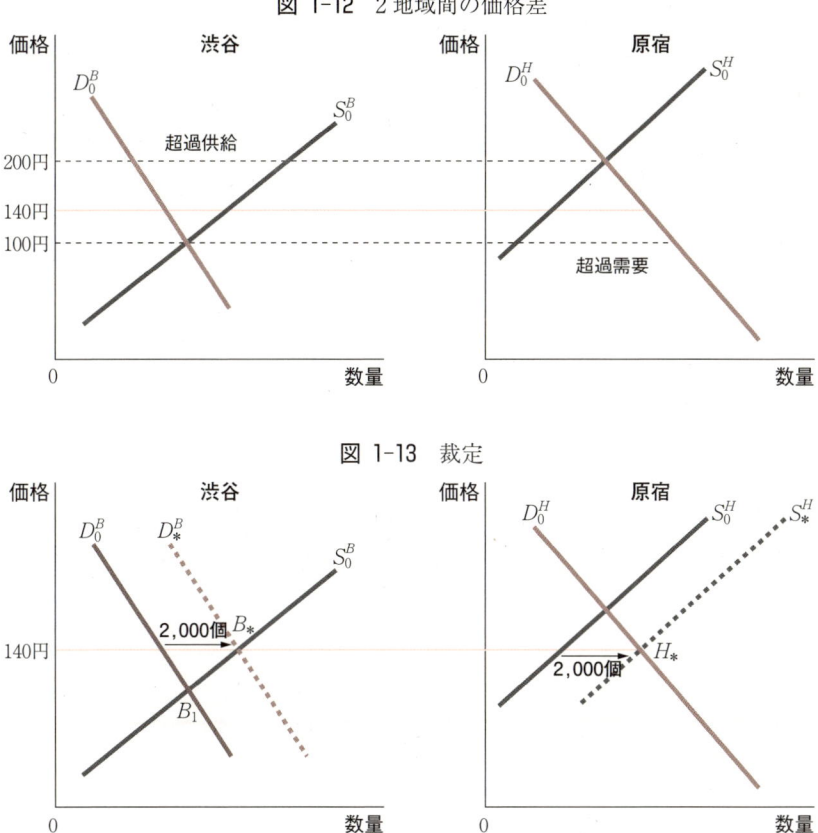

図 1-12　2地域間の価格差

図 1-13　裁定

で売られ，原宿では200円で売られていたとしましょう．この時仲買人が渋谷の安い桃を買いに行って原宿で売れば，100円分もうけることができます．2地域で価格の差があるかぎり，人びとは渋谷で買った桃を原宿で売り続けますから，やがて原宿の桃の値段は値崩れして下がっていきます．一方，多くの人が渋谷の桃を買うから，渋谷では品不足が生じ，値段が上がってしまいます．このプロセスは両地点での価格が異なるかぎり続きます．このように価格差を利用して，安いところで購入して高いところで売る行為を**裁定 arbitrage**と言います．

このような裁定のプロセスは，最終的には渋谷での超過供給と原宿での超過需要が等しくなる価格の時に終わり，均衡価格が達成されます．図 1-13 では

これが140円の水準で起きることが示されています．最終的に，共通の価格で両地点の超過需要と超過供給がゼロになった時に，均衡の価格が達成されます．

裁定が市場で行われる結果，同じものは同じ価格になり，「**一物一価の法則**」が成り立ちます．この新しい均衡価格は，仲買人が渋谷の桃の需要を増やし，それを原宿で転売することによって原宿における供給を増やしているということで達成されているわけですから，渋谷で需要曲線が右方にシフトし，原宿で供給曲線が右方にシフトしています．[12]

上では仲買人を想定しましたが，売り手自身が両地点での価格の差を知れば，渋谷で売るよりは原宿で売ったほうが有利ですから，その情報が流れた途端に渋谷の売り手は原宿での販売を増やします．両地区で価格差がなくなるまでこの行為は続きます．また，買い手も直接渋谷に買いに行って安い桃を買う人がでてきます．価格差を利用して儲けるこれらの人たちの行為すべてを裁定と言

---

[12] これを図1-14で示しています．この図は，昨日仲買人が渋谷よりも原宿で高いことを知ったために，ただちにトラックを手配し，それを使って今日渋谷で500個買って，原宿でそれを転売するよう命じたケースを示しています．渋谷の需要曲線が右方に500個分だけシフトし，原宿の供給曲線が同じ量だけ右方にシフトしています．この結果渋谷での価格は110円まで上昇し，原宿では190円まで下落します．しかし，2地域間の価格にはまだ差がありますから，裁定のプロセスはまだ続きます．

そのうちに図1-13のように仲買人が社員に今日は渋谷で桃を2000個買い，それを原宿で転売させた時，ちょうど両方の市場における価格が140円になり均衡します．これで裁定のプロセスが終わるわけです．

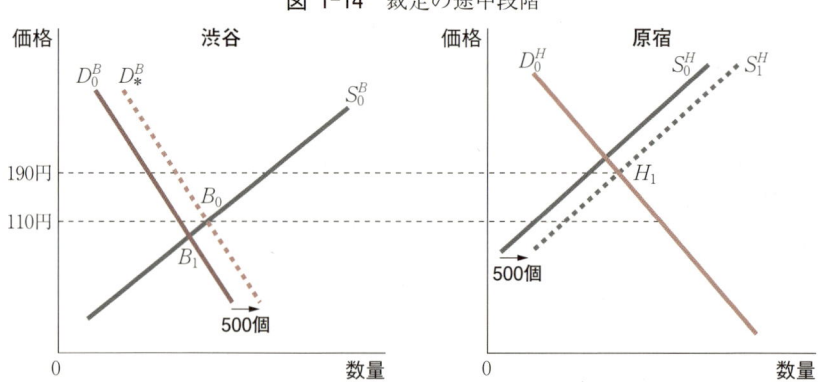

図 1-14　裁定の途中段階

8 応 用

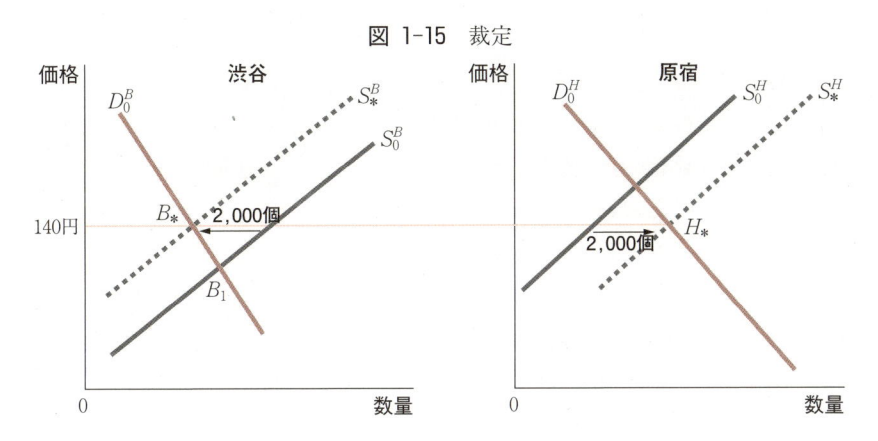

図 1-15 裁定

います．

　なお渋谷の売り手が原宿で売る場合には，図 1-15 が示すように，渋谷の供給曲線が左方にシフトし，原宿での供給曲線がその分右方にシフトします．

　ただし，ここで注意すべきは，価格が2つの市場でまったく同じになるのは，輸送費がない場合に限られるということです．もし輸送費があるなら，輸送費の分だけ差は残ります．したがってより正確には，同じ財が2市場で異なった価格で取引されている時に，その情報が両方の市場に伝わると，2つの市場の価格は輸送費を除いて等しくなることを，裁定が行われると言います．

　経済学者の伊藤元重さんは，裁定を説明するのに，紀伊国屋文左衛門の話を使います．うまい説明なので引用しましょう．

> 「海が荒れて紀州のみかんを江戸に届けることができない中で，江戸のみかんの価格は上がり，紀州ではみかんが大量に余って価格が暴落していた．文左衛門は仲間と命をかけて荒れた海に乗り出し，江戸までみかんを運んで，大もうけをすることができた．江戸の庶民は安いみかんにありつけたし，紀州の農家もみかんを腐らせないですんだ．紀伊国屋文左衛門の裁定のおかげで，皆が恩恵を受けたのだ．
>
> たんに右から左へ商品を流す行為が裁定だが，この行為があるからこそ市場が広がり，多様な消費が可能になる．」[13]

価　格　規　制

　政府が価格を固定して，高い価格で取引してはいけないようにすることがあります．これを**価格の上限規制**と言います．反対に，超過供給があるのに価格をこれ以下に下げてはいけないということもあります．これを**価格の下限規制**と言います．両方を合わせて**価格規制**と言います．

　政府が価格の上限を決める規制の典型は，戦時中によく行われる**物価統制令**です．戦争中には労働者が戦場に行っていたり，軍需工場に配属されたりするため，多くの財の供給曲線が左側にシフトする結果，価格が高騰します．そのような場合に政府が無理矢理価格の上限を設定するわけです．図1-4で言うと，たとえば50円のところに価格の上限を設定します．この場合には当然，品不足が発生します．それを解消するために政府は往々にして**配給制度**を同時に導入します．配給制度とは，1人当たりの購入量を配給量までに制限する制度です．具体的には，配給の切符を各世帯に配り，その財を買う時にはお金を支払うだけでなく，配給切符をも出さなければ買うことができないようにしてしまうわけです．このような配給制度は品不足を緩和します．

　しかし，配給量より多く欲しい人が配給制度のために無理に需要量を下げられているわけですから，供給者が直接そのような買い手と接触できれば，高く売れることになります．これを**ヤミ市場**と言います．物価統制が行われている時には，必ずヤミ市場が発生します．権力者や大金持ちは，特に容易にこのヤミ市場で取引できるわけで，新たな不公平が発生します．日本でも戦中の1939年（昭和14年）に物価統制令が施行され，ほとんどのものの値段が制約されました．戦争直後まで，ヤミ市場が横行し，早朝，米を千葉や埼玉の農家の人が背中に担いで東京に運搬する，いわゆるヤミ屋の姿が見られました．

　1939年には地代・家賃統制令も施行されましたが，これは深刻な問題を引き起こしました．この統制令ができた時には，家を借りる際に支払う敷金や礼金は統制されなかったので，家主は，契約期間が切れると同時に借家人を追い出

---

13)　伊藤元重「神の見えざる手とは」日本経済新聞社編『やさしい経済学』（日本経済新聞社．2001年），p.41.

して新たな借家人を入れ，高い礼金を取るということが行われました．また，家の売却価格は統制されなかったので，借家人を追い出して家を高い値段で売却するということも行われました．地代・家賃統制令ができるまでは，継続的に契約が更新されるのが普通でしたが，統制令ができると同時に，借家人追い出しが多発しました．

その結果，1941年（昭和16年）に借地借家法が改正されて，よほどの理由がないかぎり，契約期限が切れても借家人は出ていかなくてもすむということになりました．地代・家賃統制令が借地借家法の改正と組み合わされた結果，家を貸す人が激減し，住宅難が起きました．この組み合わせ制度は，すでに借家に住んでいる人にとっては家賃を抑えてもらったのでありがたいのですが，家を探している人にとっては，借家が見つからなくなり不便な状況になりました．[14]

この法律のために，いずれは出ていく学生や若い夫婦のための小さなアパートを除いて，家主はファミリー向けの借家の供給を急に差し控えるようになりました．戦前，日本の世帯の8割が借家に住んでいたのに対して，現在ではその比率は3割程度に下がっています．それも，ほとんどが学生や，若い夫婦世帯で占められています．

価格の下限を設けた規制の典型例は，**最低賃金法**です．最低賃金法は，ある水準以下の賃金では労働者を雇ってはいけない，ということを定めています．図1-16は未熟練労働の需要・供給曲線を示しています．縦軸に賃金率，横軸に雇用量が示されています．仮に規制された最低賃金が700円だとしましょう．この最低賃金の下では，失業が図1-16のオレンジ線の長さだけ生じてしまいます．しかし，企業はこれ以下に賃金を下げて雇用することが禁じられています．日本の大都市では，最低賃金が均衡賃金と同じか，あるいは低めに設定されているので，賃金に対しても失業に対しても効果は大きくありません．しかし地方では，最低賃金のほうが均衡賃金より高く設定されているために，地方

---

[14] その後，地代・家賃統制令は廃止されましたが，判例によって，契約更新時の家賃の値上げが抑制されたために，家賃統制令がある状態と同様の状態が基本的に続いています．

図 1-16　労働の需給均衡

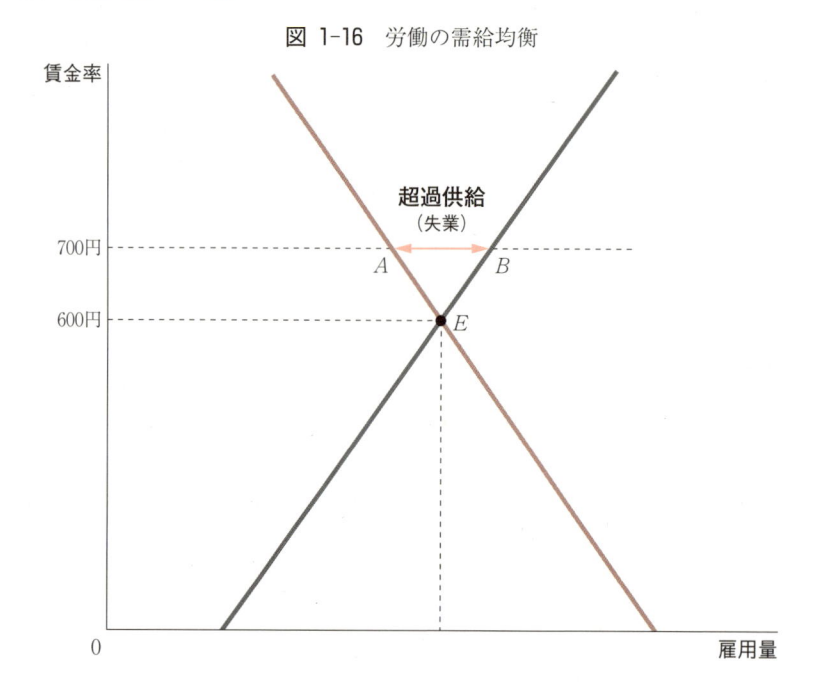

賃金率

超過供給
（失業）

700円 …… A ←→ B
600円 …… E

0　　　　　　　　　　　　雇用量

における失業率を増大させています．さらに，アメリカでは最低賃金が均衡賃金より高く設定されているので，大きな失業増大効果があります．最低賃金法の下では，賃金の低下によっては失業が解消されない，という状況が発生します．アメリカの場合は，特に，未熟練労働者である高校を出たばかりの人に集中して失業が発生する原因になっています．

　最低賃金法は，すでに雇用されている人に恩恵を与えますが，失業者を増やします．この法律は，一見すると労働者の味方のように見えますが，実は一番貧しい人の犠牲の下に，運の良い人たちが恩恵を受ける制度だとも言えます．

キーワード

経済主体　　生産物　　財・サービス　　労働　　土地　　中間投入物　　資本
（資本財）　　生産要素　　企業　　産業　　市場　　完全競争的な売り手・買い手

キーワードと練習問題　55

独占企業　寡占企業　価格支配力を持っている売り手・買い手　完全競争的市場　効用　利潤　資源　人的資本　プライス・テイカー　需要・供給　需要量　需要曲線　「他の条件を一定として」　需要法則　供給曲線　供給法則　追加費用　限界費用　競争均衡・市場均衡　均衡価格　均衡取引量　超過供給・超過需要　個別需要曲線　市場需要曲線　個別供給曲線　市場供給曲線　裁定　一物一価の法則　価格規制　物価統制令　配給制度　ヤミ市場　最低賃金法

練習問題

1．本文にあげられた豚まん市場の例を前提として解答せよ．
 (1) 不況になって，すべての人の所得が下がった時には，豚まんの新しい均衡価格と均衡取引量はどう変化するか．
 (2) 豚まんを安く作る機械が出回るようになった場合には，均衡価格と均衡取引量はどう変化するか．
2．次の文は，一般的な豚まん市場について述べたものである．正誤を判断し，誤りあれば正せ．
 (1) 「消費者の所得が増えると需要が増える．」
 (2) 「豚まんの価格が下がると需要が増える．」
3．渋谷と原宿の裁定の例で，仲買人や渋谷の売り手ではなく，原宿の買い手が渋谷で買うことによって裁定が起きて，市場価格はやはり140円になった．この時の両市場の需要供給曲線の変化を図中に描け．

2章

供　　給

　本章では，企業の利潤最大化にもとづく供給行動を分析し，それが産業全体での効率的な配分をもたらすことを示します．

　具体的には，生産量が増加するのにともなって費用がどう増加するかについてまず分析し，それにもとづいて供給曲線を導出します．次に，「生産者余剰」の概念を説明します．これは，ある政策が資源配分を効率化するか否かを判定する際に，次章以下で大きな役割を演じます．さらに「利潤」の意味を明確にするために，「帰属所得」の概念を説明します．最後に「市場均衡では，産業全体で最大限効率的な生産が行われる」ことを示します．

1　生　　産

企業と産業

　第1章で述べたように，ある市場供給曲線が対象とする産業には，たくさんの企業があって，どの企業も1本ずつ自社の供給曲線を持っています．個々の企業の供給曲線を**個別供給曲線 individual supply curve** と言います．これらを横方向に足し合わせたものが，その産業の**市場供給曲線 market supply curve** です．

　このことを図2-1が例示しています．ある産業にA，B，Cの3企業がある

図 2-1　市場供給曲線

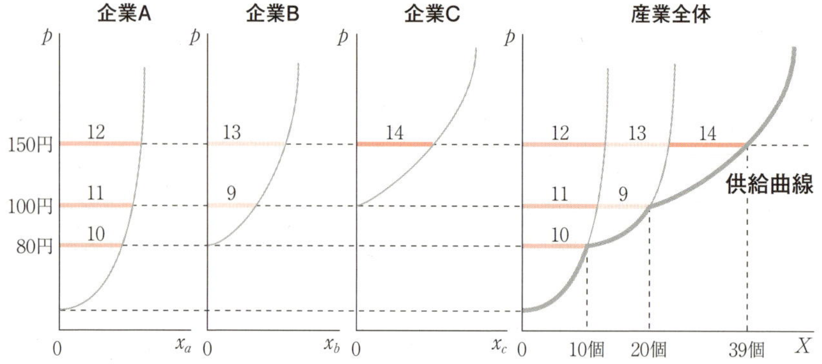

とします．図2-1の左側3つのパネルはそれら3社の供給曲線を描いています．これらを横方向に足し合わせた産業の供給曲線が，右端のパネルに描かれています．

したがって，ある産業の市場供給曲線を分析するためには，その産業を構成する個々の企業の行動をまず分析する必要があります．

可変投入物と固定投入物

企業は，土地を借り，機械を買い，労働者を雇用し，原材料や中間生産物を加工して，財貨やサービスを生産します．この場合，労働のサービス，原材料，土地や機械のサービスのように，生産工程に投入されるものを**投入物 input**と言います．それが生産工程を経て，**産出物 output** として出てきます．産出物のことは**生産物 product** とも言います．

生産には時間がかかります．生産計画の立案，原材料の発注，工場の運転，製品の出荷というプロセスを考えればそれはわかるでしょう．したがって，生産量は一定の期間に対して計測しなければなりません．一口に一定の期間と言っても，1週間，あるいは1年，はては10年というように，いろいろな期間を取ることができます．

ある一定の期間を考えた際には，その期間内に投入量を変えられる投入物と，変えられない投入物とがあります．変えられるものは**可変投入物 variable** input，変えられないものは**固定投入物** fixed input と呼びます．特定の投入物をどちらに分類するかは，あくまで想定している期間によって異なります．

　たとえば1年間ならば，労働は可変投入物である場合が多いでしょう．1年間のうちには，パートの人を雇ったり，雇わなかったりして，雇用量を変えられるからです．同様に，原材料も可変投入物です．

　しかし，土地は，たとえば20年契約で借りていれば，すぐには借り換えられません．周囲に土地を広げようと思っても，すぐには手配できないでしょう．ですから，1年間ぐらいで考えると，土地は固定投入物です．機械も同様です．つまり，1年間という期間で考えると，普通労働は可変投入物，土地と資本は固定投入物に分類できます．

　一方で，期間を1カ月に取ると，労働も固定投入物になる場合があります．これから半年間は雇用するという契約を結んでしまった場合には，急に解雇することはできません．このように，投入物は，固定投入物と可変投入物とに分類できますが，特定の投入物がどちらに分類されるかは，想定する期間によって異なることに注意してください．逆に言えば，可変とか固定という言葉が使われている場合には，一定の期間が暗黙に前提とされています．

限界生産力逓減の法則

　次に，可変投入物の投入量を増加させるにつれて，最終的な生産量がどのように増加するかを分析しましょう．

　例として，大豆を1年間で生産する場合を考えてみましょう．ある農家が大きな土地を持っていて，労働者を雇用して大豆を生産しています．1年間では，土地は固定投入物だとします．この時，可変投入物である労働量の増加にともなって，生産量がどのように増加するかを見ようというわけです．

　固定投入物である土地の広さを，図2-2の長方形が示しているとします．そこに労働者を雇用したとしましょう．そうすると，最初の労働者Aは，図2-2のAの部分を耕して，次の労働者BはBの部分，その次の労働者CはCの部分を耕します．これらの土地A，B，Cは，各労働者が，他人に遠慮せずに土地を思い切り使った結果，各人が耕作することができた最大の面積だとしましょう．この場合，労働者Bは，自分が耕してもAが耕す場所を減らして

図 2-2　固定投入物と可変投入物

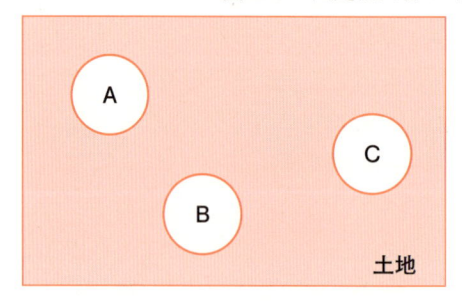

まだ土地に余裕があり，お互いに迷惑をかけることはない．
↓
労働量（投入物）を増やせば，生産量も比例的に増える．

土地

いるわけではありません．同様に，労働者CはAやBに迷惑をかけてはいません．ある程度の人数までは，新しく雇用された人は，自分より前に雇用されている労働者に何の迷惑もかけません．したがって，2人目が追加されれば，生産がちゃんと2倍に増加するし，3人目を増やせば3倍に増加します．つまり，**生産量が投入物の量と比例的に増加していく**わけです．

ところが，労働者をだんだん増やしていくと，いつかは土地を全部使ってしまい，各労働者は土地を思いのままに使うわけにはいかなくなります．労働者1人当たりが耕せる土地がだんだん狭くなってくるからです．つまり，**混み合い**状態が発生するわけです．[1] 混み合いが発生し始める労働者数 l_0 を超えて労働者数を増やしても，生産量は比例的には増加していきません．

図2-3は，横軸に労働投入量を，縦軸に大豆の生産量をとっており，曲線は労働投入量に対応した最大生産量を示しています．この曲線を労働の**生産力曲線**と言います．図からもわかるとおり，投入物（労働量）が l_0 になるまでは，生産量は投入物に比例して増加していきますが，l_0 を超えると，労働投入量の増加に比べて生産力曲線の上がり方は，「混み合い」のため緩やかになっ

---

[1]「混み合い」という言葉は，たんに混み合っている状態を表します．すなわち，混みすぎている，とか混みすぎてはいない，といった判断から中立的な言葉です．それに対して，「混雑」という言葉は，混み合い状態のうち，主として，混みすぎている状態を表します．「過密」は，混みすぎている状態のみを言います．英語で「混み合い」「混雑」「過密」のそれぞれに相当する言葉は，crowdedness, congestion, overcrowdedness です．

1 生　産　61

図 2-3　生産力曲線

縦横軸ひっくり返す

図 2-5　必要労働量曲線
（生産量の増加にしたがい増加する労働量）

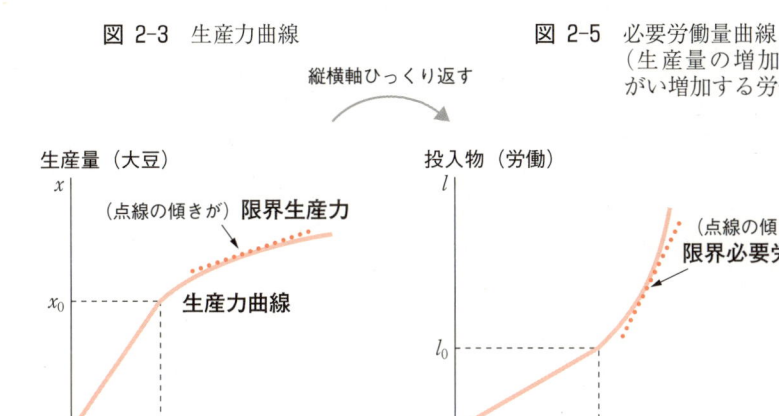

生産量（大豆）

x

（点線の傾きが）**限界生産力**

x_0

生産力曲線

l_0

投入物（労働）　l

投入物（労働）

l

（点線の傾きが）
限界必要労働力

l_0

x_0　生産量（大豆）　x

図 2-4　限界生産力逓減の法則

限界生産力　$\frac{\Delta x}{\Delta l}$

$\frac{x_0}{l_0}$　**限界生産力曲線**

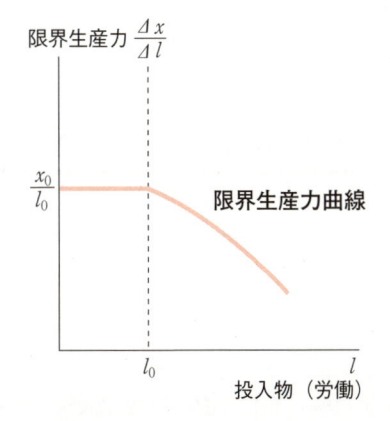

l_0　投入物（労働）　l

ています．

　労働以外のすべての投入物（この場合は土地）の量を一定にしたまま，もう1単位労働者を追加投入した時の生産量の増加分を，労働の**限界生産力**と言います．各労働投入量に対する労働の限界生産力は，その労働量に対応した生産力曲線の傾きで表されます．図 2-3 に描かれた生産力曲線の傾きの変化は，この言葉を使うと次のように言うことができます．

「投入量が少ない時には，労働の限界生産力は一定であるが，投入量が水準 l_0 を超えると，混み合いのために限界生産力が次第に減る，すなわち逓減する．」

このように投入量がある水準を超えると，混み合いのために限界生産力が逓減することを，**限界生産力逓減の法則**と言います．この現象は，農業に限らずあらゆる生産過程で見いだされます．[2] 横軸に労働量をとって，縦軸に労働の限界生産力を直接描いた曲線を，労働の**限界生産力曲線**と言います．図2-4は，図2-3に対応した限界生産力曲線です．限界生産力逓減の法則は，この図2-4が直接的に示しています（なお，この図の縦軸では労働の限界生産力を $\Delta x/\Delta l$ と記号で表しています）．

2 費　　用

可変費用と固定費用

投入物を購入するにはお金がかかります．ある期間における**費用**（**総費用** total cost とも言います）は，その期間において使用されるすべての投入物の市場価値の総計です．可変投入物の市場価値は**可変費用** variable cost，固定投入物の市場価値は**固定費用** fixed cost です．したがって，次式が成り立ちます．

　　　総費用＝可変費用＋固定費用　　　　　　　　　　　　　　　　(2.1)

たとえば1年間の期間をとれば，原材料やアルバイト労働は可変投入物ですから，この期間では，原材料費用や人件費などは可変費用の一部です．さらに，

---

[2] たとえば，固定投入物が土地ではなくトラックである場合にも同じことが成り立ちます．かなりの生産規模を予想して，トラックを何台か購入してあったとすると，労働者が少ない間は雇った労働者は全員がすぐトラックに飛び乗って仕事に向かえます．ところが，労働者が増加してきて混み合ってくると，トラックを共同で使わなければならなくなり，多少なりとも待ち時間が出てきます．この結果，追加的に労働者をもう1人雇用しても，生産量の増加幅が前より小さくなります．

工場用地やオフィスなどの固定投入物を借りている場合には，その賃料（地代や家賃）は固定費用です．

可変費用と生産量の関係を図示しましょう．議論を簡単にするために，図2-2から図2-4で分析した大豆生産の場合を考えます．この例では，可変投入物は労働量だけでした．この場合，可変費用は，労働時間投入量に時間当たりの賃金率を掛けたものになります．たとえば，1人の労働者を時給1000円で5時間雇ったら，可変費用は5000円になります．

図2-5は，図2-3の縦軸と横軸を交換した図です．この図を**必要労働量曲線**と言います．横軸で示された生産量を生産するために必要な最小の労働量を示しています．図2-5のグラフの傾きが示すとおり，生産を1単位増加するのに必要な労働量（投入物）の増加分は，生産量が低いうちは一定ですが，生産量が x_0 以上に達すると増加していきます．l_0 以上の労働者を雇用すると，混み合いが発生して効率が悪くなっていくからです．

大豆生産の例では，可変費用は労働量に賃金率を掛けたものです．したがって，**可変費用曲線** variable cost curve は，図2-5の必要労働量曲線を，縦方向に賃金率を掛けた分だけ上に拡大して得られます．このため，可変費用曲線のグラフは賃金率によって当然異なります．図2-6には賃金率が1000円の時の可変費用曲線が描かれています．縦軸の単位を1000円に取っていますから，

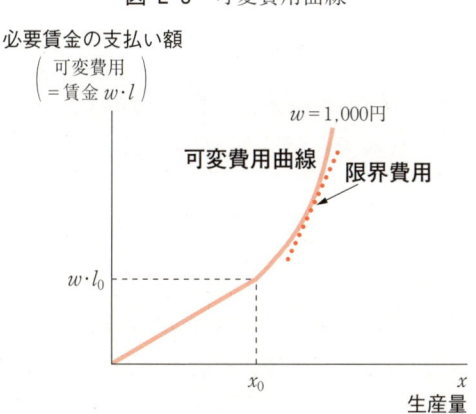

図 2-6 可変費用曲線

図 2-7 可変費用曲線のシフト

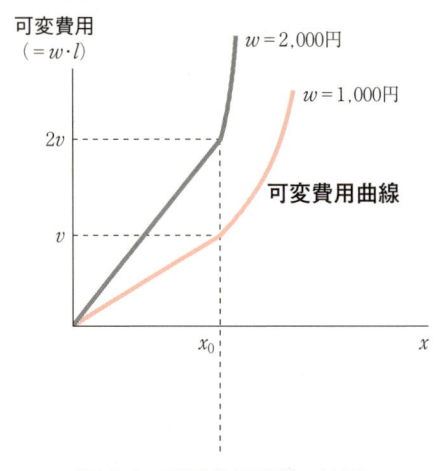

図 2-8 限界費用逓増の法則

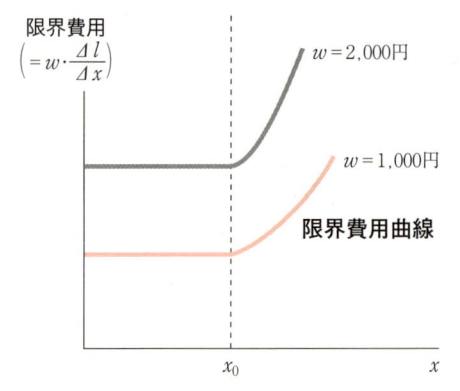

図 2-6 は，図 2-5 のグラフをそのままにして縦軸のラベルだけを書き換えた図です．図 2-7 には，賃金率が1000円の時と2000円の時の可変費用曲線がそれぞれ描かれています．

限界費用逓増の法則

生産量を1単位増やす時に必要な可変費用の増加分を**限界費用 marginal cost** と言います．[3)] 以下では，増産につれてこれがどう変化するのかを見ましょう．

限界費用は可変費用曲線の傾きとして図示できます．図2-7から得た限界費用曲線が図2-8です．この図では確かに，生産量がx_0になるまでは限界費用は一定ですが，x_0を超えると限界費用が増加しています．これは，図2-5において生産量がx_0を超えると混み合いが発生して効率が悪くなるため，生産を1単位増加するのに必要な労働投入量の増加分が逓増していることを反映しています．

生産量がある水準を超えると，生産量の増加にともなって限界費用がだんだん上昇することを，**限界費用逓増の法則**と言います．この法則は，これまでの説明から明らかなように，限界生産力逓減の法則から直接導かれる性質です．[4]

さて，これまでは，労働だけが可変投入物だと仮定してきました．実際には労働の他にも原材料や中間投入物など，さまざまな可変投入物があるでしょう．しかし，たくさんの可変投入物がある場合にも，生産を増やしていくと，ある生産量までは限界費用は一定ですが，その水準を超えると限界費用が逓増していきます．先ほどの例で言うと，大豆の生産量を増やす過程では，労働者だけでなく，農薬も鍬も投入されます．しかし，土地は一定ですから，遅かれ早かれ，そうした可変投入物が互いに邪魔にならずにいっしょに働ける土地の量がだんだん減りだして，混み合いが発生してきます．結局，生産量を追加するのに必要となる追加的な費用の額は増加してくるのです．したがって，限界費用は，最初は一定でも，途中から上昇していきます．つまり，限界費用逓増の法則は，一般的に可変投入物が複数ある時にも見られる法則です．

なお，**総費用曲線 total cost curve**は，(2.1)式から明らかなように，図

---

[3] 限界費用のことは，英語では marginal cost と言います．「マージンを取る」という言い方がありますが，マージンというのは，「縁」という意味です．marginal cost というのは，もう1単位生産を増やす時に増やす必要があるコスト——すなわち縁のコスト——という意味です．

[4] 図2-7の可変費用曲線の傾きは，図2-5の曲線の傾き$\frac{\Delta l}{\Delta x}$に賃金率$w$を掛けた$w\frac{\Delta l}{\Delta x}$です．これが図2-8の限界費用曲線の図の縦軸になります．一方，$\frac{\Delta x}{\Delta l}$は，図2-3の傾きであり，図2-4の縦軸です．もちろん$\frac{\Delta x}{\Delta l}$は，$\frac{\Delta l}{\Delta x}$の逆数です．

図 2-9 総費用曲線

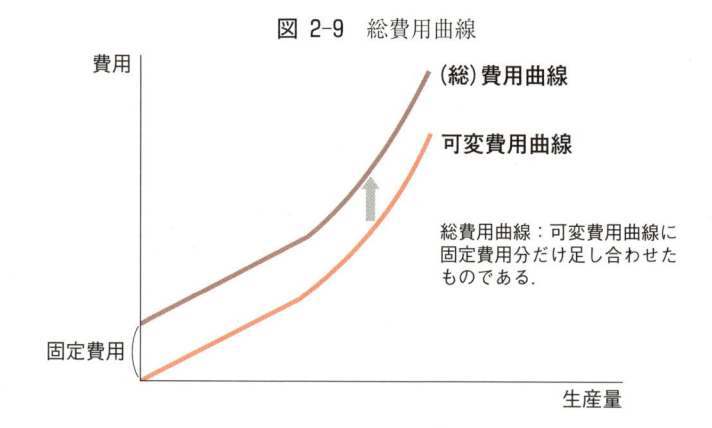

費用／生産量

(総)費用曲線
可変費用曲線

総費用曲線：可変費用曲線に固定費用分だけ足し合わせたものである．

固定費用

2-6 の可変費用曲線を固定費用分だけ上方にシフトさせたものです．これを表したのが図 2-9 です．なお，生産量を変えても，固定費用は変化しませんから，「**限界費用は，1単位生産を増加させた時の総費用の増加分である**」とも定義できます．

3 利　　潤

定　　義

企業の目的は，利潤の最大化です．その目的を達成するために，企業は所与の価格の下で利潤を最大にする生産量を生産します．この生産量が，所与の価格の下でのこの企業の供給量です．

利潤とは，収入から費用を差し引いたものです．すなわち

$$利潤 = 収入 - 費用 \tag{2.2}$$

です．ここで「費用」とは総費用のことです．生産物の売上げによって得た収入の中から生産のために使われた費用を支払った後で残ったものが，企業の**利潤 profit** です．利潤，収入，費用は，一定の期間，たとえば1年とか半年といった期間に対して定義できます（あとの頁に出てくる表 2-1 の行1と行2は，これら3つの概念の間の関係を示しています）．

なお，利潤が負である時，「損失が発生している」と言い，その利潤の絶対

値を **損失 loss** と言います（後に出てくる表2-3の行1と行2は，費用が収入を上回る場合の収入と費用とを示しています．この場合の損失は，行3に示されているとおりです）．

収　　入

(2.2) 式の右辺の2項のうち，「費用」のほうは図2-9で図示しましたので，収入も図示してみましょう．

収入とは，企業が販売している財の売上げです．すなわち，販売量と価格の積です．生産したものはすべて売れるとすると，販売量と生産量は等しいので，収入は次のように定義できます．

　　　　収入＝価格×生産量

完全競争の状況下で企業の収入を考えてみましょう．**完全競争的な企業**とは，自社の生産能力の範囲内で生産量を増減しても，市場価格に影響を与えられない企業です．すなわち，完全競争的な企業とは，市場価格を所与のものとして受け取る企業だと言えます．したがって，完全競争的な市場では，市場需要曲線は右下がりですが，個々の**企業が直面する需要曲線は水平です**．

所与の価格の下での生産量に対する収入を示すのが**収入曲線 revenue curve** です．価格が p_1 の時の収入曲線を図2-10パネルAのグレーの線が示しています．完全競争の仮定から，生産量を増加させても，価格は一定のままなので，収入曲線は直線になります．この直線の傾きは価格です．完全競争の仮定の下では，生産量を増加させても価格は変化しませんから，生産量を1単位増やした時の収入増は，価格そのものです．

利潤曲線

完全競争下の企業の利潤曲線と生産量の関係を分析しましょう．図2-10パネルAの茶線は，図2-9の茶線をコピーした，企業の費用曲線です．利潤は収入と費用の差ですから，**各生産量に対応した利潤は，収入曲線と費用曲線の垂直の距離**です．

図2-10パネルBのオレンジ線は，各生産量ごとにパネルAのグレー線と茶線の間の垂直距離を描いたグラフです．これは，各生産量に対応した利潤を

図 2-10 利潤＝収入－費用

パネルA：費用・収入曲線

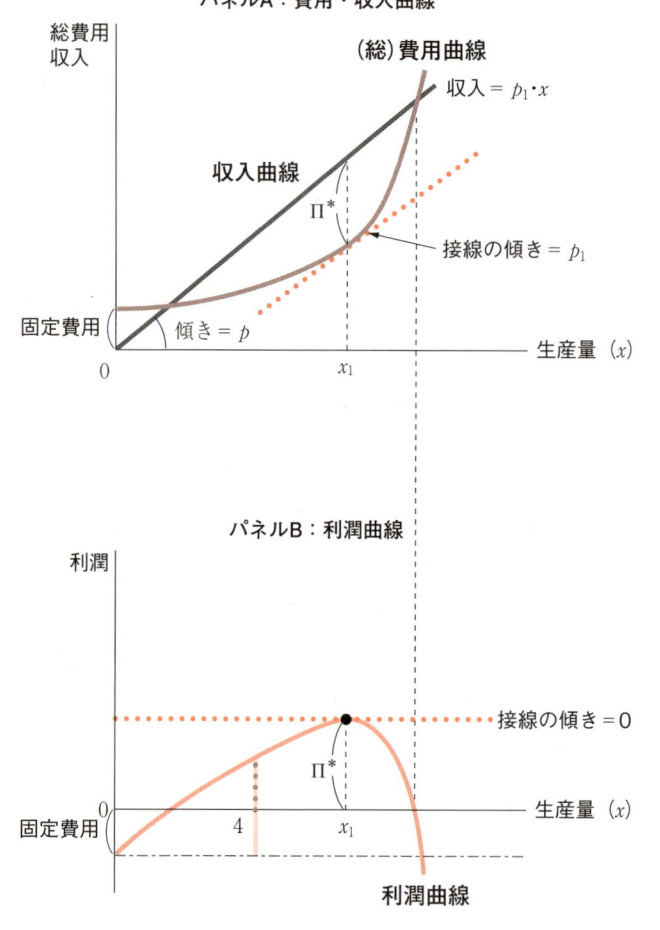

（総）費用曲線
収入 ＝ $p_1 \cdot x$
収入曲線
Π^*
接線の傾き ＝ p_1
固定費用
傾き ＝ p
総費用・収入
0
x_1
生産量 (x)

パネルB：利潤曲線

利潤
接線の傾き ＝ 0
Π^*
固定費用
0
4
x_1
生産量 (x)
利潤曲線

示しています．このグラフを，**利潤曲線**と言います．

　図 2-10 パネル A の収入曲線は，p_1 に対応して描かれたので，利潤曲線が頂点に達している生産量 x_1 が，価格 p_1 の下でのこの企業の供給量です．

　図 2-10 パネル B によれば，x_1 より低い生産量では，利潤曲線は右上りです．一方，x_1 より高い生産量では，利潤曲線は右下がりです．すなわち，生産量が x_1 より低い時には生産量を増やすことによって，また生産量が x_1 より高い時には生産量を減らすことによって利潤が増えることを，この利潤曲線は示

しています．

　利潤曲線をパネルBのように描ける理由は，パネルAによって，次のように説明できます．まず，生産量がゼロの時には，利潤曲線の水準は負になっています．生産量がゼロの時には，収入はゼロですが，費用は固定費用がかかっているので，ちょうどその分だけ損失が発生しています．

　一方，生産量が0から増加していくと，利潤が増加します．これはパネルAが示すように，低い生産量の時には，価格のほうが限界費用より大きいためです．しかし限界費用逓増の法則のために，生産量が増加すると限界費用が増加していくために，利潤の増え方は次第に減少していきます．さらに生産量が増加すると，パネルBの利潤曲線は右下がりになります．

　したがって，生産量が x_1 になるまで利潤が増大するのも，その後利潤が減少していくのも，限界費用逓増の法則のためです．

4　供　給　曲　線

利 潤 最 大 化

　図2-10パネルBでは，企業の利潤曲線は生産量 x_1 で頂点に達しています．この生産水準で利潤は最大化されます．当然，x_1 では利潤曲線の傾きは0です．これは，生産量が x_1 の時，利潤曲線の接線が水平線であることを意味します．

　生産量を1単位増やした時の利潤増を**限界利潤 marginal profit** と呼びます．限界利潤は利潤曲線の傾きです．生産量が x_1 の時には限界利潤はゼロです．したがって次が成り立ちます．

　利潤を最大にする生産量の下では，

$$\text{限界利潤} = 0 \tag{2.3}$$

である．

　完全競争企業の生産量を1単位増やした時の利潤，収入，費用の増加分は，それぞれ限界利潤，価格，限界費用です．したがって，(2.2) 式から

$$\text{限界利潤} = \text{価格} - \text{限界費用} \tag{2.4}$$

が成り立ちます．[5] すなわち，限界利潤は，価格から限界費用を差し引いたも

のです.

(2.4) 式を (2.3) に代入すると，次が成り立つことがわかります．
利潤を最大にする生産量では，

価格＝限界費用 (2.5)

となる．

この (2.5) の命題は，図 2-10 パネル B の利潤曲線の性質から導き出したものです．しかし，限界費用曲線を使って直接導くこともできます．

図 2-11 には，企業の限界費用曲線と価格線 p_1 が描かれています．(2.4) 式から，各生産量における限界利潤は，価格線と限界費用線の高さの差として表されます．

図 2-11 では，x_1 より低い生産量では，価格のほうが限界費用より高いので，限界利潤は正です．たとえば，x_a だけ生産されている時の限界利潤は，オレンジ線の長さで示されます．したがって，x_1 より低い生産量では，生産量を増やすことによって利潤を増加させることができます．

一方，x_1 より高い生産量では，限界費用のほうが価格より高いので，限界利潤は負です．たとえば，生産量 x_b では，限界利潤はグレー線の高さにマイナ

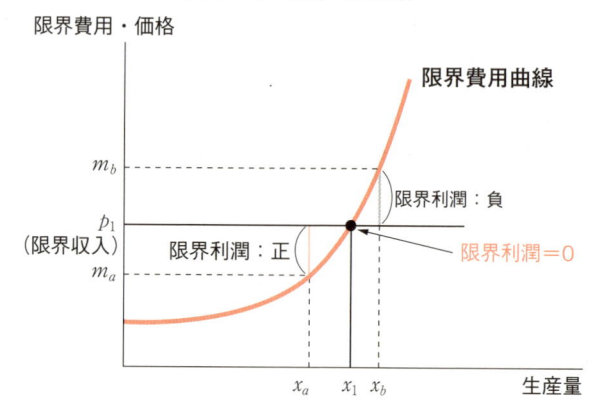

図 2-11　限界費用曲線

---

5) いま，価格が 5 万円の製品の生産量を 1 単位増やしたら，費用が 3 万円増えるとしましょう．この時，利潤は 2 万円増えるでしょう．つまり，価格（5 万円）と限界費用（3 万円）の差として，限界利潤（2 万円）は表せます．

スをつけたものです．したがって，この範囲の生産量の時には，生産量を減らすと利潤が増加します．[6]

最終的に，限界費用曲線が価格線 p_1 と交わる生産量 x_1 の時に，限界利潤はゼロになり，利潤が最大になります．これが (2.5) 式の意味です．

供給曲線

図 2-12 には，ある企業の限界費用曲線が描かれています．図から，限界費用が p_1 と p_2 に等しくなる生産量は，それぞれ x_1 と x_2 です．したがって，(2.5) から，価格が p_1 の時は生産量が x_1 で，価格が p_2 の時は生産量が x_2 で，利潤が最大化されます．言い換えると，企業は価格が p_1 の時 x_1 を供給し，p_2 の時 x_2 を供給します．つまり，価格をどの水準に変えても，その価格に等しい限界費用を持つ生産量を供給します．したがって，**企業の供給曲線は，まさに限界費用曲線そのものだ**ということがわかります（ただし解釈は違います．供給曲線では，独立変数は価格で，従属変数が数量ですが，限界費用曲線ではこの関係は逆になります）．

供給曲線は限界費用曲線そのものですから，生産量を増やしていくと限界費

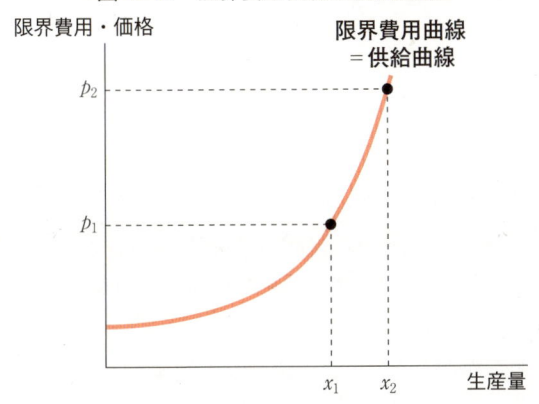

図 2-12　限界費用曲線と供給曲線

---

[6] 生産量を1単位増やした時の収入増は価格 p_1 ですが，費用増はそれより大きな限界費用 m_b ですから，生産量を1単位増やした時の利潤増（限界利潤）は (2.4) 式からマイナスです．これは，図 2-11 のグレー線の長さにマイナス符号を付けた額です．この場合は生産量を減らすと利潤が増加するわけです．

用が増加していくことが，供給曲線右上がりの理由です．すなわち，**供給曲線が右上がりなのは，限界費用逓増の法則のためです．**

5　生産者余剰

本節では，利潤と密接に関連した概念である**生産者余剰**と供給曲線との関連を説明しましょう．

生産者余剰と利潤

ある企業の生産量が x の時の**生産者余剰**は，生産量がゼロの時と比べて，どれだけ利潤が増加しているかを表します．つまり，次によって定義されます．

$$\text{生産者余剰} = \text{利潤} - \text{生産量が 0 の時の利潤} \tag{2.6}$$

式の右辺の「生産量が 0 の時の利潤」は，生産量を変えた時も一定のままです．したがって，次が成り立ちます．

$$\text{生産者余剰を最大にする生産量が，利潤を最大にする．} \tag{2.7}$$

このため，利潤最大化の条件 (2.5) は，生産者余剰最大化の必要条件でもあります．

生産者余剰と固定費用

ところで生産者余剰の定義式 (2.6) の右辺の「生産量が 0 の時の利潤」はゼロに決まっているじゃないか，と思うかもしれません．しかし，そうではありません．生産量が 0 の時には，可変費用は 0 ですが，固定費用分の損失（マイナスの利潤）が発生しています．固定費用は，生産量を 0 の時にも支払わなければいけない地代や利子などです．

図 2-10 から明らかなように，次が成り立ちます．[7]

---

[7]　なお，(2.8) 式は定義式からも導けます．利潤の定義式

　　　利潤 = 収入 − 可変費用 − 固定費用

を思い出してください．生産量が 0 の時には，この定義式の右辺の収入と可変費用は 0 になりますが，固定費用が残ります．

5 生産者余剰

　　　生産量が0の時の利潤＝－固定費用　　　　　　　　　　(2.8)

　この式を (2.6) 式の右辺第2項に代入すると，

　　　生産者余剰＝利潤＋固定費用　　　　　　　　　　　　(2.9)

になります．

　なお，生産者余剰は，図2-10パネルBの黒の鎖線から測った利潤曲線の高さだとみなすことができます．たとえば生産量が4の時には茶点線の長さが利潤を，ベージュ線の長さが生産者余剰を示しています．

　ところで表2-1の行3は費用を分割して表示したものです．(2.9) 式から，生産者余剰は，固定費用と利潤の和です．これは行3と行5とに表示されています．

　ところで利潤が負のときには，利潤にマイナスサインを付けたものが損失ですから，(2.8) 式は次のように書き換えられます．

　　　生産量が0の時の損失＝固定費用

　一方，(2.6) も同様に次のように書き換えられます．

　　　生産者余剰＝利潤＋生産量0の時の損失

これは表2-1の行4に対応しています．

表 2-1　利潤と生産者余剰

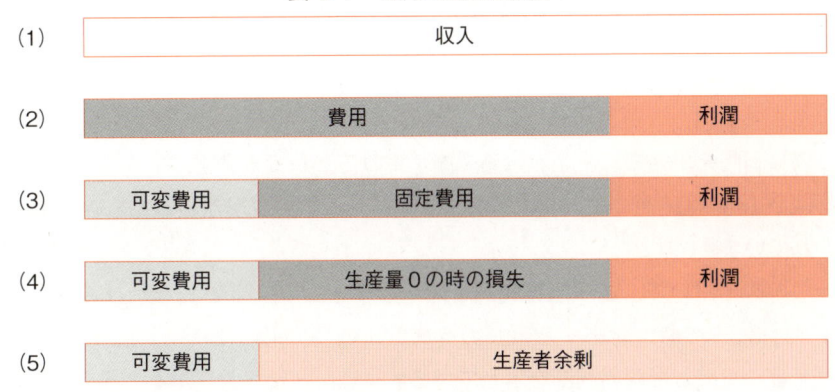

(1)	収入
(2)	費用 ／ 利潤
(3)	可変費用 ／ 固定費用 ／ 利潤
(4)	可変費用 ／ 生産量0の時の損失 ／ 利潤
(5)	可変費用 ／ 生産者余剰

コラム：利潤最大化とサンクコスト

　ある生産量の下で，さらに増産すると，(2.2) 式の右辺の収入も費用も増加します．その時，収入の増大のほうが費用の増大より多ければ，増産によって利潤は増加します．逆に，収入の増大のほうが費用の増大より少なければ，減産によって利潤は上がります．したがって，利潤を最大化する生産量の下では，1 単位生産量を増産する結果もたらされる収入の増大は，費用の増加に等しいはずです．

　このことから基本式 (2.5) が導かれ，限界費用曲線が供給曲線であることがわかりました．

　注目すべきことは，(2.5) 式から決まる利潤最大化生産量は，可変費用と価格との関係のみによって決まり，固定費の大きさの影響をまったく受けないことです．企業の供給行動に固定費の大小が影響を与えないということは，すでに生産量に関係なく支払額が決まっている固定費用は，いわば埋没（サンク）した費用なので，利潤最大化をする生産量の決定に影響を与えないということを意味しています．このため，固定費のことを**サンクコスト**とも言います．

6　生産者余剰の図示 (1)：限界利潤の総和

生産者余剰と限界利潤

　限界利潤を用いて，生産者余剰を図示することができます．

　図 2-13 には，図 2-11 および図 2-12 と同一の限界費用曲線と価格線 p_1 が描かれています．

　この図を用いて，まず**限界利潤**を図示しましょう．図 2-13 で，生産量 x が 1, 2, 3,… の時，対応する縦長のベージュの長方形の面積 A，B，C は，各生産量に対応した限界利潤を示しています．(2.4) から明らかなように，これらの長方形の高さは，各生産量に対応した限界利潤であり，底辺の長さはすべて 1 だからです．

　次に**生産者余剰**を図示します．定義によって，生産量 1 の生産者余剰は，生

図 2-13　限界利潤と生産者余剰

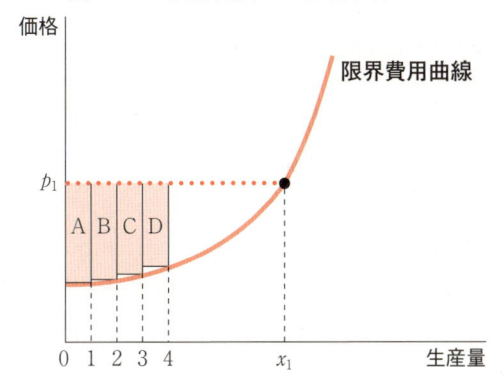

産量を 0 から 1 まで増やした時の利潤の増加分です．すなわち，生産量 1 の生産者余剰は，生産量 1 の限界利潤 A そのものです．したがって，次が成り立ちます．

　　　生産量 1 の生産者余剰 = A

　生産量が 2 の生産者余剰は，(2.6) から生産量を 0 から 2 まで増やした時の利潤の増加です．これは，生産量 1 の生産者余剰 A と限界利潤 B の和ですから，次が成り立ちます．

　　　生産量が 2 の生産者余剰 = A + B

同様に，次が成り立ちます．

　　　生産量 3 の生産者余剰 = A + B + C

　したがって，4 単位生産する時の生産者余剰は図 2-13 のベージュの面積全体 A + B + C + D で図示できます．一般に，生産者余剰と限界利潤の関係は，次の式で表すことができます．

　　　生産者余剰＝限界利潤の総和　　　　　　　　　　　　　　　(2.10)

ということは，**所与の生産量まで限界費用曲線と価格線の間の面積をすべて足し合わせていくと，その生産量に対応した生産者余剰になります**．図 2-14 パネル A では，生産量 x の生産者余剰はベージュの面積 $S(x)$ です．

生産者余剰の最大化

　図 2-14 の各パネルは，生産者余剰 $S(x)$ が最大化される生産量 x_1 では，限

界利潤が0であることを示しています.

まずパネルAの生産量xの時のように，(2.4)式で定義される限界利潤が正であれば，生産量を増やすことによって，生産者余剰が増加します．他方パネルCの生産量x_bの時のように，限界利潤が負であれば，生産量を減らすことによって生産者余剰が増加します．[8] したがってパネルBのように，限界利潤が0となる生産水準で生産者余剰が最大化されます．

このように，利潤を最大化する生産量の下で成り立つ条件である「価格＝限界費用」は，生産者余剰を最大化する生産量の下で成り立つ条件として求めることができます．

ところで，最大化された生産者余剰は，図2-14パネルBのベージュの面積として表されます．ただし(2.9)式から明らかなように，最大化された利潤は，この図のベージュの面積から固定費用を差し引いたものです．最大化された利潤をこの図で直接表すことはできません．以上を次のようにまとめることができます．

企業が利潤を最大化した時の生産者余剰は，価格線と供給曲線ではさまれた図形の面積である．この面積から固定費用を差し引くと利潤が得られる．

生産者余剰という概念を用いると，限界費用曲線が供給曲線であることを，第2節よりビジュアルに示すことができます．すなわち，

> 「利潤を最大化する生産量は，生産者余剰をも最大化する．所与の価格の下で最大化した生産者余剰は，図2-14パネルBのベージュの面積で表すことができる．図が示すように，この面積が最大化されるのは限界利潤が0の時だ．すなわち『価格＝限界費用』が成り立っている生産量x_1である．したがって限界費用曲線が供給曲線である．」

と説明することができます．

---

[8] パネルCで生産量がx_bの時の生産者余剰は，ベージュ部分の面積から茶色の部分の面積を引いた残りとなります．生産量がx_1を超えると，生産量が増えるにつれて，限界費用のほうが価格より大きくなるため，限界利潤がマイナスになり，生産者余剰が減るためです．

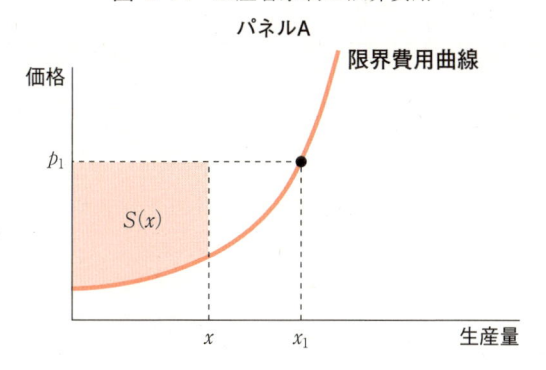

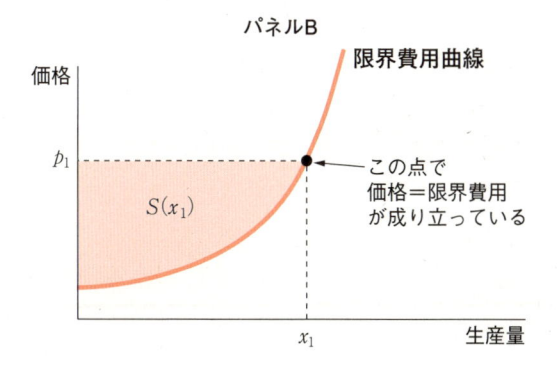

6 生産者余剰の図示（1）：限界利潤の総和　77

図 2-14　生産者余剰と限界費用

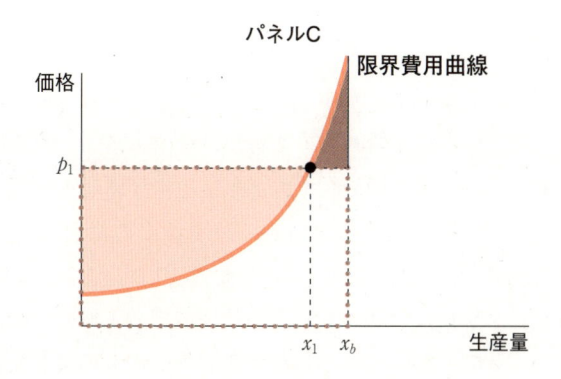

パネルA

パネルB

この点で
価格＝限界費用
が成り立っている

パネルC

7 生産者余剰の図示 (2)：収入－可変費用

生産者余剰と可変費用

生産者余剰は，可変費用とも密接な関係を持っています．まず利潤の定義式 (2.2) を (2.9) の右辺の利潤に代入することによって，

生産者余剰＝収入－可変費用 (2.11)

が得られます．この式は表 2-1 の行 1 と行 5 の関係を示しています．

生産者余剰はこの式を用いても図示できます．

可変費用と限界費用曲線

そのために，まず次を示しましょう．

限界費用曲線の下側の面積は，可変費用である． (2.12)

第 1 節では，限界費用曲線を可変費用曲線から導きましたが，今度は逆に，可変費用を限界費用曲線から求めようという話です．

図 2-15 のパネル A で，生産量 x が 1, 2, 3, … の時，対応する縦長のグレーの長方形の面積 a, b, c, … は，各生産量に対応した限界費用を示しています．これらの長方形の高さは限界費用で，横の長さはすべて 1 だからです．

限界費用は可変費用の増加分ですから，面積 a が生産量 1 に対応した限界費用だということは，生産量を 0 から 1 に増やすことがもたらす可変費用の増加分が a だということです．生産量が 0 の時の可変費用が 0 であることを考慮すると，これは，1 単位生産する時の可変費用は a であることを意味します．

次に，生産量をもう 1 単位増やして，2 単位生産する時の可変費用の増加分は b です．したがって 2 単位生産する時の可変費用の総額は，a＋b です．さらに，3 単位生産する時の可変費用の総額は，a＋b＋c になります．

これを一般化し，現在の生産量まで限界費用曲線の下側の面積をすべて足し合わせていくと，その生産量に対応した可変費用そのものになります．すなわち (2.12) が成り立ちます．

7 生産者余剰の図示（2）：収入−可変費用

図 2-15　限界費用と可変費用

パネルA：可変費用＝∑限界費用

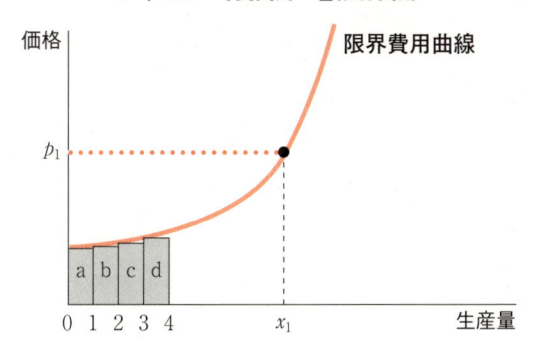

パネルB：生産者余剰＝収入−可変費用

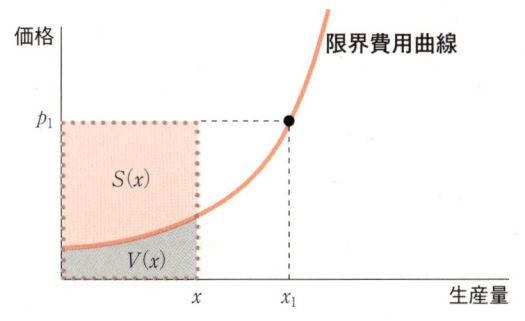

可変費用を用いた生産者余剰の図示

上の観察から，図 2-15 パネル B で生産量が x の時の可変費用 $V(x)$ はグレーの面積で表されます．

一方，図 2-15 パネル B で価格が p_1 で生産量が x の時の収入は，茶点線の長方形の面積の和として表されます．したがって，(2.11) から，生産者余剰はベージュの面積 $S(x)$ です．まとめると，次が言えます．

　　図 2-15 パネル B で，価格 p_1，生産量 x の時には，生産者余剰はベージュの面積 $S(x)$ である．すなわち生産量が x の時の生産者余剰は，上下を

価格線と供給曲線で，左右を生産量 0 と生産量 x における垂線で囲まれた面積によって表示できる．[9] (2.13)

これは，(2.11) 式を用いても (2.10) 式を用いても生産者余剰をまったく同一に図示できることを示しています．

8　帰属所得と利潤

費用と会計費用

(2.2) で定義したように，企業の利潤は

$$\text{利潤} = \text{収入} - \text{費用} \tag{2.14}$$

で表します（表 2-2 の行 1，2 参照）．右辺の費用とは，すでに定義したように，その企業が生産工程に投入するすべての投入物を市場価格で評価した金額です．

それらの中には，①他社や他人から買ってくるものと，②企業の持ち主自身が（自分自身が働くとか，現物出資するなどの形で）提供するものとがありま

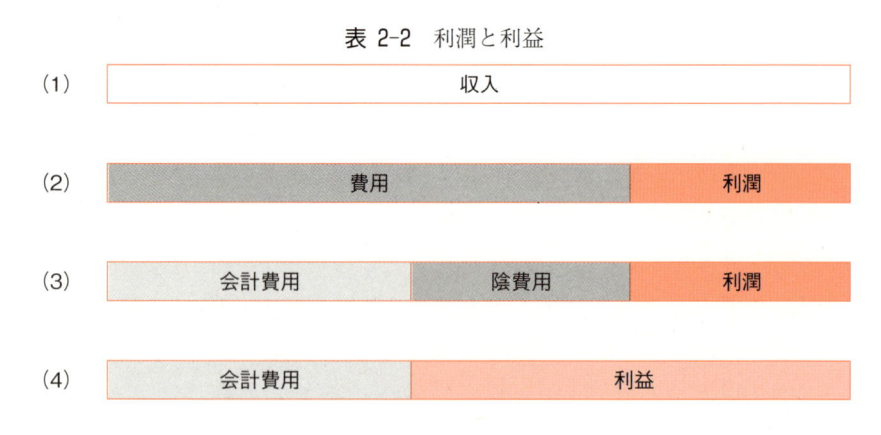

表 2-2　利潤と利益

(1)	収入			
(2)	費用			利潤
(3)	会計費用		陰費用	利潤
(4)	会計費用		利益	

---

[9] 命題 (2.13) で，生産者余剰を計算する時に，ある生産量の下で，限界費用曲線のほうが価格線より上にある場合には，その生産量では限界費用曲線と価格線の間の面積（図 2-14 パネル C の茶色の面積）を負としてカウントします．

す．したがって費用にも，①に対応するものと，②に対応するものがあります．

①に対応するものを，**陽費用 explicit cost** と言います．すなわち，ある企業の陽費用とは，企業の持ち主（すなわち出資者あるいは株主）が，自分たち以外の個人や企業に対して支払った投入物への額です．これには，従業員に支払う給料，電話代，さらにはオフィスの賃貸料などが含まれます．

②に対応するものは，**陰費用 implicit cost** と言います．企業の持ち主自身が自社に労働力を提供したり，自身が保有する資本を自社に投下したりすることによって，自社に提供する要素を市場価格で評価した額です．すなわち，これらの要素を市場で調達したらいくらかかるかを測った額です．たとえば，自分自身が保有するマンションの一室を自分の会社のオフィスに使用するために現物出資として提供した場合，本来その部屋を市場から借り入れた時に支払うべき家賃が陰費用となります．

したがって費用は次のように分割できます．

　　　費用＝陽費用＋陰費用

ところで会計学では陽費用のことを常に費用というので，陽費用は**会計費用 accounting cost** とも呼ばれます．[10] この用語を用いると，費用は，会計費用と陰費用に分割することもできます．すなわち上式は，

　　　費用＝会計費用＋陰費用　　　　　　　　　　　　　　　　(2.15)

と書き直すことができます（表2-2の行2，3を参照）．

経済学で費用に陰費用まで含める理由は，次のとおりです．ある企業が生産を行うということは，投入物を投下して，その結果ある工程を経たうえで産出物が出てくるということです．定義によって，この投入物の市場価値が，経済学における費用です．経済学的観点からは，企業主が投下した投入物も生産に役立っているのですから，この投入物の市場価値は費用の一部になるわけです．

---

[10] 会計学では，費用という言葉は経済学とは違った意味で使われています．ここでは経済学上の費用をたんに「費用」，会計学上の費用を「会計費用」と呼んで区別します．陰費用は，会計費用には含まれません．

利　益

収入から会計費用だけを差し引いたものを，会計学では**利益**と呼びます．すなわち次が成り立ちます（表2-2 の行4 を参照）．

　　　利益＝収入－会計費用　　　　　　　　　　　　　　　(2.16)

これは，企業主が受け取る所得です．

では，利益と利潤の差は何でしょうか．(2.14) 式の右辺に (2.15) 式を代入した上で (2.16) 式と比較すると，

　　　利潤＝利益－陰費用　　　　　　　　　　　　　　　(2.17)

が得られます（表2-2 の行3, 4 を参照）．この式は，利潤は，企業の利益のうち，陰費用を超えた部分であることを示しています．

帰属所得

企業の持ち主側から見た概念である陰費用を，要素の持ち主から見る時には，**帰属所得**と呼びます．より正確には，自分が持っている資源を市場に供給しないで，自分自身や自分の会社で使用した場合に，本来なら市場で得ることができたはずの報酬額（それらの資源を市場価格で評価した額）が**帰属所得**です．帰属所得は，さらに所得の種類によって帰属家賃や帰属賃金ということもあります．さきほどの企業主が，自身で所有しているマンションを提供した場合，対応する**帰属家賃**は彼がこのマンションを市場に貸し出していれば得ることができるはずだった家賃です．企業の持ち主が自分自身の労働を自分の企業に投入している場合に，他社で働いたら得られたはずの（すなわち市場賃金率で評価した）賃金を**帰属賃金**，企業の持ち主が自分の土地を自社に提供している場合に，他社に貸していれば得られたはずの（すなわち市場地代で評価した）地代を**帰属地代**と言います．さらに，自社に資金を投入していれば市場で得られたはずの利子収入を**帰属利子**と言います．

帰属所得の概念を用いると，(2.17) は次のように書き直せます．

　　　利潤＝利益－帰属所得　　　　　　　　　　　　　　　(2.18)

すなわち利潤は，出資者が得る利益のうち，彼の帰属所得を超えた部分です．

利　潤

　(2.2) 式で定義された利潤と (2.16) 式で定義された利益の違いを (2.18) 式は示しています．この式から明らかなように，経済学では，利潤を計算するにあたって，費用として外部から購入した投入物に対する報酬（会計費用）だけでなく，自分自身が投入した要素に対する報酬（帰属所得）も差し引きます．[11]

　では，なぜ経済学では，帰属所得まで差し引いたものを利潤として計算するのでしょうか．経営者の観点から眺めてみましょう．それは，この企業を経営して得られる報酬（利益）が，自分自身の持っている要素を生産要素市場に提供して得られる報酬（帰属所得）と等しいかそれ以下ならば，企業を経営するメリットがないからです．企業主が投入した要素の市場報酬（帰属所得）を超えるプラス・アルファがある時にのみ，この企業は儲けていると考えられます．経済学では，このプラス・アルファを利潤と呼ぶわけです．そのために，自分自身の投下していた要素に対する市場で評価した報酬も利益から差し引いて利潤を算出するわけです．

　具体的な例で考えてみましょう．あなたが都心のマンションの1階（市場価値1億円）のすべての区分を所有しており，年間300万円の家賃で，ある会社に貸してきたとしましょう．友達から新会社を設立するからこのマンションを現物出資してくれないかと頼まれました．現物出資の結果，毎年300万円以下の報酬（利益）しか得られないのであれば，出資をする意味はありません．少なくとも，長期的には1年間当たり300万円を超える利益を得られた時に初めて，出資者になってよかったということになります．経済学的には，300万円を超えた部分を利潤と呼ぶわけです．会社設立当初は十分な収入が得られず，利潤はマイナスになるかもしれませんが，将来プラスになり，「自分の要素を市場に供給するよりも，リスクを取ってもこの会社の出資者になるほうが，差し引きでは有利だろう」と考えるから出資するわけです．

---

11)　出資者が利益を得ている場合でも，それが出資に対する市場報酬以下である時には，利潤はマイナスであると評価されます．

表 2-3 負の利潤と正の利益

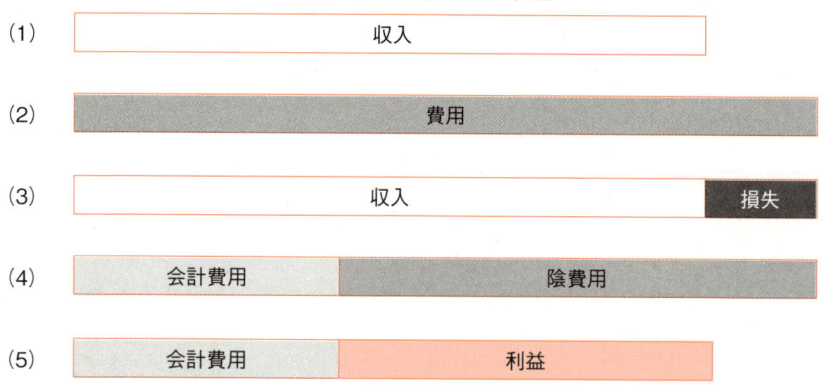

(1)	収入
(2)	費用
(3)	収入 / 損失
(4)	会計費用 / 陰費用
(5)	会計費用 / 利益

　利益が正なのに利潤が負になることがあります．表2-3はその状況を表しています．行3では，費用が収入を超えている部分が，負の利潤（損失）として示されています．さらにこの会社は正の利益を得ていますが，利益は陰費用（帰属所得）の大きさほどではありません．その不足分が損失になっています．正の利益が，儲けていることを示しているように見えても，利潤が負である状態が長く続くようであれば，この会社をそもそも設立しなかったほうが設立者には得だったということを意味しています．

　利潤は，経営のリスクに対する報酬だとか，あるいは経営上の特別なノウハウに基づいた報酬であると解釈することができます．もちろん，この利潤の一部は，経営者の**経営能力**であって，組織を作るのがうまいとか，それを運営していくのがうまいということから発生しています．

　日常用語では，利潤という言葉を利益の意味で用いることも多いので，誤解を避ける目的で，経済学でいう意味での利潤を，**超過利潤**あるいは**経済利潤**と言うこともあります．本書では，たんに利潤と言います．

9　企業間の効率的な生産量配分

　社会主義のように政府が各企業の生産計画を立てると，市場による各社への

生産量配分に比べて無駄が発生することを示しましょう．これによって市場均衡では，産業全体で最大限効率的な生産が行われることが明らかにされます．

効率的な生産量の組み合わせ

市場均衡では，産業内の各企業は均衡価格の下で利潤を最大化するようそれぞれの企業の均衡生産量を決めます．それを合計したものが市場均衡総生産量です．産業全体での総生産量が市場均衡総生産量と等しくなるように政府が各社に生産量を配分した場合の産業全体での可変費用の総計は，市場均衡の下より大きくなることはありますが小さくなることはありません．これをコンパクトに表現すると，市場均衡では次の重要な命題が成り立ちます．

市場均衡では，産業全体で最も効率的な生産が行われる． (2.18)

図2-16を用いて具体的に説明しましょう．2つの企業A，Bからなる産業を考えます．図のパネルA，Bは，それぞれ各企業の供給曲線を表しています．これらを横方向に足し合わせた曲線が，パネルCの市場供給曲線です．[12] パネルCにはこの産業の市場需要曲線が描かれています．市場均衡はN点で達成され，対応する各社の均衡点は，N_a，N_bです．この均衡では，企業Aは14単位，Bは6単位生産，市場全体では20単位生産されています．実は，市場均衡における各社のこの生産量の組み合わせ（14, 6）は，産業全体の均衡生産量20単位を，費用最小で生産する組み合わせとなっています．これが命題(2.18) の意味です．

以下にこのことを示しましょう．まず，図2-16のパネルAとBが示すように，均衡点Nに対応したN_a，N_bで，両企業の限界費用は40円で等しいことに注目してください．両企業が別の生産量の組み合わせを行ったとしても，市場全体では20単位生産できます．しかし，そのような組み合わせでは，両企業の限界費用が等しくなりません．等しくない場合には，限界費用の高い企業の生産量を減らし，その分だけ低い企業の生産量を増やせば，産業全体の生産量を一定に保ちながら産業全体での費用を削減できます．たとえば，図2-16で

---

12) 図2-16では図を簡単にするために，パネルAとパネルBの供給曲線の縦軸切片がたまたま同一だとしています．このためパネルCの供給曲線には屈折がありません．しかしパネルAとパネルBの切片が異なっている場合も分析は同じです．

86　2章　供　　給

図 2-16　生産量配分と限界費用

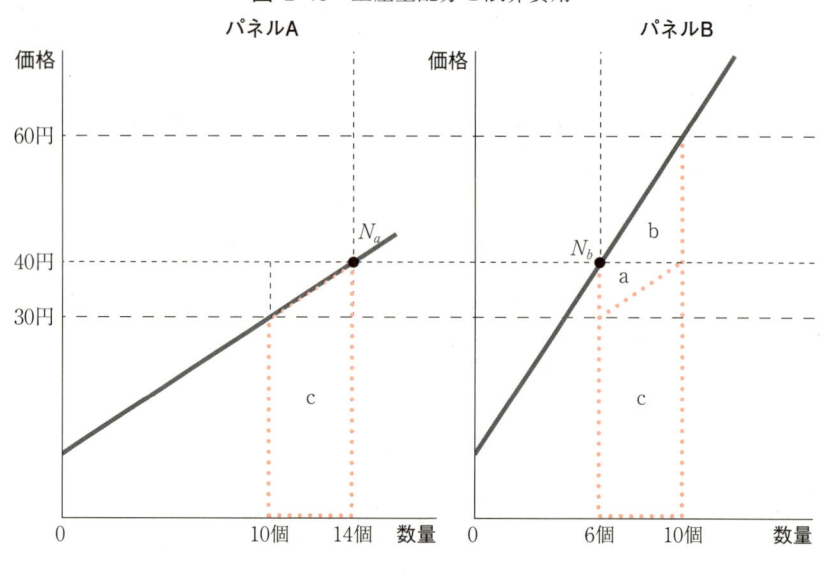

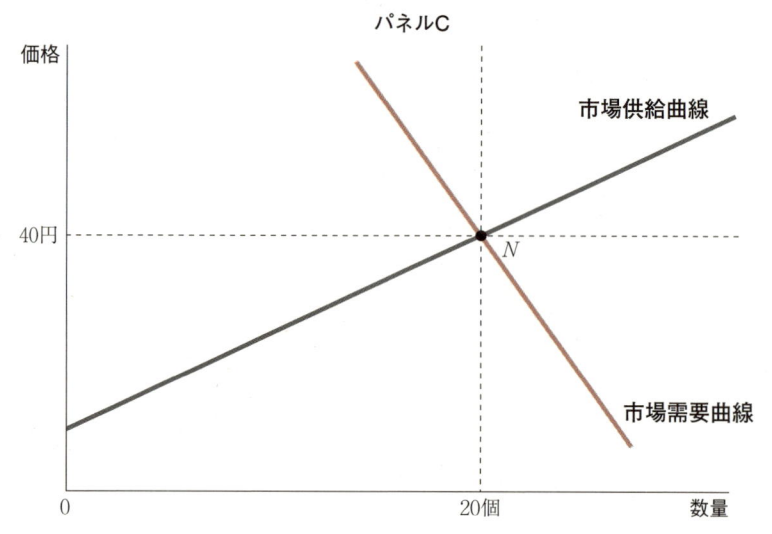

パネルA / パネルB / パネルC

市場供給曲線

市場需要曲線

両社が10単位ずつ生産を行っている場合を考えましょう．この時，企業Aの生産量を1単位増やすと費用は30円しか増加しませんが，企業Bの生産量を1単位減らせば費用を60円削減できます．したがって企業Aの生産量を1単位増やすと同時に企業Bの生産量を1単位減らせば，産業全体の生産量を一定に保ちながら産業全体の費用を削減できます．すなわち，両企業の限界費用が異なるかぎり効率的な生産は達成されません．言い換えると，**産業全体の費用が最小になるように産業全体で一定水準の生産をしていると，両企業の限界費用が必ず等しくなっています．**

図2-16パネルCの均衡点Nでは，両企業の限界費用が40円で等しくなっています．一般的に市場は，各企業に限界費用が価格に等しくなる水準で生産させるために，各社の限界費用を等しくさせます．このため**市場均衡では，産業全体の均衡生産量が最も効率的に生産がされている**ことがわかります．

このことは，社会主義のように政府が各企業の生産計画を立てると，無駄が発生することを意味しています．仮に社会主義的政府が企業A，Bに10単位ずつ生産することを命じていたとすれば，企業間の生産量の調整によって費用を節約できることを図2-16で確かめてみましょう．企業Aの生産量を10単位から14単位に増やすと，対応した限界費用曲線の下側の面積，すなわち図2-16パネルAの台形の面積cだけ費用が増加します．一方，それと同時に企業Bの生産量を10から6まで減らすと，図2-16パネルBで面積a+b+cだけ費用が減少します．したがって図2-16パネルA，パネルBから明らかなように，差し引き面積a+bだけ市場全体では費用が節約されたことになります．逆にいうと，政府が上のような生産計画を企業に強制していたために，a+bだけの無駄が発生していたことがわかります．

配 分 図

両社の生産量が10単位に規制されている時には，こうして生産量の再配分によって費用が節約できたことがわかります．しかし，このa+bが費用節約の最大値であるのかどうかは直接的にはわかりません．これをより明確にするためには図2-17が役に立ちます．図2-17の底辺の長さ20は，均衡における産業全体の生産量を示しています．図の底辺の任意の点は，両企業の間でこの生

産量をどう配分するかを示しています．すなわち底辺の下のオレンジ目盛りは，所与の点における企業 A の生産量を表しています．底辺の左端は企業 A の生産量 0 に対応しています．茶色目盛りは，企業 B の生産量を表しています．底辺の右端は企業 B の生産量 0 に対応しています．したがって，たとえばオレンジ目盛りで 14，茶色の目盛りで 6 と書かれた点では，企業 A が 14 単位，企業 B が 6 単位を生産していることを示しています．所与の点よりも左側の距離は企業 A の生産量，右側の距離は企業 B の生産量です．

また，図 2-17 には企業 A の限界費用曲線 MC_A が右上がりのオレンジの線，企業 B の限界費用曲線 MC_B が，底辺の右端を原点として茶色の線で描かれています．

企業の限界費用曲線の下側の面積は，その企業の可変費用です．したがって，産業全体での可変費用の総計は，各企業の生産量の下での限界費用曲線の下側の面積の合計です．いま仮に，社会主義国の例のように，政府が両企業に 10 単位ずつ生産させるとすると，企業 A の可変費用は，図 2-17 パネル A の濃いグレーの台形の面積で示され，企業 B の可変費用は，うすいグレーの台形の面積の和として示されます．産業全体の可変費用の合計はこの 2 つの面積の和です．

一方，図 2-17 パネル B には，市場均衡時の生産量の下での両社の可変費用が同様に示されています．産業全体の可変費用の合計は 2 つのグレーの台形の面積の和です．図 2-17 パネル B と比べると，図 2-17 パネル A の三角形 F が，市場均衡と異なった生産量を配分したために引き起こされた無駄だということがわかります．これからも両社の限界費用が等しい生産量の組み合わせが全体の費用を最小化することがわかります．

ところで上の議論から，図 2-17 パネル A の三角形 F の面積は図 2-16 パネル B の a と b の面積の和に等しいことがわかります．まず，F は限界費用 = 40 の点線を境にして上下 2 つの三角形に分解できます．下の三角形の面積が図 2-16 パネル B の面積 a に等しいことは作図の過程から明らかです．一方，上の三角形は図 2-16 パネル B を左右ひっくり返したものですから，その面積は b に等しくなります．したがって，図 2-16 パネル B の a と b の面積の合計が図 2-17 パネル A のグレー線で囲まれた三角形 F の面積と等しいことが確認

9 企業間の効率的な生産量配分　89

図 2-17　生産量配分と可変費用

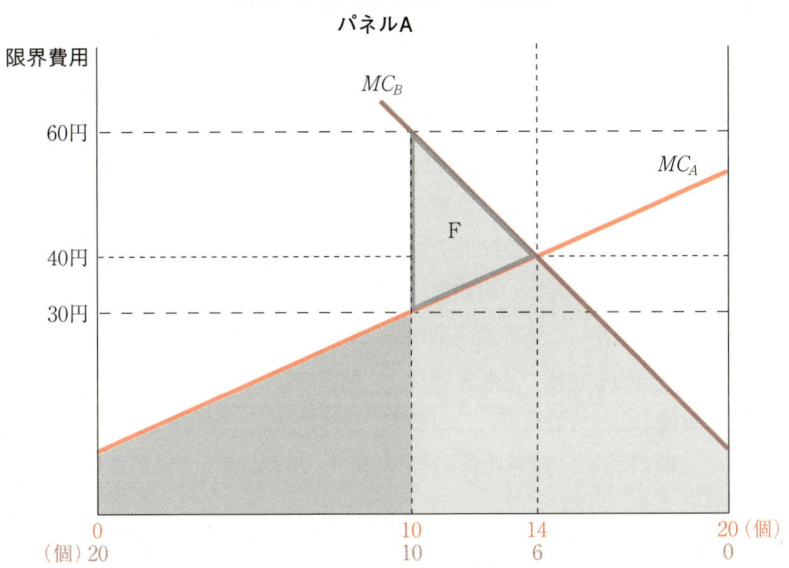

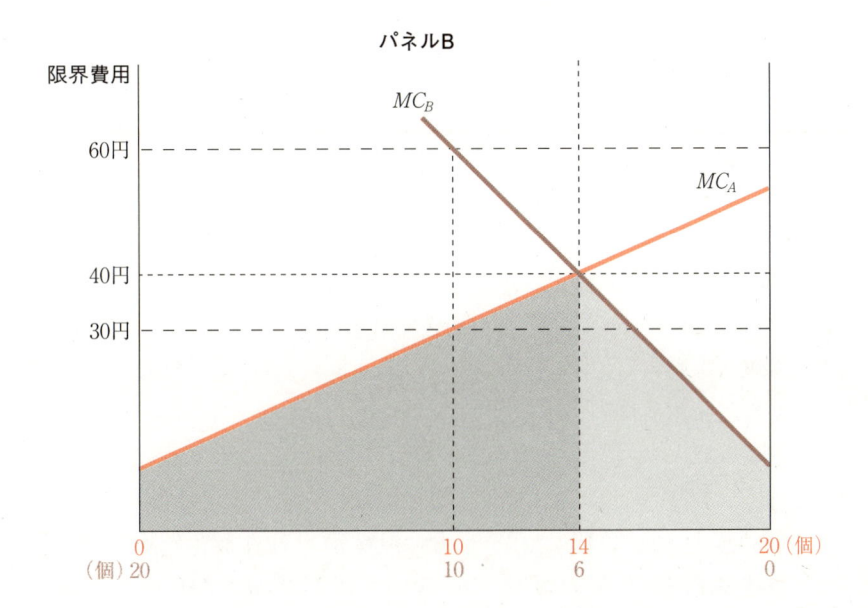

パネルA

パネルB

できます.

キーワード

個別供給曲線　市場供給曲線　投入物　産出物　生産物　可変投入物
固定投入物　混み合い　生産力曲線　限界生産力　限界生産力逓減の法則
限界生産力曲線　総費用　可変費用　固定費用　必要労働量曲線　可変
費用曲線　限界費用　限界費用逓増の法則　総費用曲線　収入　利潤
損失　完全競争的な企業　収入曲線　利潤曲線　限界利潤　生産者余剰
陽費用　陰費用　会計費用　利益　帰属所得　帰属家賃　帰属賃金
帰属地代　帰属利子　超過利潤・経済利潤　市場均衡　効率的生産

練習問題

1. 労働の「限界生産力逓減の法則」を簡単に説明せよ.
2. 下欄の①～⑩の中から正しい語句を選べ.
   (1) ☐ = − 固定費用
   (2) 完全競争企業の限界利潤＝価格 − ☐
   (3) 利潤＝利益 − ☐
   (4) 完全競争企業が利潤を最大化する生産量の下では「(a) ☐ ＝ 0 」
       および「価格＝(b) ☐ 」が必ず成り立つ.
   (5) 生産者余剰＝ ☐ の総和
   (6) 生産者余剰＝利潤 − ☐
   (7) 利益＝収入 − ☐

   ①利潤　　②収入　　③会計費用　　④生産者余剰
   ⑤生産量が0の時の利潤　　⑥固定費用　　⑦可変費用
   ⑧限界費用　　⑨帰属所得　　⑩限界利潤

3. 空欄を埋めよ．
   A. 完全競争的企業は，与えられた市場価格の下で利潤を最大化するように生産量を決定する．「利潤 + [(1)] = 生産者余剰」であるから，利潤を最大化する生産量は生産者余剰を最大化する生産量と一致する．
   B. 生産者余剰は「収入 − [(2)]」とも表される．したがって，図2-18において，市場価格が p^* の時，生産量 x_0 における生産者余剰はAの面積となる．企業が生産量を x^* まで増やすと，生産者余剰はBだけ増える．したがって，価格 [(3)] 限界費用であれば，生産量を増やすことによって生産者余剰を増やすことができる．
   C. 生産者余剰が最大となる生産量は [(4)] であり，この時価格＝限界費用が成り立つ．よって，企業の供給曲線は，その企業の [(5)] 曲線と一致すると言える．

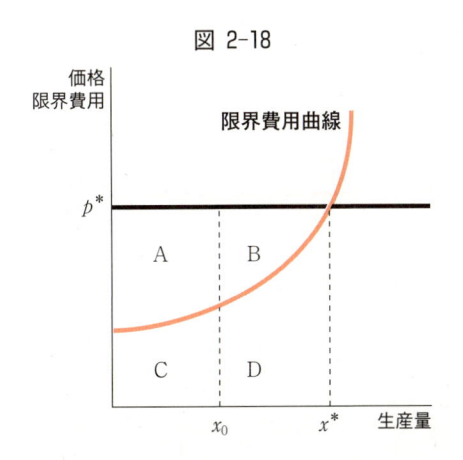

図 2-18

4. ある産業に企業AとBがあるとする．図2-19の右上がり線は横軸の左端を原点として企業Aの限界費用曲線を，右下がり線は横軸の右端を原点とした企業Bの限界費用曲線を示している．均衡価格は40円であり，産業全体の生産量は20単位である．この図を使い，「国が両企業にそれぞれ10単位ずつ生産を命じた場合と比べて，市場均衡では，産業全体で同じ生産量をより低い費用で生産している」ことを示せ．

図 2-19

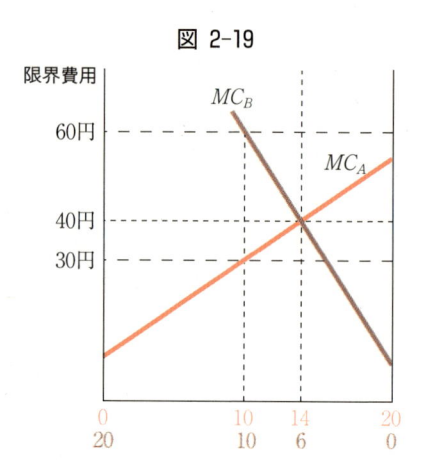

限界費用

- 60円
- 40円
- 30円

MC_B, MC_A

0	10	14	20
20	10	6	0

補論1：価格＝限界費用の直接証明

　図2-10パネルAでは，特定の価格pに対する収入曲線を描いて，その曲線と費用曲線との垂直距離である利潤を最大化する生産量を図2-10パネルBのx_1としました．もし別な価格になると，収入曲線はシフトします．すると当然，利潤を最大化する生産量も変わります．価格を変えるごとに，それに対応した利潤最大化生産量をグラフに記していくと，**供給曲線**が描けます．この曲線上では，必ず (2.5) 式が成り立っていますから，供給曲線は，限界費用曲線に他なりません．

　費用曲線と収入曲線のみを用いて，幾何学的に利潤を最大化する生産量で(2.5) 式が成り立つことを示しましょう．

　まず，図2-10パネルAで，生産量x_1を「費用曲線の傾きが収入曲線の傾きに等しくなる生産量」であると定義します．この図の収入曲線の傾きは価格であり，費用曲線の傾きは，限界費用です．したがって，生産量x_1では(2.5) 式が成り立ちます．

　次に，利潤は収入曲線と費用曲線の垂直距離ですから，生産量x_1の時にこの距離が最大になることを言えばいいわけです．まず，生産量x_1で費用曲線に接線を引きます．x_1の定義によって，この接線は，収入曲線と同じ傾きを持つはずです．すなわち費用曲線の接線と収入曲線は，平行です．この2本の平行線の垂直距離をΠ^*と呼びましょう．生産量x_1の時の利潤は，当然Π^*です．

　一方で，図から明らかなように，他のどの生産量でも，費用曲線（茶線）は接線（オレンジ点線）より上にあります．つまり，x_1以外のどの生産量でも，収入曲線と費用曲線の垂直距離である利潤は，2つの平行線の垂直距離Π^*よりも小さくなります．言い換えると，生産量がx_1になった時に，利潤が最大値Π^*をとることがわかります．

　生産量x_1では (2.5) が成立しますから，利潤を最大化する生産量で(2.5) が成り立つことが示されました．

補論2：生産者余剰と操業停止

　企業が直面する価格水準によって，企業は生産し続ける時もありますし，操業停止することもあります．以下ではケース分けして考えましょう．

(1)　図2-10で描かれているケースでは，利潤を最大化する生産量 x_1 の下での利潤は正です．

(2)　価格が下がり，収入曲線の傾きが図2-20パネルAのように小さくなるとしましょう．この時，いかなる生産量の下でも収入曲線は費用曲線の下を通っています．すなわち，すべての生産量の下で利潤は負になります．
　利潤を最大化する生産量 x_2 の下でも利潤は負です．
　しかし図2-20パネルBは，この x_2 の下でも生産者余剰が正であることを示しています（第5節から，利潤曲線が水平の点線を上回る垂直距離が生産者余剰です）．**生産者余剰が正であることは，操業を停止してしまうより，操業をしたほうが利潤が増えることを示しています．すなわち，利潤が負であるにもかかわらず，操業停止はすべきでないのです．**[13] 損失を最小にしてくれる x_2 を生産するべきだということになります．

(3)　図2-20パネルAの場合より価格がさらに下がり，収入曲線の傾きが低くなった結果，いかなる生産量においても可変費用のほうが収入を上回る状況になったとしましょう．その時パネルBの利潤曲線は，水平の点線よりも全面的に下に位置することになります．このようなケースでは，生産量0の時に生産者余剰が最大値0をとることになります．これは，生産量が0の時に損失が最小になっていることを意味します．したがって，操業停止にすべきです．

　要約すると，生産者余剰がある生産量で正になる場合には，企業は操業を行

---

13) ここでは，もちろん（固定費用を変化させることができない期間である）短期を想定しています．長期をとれば固定費用を0にできるので，この企業は操業を停止します．

図 2-20　利潤＝収入－費用

パネルA：費用・収入曲線

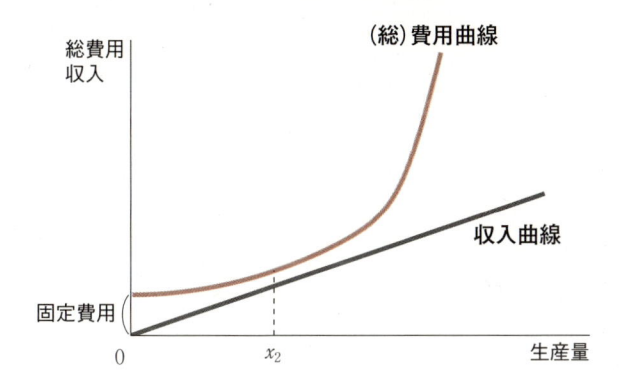

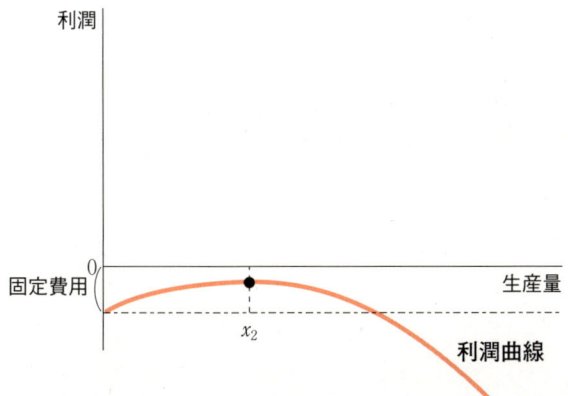

（縦軸：総費用・収入、横軸：生産量）
（総）費用曲線、収入曲線、固定費用、x_2

パネルB：利潤曲線

（縦軸：利潤、横軸：生産量）
固定費用、利潤曲線、x_2

うべきであり，いかなる生産量でも正にならない場合には，操業を停止するべきだということになります．

「生産者余剰」という概念は，利潤より図示するのに有用であるだけでなく，そもそも操業を続けるべきなのか，操業停止すべきなのかを判断するのにも役に立つ指標です．

3章

余剰と参入規制

　序章では，ある政策が資源配分を効率化するということは，「その政策の結果得をした人が損をした人に適当な補償をすれば，全員の便益が政策前より改善することである」と定義しました．本章では，「生活水準が改善する」ということはどういうことなのか，また，生活水準の上昇と下落とを，どう実際に計測するのかを考えます．その計測のための分析用語が「余剰」と言われる概念です．本章後半では，中心的な例として参入規制撤廃の余剰分析を行います．本章の前半では，参入規制政策がいかに広範囲にわれわれの生活を覆っているかを示しましょう．

1　参　入　規　制

　本節では，参入規制についてお話します．
　参入 entry という言葉は，ある企業がある産業で新しく操業を始めることを指します．ある業界で新たに働く人が増えることも参入と言います．これに対する反対語は，**退出** exit です．
　いま，図3-1の市場需要曲線 D と，参入を自由に認めた時の供給曲線 S_f が与えられると，その交点 E で均衡価格 p_e が決まります．ところが，既存の生産者たちが，何らかの方法によって，新しい企業の参入を防ぎ，企業の数を制

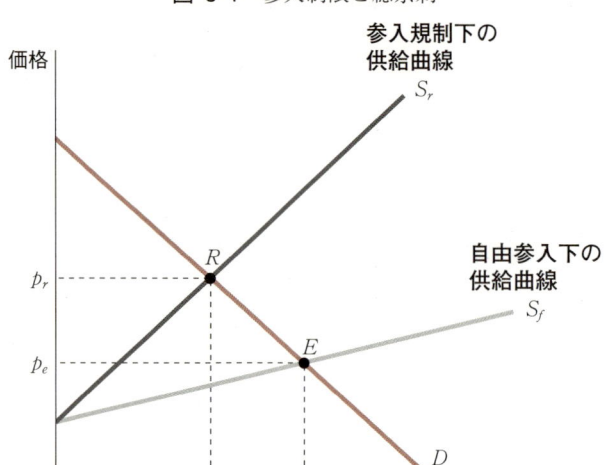

図 3-1　参入制限と総余剰

限することができるのならば，供給曲線は S_r のように S_f より高くなります（r は regulation の頭文字）．すると，均衡点は S_r と D の交点 R に移り，均衡価格は p_e より高い p_r となります．つまり，彼らは**参入規制** barriers to entry をすることで，参入を自由に認めた時よりも均衡価格を吊り上げることができるわけです．

実は，参入規制は，世の中のいたるところに見られます．以下でいろいろと例をあげてみましょう．

美 容 院

1999年に，表参道の美容院「アクア」の代表の1人のカリスマ美容師が美容師免許を持っていないことが問題になり，週刊誌などで騒がれました．この報道を見て「無資格で営業していたとはとんでもない」と思った人が多いと思います．しかし，この事件は，免許を取るための技能や知識は，一流の美容師になるために本当に必要なのかどうかについて考える機会を与えてくれました．

現在は，美容師になるためには，国家試験に合格して免許を取得する必要があります．美容師は**国家資格**だからです．さらにこの国家資格を受験するためには，その前に150万円以上の学費をかけて，厚生労働省認可の美容学校に2

年間通わなければならない仕組みになっています．実際，2年間もかけなければ受からないように，試験は広い範囲にわたる内容をカバーしています．

国家試験では，美容文化，物理，化学等の問題も出題されます．たとえば，現在の美容師学校の美容文化の教科書には，古代エジプト，古代ギリシャ，古代ローマ，古代ゲルマン人，……等のファッションが詳しく論じてあります．物理の教科書には，オームの法則，ジュールの法則，ファラデーの法則，過電流，変圧器の1次コイルと2次コイルの巻き数の比率の変化による変圧器の原理，比熱，熱容量等のトピックスが載っています．

国家試験の実技科目にはカットの他に2科目あります．そのうちの1つは，現在ではあまり注文のない髪型の試験であり，もう1つは，道具が進歩したため，今となってはあまり必要とされない技術を要求する試験です．[1]

このように，不必要な実技や学科まで試験科目に入っているだけでなく，資格を取りにくくするさまざまな制約があります．

第1に，理容師の資格を持っている人が美容師になるためには，さらに2年間美容学校に通って国家試験を受ける必要があります．しかし，学科は重複したりきわめて似かよった内容ですから明らかに無駄です．例えば，男性用パーマと女性用パーマは異なるとして，別の科目とされています．美容師か理容師の一方の免許があったら，もう一方の免許は簡単な実技試験だけで受かるようにすべきでしょう．そもそも共通の資格にすべきかもしれません．すでに知っていることを学ぶために，追加的に多額の費用と時間をかける必要はありません．

第2に，最近になって，美容師や理容師，さらにマッサージ師になるのにも

---

[1] まず，「オリジナルセッティング」という科目があります．これはローションを付けてフィンガーウェーブを作るというもので，歌人の与謝野晶子がやっていたような髪型です．これをいまやる人はあまりいないのですが，これをマスターするためには2カ月くらい練習する必要があります．「オリジナルセッティング」は実技試験に入れるべきでないというのが，多くの美容師さんたちの意見です．

次に，「ワインディング」という実技科目があります．これは一定時間に60個のロットを巻く課題です．ロットを巻く技術自体は必要ですが，約60個巻くことはいまではまずありません．幅が短いから60個も必要なわけで，しかもいまは電気のカーラーを使うので，現在の実務ではほとんど使わない能力を要求していると言えます．ワインディングに関しては試験の要求水準を大幅に下げるべきだというのが多くの美容師さんたちの意見です．

原則的に高校卒業以上の学歴が必要とされるようになりました．高校を中退したけれど，それらの職業で正規雇用されたいと考える人たちがチャレンジすることを困難にしてしまったわけです．

美容師の国家資格要件として，お客が容易に判断できない衛生や危険な薬品や器具に関する知識を要求するのは理にかなっています．しかしそれ以外の要件は不必要でしょう．

結局，衛生に関する知識を中心に，半年以内の基礎的な訓練をすれば「整髪師」の国家試験を受けられるようにし，合格者は美容院でも理容院でもカットできるようにすれば，門戸は大きく開かれます．整髪師として働いてから，望む人はそれぞれの国家試験を受けて「パーマ師」や「ひげそり師」や「カラー師」の資格が取れるようにすれば，お金はないが才能豊かな人たちにこの業界で働くチャンスを与えます．

それなのに，2年間の通学を義務付け，多額の学費を支払わせ，不要なことを学ばせているのは，本音のところなぜなのでしょうか．

第1は，もちろん美容学校が儲けるためです．

第2に，官僚が業界団体・試験実施団体への天下りできるポジションを作るためです．美容師さんの場合には，財団法人理容師・美容師試験研修センターというものがあり，2002年秋の時点でここの理事長・副理事長・専務理事は旧厚生省の天下り官僚です．

第3に，美容師と美容院の既得権を守るためです．美容師が増えたら，美容師の賃金が下がってしまい，美容院を経営する人の数も増加してしまいます．たとえば半年間の基礎的な訓練を経れば美容師になれるならば，賃金は図3-1のp_eのようなところで決まってしまいます．しかし，既存の美容師が連合して参入規制をすれば，賃金をp_eよりも高いp_rにすることができます．その手段として，**国家資格制**を採用すれば，既存の美容師の賃金を高く維持できます．

こういう国家資格はたくさんあります．資格と言うと，いかにも魅力的に見えますが，実は新規参入を規制することで業界の賃金を非常に高くしておくための制度だという側面があります．しかし，実際は，TOEFL，英検，柔道の段位などのような**能力検定**で十分消費者の要求に応えられる場合が多いと考えられます．

そもそもお客が全国から殺到する日本最高の腕前のカリスマ美容師と，お客

が殺到するわけではない試験官を比べて，どちらがどちらに対して試験をすべきかは明らかでしょう．カリスマ美容師という評判と予約の難しさは，市場が与えた何にも優る能力検定証書だったと言えるでしょう．

弁護士・検事・裁判官

日本における参入規制の最も有名な例は，人口当たりの法曹人口が国際的にみて異常に低く制限されていることです．[2] 法曹人口を人口比で見ると，アメリカでは日本の16.4倍，ドイツでは9.1倍です．さらに OECD 加盟先進国の中でこの比率が最低であるフランスでも，日本の3.7倍です（「裁判所データブック 2008」により作成）．

法曹人口の不足は，日本の裁判を遅くしているだけでなく，専門的知識を要する法曹人口の絶対的な不足という事態を招いています．このため，司法試験合格者の数を増やすべきだという意見が多方面から表明されてきました．

これに対して，最高裁判所は1999年に，「法曹人口の不足を一挙に解消するため，できるだけ大きな数値目標を定め，法曹の質は資格取得後の競争，自然淘汰に委ねるべきであるという意見がある．しかし，法曹が究極的には裁判作用に関わる職務を負っていることからしても，一定の質の確保は不可欠であり，これを自由競争にのみ委ねるべきであるという見解には賛成しがたい」と述べています．

最高裁判所が指摘するとおり，一定の質の確保は不可欠です．したがって司法試験によって，能力資格審査を行うべきです．その場合，司法試験合格者数は社会のニーズによって変化しますから，毎年変動することになります．ところが実際の司法試験制度は，年ごとの合格者数を一定数に厳格に制限するという形で運用されています．つまり司法試験が，本来の能力審査ではなく，供給量規制の手段として運用されているのです．

日本の法曹人口が経済規模の割にきわめて少ないことの根本的な原因は，司法試験のこの運用方法にあります．司法試験の運用が，本来の目的である能力資格審査という性格をはるかに超えて，裁判官や弁護士の供給量を抑えること

---

[2] 日本を含めて多くの国々では，司法試験の合格者が弁護士・検事・裁判官になります．司法試験の合格者数を法曹人口と言います．

が目的とされたために，かなりの暗記力と何年間もの単調な受験生活に耐える能力を要求する，という参入規制のメカニズムがつくられました．司法試験を供給量規制の手段としている理由は，裁判官や弁護士の給料とプレステージを高く維持するためであると考えられます．[3]

法曹人口の制限が引き起こした最大の問題は，それが，最高裁の主張に反して，法曹の質の著しい低下をもたらしたことです．現在の多くの司法の問題は，知的財産権，租税条約，建築，医学などに関する専門的な知識を要するものです．そのため，法曹界の提供できるサービスの質を確保するためには，エンジニア，会計士，一級建築士，医師などがそれぞれの職場で得た専門的な知識を持って法曹界に入る必要があります．

アメリカでは，法学部はなく，学部では法律以外の分野を専攻した人のみが法科大学院を経て司法試験を受けるシステムを採用しているため，多くの専門家が法曹界に入っています．

ところが，現在の日本の司法試験は，主として法律だけを勉強した人しか通れないほど，法律に関する試験を難しくして数を制限しています．このために，建築や医学などの専門家が法曹界で活躍できる状況にはなっていません．すなわち，現在の司法試験は，専門知識を要する分野では，最初から質が確保できない制度になっているわけです．

このことは，国際競争のある司法分野において，日本の諸企業がどの国の裁判所を選び，どの国の弁護士を選んでいるかを見れば明確です．実際，激しい国際競争が行われている分野である知的財産権に関する裁判官の質は，自然淘汰に委ねているアメリカに対して日本が勝負にならないほど弱体です．

日本では司法試験合格者は現在のところ年約2000人です．これは受験者数の約3％です．それに対して，アメリカでは，年5万人以上という大量の司法試験合格者が誕生します．アメリカの大学の司法試験は，能力資格試験に徹していますから，法科大学院を卒業していればだいたい合格します．その代わり，大量に生まれる司法試験合格者は弁護士という職業の中で競争して淘汰されて

---

[3] 例えば，日本の裁判官の給料は省庁に勤める行政官と比べて優遇されています．地方裁判所の判事の年俸の最高は，財務省や外務省など本省の次官の年俸と同一で，2313万円です（2007年度）．法曹人口が増えたら，このような高給を維持するのは政治的に不可能になります．

いきます。アメリカでは、弁護士ほど1つの職業の中での収入の差が激しい職業はないと言われているほどです。アメリカの司法制度にはさまざまな特有の問題がありますが、重要な法律案件に携わる法曹人の質が日本より優れているのは、競争による淘汰によって質が担保されているからです。

　供給規制を目的とした試験のみによって最初から選別が行われる日本では、受験秀才ではあるが、事件の全体を見抜く能力、人から話を聞き出す能力、交渉の力、世間的知恵といった、弁護士に必要な素質を持っていない人たちも、法律以外の専門知識を持っていない人たちも、競争によって淘汰されないため、法曹界に生き残ることができます。オウム真理教の松本智津夫の弁護を当初引き受けた、横山昭二弁護士のような人が長年営業を続けることができたことは、現行の厳しい参入規制によって弁護士不足が生じたため、このような人さえ淘汰できなかったことを示しています。

　司法試験制度を、法律の知識に関する一定の質を確保するという本来の能力審査に純化すれば、試験合格者を大量に増やすことができます。そうなると、淘汰が始まり、総合的に質の高い法曹人のみが生き残ることになるでしょう。中でも、各分野の専門を持った人の中で競争に生き残った優秀な人を裁判官に選べるようになれば、試験では測れない質がどれだけ向上するかしれません。

　「合格者数を増やせば、サービスの質が低下する」という最高裁の見解は、既得権を守るために参入規制を行う業界団体が用いる弁解の標本と言えるものです。

薬　　局

　医薬品の販売についても、典型的な参入規制が見られます。つい最近まで、ビタミン剤は薬局でしか売っておらず、それも、とてつもなく高い値段でした。アメリカでは、ビタミンCの値段が日本での7分の1で、ビタミンBをいろいろ複合した薬剤などは30分の1の値段でした。そのため、アメリカ土産にビタミン剤を買ってくる人もいたぐらいです。

　日本とアメリカの価格格差が大きかった理由は、ビタミン剤は日本では医薬品として扱われていたのに対して、アメリカでは食品だと認定されていたからです。したがって、アメリカでは、医薬品を販売する時のような、コストのかかる新薬実験、臨床実験などはしなくても、食品の衛生を管理するような基準

さえ満たせば発売することができたので、非常に安くできたわけです。食品ですから当然コンビニエンス・ストアで売ってもよいことになります。

日本でも、最近になってやっとビタミン剤は食品と認定されて、いまではスーパーマーケットでもコンビニエンス・ストアでも売られています。

しかし、アメリカでは、24時間開いているスーパーマーケットで、かぜ薬や胃腸薬などのいわゆる常備薬を買うことができます。一方日本では、薬事法で禁止されているため、スーパーマーケットやコンビニエンス・ストアでそうした医薬品を買うことはできません。だから、夜中に熱が出てもアスピリンなどを買うことができません。

その理由は次のとおりです。「医薬品は複合して飲むと、非常に大きな危険が起きる。医薬品を買うのは、どんな家庭薬であっても、専門の薬剤師がいるところで買うのでなければ危険である。したがって、消費者の安全のためには、ちゃんとした薬剤師がいる薬局で販売することに限定すべきだ。」

この理由は、100％嘘だとは言えないでしょう。おそらく何分かの理はあるだろうとは思います。しかし、常識的に考えると、いつも服用している薬を薬局で買う時に、いちいち薬剤師のアドバイスは受けないでしょう。ですから、この理由では、コンビニエンス・ストアで売れないことを完全には正当化できないでしょう。

薬局の参入規制について、面白いエピソードがあります。戦後しばらくの間、既存の薬局の半径500メートル以内に新しい薬局を作ってはいけないという規制がありました。これは、薬局が過当競争をして乱売をすると、国民の健康に差し障るからという理由です。勇敢な人が訴えた結果、この法律は営業の自由を定めた憲法に違反するという最高裁判決が、1960年代の中頃に出て、この法律自体が違憲とされました。酒販店にも、米販店にも同じような参入規制がありました。

農　　業

最後に、財市場に関しては、もう1つ驚くべき参入規制があります。日本では、通常の株式会社が農地を購入して農業に参入することが、法律で禁じられているということです。

たとえば、米を大量販売する大手スーパーマーケットが、「農家から大量の

土地を買って大規模農法で米を作ろう．そのほうが安くあがる」と思って，どこかの大規模農地を購入しようとしても，それは農地法によって許されないのです．株式会社は農地を所有できないということになっているからです．

その一方で，株式会社が農地を買ってくれない以上，兼業をやめて農業から完全に手を引きたいという農家も，自分の土地を大手の会社に売ることができず，せいぜい隣の農家に売ることぐらいしかできません．だから，日本の農業はいつまでも小規模でやっているわけです．これは，もちろん結果的には，米の値段を高く維持することに役立っています．

一般企業が農地を所有できないことによる最大の弊害は，銀行が農家に融資できないことです．農家が破産した時のために，農地を担保にできないからです．仮に担保にしても，銀行はその農地を所有できません．農協や特殊法人のみが農家に融資できることになっています．農地の会社保有が許されれば，融資の市場に新規参入者が現れ，農協既得権が侵されてしまいます．

アメリカでは，ここ30年の間に，株式会社が農業生産の大半を管理するようになりました．小規模農業は大きな株式会社に吸収されて，大規模な効率的経営が達成されています．そのプロセスで，農産物の値段が大きく下がりました．一方，日本ではそれが法律によって禁じられているため，農産物の価格は割高になっています．これも，典型的な参入規制です．

規制緩和は本当に必要か

このようにさまざまな市場で，規制によって供給曲線を強引に左方にシフトさせて価格を高く維持する，ということが行われてきました．そのような例は，これまで見てきたものの他にも山ほどあります．[4] このような参入規制を廃止してマーケットが決める価格にすることは**規制緩和**の最大の目的です．しかし，参入規制を緩和することによって市場価格が下がれば，消費者と新規参入者は

---

[4] われわれの生活が，さまざまな参入規制によって，いかにがんじがらめになっているかについては，中条潮『規制破壊』(東洋経済新報社，1995年)，pp.8-10参照．さらに，八代尚宏『社会的規制の経済分析』(日本経済新聞社，2000年)，八代尚宏『規制改革——「法と経済学」からの提言』(有斐閣，2003年)，福井秀夫「学校経営への株式会社参入に関する法的論点」(『自治研究』2002年10月) などを参照のこと．

利益を受けますが，既得権を持っている既存生産者は損失をこうむることになります．それでは全体で見て，規制緩和によって損失が生じてしまうことがあるのでしょうか．次節では，そのようなことはなく，全体では利益のほうが損失よりも必ず大きいのだということを示しましょう．

2　消費者余剰：単純なケース

　参入規制を撤廃するとすべての人々が得をするのならば，撤廃は文句なしに望ましいと言えるでしょう．しかし参入規制を撤廃すれば，価格が下がるため，消費者は確かに得をしますが，既存の生産者や販売店は損をします．したがって，「得をする人も損をする人もいる以上，参入規制の撤廃が社会全体の観点から望ましいとはいえない」と考える人もいるかもしれません．

　この場合に，得をする人の得と，損をする人の損の大小を比較できれば，「価格が下がる」ということが社会全体にとって差し引きでどれだけ得なのかを判断することができます．つまり，主観的ではなく，客観的に政策を評価することができます．

　本章の以下の各節では，政策が人びとに引き起こす損や得の比較を行ううえで最も重要な概念である「余剰」について考えます．

　本節では，まずすべての消費者がある財を1人1個だけ購入する場合を考え，次節ではより一般的な場合を考えます．

便　　益

　例として，スケートボードの市場を考えてみましょう．話を簡単にするために，この市場には消費者が5人だけしかいないとします．ヒデ，ゴン，カズ，ラモス，川口の5名です．まず，1人が1台だけ欲しい場合を考えましょう．

　ある財の所与の個数に対して，各人が最大限支払ってもよいと考える金額を，**便益** benefits と呼びます．スケートボード1台に対して，各人が支払ってもよいと考えている最大の額を図3-2の棒グラフが示しています．ヒデ4万円，ゴン3万円，カズ2万円，ラモス1万円，最後に川口は5000円です．[5)] この図

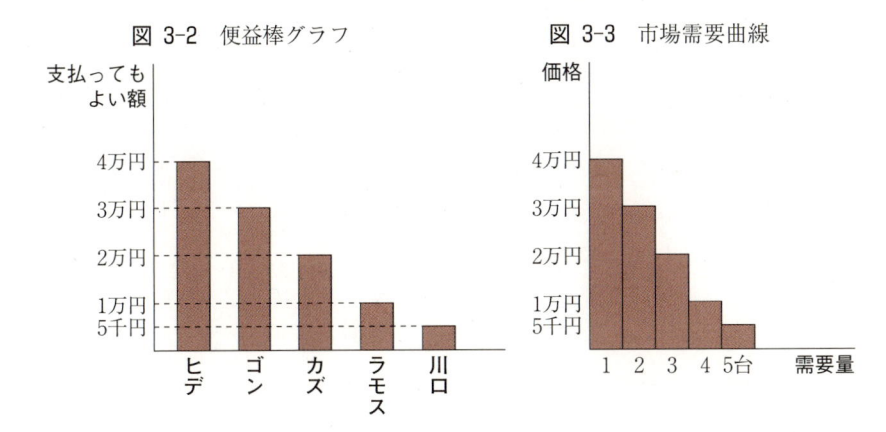

2 消費者余剰：単純なケース　107

図 3-2　便益棒グラフ

図 3-3　市場需要曲線

を，各人のスケートボードに対する**便益棒グラフ**と呼びます．

　消費者は，購入する財から得られる便益が，所与の価格を上回れば買いますが，下回れば買いません．[6] したがって，図 3-2 のケースでは，価格が 4 万円より高いと誰も買いません．4 万円より高い便益を得る人は誰もいないからです．この価格帯では，市場需要量はゼロになります．

　価格が「4 万円以下だが 3 万円より高い」のなら，ヒデは買うことになります．便益が費用を上回っているからです．しかし他の人は買いません．したがって，市場全体の需要量は 1 台です．このように，図 3-2 から，縦軸に示された各価格水準に対する市場需要量を読み取ることができます．

　図 3-3 は，図 3-2 の棒グラフを横方向に全部足し合わせた図です．この図は，縦軸に示された各価格に対して，全部で何台のスケートボードが需要されるかを横軸に表しています．したがって，これは**市場需要曲線**そのものです．

消費者余剰

　次に，消費者がスケートボードを購入するという行動によって，どれだけ

[5)] 各消費者は，所与の所得と価格の下で満足度（効用とも言います）を最大化するように各財の購入量を決めます．新たに市場に提供されてきたスケートボードという商品にヒデが 4 万円使っても良いということは，これまで消費していた他の財の購入を 4 万円分減らしてもスケートボードが欲しいということを意味しています．

[6)] 価格と便益が同じだったら，買うものとします．

「得」をするかについて考えましょう．

ある消費者がスケートボードを1台購入することから受ける便益と，彼が支払った価格とがまったく同じ価値ならば，彼には損も得もありません．スケートボードを手に入れたうれしさは，購入代金を失う（他の財を買えなくなる）ことで，完全に相殺されていますから，正味の満足度は，スケートボードを購入する前後では変わりません．

しかし，もし便益が価格よりも高いなら，便益と支払い額の差額分だけ得をすることになります．この差額分を，この消費者がこの財の購入から得る**消費者余剰 consumer surplus** と言います．すなわち

$$\text{消費者余剰} = \text{便益} - \text{消費者支払い額} \tag{3.1}$$

です．ある消費者が，財の購入から得る消費者余剰は，その財をまったく持たない場合に比べて，購入することによって満足度がどれだけ増加したかを金額表示したものです．

図3-2をコピーした図3-4で，たとえば価格が3万円の時に，ヒデが得る消費者余剰は，ヒデの便益棒グラフのうち，3万円より上の部分の1万円です．[7] これは，図の斜線部の面積です．式で書くと，次のようになります．

消費者余剰（1万円）＝便益（4万円）−消費者支払額（3万円）

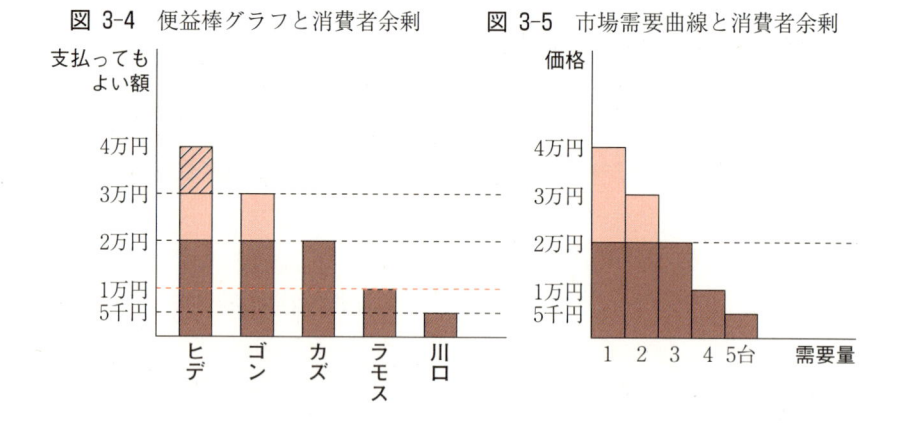

図 3-4　便益棒グラフと消費者余剰　　図 3-5　市場需要曲線と消費者余剰

---

[7] ヒデはスケートボード1台を手に入れるためには，他の財の消費を4万円分減らしてもよいと考えているのに，価格が3万円ならば他財の消費を3万円分だけ減らせばすみます．その差の1万円が余剰になります．

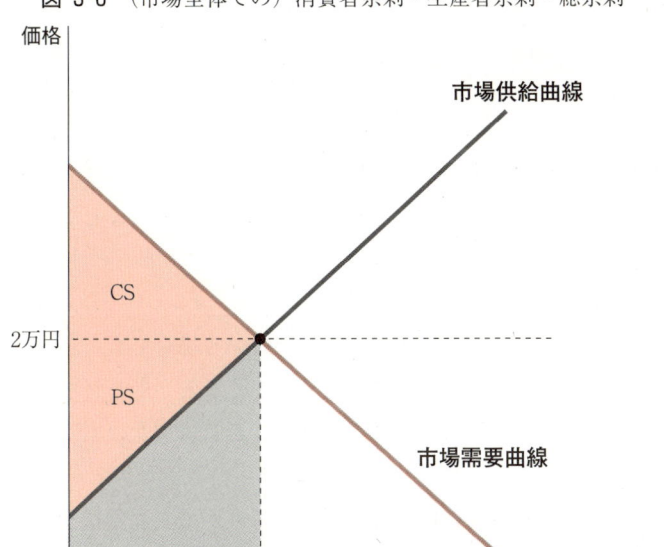

図 3-6 （市場全体での）消費者余剰・生産者余剰・総余剰

もし価格が2万円ならば，ヒデもゴンも，それぞれの便益棒グラフのベージュ部分で表される消費者余剰を得ます．[8]

個人の消費者余剰を足し合わせたものを，**市場全体の消費者余剰**と呼びます．市場全体での消費者余剰は，ある財をある価格で購入することによって，この市場の消費者全員が感じる「得」の総額です．図3-4の例では，価格が2万円の時は，市場全体の消費者余剰はベージュで表された面積全体です．つまり3万円です．図3-5のベージュ図形もこれと等しい面積を持っています．この図は，市場需要曲線と消費者余剰の関係を示しています．

図3-6は通常の需要供給曲線を示しています．この図の三角形CSの面積は，この均衡において消費者すべてが得る消費者余剰の総計，すなわち市場全体の消費者余剰を示しています．このため，次が成り立ちます．

> **市場全体の消費者余剰は，市場需要曲線と，市場価格における価格線とによってはさまれた面積である．** (3.2)

---
[8] 価格と便益が同じなら買うものとしましたから，この場合カズもスケートボードを買っているのですが，彼の消費者余剰はゼロです．

3 消費者余剰：一般のケース

第2節では，消費者1人が財を1個しか購入しない場合を考えました．本節では，この仮定を緩めても同じ結論が成り立つことを示しましょう．

便益と限界便益

たいていの人は，スケートボードを欲しいという場合でも，1台だけ欲しいと思うでしょう．けれども，1人で何台も欲しくなるかもしれません．2台あれば，彼女が来た時に使えるし，3台あれば3台目は彼女の家に置いておくこともできます．図3-7パネルAの棒グラフは，台数ごとのヒデの便益を表しています．**便益**とは，所与の個数に対して，各人が最大限支払ってもよいと考える金額でした．ヒデが最初の1台を得るために支払ってもよいと考える額（1台当たりの便益）は4万円です．2台を一度に手に入れるために支払ってもよいと考える額（2台の便益）は7万円です．3台手に入れるために払って

図 3-7　ヒデの便益と限界便益

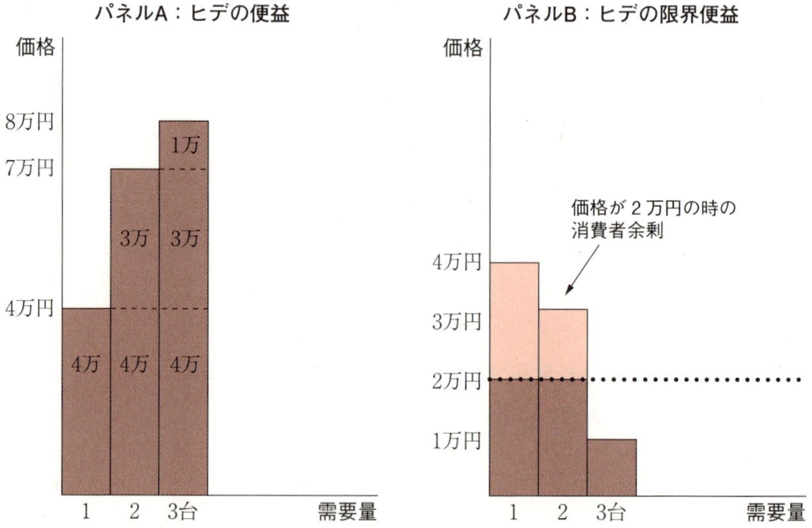

もよい額は8万円です.

1台追加することによって生じる便益の増加を**限界便益 marginal benefit**と言います.図3-7パネルAからわかるとおり,ヒデの限界便益は1台目が4万円,2台目が3万円,3台目が1万円です.これを描いたのが図3-7パネルBです.この図は,**限界便益曲線 marginal benefit curve**と言われています.

この図は,スケートボードを1台追加購入するたびに限界便益は減少していくことを示しています.われわれは,ある財の消費を増やすにつれて,その財の消費に飽きてくるのが普通です.限界便益曲線が右下がりであることは,このことを反映しています.この現象は,スケートボードに限らず普通の財の多くにも当てはまります.

ここで次を確認しておきましょう.

> 現在の消費量に至るまでに得る限界便益をすべて足し合わせたものが,この消費量がもたらす便益である.[9]　　　　　　　　　　　(3.3)

定義により,限界便益は,ある台数をその便益分だけの代価を支払って手に入れた後に,もう1台を入手するために支払ってもよいと考える追加的な金額であるとも解釈できます.例えば,ヒデの2台目の限界便益は3万円ですが,これは彼が1台目に4万円支払った後で2台目を手に入れることに対して最大限支払ってもよい追加支払い額です.さらに7万円を払って2台手に入れた後で,3台目を手に入れることに対しては1万円しか追加的に支払うつもりがありません.したがって,3台目の限界便益は1万円です.

ヒデは,スケートボードをある台数すでに購入しているとしましょう.さらに1台追加購入することによって得る限界便益が,その価格と等しいか,より大きいならば,彼は,もう1台を買うでしょう.[10] 限界便益が価格を下回れば,もう1台買うのをやめます.たとえば,スケートボード1台の価格が5万円なら,ヒデは1台も欲しくありません.価格が4万円だと,1台目の限界便益4

---

9) 当然,消費量が増えるにしたがって,便益は増加します.上の場合,ヒデがスケートボードから得る便益は,1台の時4万円,2台の時7万円(＝4万円＋3万円),3台の時8万円(＝4万円＋3万円＋1万円)です.

10) 注6)参照.

万円は価格と等しいので1台購入します．しかし，2台目の限界便益3万円は価格を下回るので，2台目は購入しません．価格が3万円だと，2台までなら買ってもいいが，3台目になると，限界便益1万円は価格を下回るので，3台目は買いません．さらに，1万円なら3台まで買ってもいいと考えます．したがって，図3-7パネルBに描かれた限界便益曲線は，スケートボードに対するヒデの**個別需要曲線**です．[11]

消費者余剰：再論

　消費者がある数量の財を消費することによって得られる便益から，購入のために支払った支出を差し引いた残りが**消費者余剰**です．図3-7パネルBでは，価格が2万円の時にヒデが得る消費者余剰がベージュの図形の面積で示されています．[12] これは，価格が2万円の時に2台スケートボードを買うことで，ヒデがどのぐらい「得」をしたのかを示しています．したがって，①需要曲線，②市場価格水準の水平線，③縦軸，の3本の線で囲まれる部分の面積が，ヒデの消費者余剰を示します．

　各消費者1人ひとりが持っている右下がりの需要曲線を横に全部足し合わせると，図3-6市場需要曲線が得られます．[13] したがって，個々の消費者が複数個需要している場合でも，図3-6の三角形CSの面積は，価格が2万円の時，消費者すべてが得る消費者余剰の総和，すなわち，市場全体の消費者余剰を示しています．このため，各消費者が複数需要している場合でも，(3.2) が成り立ちます．

---

11) 補論では，この段落の意味を検討します．
12) 図3-7パネルBでは，価格が2万円の時には，ヒデは2台買うことを示しています．この時，実際に支払わなければならない金額は4万円です．一方，2台のスケートボードからヒデは全部で7万円の便益を得ます．この便益は，ヒデがスケートボードを2台入手するために最大限支払ってもよいと考える金額です．したがって，2台買うことで得られる便益7万円から2台分の代金4万円を差し引いた3万円が，この場合にヒデが得る消費者余剰になります．これがベージュの部分の面積です．
13) 図1-7参照．

4 生産者余剰

次に，生産者が，スケートボードを所与の価格の下で供給することによって，何も供給しない場合に比べてどれだけ「得」をするか，を考えてみましょう．

これを分析するためには，第2章で導入した生産者余剰の概念を用います．生産量が x の時の**生産者余剰**は，生産量が0の時と比べて，どれだけ利潤が増加しているかを表します．つまり，次によって定義されます．

　　　生産者余剰＝利潤－生産量が0の時の利潤

第2章で示したように，この差額は次式で表されます．

　　　生産者余剰＝収入－可変費用　　　　　　　　　　　　　　　(3.4)

第2章から明らかなように，ある価格の下で，企業が利潤を最大化する時のこの企業の生産者余剰は，価格線とその企業の**個別供給曲線**にはさまれた三角形の面積で表されます．

このため，市場価格が与えられている時の**市場全体の生産者余剰**は，①市場価格における価格線，②市場供給曲線，③縦軸，の3本で囲まれた面積で表されます．図3-6の三角形PSのベージュの面積は，価格が2万円の時，生産者すべてが得る生産者余剰の総和，すなわち，市場全体の生産者余剰を示しています．

5 総余剰

生産者も家に帰れば消費者

ある価格で財が取引されている時，発生した消費者余剰と生産者余剰を加えたものを**総余剰 total surplus** と言います．すなわち，総余剰は，

　　　総余剰＝消費者余剰＋生産者余剰

で定義されます．

図3-6のCSは消費者余剰を，PSは生産者余剰を表していますから，この

図のベージュの面積の和が総余剰になります．総余剰は次のように図示できます．

　　　需要曲線と供給曲線の間にはさまれた面積が総余剰を表す．　　　(3.5)

　この総余剰は，市場での取引に参加することによって消費者や生産者が得る「得」の合計を表しているわけです．まず消費者は，財を手に入れるために代金を支払わなければなりませんが，実はそれ以上に大きな得をしています．それを表しているのが消費者余剰です．

　次に生産者は，消費者が支払う代金に等しい収入があるのですが，生産するのに可変費用がかかっています．収入がその可変費用より高いと，得をします．それが生産者余剰で表されました．だから，消費者も生産者も市場に参入，参加することで，両方とも得をしているわけです．それを合わせたものが総余剰です．

　ところで，**生産者余剰を得ている生産者も，家に帰れば消費者ですから**，儲けたお金を自分の消費に使います．生産者はその金を使って，さまざまな財を以前より多く買うわけです．このように，スケートボードの生産者が，一消費者として以前より多くの財やサービスを購入できるようになることが，生産者が取引から得る具体的な利益です．生産者余剰は，この便益を示しています．[14] こ

---

14) 生産者は，生産者余剰を支出財源としてさまざまな財を購入します．その際に，彼が，消費者として得る便益は，彼の支出そのものであるとされています．新たな消費者余剰が加えられていません．これは，なぜでしょうか．

　消費者は，いかなる財であっても，その財がもたらす限界便益がその財の価格に等しくなるまで消費します．いま，消費者は自分が得た収入増加分を，さまざまな財を1単位ずつ追加購入するために支出するとしましょう．その場合，追加購入したそれぞれの財は，それぞれの価格に等しい便益の増大をもたらします．つまり，**収入の増加がもたらす支出の増加は，それをさまざまな財に分散して消費するかぎり，支出の増加額に等しい便益の増大をもたらします．**したがって，生産者余剰は，生産者がそれをさまざまな財の購入に使うことによって生じる便益の限界的な増加の和に等しいと考えることができます．すべての財をその財がもたらす限界便益がその財の価格に等しくなるまで既に消費している状態から出発して消費をさらにごく少量増やす場合には，便益増は支出増に等しくなります（それに対して，第3節で示したのは，ある財の消費量を0から現在の消費量まで増やすことによって生じる便益の増大は，その財に対する支出額より大きい，ということです）．

の見方を取ると，総余剰は，スケートボードが市場で取引されることによって，いずれかの消費者が得をする額の総計です．

総余剰の直接的意味

総余剰という概念には直接的な意味を与えることができます．需要曲線の下側の面積は便益を示し，供給曲線の下側の面積は可変費用を示しています．したがって総余剰は，現在の生産量を消費することによって社会全体が得る便益から，それを生産するのに必要な費用を差し引いたものだ，と見ることができます．すなわち，

$$総余剰＝便益－可変費用 \tag{3.6}$$

となります．[15] (3.5) は，この式を図で表現する手法を説明したものです．総余剰は，(3.6) 式によっても定義できます．

(3.6) 式の意味を図3-6で説明すると次のとおりです．この市場における5000個の生産は，生産量が0である場合と比べて，需要曲線の下側の面積（すなわちベージュとグレーの面積の合計）だけの便益をこの経済にもたらします．

一方で，これだけの財を生産するためには，供給曲線の下側の面積（グレーの面積）だけ可変費用が必要です．これを生産者が負担しているわけです．したがって社会全体は，総便益と可変費用の差だけ得をしています．その分が，この財が取引されることによって発生する正味の生活水準の上昇分の総計です．これが (3.6) 式の意味です．

消費者余剰と生産者余剰とをいちいち別々に定義して，それを合わせたものとして総余剰を定義しなくても，総余剰は (3.6) のように一言で定義できるわけです．

---

[15] この式は代数的に求めることができます．(3.1) と (3.4) から，
　　　消費者余剰＋生産者余剰
　　　　＝便益－消費者支払い額＋収入－可変費用
　　　　＝便益－可変費用
　となるからです．なお，最後の行は
　　　消費者支払い額＝収入
　から導かれます．

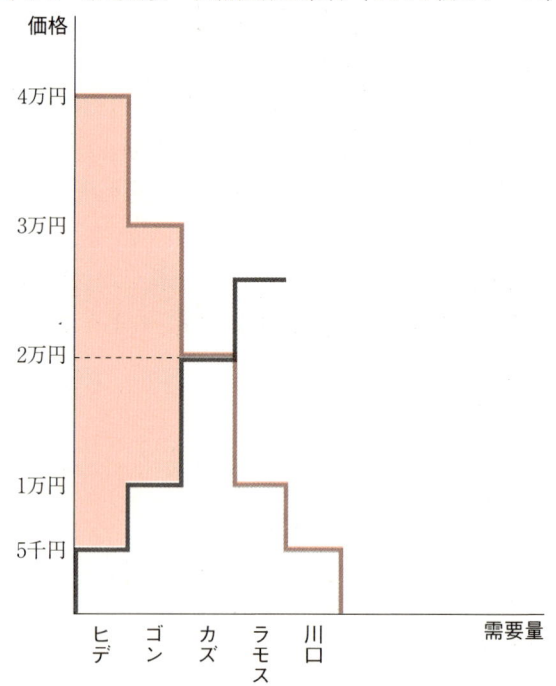

総余剰の算出に価格はいらない

総余剰という概念自体は，財が市場で取引されていない時にも当てはまる概念です．前節では，スケートボードを生産する人と消費する人は別人でしたが，消費する人たちが自分たちでスケートボードを作ることができるとしましょう．例えば，図3-8でヒデが5000円，ゴンが1万円，カズは2万円，ラモスは2万5000円で作ることができるとします．各人の便益から，費用を差し引くと，各人が得る余剰を計算することができますが，これは消費者余剰とも生産者余剰とも呼ぶことができません．たんに「余剰」と呼ぶのが適切でしょう．この場合，生産と消費から，ヒデは3万5000円（＝便益4万円－可変費用5000円），ゴンは2万円（＝便益3万円－可変費用1万円）の余剰を得ます．

各人の余剰を合わせると，先ほどの市場経済（つまり生産者と消費者が別人である場合）と同じ，「総余剰」を計測することができます．このように，総

図 3-8　市場需要・供給曲線と余剰（1人1個のケース）

余剰という概念自体は，財が市場で取引されていない時にも当てはまる概念です．すなわち，現在消費されている額を生産することによって発生している社会全体としての純利益を示していると考えることができます．

もちろん，スケートボードを欲しい人たちがたまたま自分でスケートボードを生産できる，などということは，普通はありません．自分が作るものだけを消費するのでは満足できない人が多い時，市場がさまざまな財の購入を可能にします．この場合，ある財の市場が出現することによって，その財がもたらす総余剰の分の利益が世の中に忽然と現れてくるわけです．

上の場合には，取引の結果，売り手と買い手のみが影響を受けたので総余剰を彼らの余剰の和として定義しました．しかし課税や補助金などによって政府の余剰も影響を受ける時には，政府の余剰も加えたものを総余剰として定義します．その場合も (3.5) と (3.6) とは，そのまま成り立ちます．

6 水とダイヤモンドの便益分析

本章で導入した便益と余剰の概念は，本章の全巻をとおして繰り返し用います．てはじめに，本章の残りでは便益概念の応用をいくつか示しておきましょう．

2世紀以上も前にアダム・スミス（Adam Smith）は『国富論』の中で，「水ほど有用な物はないのに我々が水に支払う金額はごくわずかである．ダイヤモンドの利用価値はあまりないのに実に高価である．これはなぜか」というパラドックスを提示しました．

これに答えるために図3-9を眺めてみましょう．

この図3-9は，水とダイヤモンドの市場需要曲線を示しています．両財の価格が0であれば，水はW_0まで，ダイヤモンドはD_0まで需要されます．この図では，W_0における水の便益（需要曲線の下側の面積）のほうがD_0におけるダイヤモンドの便益よりはるかに大きく描かれています．水は人間にとってなくてはならない物なので，両財の価格が0であっても，水はダイヤモンドよりもはるかに大きな便益をもたらすことをこの図は反映しています．

118　3章　余剰と参入規制

図 3-9　水とダイヤモンド

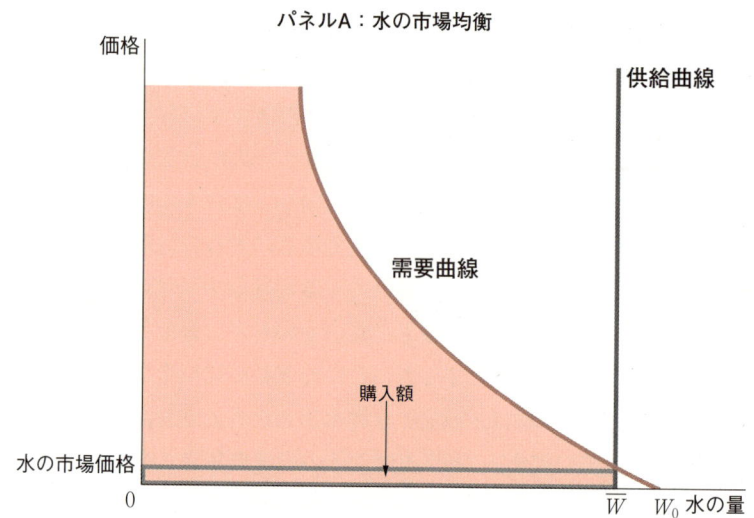

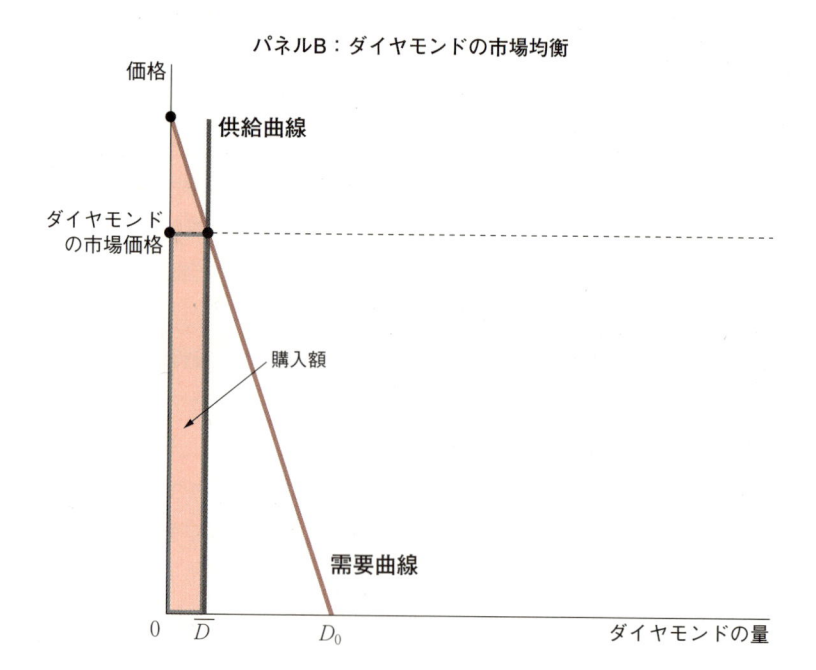

パネルA：水の市場均衡

価格

供給曲線

需要曲線

購入額

水の市場価格

0　　　　　　　　　　　　　　　$\overline{W}$　W_0　水の量

パネルB：ダイヤモンドの市場均衡

価格

供給曲線

ダイヤモンドの市場価格

購入額

需要曲線

0　$\overline{D}$　　　D_0　　　　　　ダイヤモンドの量

しかし水は，潤沢に存在するので，図3-9パネルAに示されているように，供給量の$\overline{W}$はW_0に比べてあまり少なくありません．それに対して，ダイヤモンドの供給量は少ないために，図3-9パネルBで示されているように供給量$\overline{D}$はD_0に比べてかなり低い水準になります．均衡点における，水とダイヤモンドからの便益が，図3-9のそれぞれのパネルのベージュの面積で示されています．価格が0の時に水と比べて小さかったダイヤモンドの便益は，さらに大幅に下がっています．

この2つのパネルを比較すればわかるように，消費者にとって，便益がより大きい財である水への支払い額（グレー枠の細長い長方形の面積）は，低い水準です．それに対して，ダイヤモンドは小さな便益しかもたらしませんが，それに対する支払い額は高くなっています．[16]

便益は需要曲線の下側の面積で表されるのに対して，支払い額は価格線の下の長方形の面積で表されます．このため，両面積の比は，供給量によって大きく影響を受けます．したがって，便益の大きいほうの財への支払い額のほうが小さくなっても何の不思議もありません．これが，「アダム・スミスのパラドックス」への答えです．[17]

7 参入規制の余剰分析

補償原理と総余剰の変化

ある経済政策の後で，当事者間で補償をすれば，全員が少なくとも前と同じ状態であり，なかには前より豊かになった人もいるという場合には，この政策は経済を**効率化する**，と言いました．効率化するか否かをもって経済変化の良

---

[16] 多くの人はダイヤモンドを1つも買いません．彼らの個別需要曲線は，ダイヤモンドの市場価格より低い水準で縦軸と交わっているからです．そのような人にとってダイヤモンドへの支出はもちろん0です．買う人の場合にはダイヤモンドへの支出が水への支出を上回ることが多いでしょう．

[17] なお，図から明らかなように，水は大きな消費者余剰をもたらし，ダイヤモンドは小さな消費者余剰しかもたらしません．

し悪しを判定する考え方を，**補償原理**と呼びました．

　ある政策の結果，総余剰が増える場合には，政策の結果得をした人が損をした人に適当な補償をすれば，全員が，変化前と少なくとも同じか，より良い生活水準になることが可能です．したがって，「ある政策が経済を効率化する」というのは，「ある政策の結果，総余剰が増大する」というのと同義です．したがって，ある政策が総余剰を増やすか否かが，経済政策の採否の補償原理に基づいた判定手段になります．

参入規制とその撤廃

　第1節で説明したように，参入規制があるということは，市場供給曲線を構成する個別の供給曲線の本数が少なくなる，ということです．これによって，市場供給曲線が図3-10に描かれているように，自由参入の場合に比べて左方にシフトしています．供給曲線が左方にシフトしているために，均衡点も E 点から R 点へとシフトし，価格は高く吊り上げられています．これこそが，

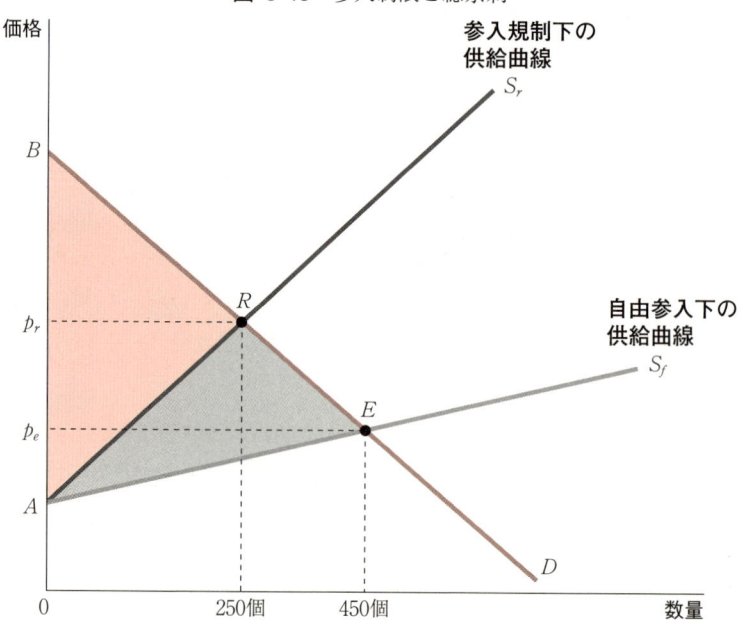

図 3-10　参入制限と総余剰

既存企業が参入規制をすることの目的でした．

　参入規制後の総余剰は，ベージュの三角形の面積です．一方，参入規制前の総余剰は，それにグレーの三角形を合わせた三角形の面積です．言い換えると，参入規制後の総余剰は，規制前の総余剰と比べてグレーの部分だけ減少しています．この部分は，誰のものにもならず確実に失われてしまっています．規制によって失われた余剰であるグレーの部分を，規制による**死重の損失 dead weight loss** と言います．[18]

　これは，**参入規制を撤廃すると**，得をした経済主体が，参入規制の利益を失った生産者に**補償 compensate** してあげても，まだ余りが出ることを示しています．余りがグレーの部分です．

　市場への参入規制を緩和すると，価格が下がることによって消費者が得をします．しかし，上で述べたのはそのこと自体が望ましいということではなく，参入規制の緩和が既存の生産者がこうむる損を上回る得（社会的余剰）を発生させるから望ましい，ということです．このことは，たんに参入規制の緩和によって価格が下がることを示すだけではわかりません．これは余剰による分析

---

[18]　Dead weight loss という言葉は，元来は工学で使われてきた言葉です．ただし，分野によって訳が違います．船舶工学では「死重の損失」と訳され，土木工学では「死荷重」と訳されています．経済学では「死重の損失」が普通でしたが，近頃はおそらく土木の人たちの影響を受けて「死荷重」という言葉を使う人が増加してきました．

　　土木工学では「死荷重」という言葉は，たとえば橋の設計に関して言えば，橋自体の重さを指します．橋は，その上を通るトラックやトラックの上に載せた荷物の重さが何トンまでは耐えられるのかという設計をしなければなりませんが，橋自体も重さを持つので，実はそれら合計の重さに耐えられるように設計しなければなりません．橋が役に立つのはまさにその上を走るトラックやその荷物の重さを支えるためですから，橋自体の重さはいわば，死んだ重さです．その意味でこれを「死荷重」と呼びます．

　　一方，船舶工学では次の意味で使われています．船が十分な荷物を積んでいる時には重心が安定するのですが，積荷をすべて降ろしてしまうと船の重心が不安定になり船が引っくり返ってしまうことがあります．したがって，商業用の積荷がまったくない場合にも，船体を安定化させるための重さを持った荷物を積みます．これが，「死重の損失」です．商業用に何の役にも立たないものを運ぶために，その分コストを支払わなければならないからです．

　　「死荷重」という言葉はいかにも土木工学的な言葉なので，私は，dead weight loss という言葉の自然な訳語である「死重の損失」を使っています．

によって初めて明らかになることです．ここに余剰分析の意義があります．

補償の具体例

参入規制の撤廃によって総余剰が増える場合に，具体的に誰が誰にどれだけ補償すれば，全員が以前より望ましい状態になるのかを示しましょう．

図 3-11 パネル C は図 3-10 をコピーしたものです．図 3-11 のパネル A は既存生産者の，パネル B は新規参入者の供給曲線を，パネル C の薄いグレー線が自由参入下の市場供給曲線 S_f を示しています．パネル C の S_f は左の 2 つの図の供給曲線を水平方向に足し合わせたものです．したがって，パネル A と B の図形①，②，③の面積は，パネル C の図形①，②，③と同一です．

図 3-10 のベージュの面積で表した参入規制下の余剰は，図 3-11 のパネル C では，既存生産者の生産者余剰①+②と，消費者余剰⑤とに分解されます．

次に参入が自由化されると，消費者余剰は図 3-11 のパネル C の①+④だけ増大して，①+④+⑤になります．新規参入者は，新たな生産者余剰③を得ることになります．一方，既存生産者の生産者余剰は①だけ縮小して，②になります．したがって，この規制緩和の結果，消費者と新規参入者は得をし，既存生産者のみが損をします．[19]

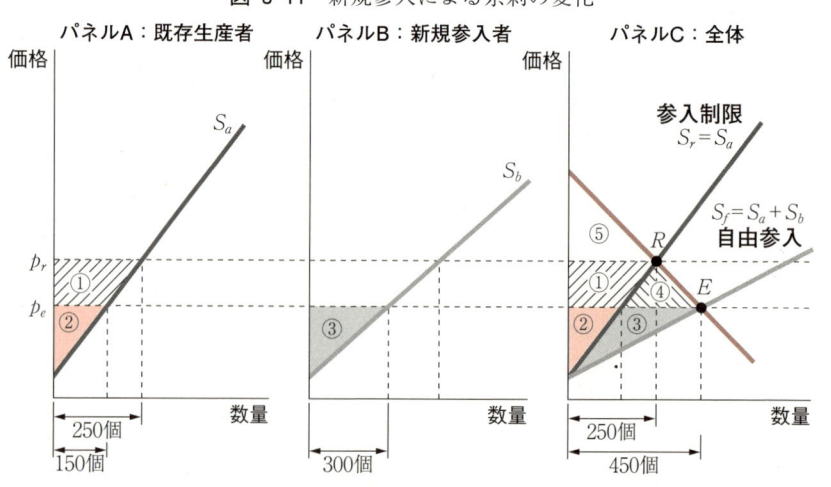

図 3-11　新規参入による余剰の変化

この規制緩和が生み出す消費者余剰の増大分（①＋④）は，既存生産者の余剰の損失①を④だけ上回ります．したがって，得をする消費者が損をする既存生産者に補償①を与えても，なおこの自由化は消費者にとって④の面積だけ望ましいと言えます．さらに，新規参入者にとっても，③の余剰を初めて得ることができるので，この変化が望ましいのはもちろんです．したがって，参入規制が撤廃された場合には，消費者が既存生産者を補償すれば，新規参入者を含めた全員が以前より望ましい状態になることがわかります．

バナナとサンマ：再論

序章では，バナナさんとサンマさんが取引をしている時に，サンマを売るジミーさんが市場に参入してくると総余剰が増大する，と述べました．図 3-11 を用いてこのことを示しましょう．

ただし，図 3-11 の横軸はサンマの需給数量，縦軸はバナナの数量で量ったサンマの価格（すなわちサンマ 1 単位当たりのバナナの交換比率）とします．さらに，需要曲線はバナナさんのサンマに対する需要曲線とし，既存業者の供給曲線，新規参入業者の供給曲線をそれぞれサンマさん，ジミーさんのそれとします．

サンマさんの生産者余剰は，ジミーさんの新規参入によって，図 3-11 の三角形①＋②から三角形②に縮小しています．しかし，バナナさんの消費者余剰が三角形⑤から三角形⑤＋①＋④まで増大しているため，バナナさんは，サンマさんに彼の損失分①を補償しても，④だけお釣りがくることになります．一方，ジミーさんはこの取引によって，純粋に③だけの利益を得ます．したがって，総余剰は増大しています．

---

19) なお，得をした消費者と新規参入者が既存生産者に補償した後に残る余剰の増加を合わせると③＋④になります．これは，図 3-10 のグレーの三角形に他なりません．

8　裁定の余剰分析

もう1つの応用例として，**裁定**による効率化を分析してみましょう．図1-13では，仲買人が渋谷と原宿の桃市場で裁定を行うケースの需要曲線のシフトを描きました．裁定が起きる前は渋谷ではB_1，原宿ではH_1が均衡点です．図3-12は，図1-13の裁定前の需要曲線と供給曲線をコピーしたものです．それぞれのパネルのベージュの三角形は，それぞれの地区における裁定前の均衡点B_1とH_1に対応した総余剰を示しています．

裁定が行われると両地域共通の価格が140円になります．この時，渋谷の生産者余剰はパネルAのオレンジ点線で描かれた三角形の面積になり，消費者余剰は茶点線で描かれた三角形の面積になります．裁定によって，渋谷の総余剰は，パネルAのグレーの三角形の面積だけ増加しています．同様に，裁定によって，原宿の総余剰も，パネルBのグレーの三角形の面積だけ増加しています．つまり，裁定が起きた結果，両地域合わせた総余剰が2つのグレーの三角形を加え合わせただけ増え，効率化が達成されています．

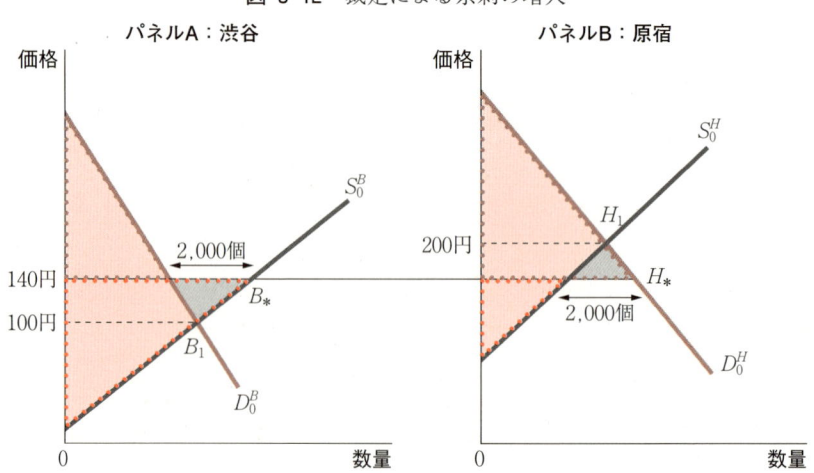

図 3-12　裁定による余剰の増大

ただし，図3-12を見ればわかるように，裁定の結果すべての人びとが得をしたわけではありません．渋谷の消費者は価格が高くなったために消費者余剰を失い，原宿の生産者は価格が低くなったために生産者余剰を失っています．しかし，総余剰が増加しているということは，それらの損失を補って余りあるほど渋谷の売り手と原宿の買い手が得をしていることを示しています．

具体的には，渋谷の生産者の得は，渋谷の消費者の損失額を図3-12パネルAのグレーの面積だけ超えています．[20] 一方，原宿では裁定によって供給者の余剰が減少していますが，消費者の余剰の増加がちょうどパネルBのグレーの三角形の面積だけ増加していることがわかります．

キーワード

参入　　退出　　参入規制　　国家資格制　　能力検定　　規制緩和　　便益　　便益棒グラフ　　市場需要曲線　　消費者余剰　　市場全体の消費者余剰　　限界便益　　限界便益曲線　　個別需要曲線　　生産者余剰　　市場供給曲線　　個別供給曲線　　市場全体の生産者余剰　　市場価格　　総余剰　　効率化　　補償原理　　死重の損失　　補償　　裁定　　補償需要曲線　　所得効果

練習問題

1．日本で参入規制が行われている例を3つあげよ．説明は要らない．
2．日本の農業の最大の参入規制は何か．簡潔に答えよ．
3．カズがスケートボードから得る便益は，1台目が5万円，2台目が2万円，3台目が5000円であるとする．価格が1万円の時，彼の消費者余剰はどれだけか．
4．空欄に入る正しい語句の番号を下から選べ．

---

[20] パネルAに，裁定前の消費者余剰と生産者余剰を図示し，裁定後のそれらと比べると，明らかです．またパネルBについても同様です．

(1) 需要曲線の下の面積は，与えられた消費量に対応する □ である．
(2) 供給曲線の下の面積は，与えられた生産量に対応する □ である．
(3) 需要曲線と供給曲線にはさまれた図形の面積は □ である．

①総費用　②消費者余剰　③生産者余剰　④便益　⑤可変費用
⑥総余剰　⑦可変費用−固定費用　　　　⑧利潤　⑨利益

5．次の文の空欄(a)から(l)に当てはまる適切な領域を，下図の番号を利用して記入せよ．(例：① + ② + ③)

下図3-13で，パネルAは既存生産者の，パネルBは新規参入者の供給曲線である．パネルCのS_fは左の2つの図の供給曲線を水平方向に足し合せたものであり，自由参入下の市場供給曲線を示している．

参入規制下の余剰は，パネルCで，既存生産者の生産者余剰(a) □ と，消費者余剰(b) □ とに分解される．

次に参入が自由化されると，消費者余剰はパネルCの(c) □ だけ増大して，(d) □ になる．新規参入者も新たな生産者余剰(e) □ を得ることになる．一方，既存生産者の生産者余剰は(f) □ だけ縮小して，(g) □ になる．

したがって，この規制緩和の結果，消費者と新規参入者は得をし，既存生産者のみが損をする．この規制緩和で得をする消費者の消費者余剰の増大分(h) □ は，既存生産者の余剰の損失(i) □ を上回る．したがって，得をする消費者が損をする既存生産者に補償を与えても，なおこの自由化は消費者にとって(j) □ の面積だけ望ましいと言える．さらに，新規参入者にとっても，(k) □ の余剰を初めて得ることができるので，この変化が望ましいのはもちろんである．得をした消費者と新規参入者が既存生産者に補償した後に残る余剰の増加を合わせると(l) □ になる．

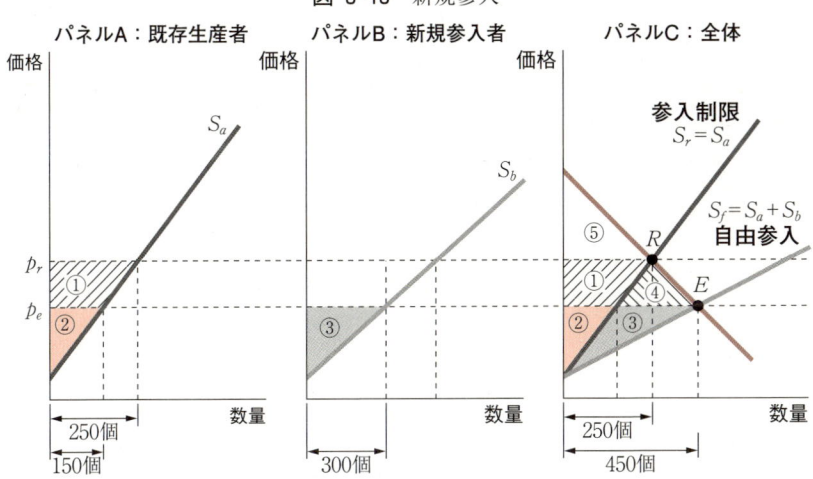

図 3-13　新規参入

パネルA：既存生産者　　パネルB：新規参入者　　パネルC：全体

価格　　　　　　　　　　価格　　　　　　　　　　価格

S_a　　　　　　　　　　　　　　　　　　　　　　　　参入制限
　　　　　　　　　　　　　　　S_b　　　　　　　　$S_r = S_a$

　　　　　　　　　　　　　　　　　　　　　　　　　　　　　$S_f = S_a + S_b$
p_r　①　　　　　　　　　　　　　　　　　　　⑤　　R　　自由参入
p_e　②　　　　　　　　　　③　　　　　　　①　④　E
　　　　　　　　　　　　　　　　　　　　　　　②　③

　　250個　　　　　　　　　300個　　　　　　　　250個
　150個　　　　　　　　　　　　　　　　　　　　　　450個

6．第1章の図1-15は渋谷の売り手が原宿で桃を売った場合の両地区における供給曲線のシフトを示している．問題図3-14は図1-15の裁定前の需要曲線と供給曲線をコピーしたものである．裁定によって(1)各地区の消費者余剰，生産者余剰，総余剰はどのように変化するか，(2)両地区合計での総余剰はどのように変化するか，を図中の記号を用いて解答せよ．

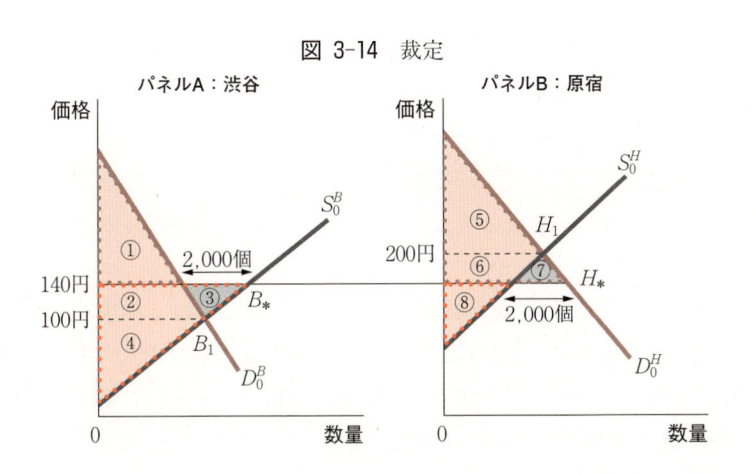

図 3-14　裁定

パネルA：渋谷　　　　　　　　パネルB：原宿

価格　　　　　　　　　　　　　価格

　　　　　　　　　S_0^B　　　　　　　　　　　S_0^H
　　①　　　2,000個　　　　　　　⑤　　H_1
140円　　　　　　　　　　　200円　⑥
　　②　③　B_*　　　　　　　　　　⑦　H_*
100円　　　　　　　　　　　　　　　⑧　2,000個
　　④　B_1
　　　　　　D_0^B　　　　　　　　　　　　D_0^H

0　　　　　　　　　数量　　　0　　　　　　　　　数量

補論：補償需要と所得効果

補償需要曲線

本章では，需要曲線と価格線の間の面積が消費者余剰である理由を説明しました．1人がスケートボードを1台しか買わない場合には，この説明で何の問題もありません．

ところが，1人が2台，3台，…と需要するケースでは，本章の説明では，厳密に言うと実は不正確なのです．そのケースでは，一般的に，図3-7パネルBで描かれているようなヒデの限界便益曲線は，彼の需要曲線とは完全には一致しません．そもそも，限界便益曲線と需要曲線の定義が違うからです．

まず，限界便益曲線の意味を復習しましょう．限界便益曲線とは次の質問に対する答えです．1台目のスケートボードを手に入れるため最大限いくら支払いますか．次に，その金額を支払った後で，2台目を入手するためには，追加的に最大限いくら支払いますか．さらに，その金額も支払った後で，3台目を手に入れるためには追加的に最大限いくら支払いますか……．

図3-15のベージュの棒グラフは，図3-7パネルBのヒデの限界便益棒グラフのコピーです．この図は，最初の1台目のスケートボードを手に入れるためには，4万円支払ってもよい．そのうえで，さらに2台目を手に入れるためには，追加的に3万円支払ってもよい，ということを示しています．ここで，2台目を入手する以前に，すでに4万円を支払っていることに注意してください．4万円を実際に支払った後に残ったお金から，3万円を支払ってもよい，と言っているわけです．

一方，需要曲線とは，「何台買おうがそのいずれに対しても共通の価格で買うとしたら，何台買いますか」という質問に対する答えです．つまり，この質問の設定では，価格が3万円であれば，最初の1台目を手に入れるためには（4万円の限界便益よりも低い）3万円だけ支払えばすみます．一方，図3-15の限界便益曲線（ベージュの棒グラフ）は，2台目を買う以前の段階で，すで

に4万円支払っていることが前提で描かれています．したがって，需要曲線の設定の下で価格が3万円の時には，2台目を購入する直前には，限界便益曲線の設定の下で2台目を手に入れる直前と比べて，1万円（＝4万円－3万円）も余計にお金が残っています．

ヒデは，1台目に4万円支払っても，2台目を入手するために3万円を支払う用意があります．したがって，仮に価格が，4万円よりはるかに安いか，3万円より多少高い3万100円ならば，2台目も買う可能性はあります．

すなわち，1台目を手に入れるのに3万100円しか支払わなくてよければ，4万円支払うのに比べて節約できていますから，節約分の一部を使って配分して，2台目も3万100円を支払っても購入する可能性はおおいにあります．ということは，2台目の時には需要曲線は限界便益曲線より上方に位置しています．図3-15が示すとおりです．3台目以上の時も同様です．

ただし1台目に関しては，需要曲線の高さも限界便益曲線の高さも4万円で同一です．このことを考慮すると，需要曲線は1台目の時には限界便益曲線と一致していますが，2台目以降は，限界便益曲線よりもっと上方，すなわち外

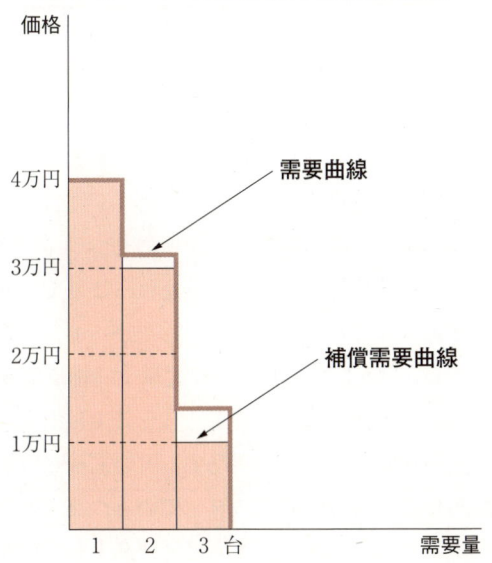

図 3-15　ヒデの需要曲線と補償需要曲線

側にあります．逆に言えば，限界便益曲線は，本当の需要曲線よりも内側にあります．

この違いをさらにはっきりさせましょう．消費者は，自分が得た所得を用いてさまざまな財を購入し，それがもたらす消費に応じた満足度を得ます．消費者がある財を対価を払って手に入れる場合，支払い対価によって購入できたはずの財の組み合わせを購入できないことになります．したがって，財の入手によって満足度が増大する一方で，対価を支払うことによって満足度が減少します．実は，限界便益曲線に沿って動く時は，追加的な1台から得られる満足度の増加と，対価を支払うことによって発生する満足度の減少とが同じです．すなわち，限界便益曲線に沿って台数を増加させる場合には，消費者が消費している財の組み合わせ全体から得る満足度は一定のままなのです．

具体的に説明しましょう．スケートボードの1台目に対する限界便益が4万円というのは，その1台を手に入れるために最大限支払ってもよい金額が4万円だということです．したがって，1台目を買うのに4万円を支払うと，スケートボードを1台も買わない場合と比べて満足度がまったく同一の状況になります．それが「最大限支払ってもよい金額」の意味です．すなわちこの場合は，ヒデはスケートボードを1台入手できましたが，ちょうどその価格の4万円を支払っているから，損も得もしていません．2台目を手に入れる時には，1台目に4万円を支払って1台買った後で，さらに2台目に対して支払ってもよい最大額が3万円ですから，3万円を支払って2台目を入手しても，満足度はそれを買わなかった場合と変わりません．要するに，最初の何もない状態と比べて，損もしていないけれども得もしていません．手元では1台ずつスケートボードが増加していきますが，別にうれしさが増加していくわけではない．限界便益曲線は，そのような満足度が一定の点を連ねることで得られる曲線です．これは，**補償需要曲線**と呼ばれるものです．したがって，厳密に言うと注11が付けられている文章は，「需要曲線」という文章を「補償需要曲線」で置き換えるか，文章に何らかの条件を付けないかぎり正確ではありません．

補償需要曲線は，われわれが普通に観察する需要曲線とは別のものです．普通の需要曲線は，あくまで所与の価格に対していくつ買うかを示しています．価格が下がれば下がるほど，以前よりは満足度が向上しています．それでは，

この2つの曲線の差は何がもたらしているのでしょうか．それを分析しましょう．

所　得　効　果

消費者は，自分が得た所得をさまざまな財の購入に用いて，消費から得られる満足度を最大化しようとします．以下では，「消費から得られる満足度」のことを，経済学の伝統にしたがって，**効用**と言います．この言葉を用いると，上の文章は，「消費者は，自分が得た所得をさまざまな財の購入に用いて，効用を最大化しようとします」と言い換えることができます．

消費者が何をどれだけ買うかは，彼が直面する諸財の価格にも，彼の所得にも依存します．すべての財の価格が一定に保たれた場合に，所得の増大がもたらす，ある財への需要量の増加分のことをその財に関する**所得効果 income effect**と言います．もちろん，所得の増大とともに，効用水準も上がります．したがってある財に関する所得効果とは，効用が上昇する時のその財への需要量の増加分だと見ることもできます．

所与の価格体系と所得のもとで消費が行われている時に，ある財の価格が下落すると，効用が増大します．しかし，効用の増大と言っても抽象的なので，この効用の増大を所得の増大に換算してみましょう．そのために，1単位の価格下落がもたらしたと同じだけ効用が増大するように，当初の価格体系を維持したまま，所得だけを増大させるとしましょう．その時の所得増加は，「価格の1単位下落がもたらす効用増大の所得換算」であるとみなせます．

「価格の1単位下落がもたらす効用増大の所得換算」分の所得増加がもたらすこの財の需要量の増加を，この財の**価格下落がもたらす所得効果**と言います．需要曲線と補償需要曲線の乖離は，「価格下落がもたらす所得効果」の大きさによって決まります．

スケートボードを2台目，3台目，……と買い足していく時に，補償需要曲線の設定では，消費者の効用水準は一定のままです．一方，普通の需要曲線の設定では，価格の低下にともなって，さまざまな財をより多く買えるようになるため，効用が増大します．価格が低下したあとで効用が当初の水準に戻るように，所得を引き下げるとしましょう．こうして引き下げた所得に対応した普

通の需要曲線上での新しい価格と需要量の組み合わせは, 当初の補償需要曲線に対応した効用を生んでいます. つまり, この価格と需要量の組み合わせは, 当初の補償需要曲線上にあります.

この財の価格が下がるたびに, それがもたらす効用水準の上昇を相殺するように（つまり効用が一定であり続けるように）消費者の所得水準を下げ続けたとしましょう. 上の観察から明らかなように, その時に普通の需要曲線が示す価格と需要量の組み合わせを連ねていったものが補償需要曲線です.

したがって, 図3–15の補償需要曲線と普通の需要曲線が示す需要量は, 4万円からの価格下落がもたらす所得効果の分だけ違います.

われわれは, たいていの財に対しては, 所得が増えれば増えるほど余計に買いたくなります. しかし, たとえば鉛筆などは, 所得が増えたからといって余計に買いません. 所得の中に占める支出の割合が小さなものは, 所得が増えたからといって, そんなに余計に買おうとは思わないでしょう. たいていの場合, 鉛筆の所得効果はほとんどゼロです. 所得効果がゼロのものについては, この2つの需要曲線はぴったり一致します. ところが, 所得が高ければ余計に買いたくなる物やサービス, たとえば教育費などでは, この2つの需要曲線はかなり乖離します.

ただし, 1人1個だけ買うという性質の財（家や食卓など）では, この問題はありません. 先ほど, スケートボードのケースで, 最初の1台目に限って言えば2つの需要曲線は一致する, と述べました. 1人が1個の財しか買わないケースでは, 両者の違いは考えなくてもよいわけです.

したがって, 1人が1個しか買わない場合には, 各人の便益棒グラフを横に足し合わせたものが市場需要曲線になります. また, 各人の消費者余剰を合わせたものが市場全体での消費者余剰になります. この場合には, 市場の便益曲線と補償需要曲線の違いを考えなくてもすみます. この理由により, このケースだけを特別に扱ったわけです. 需要曲線が便益曲線と一致していれば, 需要曲線の下側の面積は便益です. しかし, 仮に一致していなかったとしても, 需要曲線の下側の面積は便益の**近似**であるとみなすことができます.

4章 市場介入

現実の経済では，政府はさまざまな形で市場に干渉します．租税，補助金，販売量規制，価格規制などはその例です．本章では，これらの介入の効果を分析します．

A. 税と補助金

1 物品税の種類

物品の購入や販売に対して課される税を「消費にかかる税」と言いますが，それは，広い範囲の物品に対して共通の税率の税が課される**一般消費税** general consumption tax と，個々の物品に対して税率が決められている**物品税** excise tax の2つに分けられます．物品税の中には，酒税，たばこ税，ガソリン税や，電気の消費にかかる電源開発促進税などがあります．地方税では，ゴルフ場利用税や飲食税などがあります．本節では，政府が物品税を導入して市場に介入した場合の価格や取引量への効果について分析しましょう．

まず，物品税は，何を基準に課税額を決めるかによって2種類に分類できます．1つは，1単位の重量や体積に対して課税額を決める**従量税** specific tax です．典型は1リットル当たりで課されるガソリン税，1本当たりで課されるたばこ税，1kg当たりの税額が決められている酒税，1kW当たりの電力消費に課される電源開発促進税（原子力発電に補助するための税）などです．もう1つは，商品の価格の何%という形で課される**従価税 ad valorem tax**です．「消費税」は従価税です．

　従量税の場合，たとえば1単位当たり10円ならば，その10円のことを税率と言います．従価税の場合には，金額に上乗せされるのが5%ならば，その5%を税率と言います．

　物品税は，売り手に対して課される税と買い手に対して課される税，という基準で区別することもできます．売り手に課す税というのは，たとえば酒税やたばこ税などがそうです．また，日本では，自動車に乗るのは税金の箱を運転しているようなものだと言われるぐらい，自動車にもガソリンにも税金がかかっています．買い手に対して課される税には，消費税の他に，ゴルフ場利用税，入湯税などもあります．

2　売り手課税[1]

市場価格による分析
① 供給曲線

　まず，売り手に対して課税されるケースを考えましょう．

　ある企業の限界費用曲線が，図4-1にグレー線として描かれています．

　この企業に対して，生産量1単位当たり10円の従量税が課される場合を考えましょう．この時，**税込み限界費用**は，限界費用＋10円です．したがって，税込みの限界費用曲線は，課税前の限界費用曲線を上方に10円分シフトさせたものになります．これは図4-1の濃いオレンジ線として描かれています．

　この場合，生産量が0の時に比べて，生産量が x である場合の税込み費用の

---

[1]　以下では，従量税の課税効果を分析しますが，従価税に関しても同様に分析できます．定性的な結論は，どちらの税に関しても同一です．

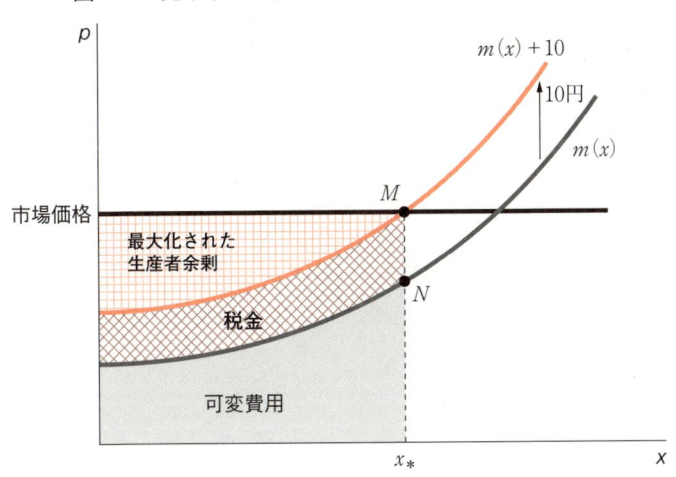

図 4-1 売り手課税後の生産者余剰（市場価格表示）

増加は（可変費用 $+10x$）なので，

$$\text{生産者余剰} = \text{販売収入} - (\text{可変費用} + 10x) \tag{4.1}$$

と書けます．これは，価格線と濃いオレンジ線にはさまれたオレンジ格子形の面積です．したがって，この企業は，市場価格の下での，価格線とオレンジ色の税込み限界費用曲線が交わる生産量 x_* を生産することによって生産者余剰を最大化することができます．

10円の物品税が課税される企業は，

$$\text{市場価格} = \text{限界費用} + 10 \tag{4.2}$$

が成り立つ生産量 x_* を生産する時，利潤を最大化します．すなわち，この企業は別の価格水準の時もその価格線が**税込み限界費用曲線**と交わる水準で生産します．したがって，**新しい供給曲線は**，図 4-1 の濃いオレンジ線です．

② 市 場 均 衡

上では，売り手への課税の結果，企業の供給曲線がどうシフトするかを分析しました．次にこの課税によって市場均衡がどう移動するかを分析しましょう．

図 4-2 の右下がりの茶線は**市場需要曲線**です．右上がりのグレー線は，課税前の**市場供給曲線**です．課税前には，市場は E 点で均衡します．均衡価格は p_0 で，均衡取引量は X_0 です（図 4-2 では市場の取引量が大文字の X で示

136　4章　市場介入

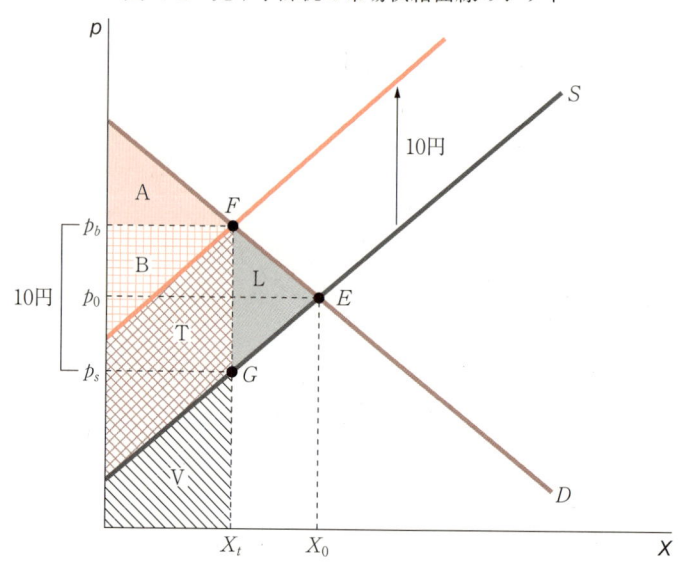

図 4-2　売り手課税と市場供給曲線のシフト

されていますが，図 4-1 では企業供給量が小文字の x で示されています）．

課税後の新しい市場供給曲線は，10円分上にシフトして，図 4-2 のオレンジ線のようになります．この時，この財に対する買い手の需要曲線はまったく動きません．したがって，新しい均衡は F 点に移ります．新しい均衡での市場価格は p_b，取引量は X_t です．

図 4-2 のオレンジ線で示される売り手課税後の供給曲線は，図 4-1 の課税後の各社の供給曲線を加え合わせたものです．したがって，図 4-1 のオレンジ格子形で示されるような個別企業の生産者余剰を，すべての企業について足し合わせたものが，図 4-2 の三角形 B の面積になります．

③　総　余　剰

　ある市場における，所与の生産水準に対応した**総余剰 total surplus** は，(3.5) から，生産量が 0 からその生産水準までの区間における，課税前の市場需要曲線と課税前の市場供給曲線との間の面積です．図 4-2 で，税金がない場合の均衡生産量 X_0 の下での総余剰は A＋B＋T＋L です．一方，課税後の生産量 X_t の下での総余剰は，A＋B＋T で表されます．

したがって課税前後を比較すると，図 4-2 の L の部分だけ税金によって総余剰が減少していることになります．政府はさまざまな目的（すなわち，道路を建設したり，生活保護を支給したりするため）のために，課税する必要があります．しかしそのためには，L に相当する資源配分の無駄が発生するのを避けることができないことがわかります．L は，**死重の損失 dead weight loss**と呼ばれます．

それでは，図 4-2 の A＋B＋T の面積で示されている課税後の総余剰は誰にどれだけ配分されているのでしょうか．消費者は，市場価格 p_b で購入していますから，価格線 p_b より上の三角形 A の面積で表される消費者余剰を得ています．企業は，オレンジ色の供給線の下で市場価格 p_b に直面していますから，生産者余剰として三角形 B を得ています．そして政府は，税収として平行四辺形 T の面積を得ています．[2] したがって課税後の総余剰は，消費者に A，企業に B，政府に T と配分されます．

なお税収は政府にとっての余剰です．政府は最終的にはその分だけ，公共的なサービスを増やしたり，他の税金による負担を減らしたりして国民一般の生活水準を上げることができるからです．[3] したがって，**政府余剰**を次によって定義します．

　　　政府余剰＝税収－生産量 0 の時の税収　　　　　　　　　　(4.3)

この定義を用いると，図 4-2 の観察から，課税後の総余剰は次のように分解できます．

　　　総余剰＝消費者余剰＋生産者余剰＋政府余剰　　　　　　　(4.4)

売り手の税引き後価格による分析
① 市場価格・売り手価格・買い手価格
買い手が 1 単位追加的に手に入れるために最終的に負担しなければならない

---

[2] 平行四辺形 T の面積は，底辺の長さ FG と高さ $p_s G$ の積です．前者は税率の 10 円で，後者は取引量 X_t ですから，この面積は税収 $10 \cdot X_t$ です．

[3] 他の税金による負担を減らして国民（消費者）の生活水準を上げる際に，減税額をそのまま余剰とする理由については，第 3 章「余剰と参入制限」の脚注 14 を参照してください．

金額を**買い手価格**と言います．図4-2の課税後の均衡点Fにおける買い手価格はp_bです（下付き添え字のbは buyer's price であることを示します）．これは，市場価格そのものです．すなわち，

$$市場価格 = p_b$$

が成り立ちます．

一方，売り手は，市場価格p_bで売りますが，その中から10円分の税を払います．この税引き後価格が，売り手が課税されている場合の**売り手価格**です．したがって，1単位10円の売り手課税の下では，次が成り立ちます．

　　売り手価格
　　　　＝（売り手が直面する）税引き後価格
　　　　＝市場価格−10

この売り手価格をp_sという記号で表しましょう（下付き添え字のsは seller's price であることを示します）．市場価格がp_bであることに注目するとp_sとp_bの間には，次の関係が成り立ちます．

$$p_s = p_b - 10$$

② 課税前の供給曲線による余剰表示

図4-3のD曲線とS曲線は，図4-2のD曲線とS曲線をコピーしたものです．しかし，両図の間では，総余剰の，消費者・生産者・税への配分の色分けが異なっています．ただし，2つの図のベージュの三角形Aは合同ですし，両図のオレンジ格子の三角形Bも合同です．また，両図の図形Tは，同じ面積です．[4] したがって，図4-3のA，T，Bも，それぞれ消費者余剰，税収，生産者余剰を表しています．

なお，税金の支払い額は，

　　取引量X_t×税率（10円）

ですから，図4-3の茶格子の図形Tの面積として表されるのは自然です．さ

---

[4] 上で見たように，税額は，図4-2のように課税前・課税後それぞれの供給曲線の間にある平行四辺形の面積です．この平行四辺形の面積が，図4-3の長方形の面積と等しいことは，中学校の幾何を思い出してください．

図 4-3　課税による死重の損失

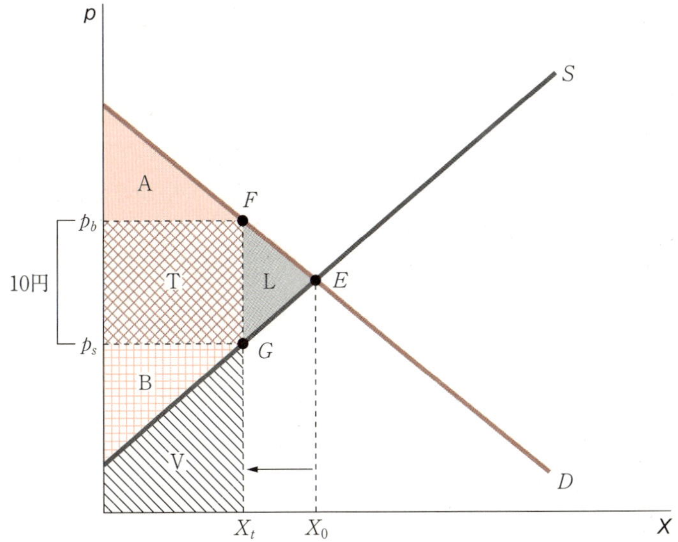

らに，図 4-3 の長方形 B＋V の面積は，売り手価格 p_s と供給量 X_t の積ですから，課税後の売り手の収入です．したがって，この面積から可変費用 V を引いた残りの三角形 B の面積が生産者余剰になることも理屈が通っています．

③　売り手価格に対する供給曲線

図 4-3 の G 点は，税引き後価格と，それに対する市場供給量との組み合わせです．このことは，この図のグレーの S 線が売り手課税の下での，税引き後価格に対する市場供給曲線であることを明確に示しています．

もちろん，この図のグレーの S 線は，各企業の限界費用曲線を横に加え合わせた曲線です．実は，売り手に課税された場合個別企業の限界費用曲線は，縦軸に売り手価格をとった場合の供給曲線であると見なせます．このことを示しましょう．

まず，税率 10 円の物品税がかけられている企業は，(4.2) 式から明らかなように，

　　　市場価格 − 10 ＝ 限界費用

が成り立つ数量を生産します．この式は，売り手価格（税引き後の価格）と限

界費用が等しくなる数量を企業が生産することを示しています．

図4-1の限界費用曲線をコピーした図4-4には，税引き後価格（市場価格−10円）の水準に価格線が描かれています．上式によると，これら2線が交わるN点で生産者は利潤を最大化します．すなわち，売り手に課税される場合，税引き後価格に対する供給量はx_*です．したがって，この図のように，縦軸に市場価格ではなく，税引き後価格をとると，限界費用曲線が，売り手に課税されたときの供給線になることがわかります．

なお，図4-4のx_*は，図4-1のx_*とまったく同一です．いずれの図を用いるにしても，均衡供給量は，限界費用曲線と市場価格における価格線との垂直距離が10円になる数量だからです．

図4-4のN点で最大化された生産者余剰は，この図のオレンジ格子の三角図形の面積で示されています（これは，税引き価格水準での価格線と限界費用曲線とにはさまれた三角形の面積です）．この三角形が図4-1のオレンジ格子の三角図形と合同であることは明らかでしょう．図4-4の薄いオレンジの三角形のように表示される生産者余剰を各企業について足し合わせたものが，図4-3の三角形Bの面積になります．

図4-3の三角形Bの形に企業ベースの生産者余剰に積み上げる際に，図4-4

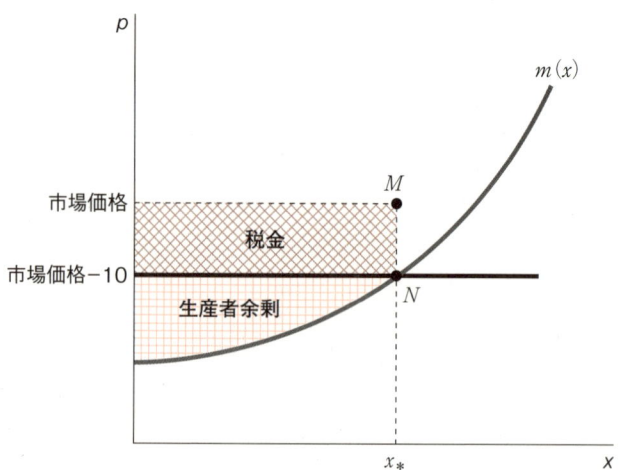

図 4-4 売り手課税後の生産者余剰（税引後価格表示）

のほうが図 4-1 より便利です．それは，図 4-1 と違って図 4-3 でも図 4-4 でも，縦軸に税引き後価格を用いて，供給曲線が描かれているからです．

3　税収に対する死重の損失の比率

　死重の損失とは，ある程度税収をあげるためには，やむをえず支払わなければならない無駄です．では，税収に対する死重の損失の比率は，税率によってどのように変化するのでしょうか．

　図 4-5 パネル A が示すように，税率が低い時，すなわち p_b-p_s の幅が小さい時には，死重の損失の税収に対する比率は低くなります．しかし税率を高くしていくと，この比率はだんだん大きくなり，やがて図 4-5 パネル B が示すように税収よりも死重の損失のほうが大きくなってしまいます．実は需要曲線と供給曲線が線形（直線）の場合には，死重の損失は税率の 2 乗に比例して大きくなっていきます．[5]　一方，図 4-5 からわかるように，税率が高くなるといずれは税収が減りだします．そのため，税収に対する死重の損失の比率というのは，税率が大きくなればなるほど比例以上の大きな割合で膨らんでいきます．

　これは，「1 つの財だけに極端に高い税を課してはいけない」ということを意味しています．薄く広く，多くの財に税金を課したならば，税収に対する死重の損失の比率を小さくすることができます．ところがある財に対して集中的に税金を課して他の財には課さないと大きな無駄が発生します．現実に日本でも 1980 年代まではさまざまな物品税がありました．紅茶には高率の税金が課される一方で，普通の日本茶は課されないとか，桐のタンスには高率の税金が課されるが桐以外のタンスにはほとんど課されないというように，税制の仕組みはきわめて複雑でした．しかし，特定の財だけに高率の税金を課すのは，上で

---

[5]　死重の損失は図 4-5 の各パネルのグレーの三角形の面積であり，その面積は三角形の垂直な辺の長さ（この場合，税率 p_b-p_s）とその辺を底とした時の高さ（p_b-p_s に比例）の積の $\frac{1}{2}$ です．これから，三角形の面積を S とすると，ある定数 a に対して $S=(p_b-p_s)\cdot\{a(p_b-p_s)\}/2$ が，したがって，$S=a(p_b-p_s)^2/2$ が成り立ちます．すなわち面積は税率の 2 乗に比例します．

142　4章　市場介入

図 4-5　死重の損失と税収

パネルA：低い税率

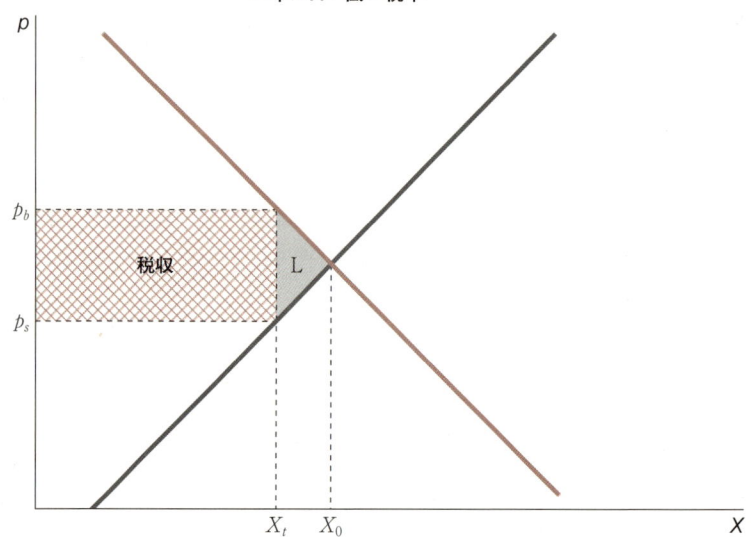

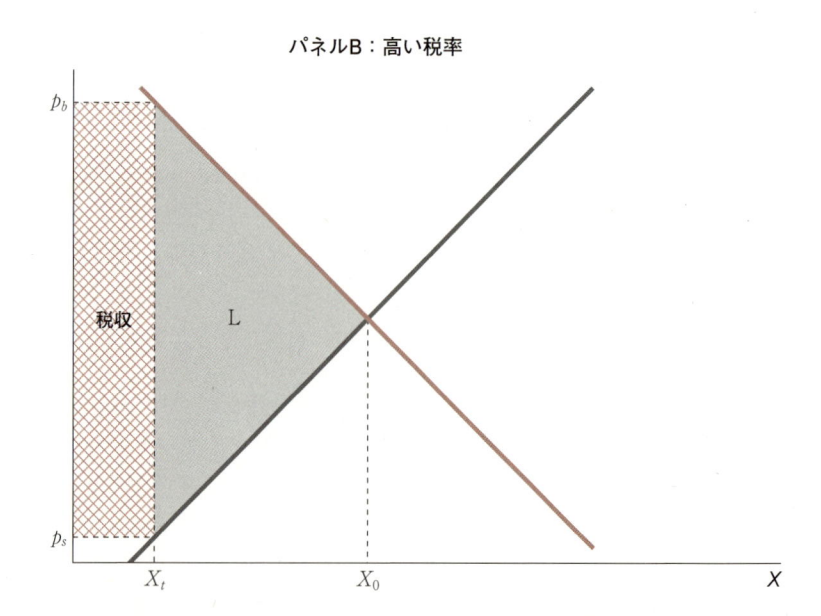

パネルB：高い税率

見たように非常に無駄が大きくなります．同じような税収をもたらす課税方法がある場合には，その中から，なるべく税率は低く薄くして，広く多くの財に課す方法を選択することによって，全体の税収に対する死重の損失の比率を低下させることができます．

4 買い手課税

市場価格による分析

① 需要曲線

今度は，従量税が売り手に対してではなく，買い手に対して課される場合を考えましょう．

ある買い手のこの財に関する限界便益曲線が図4-6の茶線に描かれています．税金が課されていない場合，買い手は市場価格を支払えば，もう1単位の

図 4-6 買い手課税後の需要曲線と消費者余剰（市場価格表示）

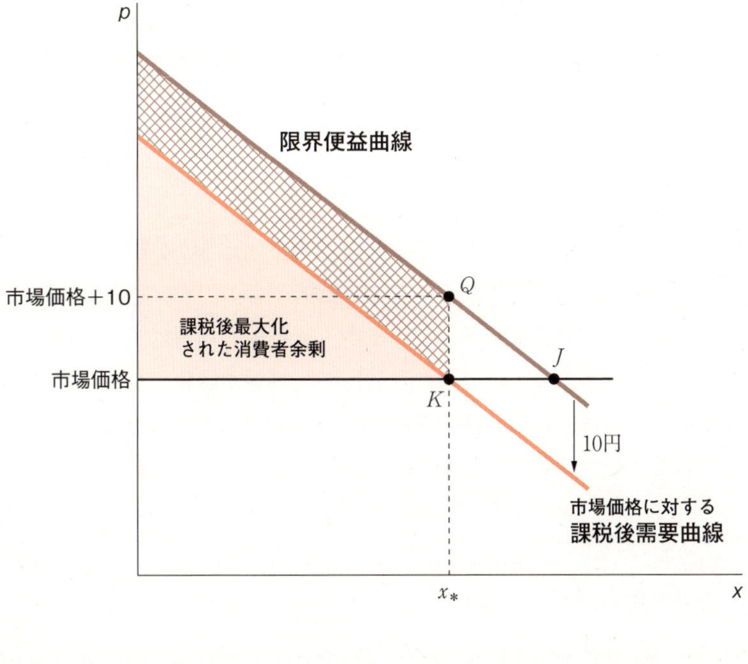

財を入手することができます．したがって，買い手は，

  市場価格＝限界便益

が成り立つ数量を購入します．すなわち，図4-6の限界便益曲線を持つ消費者は，図で示された市場価格の下ではJ点で購入します．このため，この限界便益曲線が課税前の需要曲線となります．

 次に，買い手に税率10円の物品税を課した場合，買い手がもう1単位を入手するために売り手に支払ってよい額は，限界便益から税率の10円を引いた額になります．これを「税引き後の限界便益」と呼びましょう．図4-6のオレンジ線は各購入量に対する「税引き後の限界便益」を示しています．これを**税引き後の限界便益曲線**と呼びます．この曲線と市場価格水準での価格線にはさまれる三角形がこの課税下で得られる消費者余剰です．両線が交わるK点で消費者余剰は最大になっています．この時の需要量はx_*です．[6] したがって税引き後は，

  市場価格＝限界便益－10円   (4.5)

が成り立つ需要量で，余剰が最大化されます．最大化された消費者余剰は図4-6のベージュの面積で示されています．

 実は，いかなる市場価格が与えられても，対応する均衡需要量では等式(4.5)が成り立ちます．つまり，限界便益曲線を10円分下方にシフトさせたオレンジ線がこの消費者の課税後の新しい需要曲線になります．

② 市 場 均 衡

 次に買い手課税が市場均衡にどのような影響を与えるか分析しましょう．図4-7のD線，S線は，図4-2のD線，S線と同じものです．それぞれ課税前の市場の需要曲線と供給曲線を示しています．課税前の均衡はE点です．

 いま買い手に対して，1単位当たり10円の従量税が課税されたとすると，上の議論から，課税後の新しい市場需要曲線は，もとの需要曲線を下方に10円分シフトさせたオレンジ線になります．一方，売り手にとって費用は何も変化し

---

[6] 図4-6のベージュの三角形は最大化された消費者余剰を示しており，この図の茶格子の平行四辺形の面積は，この買い手が支払う税額を示しています．

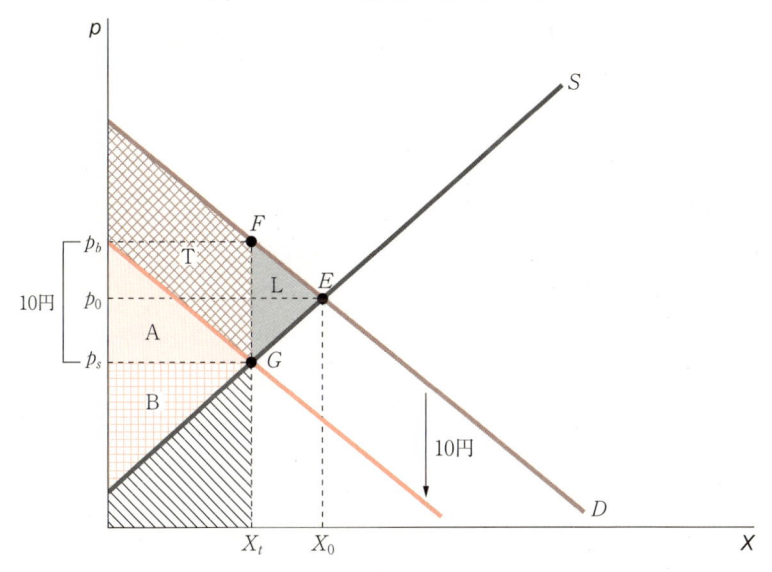

図 4-7　買い手課税と売り手の収入

ていませんから，供給曲線は動きません．このため，新しい均衡点は，図 4-7 の G 点になります．新しい均衡での市場価格は p_s，取引量は X_t です．

　図 4-7 のオレンジ線で示される買い手課税後の需要曲線は，図 4-6 の課税後の個別需要曲線をすべての消費者について加え合わせたものです．したがって，図 4-6 のベージュ図形で示されるような個々の消費者余剰を，すべての消費者について足し合わせたものが，図 4-7 の三角形 A の面積になります．

③　総余剰

　ある市場における，所与の生産水準に対応した**総余剰 total surplus** は，生産量が 0 からその生産水準までの区間における，課税前の市場需要曲線と課税前の市場供給曲線との間の面積です．したがって，図 4-7 で，課税後の生産量が X_t の下での総余剰は T＋A＋B で表されます．課税前後を比較すると，税金によって図 4-2 の L の部分だけ総余剰が減少していることになります．L は，**死重の損失**です．

　さらに，課税後の総余剰は次のように分配されています．上で指摘したよう

に，消費者は，三角形Aの面積で表される消費者余剰を得ています．企業は，市場価格 p_s に直面していますから，生産者余剰として三角形Bを得ています．そして政府は，税収として平行四辺形Tの面積を得ています．

買い手の税引き後価格による分析

① 市場価格・売り手価格・買い手価格

「売り手が最終的に受け取る価格」は**売り手価格**ですが，図 4-7 の課税後の均衡点 G で売り手が直面する価格は市場価格 p_s です．一方，買い手は，市場価格 p_s で買いますが，さらに10円分の税を払います．この「買い手が最終的に支払う価格」，すなわち税込み価格を，**買い手価格**といいます．

したがって，1単位10円の買い手課税の下では，次が成り立ちます．

 買い手価格
  ＝（買い手が直面する）税込み価格
  ＝市場価格＋10円

この買い手価格を p_b という記号で表しましょう．すると p_b と p_s の間には，次の関係が成り立ちます．

 $p_b = p_s + 10$

図 4-7 から明らかなように，市場価格に対応して描かれた課税前の需要曲線は，買い手課税の下での「買い手価格に対する課税後の需要量」を示しています．

② 課税前の需要曲線による余剰表示

図 4-3 の D 曲線と S 曲線は，図 4-7 の D 曲線，S 曲線と同一です．しかし，両図の間では，総余剰の，消費者・生産者・税への配分の色分けが異なっています．ただし，2つの図のベージュの三角形Aは合同ですし，両図のオレンジ格子の三角形Bも合同です．また，両図の図形Tは，同じ面積です．したがって，買い手に課税される場合にも，図 4-3 の A，T，B は，それぞれ消費者余剰，税収，生産者余剰です．

③ 買い手価格に関する需要曲線

図4-7のF点は，消費者が直面する税込み価格と，その価格の下での市場需要量との組み合わせです．このことは，この図の濃い茶色のD線が買い手課税の下での，税込み価格に対する市場需要曲線であることを明確に示しています．

もちろん，図4-7のD線は，図4-6の各消費者の限界便益曲線を横に加え合わせた曲線です．実は，買い手課税の下では，各個人の限界便益曲線は，縦軸に買い手価格（すなわち，税込み価格）をとった場合の個人の需要曲線であるとみなせます．このことを示しましょう．

まず，消費者に税率10円の物品税が課税されている時，(4.5)式から明らかなように，消費者は

　　　　限界便益＝市場価格＋10円

が成り立つ数量を購入します．この式は，消費者が限界便益の水準と税込み価格が等しくなる数量を需要することを示しています．

図4-6の限界便益曲線をコピーした図4-8には，税込み価格（市場価格＋10円）の水準に価格線が描かれています．上式によると，この消費者は，これら2つの線が交わるQ点で消費者余剰を最大化します．すなわち，買い手に課税される場合，税込み価格に対する需要量はx_*です．したがって，この図のように縦軸に市場価格ではなく税込み価格をとると，限界便益曲線が，買い手に課税された時の需要曲線になることがわかります．

なお，図4-8のx_*は，図4-6のx_*とまったく同一です．いずれの図を用いるにしても，均衡需要量は，限界便益曲線と市場価格における価格線との垂直距離が10円になる数量だからです．

図4-8のQ点で最大化された消費者余剰は，この図のベージュの三角形の面積で示されています（これは，税込み価格水準での価格線と限界便益曲線とにはさまれた三角形の面積です）．この三角形が図4-6のベージュの三角形と合同であることは明らかでしょう．図4-8のベージュの三角形のように表示される消費者余剰を各個人について足し合わせたものが，図4-3の三角形Aの面積になります．

図 4-8 買い手課税後の需要曲線と消費者余剰（税込み価格表示）

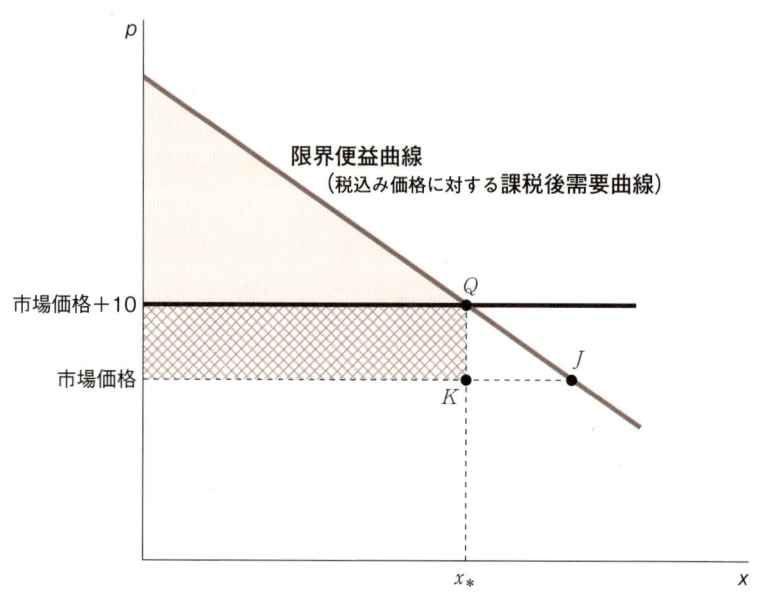

図4-3の三角形Aの形に個人ベースの消費者余剰を積み上げる際に，個人ベース消費者余剰の表現として，図4-8の需要曲線のほうが図4-6のオレンジの需要曲線より便利なのは，図4-3と図4-8の需要曲線が共に縦軸に税込み価格を用いているからです．

5　売り手への課税と買い手への課税は同値

図4-2の均衡取引量と図4-7の均衡取引量は，図4-3のそれとまったく同一です．したがって，所与の税率の**税金が売り手に課された場合も，買い手に課された場合も，均衡取引量はまったく同じになります**．すなわち，買い手と売り手のどちらに税金が課される場合でも，新しい均衡点では，当初の需要曲線と供給曲線の縦方向のシフト幅がちょうど10円になる数量が，均衡取引量になります．新しい取引量が，図4-3でも図4-7でも共通の X_t という記号で表されているのはこのためです．

さらに，どちらに課税される場合にも，**買い手価格**は，図4-3のp_bに，**売り手価格**は，p_sになります．ただし，同率の税金が，売り手に課された場合と，買い手に課された場合とでは，**市場価格**は異なります．売り手に課された場合は，図4-3のp_bが市場価格でしたが，買い手に課された場合はp_sが市場価格でした．

要するに，税金が課された時の効果の分析に際しては，売り手と買い手のどちらが法的に税金を支払うことを要求されているのかという区別は，経済学的にはあまり意味がありません．それは，どちらが直面する価格を市場価格と呼ぶのか，というだけの違いになります．

それならば図4-2や図4-7のように，いちいち場合分けをして図を分けるという面倒なことは最初からやめて，1枚の図だけで分析できれば便利です．図4-3はこの役割を果たします．この図の描き方をあらためて確認しておきましょう．

まず，課税前の需要曲線と供給曲線を書きます．そして，税率10円の従量税を考える時には，「税金は売り手に課されるのか，それとも買い手に課されるのか」ということは考えずに，需要曲線と供給曲線の高さの差が10円になる数量X_tを選びます．この数量と，需要曲線と供給曲線のそれぞれの高さから，課税後の新しい買い手価格p_bと売り手価格p_sがわかります．

なお，図4-3では，税金が売り手と買い手のどちらにかけられているかに関係なく，茶色の需要曲線は消費者が直面する税込みの価格に対して描かれており，グレーの供給曲線は生産者が直面する税引き後の（税支払い後に得る）価格に対して描かれています．

図4-3から，同率の税が売り手にかかろうと買い手にかかろうと，消費者余剰は，等しいことがわかります．また生産者余剰についても同様のことが成り立ちます．

6　社会保険料は誰が負担するのか

これまでの議論の応用問題として，**社会保険料**について考えてみましょう．

社会人として働きだすと,会社で働いている場合は厚生年金に入り,政府や大学の先生の場合には共済年金に入ります.これらの年金では,給料の何％かを保険料としてとられることになります.いまはだいたい18％ぐらいとられますから,それを雇い主と当人で折半して,当人は9％とられます.

これまでの議論を考えると,「折半して支払う」という方式には,経済学的な根拠は別にない,ということがわかるでしょう.実は,雇い主が全額支払っても,労働者が全額支払っても同じことなのです.それを説明するために「保険料を雇用者が全面的に支払っても,労働者が支払った時と同じだけ,労働者の手取り賃金が下がる」ことを示しましょう.

図4-9は労働に関する需要曲線と供給曲線を示しています.縦軸は賃金率を,横軸は雇用量を表します.均衡はE点で達成されています.

いま保険料のすべてが雇用者に課される場合を考えましょう.保険料は税金とみなせます.企業の労働への需要曲線の高さは,労働者を1単位追加的に雇用するのならば企業が最大限支払ってもよいと考える金額(雇い主が消費者の場合には便益)を示しています.税金が課されると,税金と賃金を足したもの

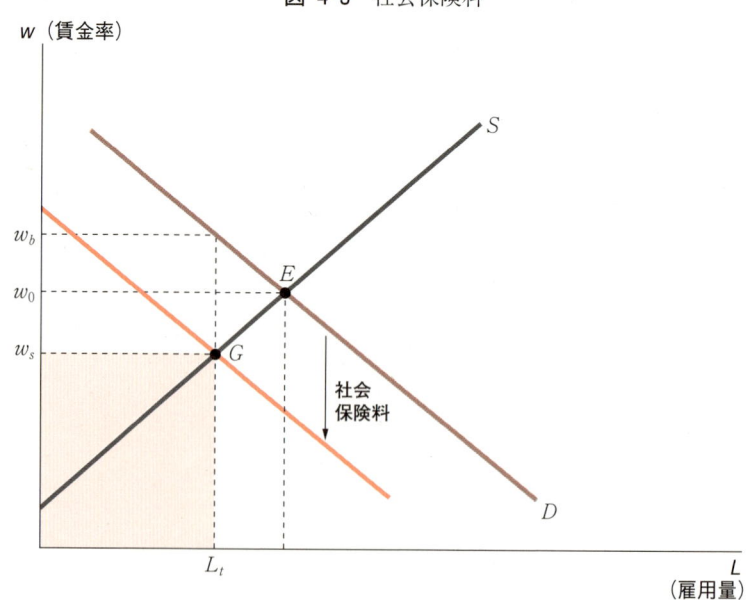

図 4-9 社会保険料

が，この金額と等しくなる水準まで雇います．したがって，新しい需要曲線はもとの需要曲線より税額分だけ低くなり，図4-9のオレンジ線のようになります．

この結果，新しい均衡は G です．雇用が L_t まで下がっており，労働者の手取り賃金が w_s まで下がっています．

雇い主に，保険料を全額支払わせたら，全部雇い主が負担するだろう，というのは甘い考えです．雇い主は，利潤を最大にしようとしているかぎり，最初から市場賃金の下でぎりぎりの量を雇っていますから，雇い主に税金がかかると，労働者の雇用を減らさざるをえないのです．これが労働者に，保険料負担が転嫁される根本的な理由です．

ところで，保険料を労働者側に負担させる場合には，供給曲線が上方にシフトします．[7] 結局は，企業にかかる場合と同じことで，買い手価格（企業が直面する賃金）と売り手価格（労働者が直面する賃金）がちょうど税金分だけ離れるところで雇用量が均衡して，結局はどっち側に保険料支払いを課してもそれぞれが負担する量はまったく同じになります．

すると，この保険料の労使折半というのは，まったくの政治的な取り繕いでしかない，ということになります．経済学的には，このような税をかければ，どちらにかけてもその分雇用は減るわけですし，労働者が支払う額も企業が支払う額もまったく同じだからです．これが典型的な応用です．

7 補 助 金

生産・消費促進のための補助金

これまでは，政府が税金によって生産や消費の削減を促すケースを考えてきました．しかし，世の中には，生産や消費を促進するための補助金がたくさんあります．たとえば，住宅に関しては，住宅金融公庫（現・住宅金融支援機

---

[7] 保険料を労働者が負担するようになるのなら，保険料支払い後の手取り賃金が以前と同じ水準になるように，保険料込みの賃金が高くならなければ，保険料支払い以前と同じようには働かないということです．

構）から借りれば，普通の銀行から借りるよりは安くなります．また，農産物に対しても，いろいろな形の補助金が与えられています．

ここでは，補助金が与えられた場合に，どのような効果が起こるかを分析してみましょう．税金の分析の時に従量税を用いたのと同様，1単位の重量や体積に対して補助金額が決まる補助金制度を考えます．[8]

売り手への補助金

図 4-10 には，当初の需要曲線が茶線で，供給曲線がグレーで描かれています．はじめは点 E で需給が均衡しています．いま，政府が 1 単位当たり10円の補助金を売り手に対して与えるとしましょう．すると企業が 1 単位増産するために必要な支出増は限界費用から政府補助金の10円を差し引いたものになり

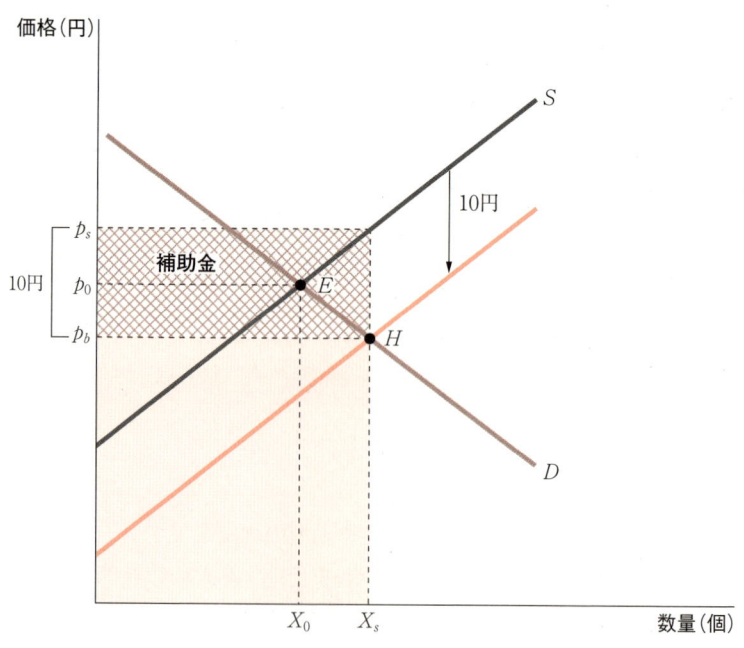

図 4-10 売り手への補助金

[8) このような補助金制度は，まさに従量税と表裏一体の関係にあります．補助金とは，マイナスの税と考えることもできるからです．この後の分析も，補助金を，マイナスの税として考えると，課税の分析とのアナロジーが明確になるでしょう．

ます．一方，企業は1単位生産を増やすごとに買い手から市場価格に等しい収入増を得ます．したがって，企業は

　　　　価格＝限界費用－10円

が成り立つ数量まで生産することになります．したがって供給曲線は補助金込みの限界費用曲線になるわけです．供給曲線は10円分下方にシフトします．

　新しい供給曲線は，図4-10ではオレンジ線で描かれています．均衡点は，もともとのEからHに移ってきて，生産量はX_0からX_sに，価格もp_0からp_bに変化します．市場価格はp_bです．買い手は補助金をもらわないので，買い手が最終的に支払う価格，つまり買い手価格は，市場価格p_bそのものです．一方，売り手は補助金をもらうので，売り手が最終的に受け取る価格，つまり売り手価格は，市場価格に補助金を加えた$p_b+10=p_s$です．[9]

　新しい均衡で，買い手は，市場価格p_bの下X_sだけ需要しますから，買い手の支払い額はベージュの面積で表されます．

　一方，売り手は，まず市場価格p_bの下X_sだけ供給するので，ベージュの部分が売上げです．さらに，1単位当たり10円の補助金が出るので，生産量X_sまでは総額10円×X_sの補助金を得ます．これは図4-10の茶色の格子の部分の面積で表されています．したがって，売り手の受け取り額はベージュ＋茶色の格子の面積で表されます．

買い手への補助金

　まず，買い手への補助金は，買い手への税金と同様に，売り手の費用関数に何ら影響しませんから，供給曲線は動きません．あとは需要曲線が10円分上方シフトすることを示せばよいことになります．

　売り手に対する1単位当たり10円の補助金は，供給曲線を10円分下方にシフトさせました．これは，売り手に対する1単位当たり10円の課税と正反対の効果です．したがって，買い手に対する1単位当たり10円の補助金も，買い手に対する1単位当たり10円の課税と正反対の効果を与えることは容易に想像できます．これを簡単に確認しましょう．

---

[9] 課税の分析とは，売り手価格と買い手価格が逆になっていることに注意してください．

買い手は，その財をもう1単位入手するために売り手価格に等しい額を支払わねばなりません．一方買い手に10円の補助金を与えた場合，買い手がもう1単位入手するために売り手に支払ってもよい額は限界便益に10円加えた額です．

したがって，この補助金制度の下では，買い手は，

　　　価格＝限界便益＋10円

が成り立つ数量を購入します．したがって，この補助金制度の下では，需要曲線は10円分上方シフトします．これは課税の時の「価格＝限界便益－10円」という条件とまったく対照的です．

図4-11では，このシフトした需要曲線が，オレンジ線で描かれています．新しい均衡点は，Iで表されています．この時の市場価格はp_sになり，取引量はX_sとなります．ここでのX_sは，図4-10の均衡点Hでの均衡取引量X_sと一致していることに注意してください．つまり，どちらの場合でも，もともとの供給曲線と需要曲線の縦の幅がちょうど10円になる生産量が，均衡取引量X_sになります．ですから，補助金がどちらに与えられる場合でも，均衡の生

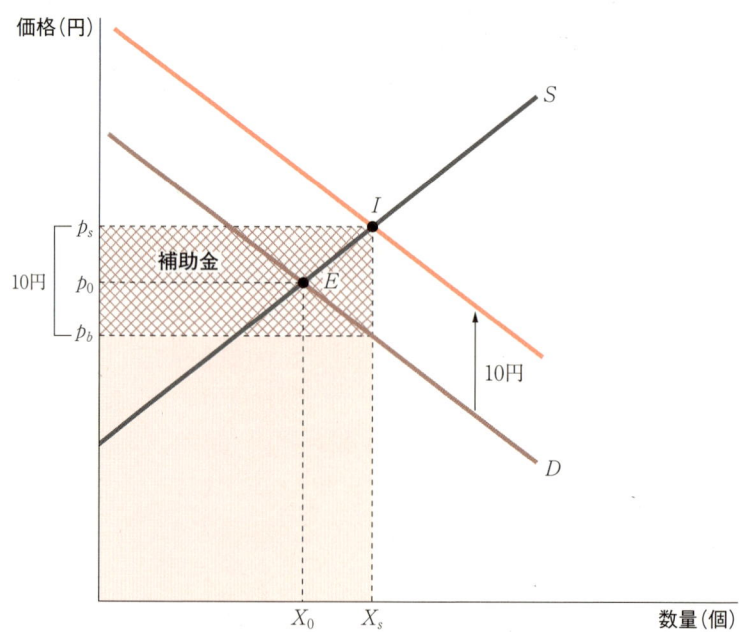

図 4-11　買い手への補助金

産量はまったく同じになります．

この均衡において，売り手は，市場価格 p_s で X_s を生産しているのだから，売り手の受け取り額はベージュ＋茶色の格子の面積です．次に，消費者は，市場価格 p_s で財を X_s だけ購入しますが，茶色の格子の面積分の支払いには，補助金をあてればよいので，結局，買い手自身の支払い額はベージュの面積で表されます．

補助金の下での余剰分析

では，補助金が与えられた場合の総余剰は，どうなるでしょうか．総余剰は，生産量が 0 の時から均衡生産量 X_s までの区間で，需要曲線の下側の面積から，供給曲線の下側の面積を引いたものです．これは，図 4-12 では，線分 $0X_s$ と需要曲線の間の台形の面積から，茶枠で囲まれた台形の面積を引いたものになります．この二つの台形の共通部分である白抜き図形は，差を取ると相殺されます．したがって，この差は，出っ張った部分の図形の面積の差になります．

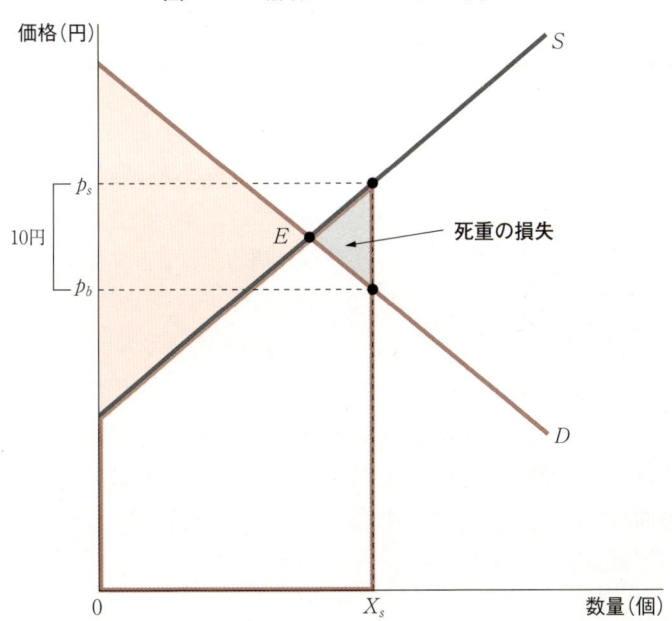

図 4-12 補助金による死重の損失

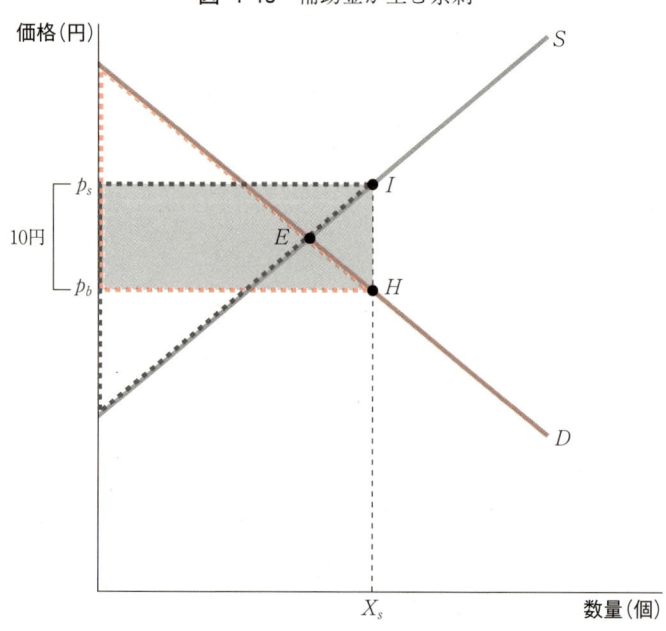

図 4-13 補助金が生む余剰

すなわち，

  総余剰＝ベージュの面積－グレーの面積

として表せます．

生産量が，税金も補助金もない時の水準 X_0 である時の総余剰はベージュの面積です．つまり，補助金が与えられた場合には，余剰がグレーの三角形の分だけ減少していることになります．これが，補助金によって発生する死重の損失です．

次に，余剰が誰にどれだけ配分されているのかを見てみましょう．図 4-13 において，消費者余剰は，p_b の水平線より上のオレンジ点線で囲まれた三角形で表されています．消費者は，p_b の価格で X_s を購入しているからです．一方，企業は，p_s の価格に直面していますから，生産者余剰は黒点線で囲まれた三角形の面積です．そして，政府は補助金を出さなければならないので，グレーの長方形の面積の財政支出を払っています．

B. 規　　制

8　販売量規制

　売り手は，往々にして競争を制限して価格を吊り上げようとします．参入規制もその1つの方法ですが，その他の方法もあります．本節では，これらのうち販売量規制を論じます．実は，販売量規制は豊作貧乏と呼ばれる現象と密接に関連していますので，まずこの現象の説明から始めましょう．

豊作貧乏
　農作物が豊作になると，農家はかえって貧乏になる，という現象を**豊作貧乏**と言います．これは，豊作になった結果，価格が下がるために収入が減少することによって起きます．

　図4-14を見てください．ある国の米農家の例年の生産量が X_1 だとしましょう．この時の均衡価格は p_1 です．[10]

　生産者の収入は，価格×生産量なので，図では茶枠の面積で表されます．ここで，豊作になって数量が X_1 から X_2 まで増加すると，価格は例年の水準から大幅に下落して p_2 になります．茶点線の面積が新しい収入になります．こういう場合には，豊作になると，生産者にとっては損になります．[11] 最終的に販売されている数量は増えますが，それより価格の下落がもっと大きいからで

---

[10]　生産者は，農作物を市場に供給する際には，すでに生産を終えています．ですから，生産者が生産物を無料で市場に供給できるので，すべての生産物を市場に供給するとすると，生産量以下の部分では限界費用はゼロ，生産量を超えると限界費用は無限大となり，供給曲線は，図4-14のように生産量のところで垂直になります．

[11]　豊作になったからといって，農家の収入は必ずしも減少するわけではありません．第5章第4節では，どのような場合に生産量の増加が収入減少を引き起こすかを直線の需要曲線を例にとって調べます．

図4-14 豊作貧乏（a＜b）

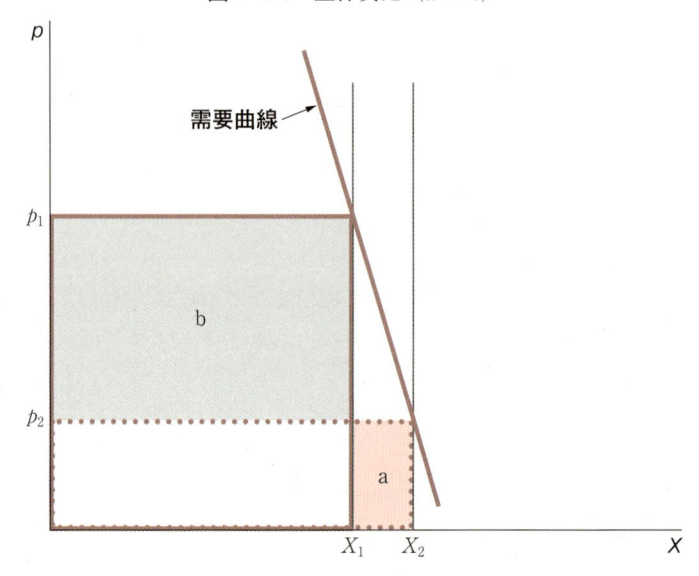

す．一般的に農作物市場はこのケースに当てはまります．

販売量規制

豊作になると農家は困るので，さまざまな対策を講じてきました．たとえば，ブラジルのコーヒー豆の生産量は，国際市場で非常に大きな割合を占めていますが，コーヒー豆が大豊作になり，そのすべてを国際市場に出荷するとコーヒー豆の国際価格が下がってしまいます．このため，かつてブラジルではコーヒー豆が大豊作だった時に，政府がコーヒー豆を買い上げて，外国市場には売らずに，大量に破棄しました．コーヒー豆を道路にまいて捨てたり，舗装に使ったりしたので，街中にいい匂いがしたと言います．豊作貧乏にならないように，人工的に供給曲線を左方にシフトさせて，価格の下落を防いだわけです．政府がこのような規制を行うことを，**販売量規制**といいます．

一般的に，図4-14のように需要曲線の傾きが急な場合には，販売量を制限して供給曲線を左方にシフトさせると，総売上額が増加します．販売量をX_2からX_1に少しだけ減らすと，価格はp_2からp_1に大きく上昇しますから，結

局は総売上額（＝価格×生産量）が増加することになります．これは，茶点線枠の面積より茶枠の面積のほうが大きいことから明らかです．このような場合には，生産量を制限することによって産業全体での売上高を増加させることができます．

販売量規制の余剰分析

販売量規制による余剰の変化を分析しましょう．

図 4-15 は，図 4-14 の需要・供給曲線をコピーした図です．販売量規制をしない時には価格 p_2 で X_2 の数量が取引されますから，図 4-15 のベージュとグレーの面積を合わせた面積（すなわち需要曲線と線分 $0X_2$ にはさまれる図形の面積）が総余剰です．[12] しかし販売量が X_1 に制限された時には価格は，p_1 となります．このため，規制後の生産者余剰は茶色の実線で囲まれた長方形の面積であり，消費者余剰は価格線 p_1 と需要曲線にはさまれる面積です．

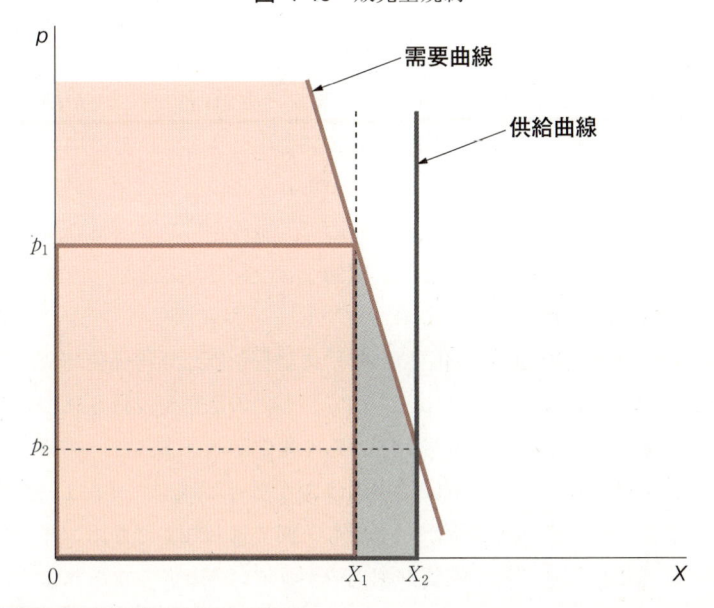

図 4-15 販売量規制

---

[12] 簡単化のために，ここでは，作物がすでに収穫されたあとの供給曲線を想定しています．その場合は供給曲線は右上がりにならず，収穫高 X_2 の上の垂線になります．

その際には，需要曲線と線分$0X_1$に挟まれるベージュの面積が総余剰になります．したがってこの販売量規制によって，グレーの図形の面積だけの死重の損失が発生しています．販売量規制によって，価格が上がるために確かに生産者の収入は上がりますが，その収入の増加以上に消費者余剰が減少していることを，この死重の損失は示しています．

9　価格規制

次に**価格の上限規制**を分析しましょう．

物価統制令

第1章で触れたように，政府が価格の上限を決める規制の典型は，戦時中によく行われる**物価統制令**です．戦争中には労働者が戦場に行っていたり，軍需工場に配属されたりするため，多くの財の供給曲線が左方にシフトする結果，価格が高騰します．そういう時には，「生産者は儲け過ぎだ」，という批判がまず起きます．さらに，必需品の価格が高騰すると低所得者の人が困るので，「価格の上限を設けよ」という国民の要求が強くなります．その声に応えて政府が無理矢理価格の上限を設定することがあります．特に戦争中の物不足の時代には，そのような要求が強くなりますので，世界中でさまざまな価格の上限が設定されました．戦争や災害など危機的な状況における価格の上限規制のことを，特に「物価統制」と言います．

日本では，戦争中の1939年（昭和14年）に施行された「物価統制令」と「地代家賃統制令」によって，ほとんどすべてのものの価格が規制されました．なかでも米の価格や家賃は，戦争後もしばらく規制が続きました．アメリカのほとんどの州では，現在のところ家賃規制はありませんが，ニューヨーク州では戦争中に制定された家賃規制令がいまでも一部で行われており，ニューヨーク市では，均衡価格よりも低く家賃が据え置かれているところがあります．

戦時だけではありません．1970年代のオイル・ショックの時には，すべての価格が高騰したため，アメリカではニクソン政権が，一時的に価格規制をし，

鶏肉価格もガソリン代もすべてが据え置かれました．日本でも1980年代後半には，東京都などの土地の取引価格に上限が設けられました．

このような価格の上限の設定は，一般的に**品不足**を引き起こします．

需要供給曲線による分析

価格の上限規制によって品不足が発生することを，需要供給曲線を使って示しましょう．

図4-16は，米市場の需給を示しています．縦軸は価格を，横軸は数量を示しています．図の右下がり線は，需要曲線です．分析の期間中シフトしないものとします．当初の均衡は Z 点だとすると，供給曲線は当初この点を通っていたとします．均衡価格は2000円です．以下では，Z 点を**当初均衡**と呼びます．

しかし何らかの事情でコスト高になり供給曲線が上方にシフトして図4-16の曲線 S のようになったとしましょう．新しい均衡は，E 点で達成されます．

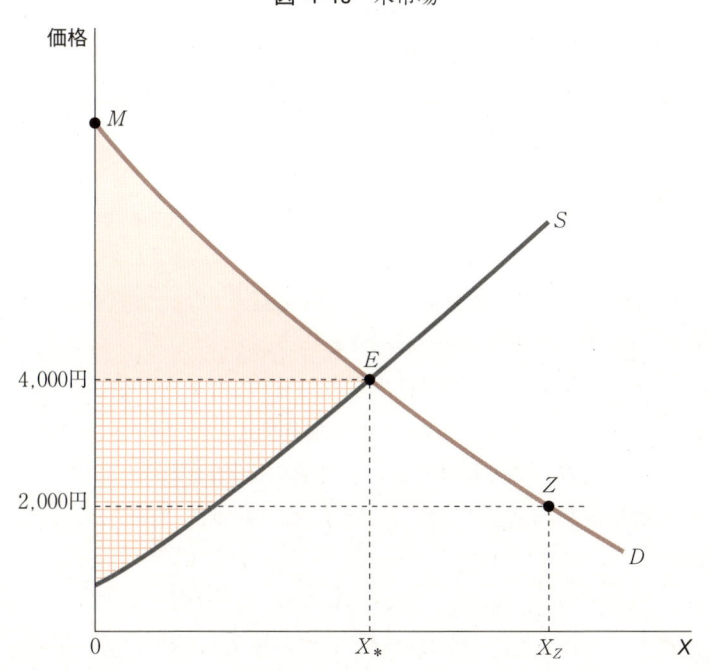

図 4-16　米市場

価格は4000円に跳ね上がります．以下では，この新しい均衡のほうを**市場均衡**と呼びましょう．図4-16で示される市場均衡の下での生産者余剰は，この図のオレンジの格子の図形の面積で，消費者余剰はベージュの面積です．総余剰は，これら2つの面積の合計です．

次に，価格がこのように急騰しては低所得者が困るからという理由で，価格の上限を当初の均衡価格である2000円に規制するとしましょう．この場合の価格と均衡取引量の組み合わせは，図4-17の点 G です．この点を**価格規制均衡**と呼びましょう．価格2000円で均衡取引量は X_R です．

この場合は，図4-17の茶色の点線で描かれた量の**品不足**（超過需要）が発生しています．結局，X_Z の需要量があるのに，X_R しか供給されない，という状況になります．

余 剰 分 析

品不足の際は，次のようなルートで，財が人びとに配分されます．

① 行列ができて順番の早い人から入手することができるが，遅い人は長い時間待たなければならない．
② コネのある人や既得権で既に入手している人が優遇され，新規に需要する人は手に入らない．
③ 闇市場（ブラックマーケット）で非合法的に高い価格で売られる．

品不足がこのような形で解決されることを前提として，価格規制が余剰に対してどのような効果を持つかを分析しましょう．

価格規制均衡の下での生産者余剰が，図4-17のオレンジ格子の面積です．したがって，生産者余剰は，図4-16の市場均衡の状況と比べて大幅に縮小してしまいます．一方，この均衡における消費者余剰は，図4-17のベージュの面積です．価格規制均衡 G における新しい総余剰は，ベージュの面積とオレンジ格子の面積の和になります．

図4-16で示された市場均衡における総余剰と比べて，図4-17におけるグレーの面積ⅠとⅡの分だけ総余剰が減少しています．このうちⅠの部分が少な

9 価格規制

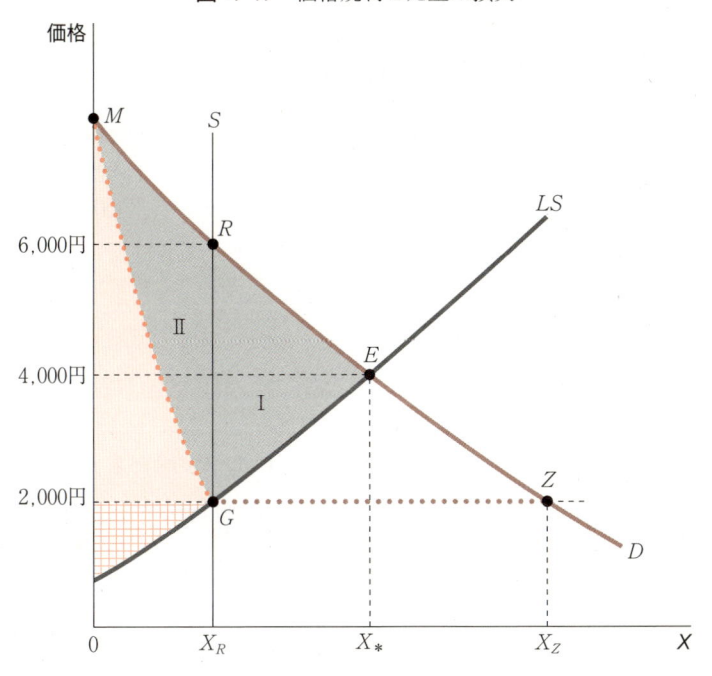

図 4-17 価格規制と死重の損失

くなるのは，取引量が X_* から X_R に減ったのだから当然です．これは市場規制が生み出す**第 1 次の死重の損失**といえるでしょう．

　一方，グレーの三角形 II が総余剰に含まれていない，すなわち三角形 II が消費者余剰に含まれていない理由は次のとおりです．

　価格上限が 2000 円に設定された時の供給量は図 4-17 の X_R です．この供給量に対応した需要曲線の高さは 6000 円です．仮に X_R で販売量規制が行われるとすると，6000 円以上の限界便益を持つ人たちだけが X_R だけ購入することになります．R 点を**販売量規制均衡**と呼びましょう．この均衡で購入した人たちの限界便益曲線は，図 4-17 の線分 MR のようになるでしょう．

　ところが価格規制均衡 G の下で実際に X_R だけ購入する人たちは，限界便益の高い順に選ばれるわけではありません．価格が 2000 円なのですから，限界便益が 2000 円より高い人すべてがこの財を需要します．すなわち，需要量は X_z です．しかし，2000 円における供給量は X_R しかないのですから，便益が

2000円より高い人の中で,誰が実際にこの財を入手することができるかは,さまざまな要因によって決まります.コネがある人の場合もあるし,たんに運が良かった人が手にいれるということもあります.それらの人が実際に X_R だけ2000円を支払って入手するわけです.

このため,X_R に対応した需要曲線の高さである6000円より高い限界便益を持った人の中にも,購入できない人がいます.その一方で,2000円と6000円の間の限界便益を持った人でも購入できる可能性があります.言い換えると,販売量規制均衡 R の下で買うことができた(すなわち,0から X_R までの需要量に対応した高めの限界便益を持っている)人の中には,運悪く買うことのできない人がいる一方,X_R と X_2 の途中の需要量に対応する低めの限界便益を持った人も何人かは,運良く購入できるでしょう.このように,**価格規制は,低い便益を感じる人に財を分配する一方で,高い便益を感じる人に財を配分しないという効果を持っています**.これは,価格規制の**ランダム配分効果**と呼ばれる現象です.

したがって,図4-17で,財の供給量が X_R になるまで実際に購入できる人の限界便益を高い順に並べていくと,限界便益線は線分 MR より下に,たとえばオレンジ点線 MG のようになってしまいます.つまり,図4-17の場合,価格規制を行うことによって,「ランダム配分効果」がグレーの三角形Ⅱの死重の損失をもたらします.これを**第2次の死重の損失**と呼びます.

価格規制は,市場均衡に比べて価格を下げることになるので,その分,生産者余剰を減らして消費者余剰を増やす効果を持っています.その一方で,この規制は,「ランダム配分効果」によって,消費者余剰を減らす効果も持っています.場合によっては,前者の効果より後者の効果のほうが大きく,結果的には,消費者余剰が減少してしまうこともあります.図4-16と比較すれば,図4-17は,規制によって,消費者余剰が全体として減少している状況を図示しています.

価格規制は,運良く買うことができた人にとってはよい制度です.しかし買うことができなかった人にとっては,不利な制度です.財を買うことができない人が出てくる場合には,価格の下落にもかかわらず,消費者余剰の総計が減少してしまいます.つまり,生産者余剰も消費者余剰も減少してしまうわけで

す．

キーワード

一般消費税　物品税　従量税　従価税　売り手課税　税込み限界費用　総余剰　死重の損失　政府余剰　買い手価格　売り手価格　税収に対する死重の損失の比率　買い手課税　税引き後の限界便益曲線　市場価格　社会保険料　補助金　豊作貧乏　販売量規制　価格の上限規制　物価統制令　品不足　市場均衡　価格規制均衡　第1次の死重の損失　販売量規制均衡　ランダム配分効果　第2次の死重の損失

練習問題

1. 次ページの図 4-18 は，1 単位当たり t の従量税の効果を表したものである．次の文の (a) から (f) に当てはまる適切な領域を，下図の番号を利用して記入せよ．（例：①＋②＋③）

　「同額の税金は，売り手に課しても買い手に課しても，結果的には同じことである．いずれの場合でも，売り手の最終的な受け取り額は (a) [　　　] であり，買い手の最終的な支払い額は (b) [　　　] だからである．

　この場合，総余剰は，生産者余剰 (c) [　　　] と消費者余剰 (d) [　　　] の和に政府の税金 (e) [　　　] を足したものとして表すことができる．また，課税により生じる死重の損失は (f) [　　　] である．」

2. 上の問題では，同額の税金は，売り手に課しても買い手に課しても，結果的には同じことを確認した．本問では，補助金についても同じことが言えることを確認しよう．

　次ページの図 4-19 は，1 単位当たり h の補助金の効果を表したものである．次の文の (a) から (f) に当てはまる適切な領域を，図中の番号を利用して記入せよ．

　「同額の補助金は，売り手に与えても買い手に与えても，結果的には同じ

166 4章 市場介入

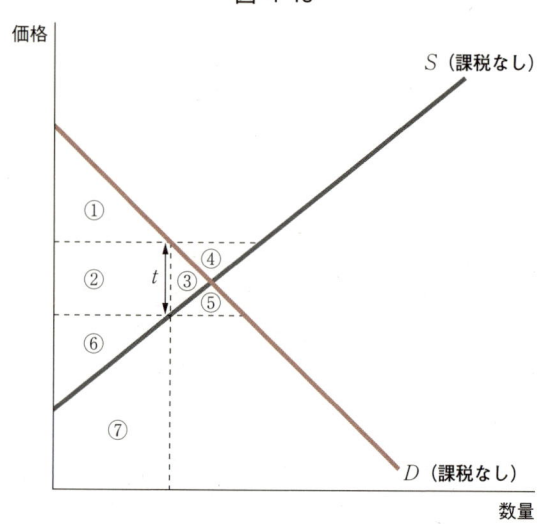

図 4-18

図 4-19

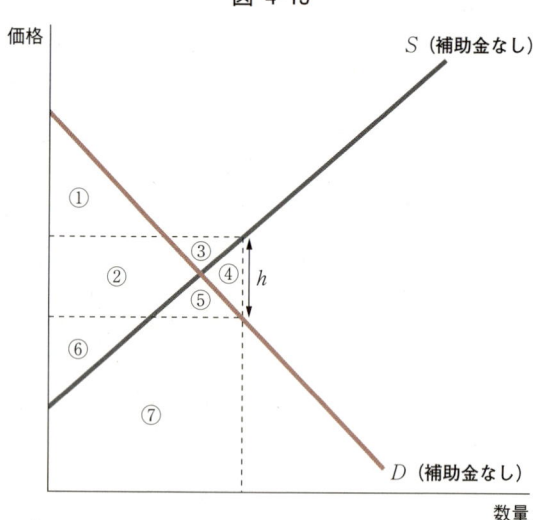

ことである．いずれの場合でも，売り手の最終的な受け取り額は(a)□□□□であり，買い手の最終的な支払い額は(b)□□□□だからである．この場合，総余剰は，生産者余剰(c)□□□□と消費者余剰(d)□□□□の和から，政府の補助金支出(e)□□□□を引いたものとして表すことができる．また，

補助金により生じる死重の損失は (f) [____] である.」

3. 空欄に入る語句を，下の選択肢から選んで記入せよ.
   (1) 売り手に対して生産量1単位当たり10円の補助金を与える場合には，売り手は，価格 = [____] + [____] が成り立つ数量まで生産する.
   (2) 買い手に対して購入量1単位当たり10円の補助金を与える場合には，買い手は，価格 = [____] + [____] が成り立つ数量まで購入する.

   | 0円 | +10円 | −10円 | 需要量 | 生産量 |
   | 便益 | 費用 | 限界便益 | 限界費用 | |

4. 「買い手に物品税がかけられると，需要曲線が下方にシフトする.」
   正しいか誤りかを記せ．また，その理由を述べよ.

5. 正しい番号を1つ選べ．
   従量税の税率が大きくなるとき，死重の損失の税収に対する比率は
   ① 税率に逆比例して小さくなる．
   ② 税率に逆比例する以上に小さくなる．
   ③ 一定である．
   ④ 税率に比例して大きくなる．
   ⑤ 税率に比例する以上に大きくなる．

6. 以下の空欄を，図4-20の記号を用いて埋めよ.
   いま，ある市場において，2000円の価格の上限規制が導入されたとする．規制がない時の市場均衡は点 (a) [____] であるが，価格規制の導入により，価格規制均衡は点 (b) [____] へと移る．その結果，(c) [____] の死重の損失が発生する．
   この時，第1次の死重の損失は (d) [____]，第2次の死重の損失は (e) [____] である．また，ランダム配分効果によって発生した死重の損失は，(f) [____] である．

168　4章　市場介入

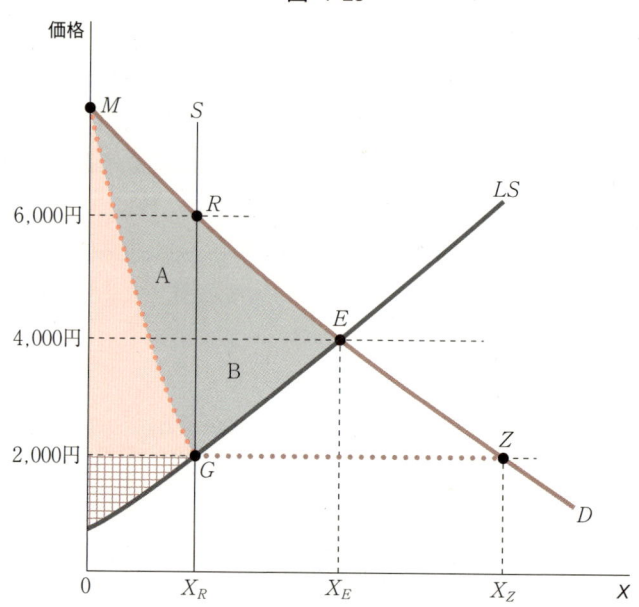

図 4-20

5章

弾力性・限界収入

　本章で学ぶ2つの概念——弾力性と限界収入——は，密接に関連した概念です．弾力性と限界収入も，経済学のさまざまな局面で役立ちます．

A. 弾　力　性

1　需要の価格弾力性

　価格が変化すると，需要量や供給量は大きく変化することもありますし，ほとんど変化しないこともあります．本節では，価格変化に対する需要量や供給量の反応度を示す指標について考えます．

定　　義

　価格変化に対して需要量の変化する度合いは，財によって異なります．変化の度合いが大きい例は，マクドナルドのハンバーガーです．数年前にマクドナルドが，ハンバーガーの価格を半額にした時には，需要量が5倍に増えたそうです．これは，マクドナルドと似たようなファーストフード食品が他にもあるため，消費者が価格の変化に対して敏感に反応したということでしょう．

一方，価格が低下しても，需要量があまり増えない財もあります．1つの例は塩です．塩の価格が非常に安価になったからといって，塩ばかりたくさん食べようという人はあまりいません．[1]

需要曲線上のある点で，価格が1％下がった時に，需要量が何％増えるのかを表す指標を**需要の価格弾力性** price elasticity of demand と言い，ギリシャ文字の ε （イプシロン）で表します．

$$\varepsilon = \frac{需要量の増加率（\%）}{価格の下落率（\%）}$$

弾力性は価格変化に対する需要量の反応の強さを示す指標なので，反応が強いほど大きな値をとることが望ましいでしょう．このために分母が「価格の下落」になっています．これを「価格の上昇」にすると分数全体の値が負になってしまうからです．

図5-1の右下がり線は需要曲線です．**線上の各点は異なった価格弾力性値を持っています．** このことを確かめましょう．A点付近にあるN点から価格が1円下がった時には，価格はほぼ1％下がっていますが，需要量は100％増加しています．[2] したがって，定義によってこの点での需要の価格弾力性 ε は100です．一方，B点付近にあるS点では，価格を1円下げることが価格を50％下げることになりますが，数量はほぼ1％しか増加しないので，弾力性は非常に小さな値（$\varepsilon = 0.02$）になります（ところで，この観察は，図5-1の場合，需要曲線上をA点に近づくほどεは無限に大きくなり，一方B点に近づくほどεは0に近づくことを示唆しています）．

価格を半額（50％低下）にしたら，需要量が5倍（400％増加）になったマクドナルドの例では，弾力性の定義式から

$$\text{ハンバーガー需要の弾力性}：\varepsilon = \frac{400}{50} = 8$$

---

[1] もう1つ例をあげれば，米です．米の価格が安くなると，消費者はうどんやそばから多少は米に移ってくるかもしれませんが，需要量が2倍とか3倍に増えるというようなことはないでしょう．米の需要量も価格変化に対してあまり反応しません．

[2] 価格は99円から98円に下がり，需要量は1個から2個に増加しています．

1 需要の価格弾力性

図 5-1　需要の弾力性の計算

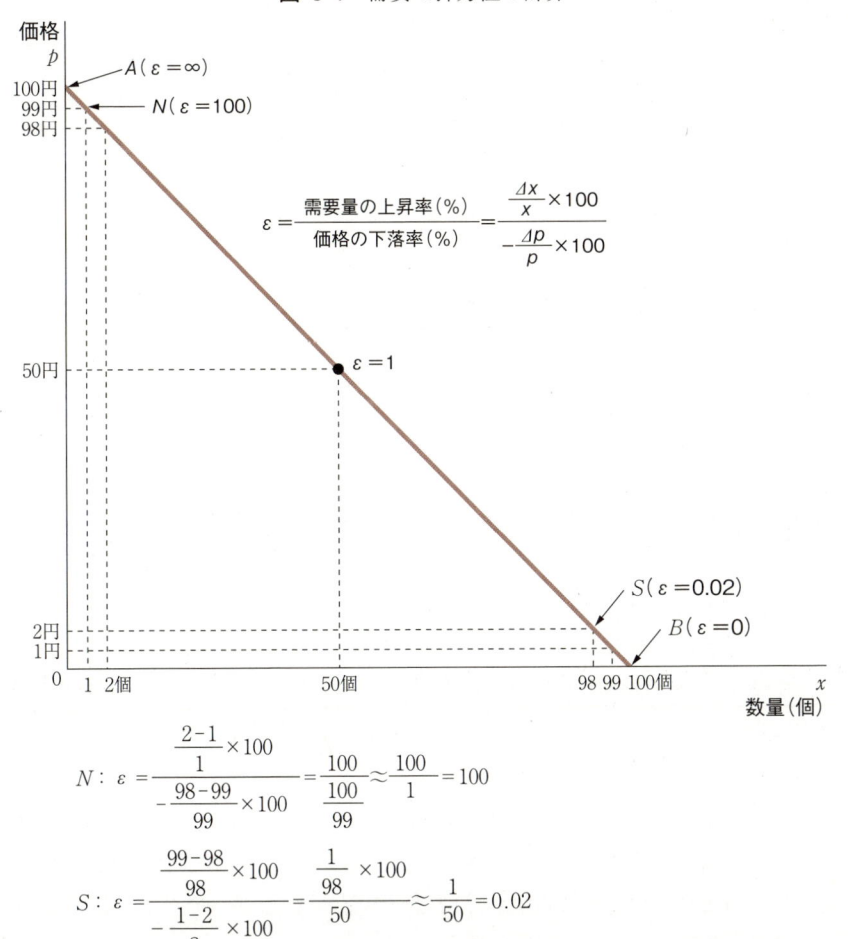

$$\varepsilon = \frac{\text{需要量の上昇率(\%)}}{\text{価格の下落率(\%)}} = \frac{\frac{\Delta x}{x} \times 100}{-\frac{\Delta p}{p} \times 100}$$

グラフ上の点：
- $A(\varepsilon = \infty)$: 100円, 0個
- $N(\varepsilon = 100)$: 99円, 1個付近
- $\varepsilon = 1$: 50円, 50個
- $S(\varepsilon = 0.02)$: 2円, 98個
- $B(\varepsilon = 0)$: 1円, 100個

$$N: \varepsilon = \frac{\frac{2-1}{1} \times 100}{-\frac{98-99}{99} \times 100} = \frac{100}{\frac{100}{99}} \approx \frac{100}{1} = 100$$

$$S: \varepsilon = \frac{\frac{99-98}{98} \times 100}{-\frac{1-2}{2} \times 100} = \frac{\frac{1}{98} \times 100}{50} \approx \frac{1}{50} = 0.02$$

となります．したがって，この場合の需要の価格弾力性は 8 です．[3]

　需要の価格弾力性が 1 より大きい時は，需要が **価格弾力的** であると言います（例：図 5-2 の①と②）．需要の価格弾力性が 1 未満の時は，需要が **価格非弾**

---

[3]　なお，後でわかることですが，ここで導いたハンバーガー需要の弾力性の数値は，需要曲線が線形であると想定した場合の，価格変化前の需要点における弾力性です．

図 5-2 　需要の弾力性

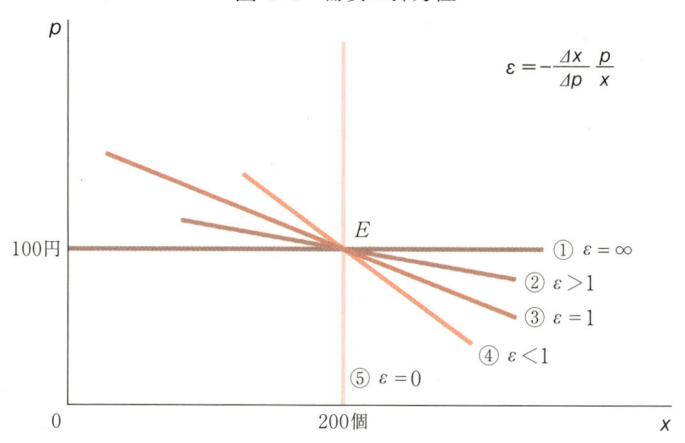

$$\varepsilon = -\frac{\Delta x}{\Delta p}\frac{p}{x}$$

① $\varepsilon = \infty$
② $\varepsilon > 1$
③ $\varepsilon = 1$
④ $\varepsilon < 1$
⑤ $\varepsilon = 0$

力的であると言います（例：図 5-2 の④と⑤）．特に図 5-2 の①のように需要曲線が水平で弾力性が無限大の時は，需要が**完全弾力的 perfect elastic** であると言います．一方，⑤のように垂直で弾力性が 0 ならば，需要が**完全非弾力的 perfectly inelastic** であると言います．

　一般的に，代替品のある品物への需要は弾力的で，代替品のない品物は非弾力的になる傾向があります．例えば，代替品の多い財であるサンマの価格が上がれば，多くの消費者は他の魚を買いますから，サンマへの需要は価格弾力的です．マクドナルドのハンバーガーに対する需要も弾力的です．[4] 一方，塩への需要はほぼ完全非弾力的です．米への需要も非弾力的です．食料は，価格が高くてもあまり消費量を減らすわけにはいかないので，全体としてみると非弾力的です．

---

4) 実際のデータを用いると，数理統計学の手法によって各財の需要の弾力性を計測することができます．この学問分野を**計量経済学**と言います．

2 供給の価格弾力性

定　義

価格変化に対応した供給量の反応度を示す指標があります．供給曲線上のある点で，価格が1％上昇した時に，供給量が何％増加するのかを表す指標を**供給の価格弾力性**と言い，ギリシャ文字のη（エータ）で表します．

$$\eta = \frac{供給量の増加率（\%）}{価格の上昇率（\%）}$$

供給の弾力性が1より大きい時，すなわち価格が1％上がった時に供給量が1％より大きく増加する時は，「供給曲線が**価格弾力的 price elastic** だ」と言います（例：図5-3の①と②）．これは，供給曲線の傾きが緩やかな場合です．一方，供給曲線の傾きが急で，価格が1％上がっても供給量が1％未満しか増加しない場合は，「供給曲線が**価格非弾力的 price inelastic** だ」と言います（例：図5-3の④と⑤）．特に①のように供給曲線が水平ならば，**完全弾**

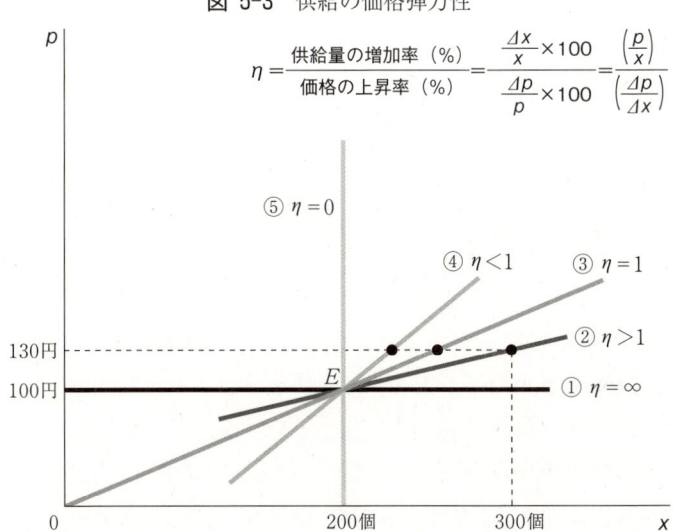

図 5-3 供給の価格弾力性

$$\eta = \frac{供給量の増加率（\%）}{価格の上昇率（\%）} = \frac{\frac{\Delta x}{x} \times 100}{\frac{\Delta p}{p} \times 100} = \frac{\left(\frac{p}{x}\right)}{\left(\frac{\Delta p}{\Delta x}\right)}$$

⑤ $\eta = 0$
④ $\eta < 1$
③ $\eta = 1$
② $\eta > 1$
① $\eta = \infty$

力的，⑤のように垂直に立っている時は**完全非弾力的**だと言います．

供給曲線と生産期間

供給曲線は，各価格についてある期間の生産予定を表示したものです．取る期間の長さによって，供給曲線の形状は変わります．供給曲線は，取る期間の長さによって一時的・短期・長期・最長期などに分けられます．供給曲線の傾きは，長期になるほど緩くなります．すなわち，供給曲線の価格弾力性は，長期になるほど大きな値になります．

ここでは，期間を次の4つに分けてみましょう．

(1) **一　時　的**

1日とか2日といった，極端に短い期間では，生産量を変えることが一切できない状況があります．このような状況での供給曲線を**一時的供給曲線** temporary supply curve と呼びます．図5-3の垂直のグレー線⑤がまさにこれを表しています．

(2) **短　　　期**

投入物の一部の購入量を，以前よりも増やしたり減らしたりできる期間を短期と言います．図5-3のグレー線④は**短期供給曲線** short-run supply curve を示しています．機械の数や工場の大きさを変化させられるほど長い期間ではないが，原料の数量やアルバイトの数を調整できるような期間を短期と言います．

(3) **長　　　期**

さらに長い期間を取り，機械や工場を含めてすべての投入物を変化させることができる期間を長期と言います．図5-3のグレー線②は，**長期供給曲線** long-run supply curve を示しています．これは短期供給曲線と比べてより弾力的です．

もし，仮に価格が100円から130円まで上昇し，その後130円に維持したままならば，短期には供給量が増え，長期には機械や工場までも増やすことができ

るため，さらに生産量は増加します．

(4) 最長期

さらに，企業の数自体が増加したり，減少したりできるほど長い期間を最長期と言います．**最長期供給曲線 the longest-run supply curve** は，図5-3の①の水平線の供給曲線として描かれています．価格が130円で維持されていたとすると，長期に各企業が総計で300個を生産するということは，各企業の長期の利潤が正だということですから，新しい会社が市場に参入してきます．その結果，供給量は，無限大になります．しかし，それでは，需要曲線がどのような形状をしていても，超過供給が起きてしまうので，価格が130円で永久に維持されることはなく下落してきます．しかし価格が多少下落しても，最長期に超過供給があるかぎり価格は低下を続けます．最終的には水平線の高さと等しい100円に価格がなった時に，最長期の均衡価格が得られます．

図5-3をある産業の期間別供給曲線だと考え，産業の需要曲線が右下がりで描かれているとすると，一時的から短期，長期，最長期のそれぞれの均衡がわかります．期間が長くなるにしたがって，価格が下落し，均衡生産量が増加していくことがわかります．

一般的に，技術の水準は一定だとしても，期間として1年を取ると，1日とか1週間を取る場合に比べて，供給曲線の傾きは緩やかになります．すなわち，より弾力的になります．一方，短い期間を取ると，供給曲線の傾きは急になります．すなわち，より非弾力的になります．

経 済 地 代

ある地区の土地の供給は完全非弾力的ですから，その地区の土地サービスへの需要が増大すると，供給量にはまったく変化が起きず，地代のみが上がります．その分地主が得をすることになります．図5-4では，総需要曲線が D_0 から D_1 にシフトすることによって，地代収入が茶点線枠の長方形から，ベージュ枠の長方形にシフトしています．需要の増減がすべて地代増減に吸収されるということが地代の特徴です．

図 5-4 需要の増減と経済レント

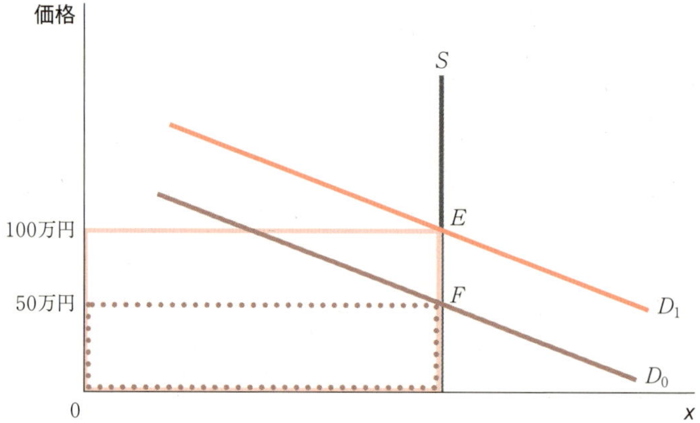

土地に限らず，一般に，供給量が固定されている財やサービスに対する需要が変化すると，価格は変化しますが，消費量も供給量も一切増えません．このように，供給曲線が垂直である財やサービスの供給者が得る報酬を**経済地代**と言います．[5]

特に，土地のように長期にも供給曲線が垂直である財やサービスの供給者が得る報酬を**純粋地代**と言います．そのような性質を持ったものは土地以外もあります．ピカソの絵や，ピグーの『厚生経済学』の初版本などの価格も経済レントです．

マンションやオフィスのように短期には供給曲線が垂直的であるが長期的には右上がりになる場合，供給曲線が垂直である期間に供給者が得る報酬のことを**準地代**と言います．

供給が一定の財に対して税が課された場合には，課税された後も，需要家のほうは前とまったく同一の価格に直面し，同一の量を消費することになります．したがって，税はすべて供給者が支払うことになります．[6] 土地の例では地主です．地主は，経済地代の中からこの税を支払います．

---

[5] 略してたんに**レント**とも言います．
[6] これは直感的には明らかでしょうが，次節で詳しく分析します．

3 弾力性と税

租税を誰が負担するか

個々の物品に対して税率が決められている物品税が課されているとしましょう．課税によって起きた価格変化のうち，税がない時に比べて買い手を不利にしている分を，（財1単位当たり）**買い手の税負担分**と言います．図5-5は，税率10円の物品税がかけられた結果，買い手価格がp_bに，売り手価格がp_sになることを示しています．したがって，図では，買い手の税負担分は，$p_b - p$です．一方，売り手を不利にしている分を（財1単位当たり）**売り手の税負担分**と言います．この図では，$p - p_s$で表されます．両者の税負担分を合わせると，税率$p_b - p_s$になります．

図5-6のパネルA，Bに描かれている需要曲線はまったく同一のものですが供給曲線の傾きが異なっています．

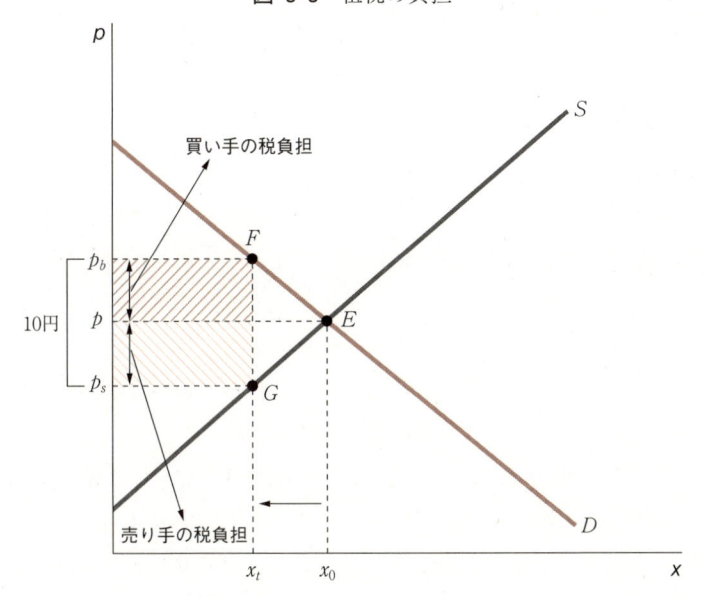

図 5-5 租税の負担

図 5-6 弾力性と税負担分

パネルA：非弾力的な供給曲線

パネルC：非弾力的な需要曲線

パネルB：弾力的な供給曲線

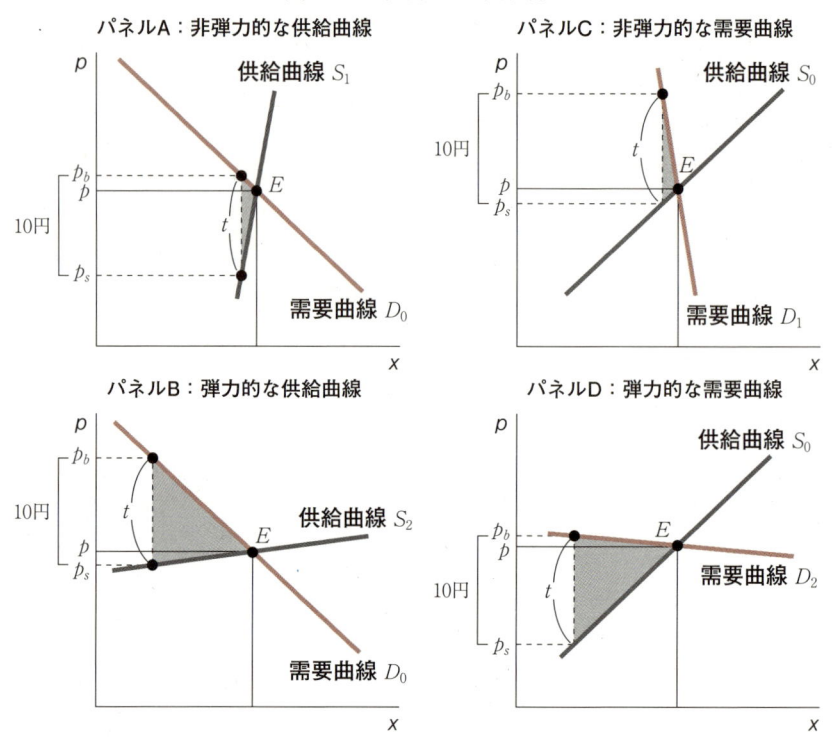

パネルD：弾力的な需要曲線

　パネル A の供給曲線 S_1 は均衡の周辺で非弾力的です．課税後に買い手価格は少しだけ上がっていますが，売り手が直面する価格は大幅に下落しています．すなわち非弾力的な供給曲線 S_1 の下では，この税 t のほとんどを売り手側が負担しています．供給の弾力性が低いということは，値段が変化してもあまり販売量は変化しないということです．追加生産のコストが高くなっている状態，たとえば労働市場で雇える人がいない，機械の能力を目一杯に使っているなどという状況に売り手が置かれているわけです．供給の弾力性が低いと，売り手が税の多くの部分を負担することになります．

　パネル B の供給曲線 S_2 は，均衡の周辺で弾力的です．この場合には，課税後に買い手価格は大幅に上がっていますが，売り手価格はほとんど下落していません．すなわち，供給が価格に対してかなり弾力的である場合は，売り手は

結果的に税率 t を買い手に負担させることができます．したがって，供給の弾力性が高ければ高いほど，買い手側の負担する税率割合が大きいということになります．

図5-6のパネルC，Dには逆に，供給曲線は同一ですが，需要曲線の傾きが異なる場合が描かれています．パネルCの需要曲線 D_1 は非弾力的で，価格が上昇しても需要量はあまり減少しません．その場合には，買い手が非常に大きな税負担をすることになります．10円分の税金のうち，ほとんどは買い手側が価格の高騰を通じて負担しています．パネルDの D_2 の場合には，売り手が税の大部分を負担し，買い手側の負担である価格の上昇はあまり大きくありません．

結局，物品税が課される時，**売り手と買い手のうち，より非弾力的なほうがより大きく負担する**ということをおぼえておいてください．

需要が非弾力的な財の典型は，たばこです．たばこの値段が上がったからといって，簡単にたばこをやめられるわけではありません．その結果，たばこ税は，基本的には消費者側の負担分が大きくなります．一方，1980年代までは，紅茶には高い物品税が課せられていましたが，日本茶に課された物品税は定率でした．日本茶と紅茶は代替的ですから，紅茶への需要の弾力性が高いのです．この場合に結局は，紅茶の供給者が税を負担することになりました．

死重の損失と弾力性

ここで，死重の損失と需要・供給曲線の弾力性との関係を見てみましょう．図5-6では，それぞれグレーの三角形の面積が死重の損失を示しています．パネルAとBの比較が示すように，同じ税率 t ならば，供給がより非弾力的であるほうが死重の損失はより小さいことがわかります．パネルCとDの比較が示すように，需要が非弾力的な時も死重の損失は小さくなります．さらに，需要と供給が両方とも非弾力的なケースでは，死重の損失はきわめて小さくなります．一般的に**需要や供給が弾力的であればあるほど，同じ税率の従量税に対する死重の損失は大きくなる**，と言えます．

非弾力的な需要曲線や供給曲線の場合には，価格に対して買い手や売り手が反応して数量を調整する度合いが低いわけです．すなわち，税金が課されるこ

とによって売り手や買い手の行動が歪められる度合いが低いから，無駄も少なくてすむ，と考えることができます．税金が課されてもほとんど数量は変化しません．これは，パネルAやCで顕著です．

課税ルール

これから**課税ルール**が得られます．「需要曲線や供給曲線が非弾力的な財には高い税率を，そうでない財には低い税率をかけよ」というものです．

すなわち，超過需要の弾力性の低い財ほど，高い税率の税を課すということです．なお超過需要の弾力性とは需要の弾力性と供給の弾力性の和のことです．

これは第4章の第2節で観察した，「1つの財だけに，極端に高い税を課すな」という教訓に矛盾しているように見えるかもしれません．しかし，矛盾のない課税ルールを以下のように作ることができます．

「①超過需要の弾力性（需要の弾力性と供給の弾力性の和）の等しい財には，等しい税率をかける．その一方で②超過需要の弾力性が低い財ほど，高い税率の税を課す．」[7]

実際には，需要の弾力性も供給の弾力性も，ある程度の目安としては統計分析によって測定することができますが，正確な値を定めるのは難しいというのが現状です．したがって，次の課税ルールが現実的です．

「特別に弾力性が低い財については，特別に高い税を課すが，特に弾力性が低いとは判定できない財に関してはすべて十把一絡げにして同じ税率の税を課す．」

ところで，需要あるいは供給の弾力性が0の時は，その財に高い税率をかけても，死重の損失を生みません．以下では，そのことを丁寧に見てみましょう．

---

[7] 超過需要の弾力性に対応してどのように税率を変えるべきかは財政学の「最適税制の理論」で分析されます．

3 弾力性と税　181

垂直な供給曲線

まず，供給曲線が垂直である場合の税金の効果を見てみましょう．買い手に1個当たり10円の税金が課されているケースが，図5-7パネルAに示されています．この場合，需要曲線が10円分下方にシフトして，新しい均衡はH点になります．新しい市場均衡価格はp_sであり，これが供給者が入手できる価格になります．供給者の収入はこれに取引数量を掛けたベージュの長方形の面積で示されています．E点とH点の垂直距離が税率ですから，税収はグレーの面積になります．一方，買い手のほうはp_sを支払った後で税金をさらに支払うので，ベージュの面積とグレーの面積の合計を支払います．したがって，税込みの買い手価格はp_bになります．

次に，10円の税が売り手にかけられているケースが，図5-7パネルBに示されています．この場合，需要曲線も供給曲線もシフトしません．市場均衡は課税前と変わることなく，図5-7パネルBのE点で達成されます．買い手が支払う価格は，前のとおりのp_bです．一方，売り手はいったんグレーとベージュの面積を合わせた面積の収入を得ますが，その中から税を支払うので税引き後の収入はベージュの面積になります．すなわち，売り手の価格はp_sのままです．したがって，新しい均衡点はE点ですが，売り手の税引き後の収入は，買い手に課税した場合となんら変わるところはありません．

図5-7のパネルAから，税が買い手にかけられた場合にも売り手にかけられた場合にも，買い手価格と売り手価格の差が10円になる取引量は，前のとおりにx_0のままであることがわかります．**供給曲線が垂直である場合には，物品税は，消費量も生産量も変化させないので，死重の損失を生みません．**

たとえば，駅から歩いて10分以内で行ける土地の供給曲線は垂直です．したがって，そのような土地の地代に対する課税は，死重の損失を生みません．

垂直な需要曲線

次に，需要曲線が垂直である場合の税の効果を図5-7パネルCで見てみましょう．買い手側に1個当たり10円の税が課されている場合には，需要曲線はシフトしないので，均衡点はE点から変化せず，均衡価格は課税前のとおり

図 5-7 死重の損失が発生しないケース

パネルA：完全非弾力的な供給曲線

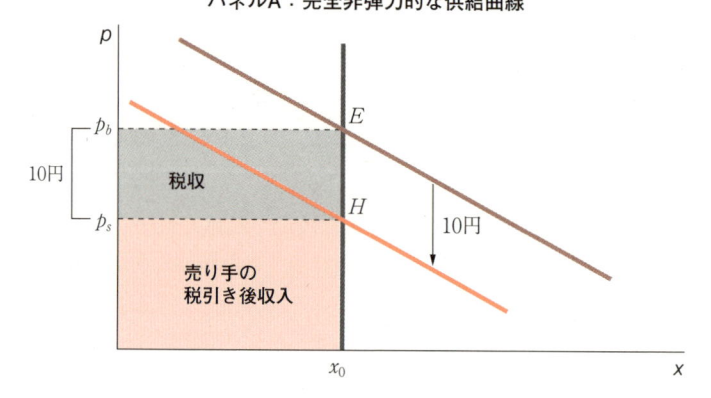

パネルB：完全非弾力的な供給曲線

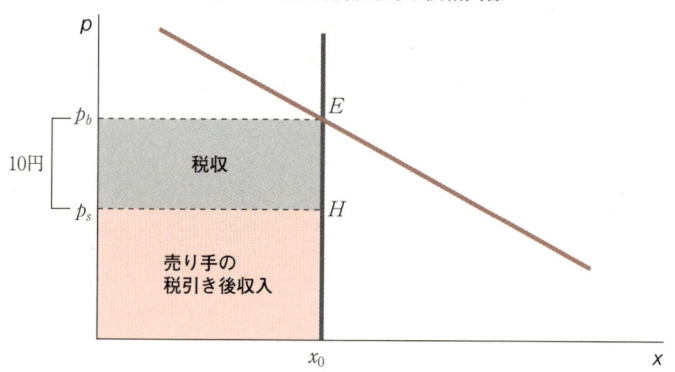

パネルC：完全非弾力的な需要曲線

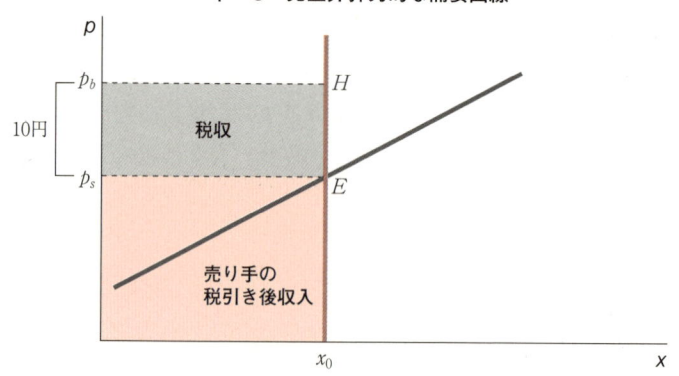

p_s で,均衡数量も変化しません.この時,売り手が手に入れる価格は p_s ですが,買い手は p_s を支払ったうえに税金を支払うので,税込み価格 p_b に直面します.

では,売り手側に同様の税金を課した場合はどうなるでしょうか.この時は供給曲線が上方にシフトして,新しい均衡点も上方にシフトします.新しい均衡価格は p_b になり,買い手はこの価格を支払い,売り手はこの価格を手に入れます.売り手は,p_b を受け取った後で税金を支払うので,売り手価格(売り手が直面する税引き後価格)は p_s になります.**需要曲線が垂直な場合には,物品税の課税は,消費量も生産量も変化させないので,死重の損失を生みません.**

塩は,需要の弾力性が非常に低い財として有名です(塩の価格が10分の1になっても,以前の倍の量の塩を食べようとする人はあまりいません).したがって,塩への課税は死重の損失を生みません.これが,ローマ帝国以来,塩にさまざまな国が高い税率をかけてきた理由でしょう.

一 括 税

納税者の行動のいかなる調整によっても自分の納税額を変化できない税を**一括税**と言います.一括税は死重の損失を発生させません.

本節の分析から,需要曲線か供給曲線が垂直である時には,物品税は一括税であることがわかりました.

一括税のうち最も簡単なものは,1人ひとりにかかる税額が等しい税です.これを**人頭税 head-tax** と言います.人頭税は避けようがありませんから,消費活動に歪みを引き起こしません.その代わり,所得税などと異なり,金持ちも貧乏人もすべて同額の税を支払うわけです.

B. 限 界 収 入

次に,需要の価格弾力性と密接に関連した概念である限界収入について学びましょう.特に限界収入の概念は,第6章で,重要な役割を演じます.

4 収入曲線

今，ある遊園地を相続してしまい，経営を任された人のことを考えましょう．当然ながら高い価格（料金）にすれば，入場者数は減りますし，安くすれば多くの入場者数が見込めます．したがって，この遊園地に対する需要曲線を描くことができます．図5-8の茶線は，この需要曲線です．横軸に生産量と書いてあるのは，入場者数です．この曲線は，横軸を独立変数として読むこともできます．与えられた入場者数を実現するには，いくらの価格を付ければいいかを，この需要曲線が示していると考えることもできます．

さて，この遊園地はすでにできあがっていますので，入場者に関する限界費用は0だとします．この場合，経営者の目的は，この入場者からの収入を最大にすることになります．

まず，各入場者数（生産量）に対応した収入を示しましょう．

いま，図5-8のパネルAに遊園地に対する需要曲線が茶線で示されています．各生産量に応じた収入は，その生産量に対応した需要曲線の高さ（価格）と生産量の積として求められます．生産量が0の時の収入は0です．生産量20の時の収入はベージュ線で囲まれた長方形の面積です．生産量の増加にともなって収入も増加しますが，C点で収入は最大になります．

生産量がさらに増えC点からB点に移動すると，収入は減少していきます．生産量が80の時の収入はグレー線で囲まれた長方形の面積です．最終的に生産量がBになった時には価格が0になりますから収入は再び0になります．

各生産量に応じた収入を示す曲線を **収入曲線** revenue curve と言います．図5-8のパネルBには，パネルAの需要曲線に対応した茶色の収入曲線が示されています．この収入曲線は山型で，生産量50の時に頂点に達しています．

遊園地の経営者はこの生産量に対応した価格を付けます．

第4章8節で学んだとおり，農作物が豊作になると価格が下落するためにかえって収入が減少してしまう，という現象を豊作貧乏と言いました．

しかし豊作になったからといって，農家の収入は必ずしも減少するわけでは

4 収入曲線　185

図 5-8　需要曲線と収入曲線

パネルA

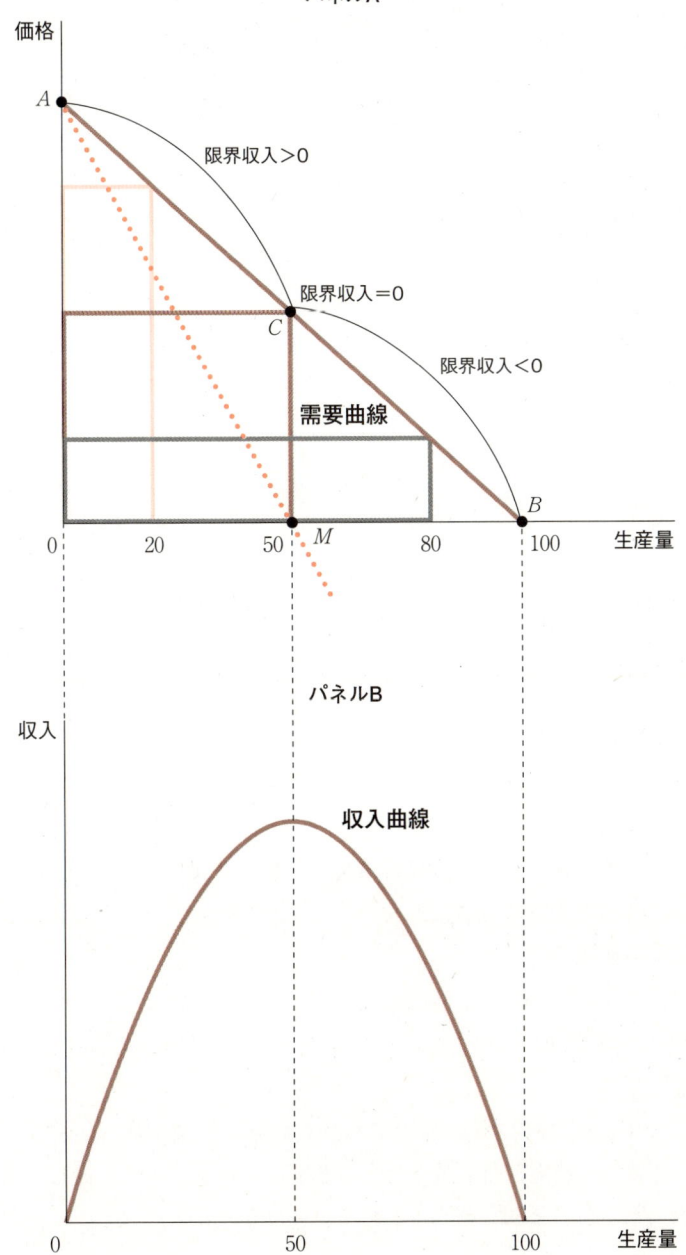

限界収入＞0
限界収入＝0
限界収入＜0
需要曲線

パネルB

収入曲線

ありません．ただし農家が直面している需要曲線が，図5-8のようであれば，生産量が50以上では，収入曲線は右下がりですから，豊作貧乏が起きます．

5　限界収入曲線

限界収入

生産量を1単位増やした時の収入の増加分を**限界収入** marginal revenue と呼びます．本節では，生産量を変化させるにつれて，この限界収入がどう変化するかを分析しましょう．

限界収入は収入曲線の傾きです．図5-8のパネルBが示すように，生産量が50の時に収入は最大値をとっていますから限界収入は0になります．生産量が50に満たない範囲では，収入曲線は右上がりですから，限界収入は正です．生産量が50以上では，収入曲線は右下がりですから，限界収入が負（マイナス）となります．

各生産量に対して，限界収入を示す曲線を**限界収入曲線** marginal revenue curve と言います．図5-8パネルAでは，需要曲線と対応した限界収入曲線は，オレンジ点線で示されています．

生産量が0の時には，限界収入曲線の高さは需要曲線と同じです．生産量0から出発して最初の1単位を売ることによって得られる限界収入は，その価格そのものだからです．しかし図5-8のパネルAのオレンジ点線は，生産量が0より少しでも大きくなると，限界収入が価格を下回ることを示しています．

つまり，生産量が0の時には，

　　　価格＝限界収入　　　　　　　　　　　　　　　　(5.1)

が成り立ち，生産量が0を上回る時，

　　　価格＞限界収入　　　　　　　　　　　　　　　　(5.2)

が成り立ちます．

したがって，図5-8パネルAの限界収入曲線は，生産量が0の時，需要曲線と同一の高さを持ち，生産量が増えると需要曲線より下に位置し，さらに収入が最大になる生産量50を超えるとマイナスになります．

第3章で分析した販売量規制は，販売量を制限することによって収入を増大させられるケースでした．これは，限界収入がマイナスである数量で販売量規制が行われる時に起きます．すなわち図5-8パネルAの線分 MB 上で規制が行われる場合です．このことは，この図のパネルBからも明らかです．

価格より限界収入が低い理由

生産量が正である時に，限界収入のほうが価格より低いのはなぜでしょうか．

図5-9は，生産量を30単位から1単位増やした時に，収入が茶の実線で囲まれた長方形から黒の点線で囲まれた長方形に動くことを示しています．この増産によって，収入は，面積aだけ増加する一方でbだけ減少しています．結局この変化による収入の純増はaからbを差し引いたものです．すなわち

$$\text{限界収入} = a - b \tag{5.3}$$

という式が成り立ちます．[8]

一方，長方形aの高さは価格であり，その底辺の長さは1ですから，この長方形の面積aは価格です．すなわち (5.3) 式右辺のaは，価格です．したがって，この式は，

$$\text{限界収入} = \text{価格} - b \tag{5.4}$$

と書き直すことができます．[9]

需要曲線が右下がりで，生産量が0でなければ，図から明らかなように，b

---

[8] ところで，生産量削減が増収をもたらすのは，限界収入が負の場合でした．図5-9のパネルBではa<bですから，限界収入が負の場合を示しています．したがって，豊作貧乏は，このように生産量増加が減収をもたらす時に起こります．豊作貧乏を示す図4-14は，図5-9のパネルBに対応しています．ただし図5-9では，限界収入を定義するために生産量を1単位だけ増やしているところが違います．

[9] 完全競争企業は，水平な需要曲線に直面しています．図5-9のパネルAで需要曲線が水平であれば，30単位から1単位分増産する時 b=0 になります．したがって，(5.4) から

$$\text{限界収入} = \text{価格}$$

が成り立ちます．完全競争企業にとっては，価格は生産量に関係なく一定です．したがって，1単位生産量を増やせば，それを販売して得られる収入増は価格と等しくなるわけです．

図 5-9 価格＞限界収入

パネルA：限界収入＝a−b＝価格−b＞0

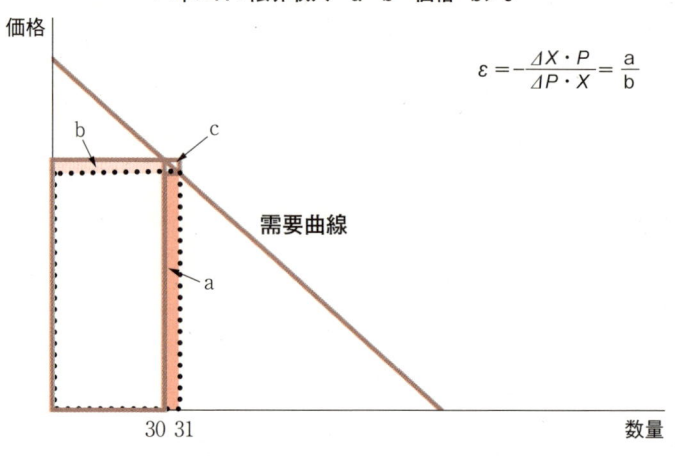

$$\varepsilon = -\frac{\Delta X \cdot P}{\Delta P \cdot X} = \frac{a}{b}$$

パネルB：限界収入＝a−b＝価格−b＜0

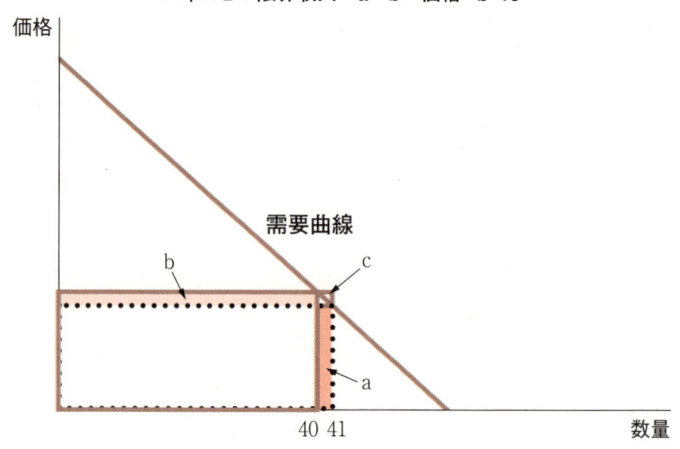

は正なので，(5.4) 式から限界収入は価格よりbの分だけ低いことがわかります．このため (5.2) が成り立ちます．一方，生産量が0の時には (5.4) 式の右辺のbが0ですから，(5.1) が得られます．

では，図5-9のbは何でしょうか．図から明らかなように，bは，1単位の

5 限界収入曲線　189

図 5-10　価格と限界収入の差

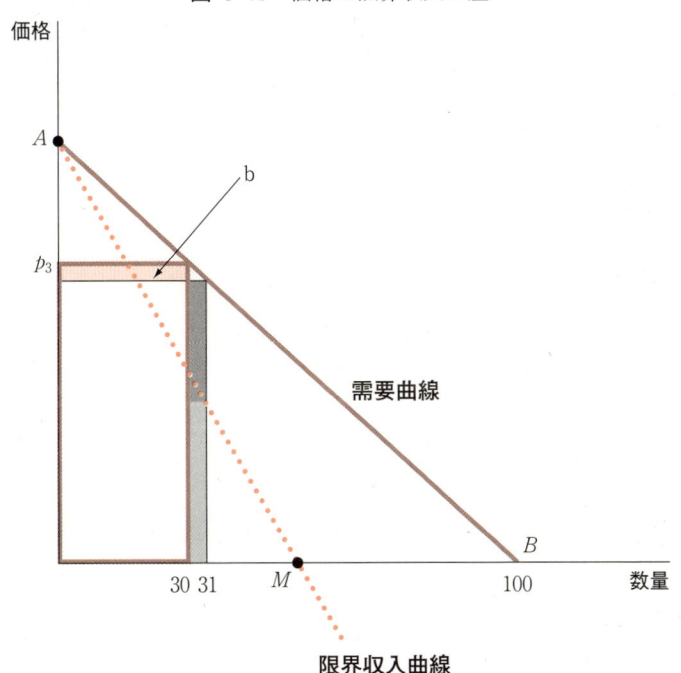

増産がもたらす価格減少が引き起こす「増産前生産量からの収入」の減少分です．増産した1単位から得られる収入は価格です．これから，「増産前の生産量からの収入」の減少分を差し引いたものが限界収入になります．これが(5.4)の式の意味です．

図5-9のパネルAの限界収入a-bを，図5-10を用いて図示してみましょう．図5-9のパネルAのベージュの長方形bは，図5-10でもベージュの長方形として描かれています．それに加えて，図5-10の濃いグレーの長方形も，面積がベージュの長方形の面積bと等しくなるように描いてあります．一方，図5-9のパネルAの長方形aは，図5-10では，薄いグレーと濃いグレーの長方形を合わせたものとして表せます．これから濃いグレーの長方形の面積bを差し引いた薄いグレーの長方形の面積が，この生産量の時の限界収入です．したがって限界収入曲線は，薄いグレーの長方形の上辺を通ります．

C. 弾力性と限界収入の幾何学[10]

弾力性と限界収入を図でより詳しく説明しましょう．

6 需要の価格弾力性の計測

需要の価格弾力性の定式化

価格の増分が Δp の時の需要量の増分を Δx で表すとしましょう．[11] この記号を用いると，需要量の上昇率（％）は $\frac{\Delta x}{x} \times 100$ と書くことができます．また価格の下落率（％）は $-\frac{\Delta p}{p} \times 100$ と書けます．したがって ε は，次のように表すことができます．[12]

$$\varepsilon = \frac{\dfrac{\Delta x}{x}}{-\dfrac{\Delta p}{p}} \tag{5.5}$$

---

[10] 以下の各節は，飛ばして読んでも後で困ることはありません．ただし，9節の「式による説明」は，経済学を良く知っている人も，おそらくはおもしろいと思う新しい説明です．

[11] たとえば，図5-1で価格が99円のとき需要量は1ですが，98円に下がると需要量は2になります．この場合 $\Delta p = 98 - 99 = -1$ で $\Delta x = 2 - 1 = 1$ です．

[12] たとえば，図5-1で価格が99から98に下落する時には，出発点の需要量 x が1で増加 Δx が1です．したがって需要量の上昇率を数式で表すと，次のようになります．

$$\frac{\Delta x}{x} \times 100 = \frac{1}{1} \times 100$$
$$= 100\%$$

一方価格の上昇率は

$$\frac{\Delta p}{p} \times 100 = \frac{-1}{99} \times 100 \fallingdotseq -1\%$$

したがって $\varepsilon \fallingdotseq 100$ です．

図 5-11 線形需要曲線の弾力性

$$\varepsilon = -\frac{\Delta x}{\Delta p}\frac{p}{x}$$

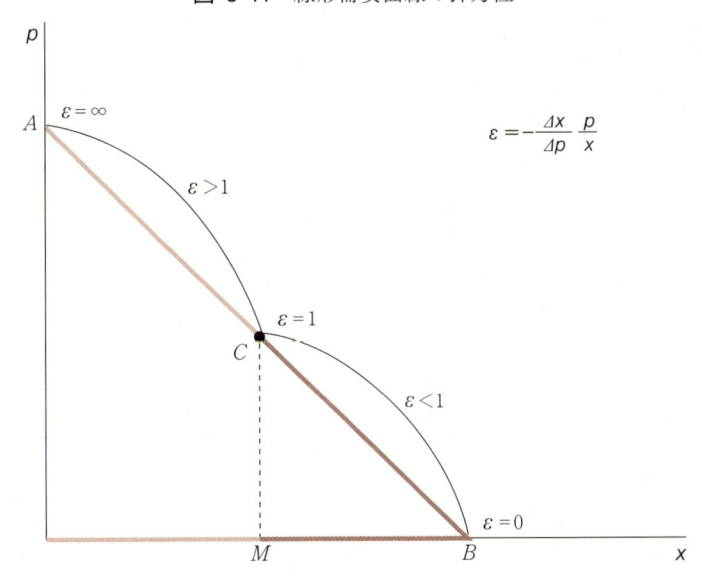

(5.5) 式の右辺にマイナスが付いているのは，需要の価格弾力性とは1％価格が下がった時に何％需要量が増加するのか，を示すものだからです．需要曲線は右下がりですから，価格が下がった時には需要量が増加します．逆に，価格が上がった時には需要量が減少します．つまり，$\Delta x/x$ と $\Delta p/p$ の符号は逆になります．したがって，たんにこれらを分母と分子に持っていくと分数全体がマイナスになってしまいます．一方，弾力性は正の値（絶対値）で表したいので，全体を強引にプラスにするためにマイナス符号を付けているわけです．

需要曲線の所与の点における弾力性の値を，その点における需要曲線の傾きと，その点の位置を示す指標とに分割しましょう．

これを見るために，需要の価格弾力性の定義式 (5.5) の分子と分母の両方に $\frac{p}{\Delta x}$ を掛けて，この式を

$$\varepsilon = \frac{\dfrac{p}{x}}{-\dfrac{\Delta p}{\Delta x}} \tag{5.6}$$

と書き直しましょう．この式の分母の $-\dfrac{\Delta p}{\Delta x}$ は，需要曲線の傾きの絶対値です．分子の $\dfrac{p}{x}$ は，もちろん価格と数量の比率です．

図5-2では各線の弾力性を E 点で評価していますので，$\dfrac{p}{x}$ は各線に共通です．しかしこの図の各線の傾きが異なるので，弾力性の水準が影響を受けます．

一方，図5-1のように需要曲線が線形である場合には，[13] どの点でも傾きが同じですから，(5.6) 式の分母は，x の水準にかかわらず一定です．つまり，弾力性は，分子の大きさのみに依存して変化することがわかります．

図5-11では，需要曲線上の点がA点に近づいていくと，(5.6) 式の分子の $\dfrac{p}{x}$ は大きくなっていきますから，弾力性は次第に大きくなり，A 点では無限大になります．逆に，需要曲線上を B 点に向かうにつれて x は大きくなりますが p は0に近づくので，弾力性は小さくなり，B 点では0になります．これは，図5-1での観察と一致しています．

線形な需要曲線の価格弾力性

次に，線形の需要曲線上の所与の点における弾力性の簡便な導出方法を示しましょう．図5-12で価格が0の時の需要量と価格が p の時の需要量 x との差を y としましょう．図5-12から明らかなように，この記号を用いると，どのような価格変化 Δp に対応する Δx も次を満たします．

$$-\frac{\Delta p}{\Delta x} = \frac{p}{y} \tag{5.7}$$

これを (5.6) 式に代入すると，次が得られます．

$$\varepsilon = \frac{y}{x} \tag{5.8}$$

線形な需要曲線のいかなる点における価格弾力性も，この式からただちに求めることができます．

この式によれば，図5-12の S 点のように，需要曲線 AB の中点よりも左上

---

[13] 「線形」という言葉は，「まっすぐ」とか「直線」という意味です．

図 5-12　$\varepsilon = y/x$ の証明

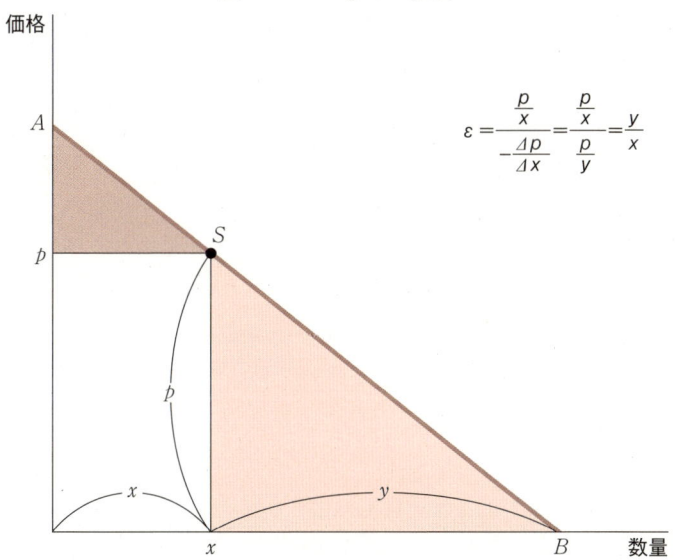

$$\varepsilon = \frac{\dfrac{p}{x}}{-\dfrac{\Delta p}{\Delta x}} = \frac{\dfrac{p}{x}}{\dfrac{p}{y}} = \frac{y}{x}$$

にある場合は，y のほうが x よりも大きいため，弾力性は1より大きくなります．反対に，中点より下側では，対応する x のほうが y より大きいので，弾力性は1より小さくなるということもわかります．さらにこの式から，図5-11の線分ABの中点Cで弾力性が1になることは明らかです．線分 CB 上では，弾力性は1より小さくなります．また，線分 AC の上では，弾力性は1より大きくなります．

非線形な需要曲線の価格弾力性

需要の価格弾力性とは，1％の価格下落がもたらす需要量増加のパーセンテージとして定義しました．これは1％の価格上昇がもたらす需要量減少のパーセンテージとしても定義できます．

しかし，同じ点から価格が1％下落した場合と1％上昇した場合とでは，対応する需要量のパーセンテージ変化が違う可能性があります．したがって，価格の下落時と価格の上昇時では，弾力性の値が違うのではないか，という疑問が起こると思います．これについて少し説明しましょう．

需要曲線が線形の場合には，需要曲線上の所与の点における弾力性は，Δp

の大きさにかかわらず一定です．傾き（$\Delta p/\Delta x$）が一定だから，価格を上昇させても下落させても，(5.6) 式の分母は不変です．このため，(5.6) 式で定義されている需要の価格弾力性の値には影響しません．したがってこの点における弾力性は，1つの値に確定します．

ところが，非線形（曲線）の場合には問題が発生します．この場合には，どの点を基点にして価格を下落させるのかによって，$\Delta p/\Delta x$ が変わってきます．この結果，弾力性の値自体が，価格の1%変化に対してのものなのか，それとも0.1%の変化に対してのものなのかで変わってきてしまいます．

したがって厳密には，非線形の需要曲線上の所与の点における弾力性は，その点における接線の，同点で評価した弾力性として定義されます．非線形な需要曲線とその接線は，接点において弾力性を共有していることを (5.6) 式は示しているからです．

たとえば，図5-13のような非線形の需要曲線の L 点での弾力性は，同点での接線の傾きと，同点における価格と数量の比率である $\dfrac{p}{x}$ から (5.6) 式を用いて測定することができます．たとえば，図5-13の需要曲線の L 点における

図 5-13 非線形需要曲線の弾力性

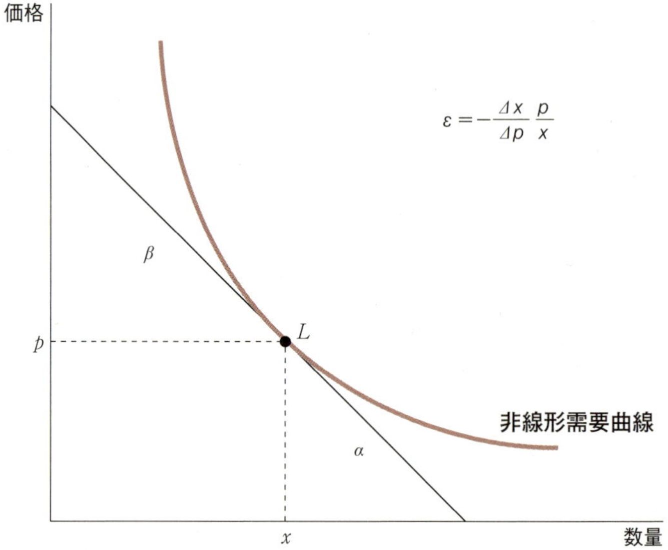

$$\varepsilon = -\frac{\Delta x}{\Delta p}\frac{p}{x}$$

弾力性は $\frac{\alpha}{\beta}$ となります．

これまでは，需要の価格弾力性とは，1％価格が下落した時に何％需要量が増加するか，というものだと説明してきましたが，正確には，「微少なパーセンテージで価格の下落が起こった時に，需要量の増加のパーセンテージを，その価格の下落のパーセントで割ったものだ」と言うことになります．

7　供給の価格弾力性の図示

数量および価格の増分をそれぞれ Δx，Δp と表すと，供給量の増加率（％）は $\frac{\Delta x}{x} \times 100$ と書くことができます．また，価格の上昇率（％）は $\frac{\Delta p}{p} \times 100$ と表すことができます．したがって η は，次のように表されます．

$$\eta = \frac{\frac{\Delta x}{x}}{\frac{\Delta p}{p}} \tag{5.9}$$

需要の価格弾力性の場合と異なって，今度は右辺にマイナス符号が付いていません．供給の価格弾力性は，1％価格が**上昇した時**に何％供給量が増加するのか，を示すものであり，分子と分母はともに正になります．このため，マイナス符号を付ける必要はありません．

η の定義式は次のように書き直すことができます．

$$\eta = \frac{\frac{p}{x}}{\frac{\Delta p}{\Delta x}}$$

分母は，所与の点における接線の傾きを示し，分子は所与の点と原点とを結ぶ線の傾きです．これから，原点を通る直線は，すべての点で供給の弾力性が1だということがわかります．したがって図5-3の供給曲線③は，すべての

8 限界収入曲線の作図

(1) 線形需要曲線の限界収入曲線

(5.1) と (5.2) 式から，これまで，限界収入曲線は，生産量が0の時に需要曲線と高さが同じで，生産量増加にともなって需要曲線より低くなることを学びました．線形の需要曲線の限界収入曲線に関してはさらに強いことが言えます．すなわち次が成り立ちます．

> **線形需要曲線の限界収入曲線の基本性質**
> ある産業の需要曲線が縦軸上の A 点と横軸上の B 点とを結ぶ線分 AB である時，その**限界収入曲線は，原点と B 点の中点 M と A 点を結ぶ直線である**．

(5.10)

たとえば，図5-8パネルAに描かれた需要曲線 AB の限界収入曲線 AM は，直線であり，M 点は線分 OB の中点です．

(2) 限界収入曲線と中点

(5.10) が成り立つことを示しましょう．

図5-14で，最初に与えられているのは需要曲線 AB だとしましょう．その時，A 点を出発して線分 OB の中点 M を通る右下がりの直線を引いてみましょう．これがオレンジ点線 AM です．この直線にはいまのところ何の意味もありません．

この需要曲線に直面する企業が30単位を生産している時の需要曲線 AB の下での収入は，茶線で囲まれた四角形の面積 S+R です．ところが，三角形 S と T は合同です．[14] したがって，T と R を足したベージュの台形の面積もやは

---

[14] 2つの角の度が等しく，さらに1つの辺の長さが等しいからです．一辺の長さが等しい理由は，M 点が線分 OB の中点なので N 点もそれがのっている横軸の中点だからです．

図 5-14　限界収入曲線の作図

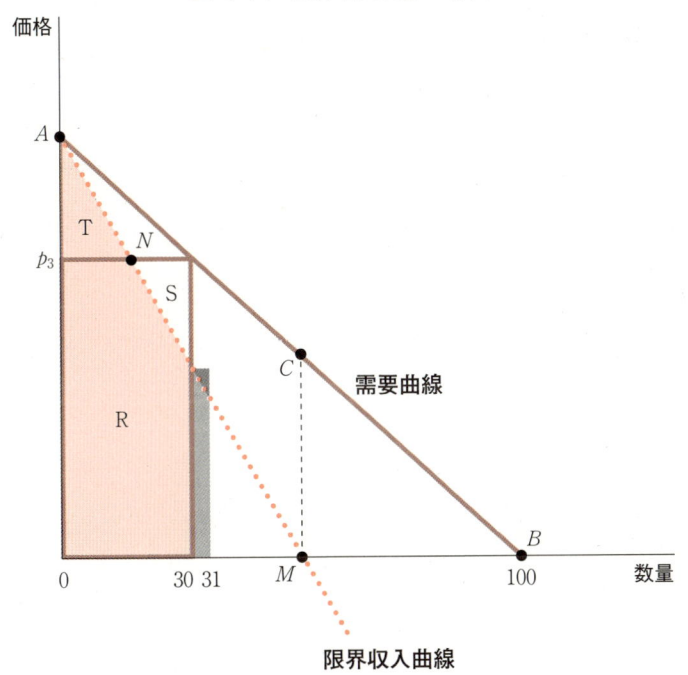

り収入を表します．つまり，線分 AM の下で生産量30以下に対応する面積は，生産量30の収入を表しています．したがって，右下がりの直線として描いた線分 AM の下側の面積は，その生産量の下での収入を表しています．

とすれば生産量30単位から，もう1単位を増加させることによって，収入は薄いグレーの縦長の台形の面積だけ増加します．つまり，ベージュの面積は薄いグレーの台形の面積だけ増えます．したがって，生産量が30の時の限界収入は，その生産量における半直線 AM の高さだということがわかります．[15] 同様に，他の生産量に対しても，半直線 AM の高さはその時の限界収入を示しますから，半直線 AM が需要曲線 AB の限界収入曲線になります．

---

[15] この薄いグレーの台形の面積は，濃いグレーの三角形を加えた長方形の面積で近似できます．長方形の底辺の長さは1ですから，この長方形の面積（＝底辺の長さ×高さ）は，その高さで表すことができます．

(3) 非線形需要曲線の限界収入

これまでは需要曲線が直線の場合について考えてきましたが，図5-13のように曲線の場合でも，曲線上の一点が指定されれば，その点における限界収入を似たような方法によって求めることができます．要するに，その点で需要曲線に接線を引けばよいのです．接線を需要曲線とみなした場合の限界収入が，もとの需要曲線のその点における限界収入となります．つまり，その点の近くで，曲がっている需要曲線をまっすぐな需要曲線で近似してしまうわけです．限界収入は，生産量を1単位増やした時の収入の増加ですから，接点の近くでは曲線の限界収入と接線の限界収入は等しくなります．

ですから，どのような需要曲線に対しても，接線を引くことによってその接点における生産量に対応した限界収入が求められています．需要曲線がたまたま直線ならば接線を引く必要がない，というだけのことです．

9　限界収入と弾力性

図による説明

図5-11では，弾力性が1になるのは，線分 AB の中点 C であり，この左上側では弾力性が1より大きく，右下側では1より小さいことを示しています．一方，図5-8パネルAでは，線分 AB の中点 C で限界収入は0になり，その左上側では限界収入は正（プラス）であり，その右下側では限界収入は負（マイナス）になります．

図5-15は，図5-11と図5-8パネルAを重ね合わせたものです．この図からただちに明らかなように，弾力性 ε が1より大きい時には限界収入が正になり，弾力性が1ならば限界収入は0となり，また，弾力性 ε が1より小さい時には限界収入は負になります．すなわち，次が成り立ちます．

$\varepsilon > 1$ の時には限界収入は正（プラス），

$\varepsilon < 1$ の時には負（マイナス），になる． (5.11)

限界収入と弾力性の間のこの関係は，次のようにも理解できます．図5-11

図 5-15　限界収入と弾力性

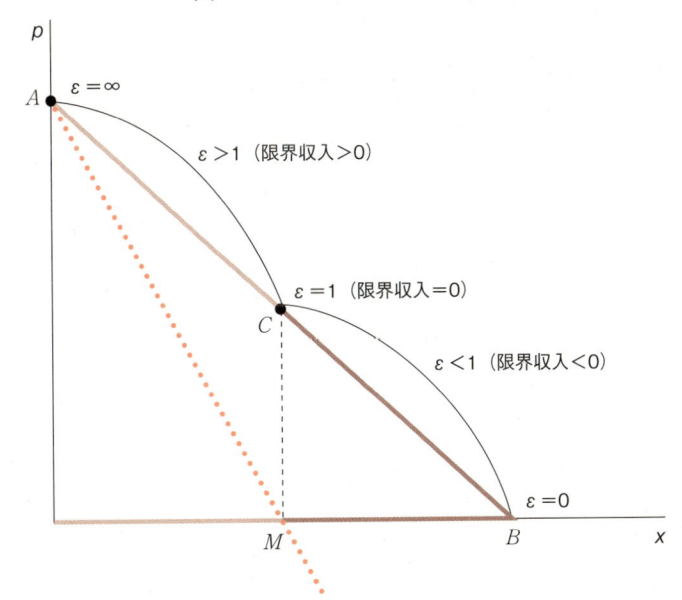

で生産量が M 点より左側のベージュの線分上では，弾力性が 1 より大きいので，1％の価格下落に対して需要量が 1％以上増加するはずです．したがって，価格を 1％引き下げれば収入が上がります．すなわち，限界収入は正（プラス）です．一方，生産量が C 点より右側の茶線分上では，弾力性が 1 より小さいので，1％の価格下落に対して需要量が 1％未満しか増えません．すなわち，限界収入は負（マイナス）のはずです．収入が最大になる生産量 C の時，需要の価格弾力性はちょうど 1 です．

式による説明

ところで，(5.11) は，(5.8) 式と限界収入の基本性質 (5.10) から導きました．限界収入と弾力性の関係は，より直接的にも求めることができます．

まず，弾力性の定義式 (5.5) を次のように書き直してみましょう．

$$\varepsilon = \frac{\Delta x \cdot p}{(-\Delta p) \cdot x}$$

図5-9の記号aとbを用いると，上式の分子はaで，分母はbです．したがって，弾力性を次のように書き直すことができます．[16]

$$\varepsilon = \frac{a}{b} \qquad (5.12)$$

同じ図に関して導かれた（5.3）式を再掲しましょう．[17]

$$\text{限界収入} = a - b \qquad (5.3)$$

これら2式からは，限界収入と弾力性の間に，（5.11）式の関係があることが直接的にわかります．たとえば，弾力性が1ならば，（5.12）式からa＝bなので，（5.3）式から限界収入が0になります．弾力性εが1より大きい時には，（5.12）式からa＞bで，（5.3）式から限界収入が正になります．また，弾力性εが1より小さい時にはa＜bで，限界収入が負になります．

すでに豊作が起きた後で，農業団体が農家全体の収入を最大にするため，販売量規制を行うならば，限界収入が0になる水準まで全体の販売量を落とす必要があります．上の分析からそれは，需要の弾力性が1になる販売量だということがわかります．

キーワード

需要の価格弾力性　　価格弾力的　　価格非弾力的　　完全弾力的　　完全非弾力的
供給の価格弾力性　　一時的　　短期　　長期　　最長期　　最長期供給曲線
経済地代　　純粋地代　　準地代　　買い手の税負担分　　売り手の税負担分　　課税ルール　　一括税　　人頭税　　収入曲線　　限界収入　　限界収入曲線

---

[16] なお$\Delta p < 0$なのでb＞0になります．

[17] （5.12）と（5.3）から，限界収入とεとの間には，次の関係があることが直接にわかります．

$$\text{限界収入} = (\varepsilon - 1)b$$

練 習 問 題

1. 需要量を x, 価格を p, それぞれの変化量を Δx, Δp とする．これらの記号を用いて需要の価格弾力性 ε を定義せよ．
2. ハンバーガーの「需要の価格弾力性 ε」を説明する文章として正しいものを選べ．
   ① 価格が1円下がった時に，需要量が何%増えるかを表す
   ② 価格が1円下がった時に，需要量が何個増えるかを表す
   ③ 価格が1%下がった時に，需要量が何%増えるかを表す
   ④ 価格が1%下がった時に，需要量が何個増えるかを表す
3. 非線型需要曲線 DD が図5-16のように与えられている．点 L における需要の弾力性を，図を用いて示せ．

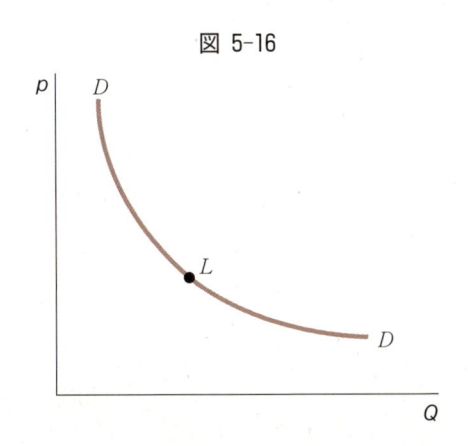

図 5-16

4. 以下の問いに答えよ．
   (1) 具体的な例（テキスト本文に載っているもの以外）をあげよ．
      ① 需要の価格弾力性が高いと考えられる財
      ② 需要の価格弾力性が低いと考えられる財
   (2) (1)で答えた2種類の財に対する需要の価格弾力性の差は，どのような理由によって発生するのか．

5. 第 4 章図 4-14 の豊作貧乏の図では，「価格が p_1 の時も p_2 の時も需要の価格弾力性は 1 より小さく描かれている」と言うことができる．その根拠は何か．
6. 図 5-17 には，α と β の 2 つの供給曲線が描かれている．点 S と点 T における供給の価格弾力性の大小を比較せよ．

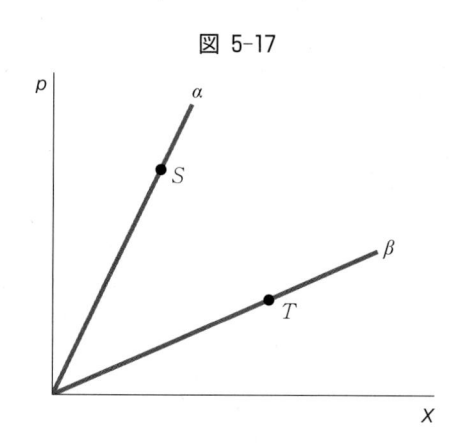

図 5-17

7. 図 5-18 の点 S における供給の価格弾力性 (η) を a, b, c, の記号を用いてあらわせ．

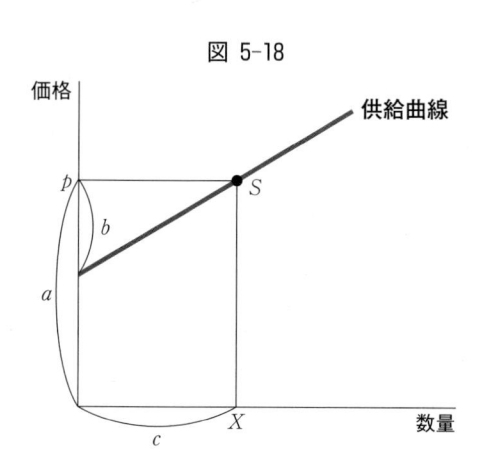

図 5-18

8. 正しいか誤りか，○×を付けよ．

   10円の従量税がかけられた時，
   (1) 供給の価格弾力性が高いほど，売り手の負担割合は大きい．
   (2) 需要の価格弾力性が高いほど，買い手の負担割合は大きい．
   (3) 供給の価格弾力性が高いほど，死重の損失は大きい．

9. 図5-19に示されるとおり，一般に，供給量が固定されている財やサービスに対する需要が変化すると，価格は変化するが，消費量も供給量も一切変化しない．このように供給が完全に非弾力的な財やサービスに対する報酬のことを何と言うか．

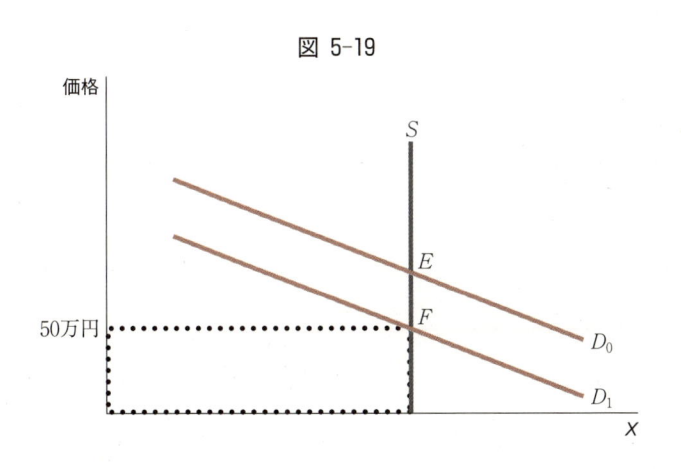

図 5-19

10. ｛ ｝内の正しい語に○を付けよ．
    (1) 需要の価格弾力性が1よりも大きい場合に，限界収入は｛正，負，0｝になる．
    (2) 需要の価格弾力性が1よりも小さい場合に，限界収入は｛正，負，0｝になる．

6章

規模の経済：独占

本章では規模の経済が生み出す問題を分析します．規模の経済は独占の原因の1つです．独占がどのような弊害を生み，それに対してどのような対策が考えられるかを分析します．

1 規模の経済

生産量1単位当たりの費用のことを**平均費用**と言います．[1]

生産量の増大とともに平均費用が減少していく時，その生産には**規模の経済** economy of scale があると言います．[2]

例を示すために，石油パイプラインの輸送力とパイプラインを製造するために使う鉄の量の関係を考えましょう．パイプラインの直径を2倍にすると，そのために必要な鉄の量は2倍になります．しかし，それによってパイプラインが運ぶことのできる石油の量は4倍になります．運べる石油の量を4倍にしても，使う鉄の量は2倍にしかなりませんから，生産量1単位当たりの費用は

---

[1] 平均費用に関する詳しい説明は第15章「供給者による自家消費」を参照してください．
[2] 投入物が複数ある場合には，すべての投入物を比例的に増やした場合に，投入物増加率よりも産出量の増加率のほうが大きい時に，この生産には規模の経済があると言います．

1/2になります．したがって，パイプライン輸送には，規模の経済があります．

さらに，固定費用があるのに限界費用が一定である場合にも，生産の増大とともに平均費用は下がります．[3] 例えば発電の可変費用は燃料が主なので，発電の限界費用は，ほぼ一定であるとみなせますから，規模の経済があります．

規模の経済はしばしば観察される現象です．本章では，規模の経済が生む独占の市場の失敗を分析します．

2 独　　占

1つの産業に企業が1社しか存在しない場合に，その企業を**独占 monopoly** 企業と言います．たとえば電力供給は地域独占です．首都圏では東京電力が独占し，近畿圏では関西電力が独占するなど，日本全国が10社によって電力供給されています．コカ・コーラ社も独占的な企業ですし，マイクロソフト社はパソコン OS 産業における事実上の独占企業です．さらに，徳島県にある日亜化学工業は世界に冠たる「青色発光ダイオード（LED）」の独占企業でした．[4]

---

[3] まず定義から次が成り立ちます．
$$\text{平均費用} = \frac{\text{固定費用} + \text{可変費用}}{\text{生産量}}$$
限界費用が一定の場合，可変費用＝限界費用×生産量，ですから，これは次のように書き直せます．
$$\text{平均費用} = \frac{\text{固定費用}}{\text{生産量}} + \text{限界費用}$$
右辺第2項の限界費用は一定なので，生産量が増えるにつれて第1項は下がっていくため，左辺の平均費用も下がります．

[4] ただしその後他に作っている会社ができました．LED は電気を通すと発光する半導体で，携帯電話，大型の液晶装置，照明技術などに応用されています．すでに製品化されていた赤色と緑色だけでなく青色 LED が開発されたため，光の3原色が全部そろい，広大な応用ができるようになりました．

独占の原因

　1つの会社が独占的にある製品を製造できる理由は基本的には2つあります．
　第1は，参入制限が行われている場合です．すなわち，新たな企業がこの産業に参入するのを阻止している場合です．たとえば青色発光ダイオードやコンピュータのソフトウェアなどは**特許 patent**や著作権で独占が守られています．**企業秘密 trade secret**が参入を防ぐ場合もあります．コカ・コーラは特許ではなく，成分の配合が企業秘密です．
　第2は，規模の経済です．規模の経済が存在すると，参入が起きにくく，市場シェアが小さい企業は退出に追いこまれるため，独占が生じます．たとえば，送電線のような設備は，生産規模が大きければ大きいほど平均費用が低下していきます．そして，都心にビルができれば，電線はすでに敷設されているので，電力会社は追加費用をほとんどかけずに送電できます．新しく電線を敷設するにしても，すでに電信柱は立っていますから，そこに通すだけでよいので安上がりです．このため，生産量が増加するほど，平均費用は減少します．
　このように，規模の経済が成立している場合には，他の企業より少しでもシェア（市場占有率）が大きい企業はそれだけ平均費用が少なくてすみ，そのため価格を低く設定することができますから，それを武器にさらにシェアを奪い，最終的には独占になります．これを**自然独占 natural monopoly**と言います．電力供給の例では，別の企業が参入して新しく送電線を敷設しようとしても，最初の段階では平均費用がものすごく大きいので，既存企業には価格の面で太刀打ちできません．したがって，参入しようとする企業もありません．
　独占を発生させる2つの理由のうち，参入制限によるものは，第10章第7節で詳しく論ずることとします．この章では，規模の経済によって発生する自然独占を分析しましょう．

独占と完全競争

　第1章「市場」第3節で説明したように，市場需要曲線は右下がりです．しかし，完全競争的な企業というのは，市場全体に比べて自分の生産量があまりに少ないために，市場需要曲線のほんの一部にのみ直面します．このため，第

1章第7節で指摘したように，企業が直面する需要曲線は水平です．

第2章「供給」で明らかになったように，完全競争企業はその限界費用が所与の価格に等しくなる水準で生産します．

一方，独占企業は1つの産業に1社しか存続していないという状況にあるため，産業全体の需要曲線がそのままその企業の需要曲線になります．そのため，独占企業は右下がりの需要曲線に直面します．つまり，製品の価格を多少高く設定しても需要量はゼロにはなりませんし，安くしても，無限に売れるわけではありません．

右下がりの需要曲線に直面する企業は，生産量を調整することによって企業自身が価格を選びます．したがって利潤が最大になるように価格と数量を同時に決めます．その結果，第3節で示されるように，独占企業は価格と限界費用とが等しくなる生産水準（すなわち需要曲線と限界費用曲線が交わる生産水準）より低い生産水準を選びます．生産量を抑制することによって価格をつり上げ利潤を増やそうとするからです．この結果，生産量が社会的に見て過少な水準に抑制されてしまいます．したがって独占は非効率を発生させます．すなわち市場の失敗を起こします．

寡　　占

ある産業に，複数でかつ少数の企業が存在するケースを**寡占** oligopoly と言います．象印やタイガーなどの電気ポット産業は，寡占の例です．寡占産業の企業は他の企業と多少なりとも製品を差別化します．製品差別化とは，競合する他社とは多少なりとも違う機能を持った財を作ろうとすることです．このため，ある企業の製品に特有の機能を気に入っている消費者は，その財の価格が少し上がったからといってただちに他社の製品に切り替えたりしません．このため，各々の寡占企業は右下がりの需要曲線に直面しています．象印もタイガーもお互いに製品差別化しています．このため，象印もタイガーも右下がりの需要曲線に直面しています．

寡占の場合にも，右下がりの需要曲線に直面しているために，独占の場合と同じように，社会的には非効率が発生します．

このような寡占による非効率に対処するためには，あとで述べる独占対策と

同様のものを施す必要がある場合があります．

以下では，独占の場合のみに焦点を当てて分析します．

3 独占企業の行動

利潤の最大化

独占企業も完全競争的な企業と同じく利潤を最大化するように生産量を決定します．利潤と生産者余剰の差は固定費用ですから，独占企業の場合にも，**生産者余剰を最大化する生産量が，利潤も最大化します．**

図 6-1 のパネル A は，ある独占企業が直面する右下がりの需要曲線と限界費用曲線を同時に描いています．この図を用いてこの独占企業の各生産量（と価格の組み合わせ）に対応した生産者余剰を図示しましょう．例として，30単位の生産量に対応する生産者余剰を図示します．

図 6-1 の生産量30単位に対応した**収入**は，価格線 P_3 の下の長方形の面積として表せます．これはベージュ格子の図形と茶色の図形を合わせた図形の面積です．一方，図 6-1 で生産量が30の場合の**可変費用 variable cost** は，茶色の面積です．したがって，収入と可変費用との差である生産者余剰は，ベージュ格子の面積です．これを生産者余剰の**標準図示**といいましょう．

この図示の問題は，生産量を増やした時に生産者余剰が増えるのか減るのかがただちには判然としないことです．

生産者余剰のもう1つの表現である**限界収入曲線（MR）による図示**を用いると，これが明確にわかります．この図示のためには，図 6-1 のパネル A の需要曲線に限界費用曲線をコピーしたパネル B を用います．この図には，限界収入曲線がオレンジ点線 AM として加えられています．

まず，図 5-14 の分析から明らかなように，図 6-1 の生産量30単位に対応した収入は，オレンジ点線 AM で示された限界収入曲線の下側の面積としても，表すことができます．したがって，収入は，図 6-1 のパネル B のベージュの格子面積と茶色の面積を合わせた台形の面積になります．

生産者余剰は，収入と可変費用の差ですから，図 6-1 の生産量30単位に対

210　6章　規模の経済：独占

図 6-1　生産者余剰
パネルA：標準図示

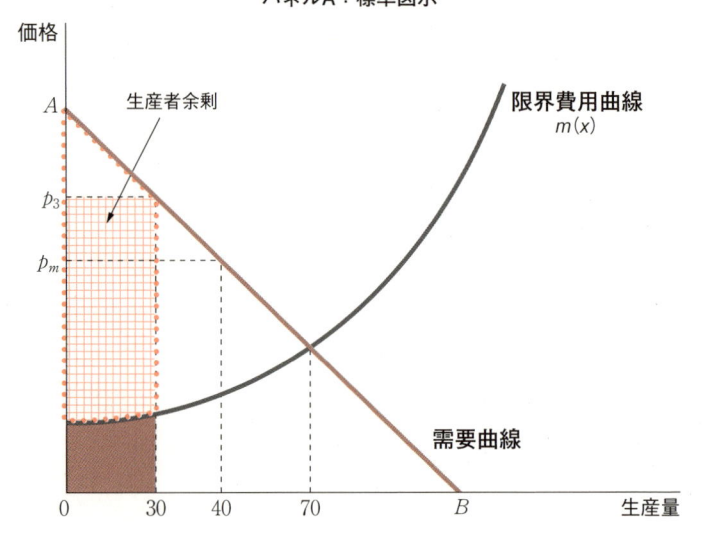

パネルB：MR図示

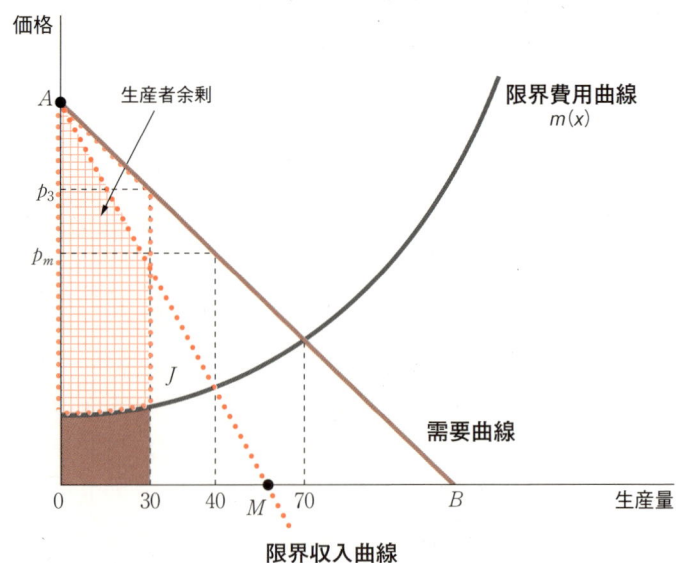

応した生産者余剰は，図6-1のパネルBのベージュの格子面積です．これを一般化して言うならば，

　　生産量 x の生産者余剰は，生産量0から x までの区間で限界収入曲線と限界費用曲線にはさまれた図形の面積です．

パネルBから明らかなように，生産量が30単位の場合には，生産者余剰は最大化されていません．限界収入と限界費用に差があるかぎり，増産によって生産者余剰（ベージュの格子面積）が増大します．したがって，**生産者余剰および利潤が最大になるのは，**

　　　限界収入＝限界費用　　　　　　　　　　　　　　　　　(6.1)

が成り立つ生産量だということがわかります．図6-1の場合には，40単位まで増産すればよいことになります．

図6-2の2つのパネルには，生産量が40単位の場合の生産者余剰が，それぞれ標準図示とMR図示によって示されています．最大化された生産者余剰は，それぞれのパネルのベージュの格子面積で示されています．

図6-1と図6-2のパネルBとを比べると，生産量を30から40に増やすことによって図6-1パネルBの三角形Jだけ生産者余剰が増えていることがわかります．一方，生産量を40より増やすと，限界費用のほうが限界収入より高くなるので，生産者余剰は減ってしまいます．

総　余　剰

図6-2パネルAとパネルBのベージュ格子部分はどちらも生産者余剰を表しています．[5]

パネルAを用いると，消費者余剰と生産者余剰の和である「総余剰」が一目でわかります．たとえば，生産量が40の時の総余剰は，パネルAのベージュの三角形の面積で示される消費者余剰とベージュ格子の面積で示される生産

---

5) 図6-2パネルBのベージュの格子面積がパネルAのベージュの格子面積に等しいことは，幾何で習った三角形の合同の概念からすぐにわかるでしょう．（第5章「弾力性・限界収入」の注14参照）

212　6章　規模の経済：独占

図 6-2　最大利潤の下での余剰

パネルA：標準図示

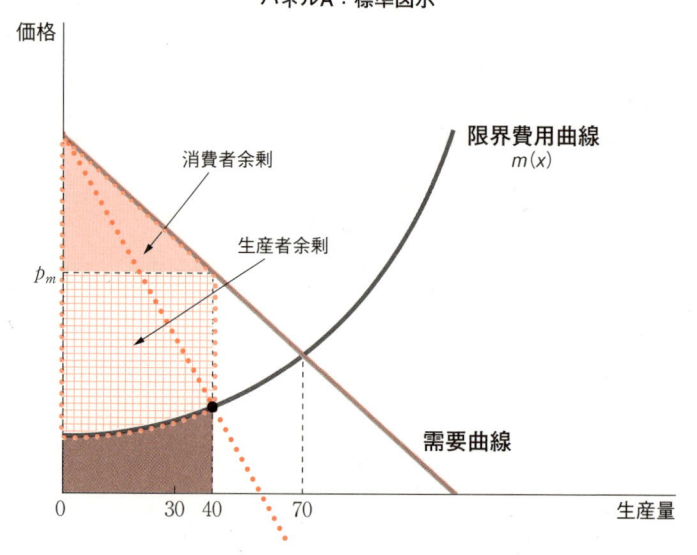

価格／生産量

- 消費者余剰
- 生産者余剰
- 限界費用曲線 $m(x)$
- 需要曲線
- p_m
- 0, 30, 40, 70

パネルB：MR図示

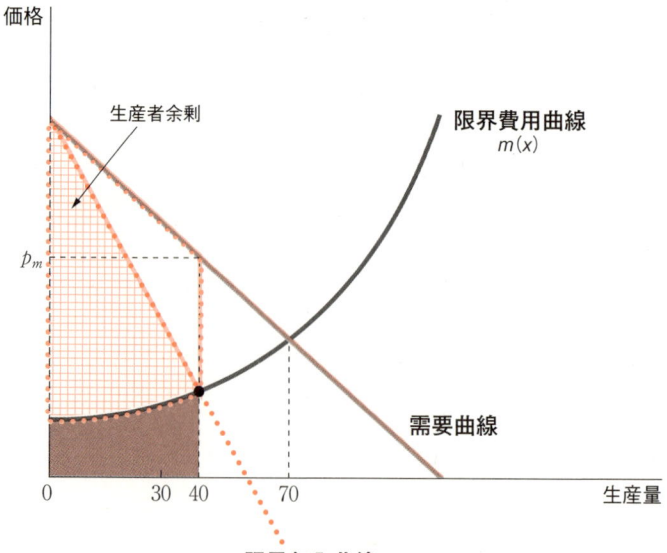

価格／生産量

- 生産者余剰
- 限界費用曲線 $m(x)$
- 需要曲線
- 限界収入曲線
- p_m
- 0, 30, 40, 70

者余剰とを合わせた面積です．ある生産量に対応した総余剰は，需要曲線と限界費用曲線の間にはさまれた面積であるとも定義されますから，図6-2のパネルAのベージュの三角形とベージュの格子図形とを合わせた図形は，この定義による総余剰でもあります．

一方，パネルBでは総余剰を直接的に図示できませんが，このパネルが有利な点は，どの生産量で利潤が最大になるかが一目でわかる点です．

独占の非効率性

第5章（5.2）式から，独占企業が直面する価格と限界収入の間には，次の関係が成り立ちます．

　　　　価格＞限界収入　　　　　　　　　　　　　　　　　　　　　(6.2)

独占企業の利潤を最大化する生産量では，この不等式と（6.1）から，

　　価格＞限界費用　　　　　　　　　　　　　　　　　　　　　　　(6.3)

が成り立ちます．実際，図6-2パネルBでの独占企業は，利潤を最大化する生産量40では，限界費用よりも高い価格を設定しています．[6]

図6-3のパネルAのベージュ図形の面積は，利潤を最大化させる生産量40の下での総余剰を示しています．一方パネルBのベージュ図形の面積は，価格＝限界費用，が成立する生産量70の下での総余剰を表しています．

図から明らかなように，もし40から70まで増産されるならば，総余剰はグレーの三角形の分だけ増加し，最大になります．言い換えると，独占に任せた結果，社会の総余剰は図6-3のパネルAのグレー色の面積分だけ失われていることを図が示しています．この灰色の面積が，独占が生み出す**死重の損失**です．

図6-3から明らかなように，独占企業は，余剰を最大にする生産量70より少ない生産量40を選択します．すなわち，独占企業は，余剰を最大化する水準（p_r）より高い水準（p_m）に価格を付けるために，社会的に望ましい供給量より少ない量の商品を供給するのです．これが，独占が非効率をもたらす原因で

---

6) これは　完全競争の下では，等式
　　　　価格＝限界費用
　が成り立つのと対照的です．完全競争の時には，(6.2)式とは異なって，価格＝限界収入，が成立しますから，(6.1)式によって上の等式を得ることができます．

214　6章　規模の経済：独占

図 6-3　死重の損失

パネルA：独占価格

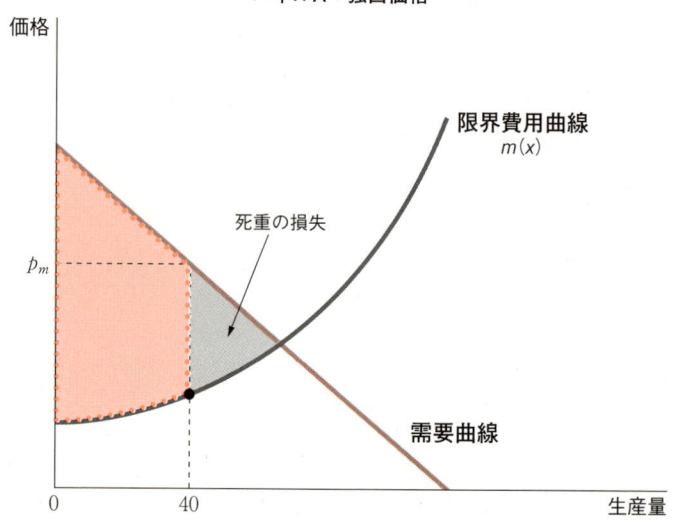

死重の損失

限界費用曲線 $m(x)$

p_m

需要曲線

0　40　生産量

パネルB：限界費用価格

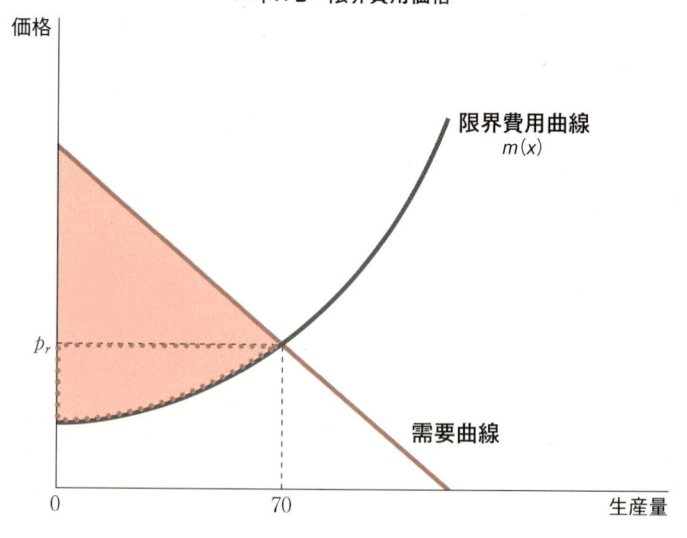

限界費用曲線 $m(x)$

p_r

需要曲線

0　70　生産量

す.

　図6-3のパネルAの独占企業の生産量40の下では，(6.3) 式が成り立ちます．一方，消費者たちは，限界便益が価格に等しくなる水準で消費していますから，(6.3) 式は

　　　　限界便益＞限界費用　　　　　　　　　　　　　　　　　　　(6.4)

と書き直すことができます．つまり，図6-3のパネルAで生産量が40の時に，生産量を1単位増やすと，社会的に見て便益の増加が費用の増加より大きくなります．したがって，不等式 (6.4) が成り立つかぎり，生産量を増加すると総余剰が増えます．パネルBは，生産量が70になった時，このプロセスが終わることを示しています．

4　独占の弊害

　独占は2つの弊害を生みます．

死重の損失

　第1は，上で見たように，**独占が死重の損失を生む**ということです．独占の下では，生産量が社会的に見て過少な水準に抑制されてしまいます．独占が生み出す生産者の儲けの増大は，効率的な状況からの消費者の余剰の減少を補うほどには大きくはありません．その結果，この差が死重の損失となって表れます．

X非効率性

　第2は，独占の下では**費用節約の動機がなくなりがちだ**ということです．
　一般に，会社の経営者は株主のために働くことになっていますが，実際はどの程度一生懸命経営者が働いてコスト引き下げをはかっているかを株主が監視することは非常に難しいことです．通常の競争的な状態では，競争者と比べて勝っているか負けているかがはっきりしますから，株主にとっては，経営者が有能か無能かの判断がしやすくなります．しかし独占の場合には，経営者の優

秀さを示す客観的な基準がないために，経営が下手な経営者が居座る可能性があります．そうなると，その経営者の部下も，上に十分監視されていないために非能率になり，全体がコスト高になってしまいます．

非効率的な経営が行われてきた郵便事業がそのいい例です．信書のやりとりには，クロネコヤマトなどの宅配業者による参入が禁じられていて，郵便局の独占が維持されています．しかも手紙が信書であるか否かは，手紙を出す人が判断して選べるようにして何ら不都合はないはずですが，通常の手紙は無理矢理信書であると決めつけられていて郵便事業の独占が守られています．競争を認めれば，とたんに価格は下がるでしょう．郵政事業の能率も上がるでしょう．上がらなければ，競争相手に仕事を譲ることになります．

企業がそれぞれの生産量をより少ない費用で生産することを X（エックス）**効率性**が高まると言います．一方，競争にさらされていない企業に生じる非効率性，すなわち無駄な費用のことを X **非効率性**と呼びます．参入の自由化や企業分割を行うと，競争にさらされることになるため，効率的な生産方法を採用することを余儀なくさせられ，X 効率性が高まります．

独占対策の分類

独占がある場合に政府が市場に介入する方法には基本的に3つあります．

第1は，**国有化**です．国有化して価格を効率的な水準に設定する．その結果利潤が出れば国庫に入れるし，損失が出れば国庫から穴埋めするというものです．

第2に，独占を認める代わりに価格を低水準に規制するという方法です．これは**価格規制**または**料金規制**ともいわれます．価格を規制すれば，独占企業もプライス・テイカーとして行動することになります．

政府が，独占市場に介入して死重の損失を取り除くということは，価格を下げるということです．したがって，介入後には，消費者は得をし，独占企業は損をします．ただし，その際には，独占企業の損失を穴埋めしてやったとしても，なお「おつり」がくるほど，消費者は大きく得をします．その「おつり」は，ちょうど図6-3に描いた死重の損失と等しくなります．

第3は，独占企業の**企業分割**です．例えばアメリカでは，電気通信会社であ

るAT&T社が数社に分割されました．日本では旧国鉄がいくつものJRに分割されました．

以下7節までは，これら3つの独占対策を説明します．

5　独占対策(1)：国有化

規模の経済があると考えられる産業では，必然的に独占が発生しますから，そのような企業を国営化して運営するということがずいぶん行われました．国費を投入してもよいという考えです．昔の国鉄，NTT，郵便事業，道路公団などはその典型です．また高速道路も国営の道路公団などによってサービスが供給されています．

国有化は，独占の2つの弊害のうち，死重の損失の除去ないし減少を可能にします．しかし，独占であり続けるかぎりX非効率性は除去できません．実は，国有化によってむしろX非効率性は増大します．

国営の企業では，**政治家からの自分たちの選挙区へ事業の誘致**の干渉を受けざるをえなくなります．予算の承認が国会で行われるためです．国鉄が，昔多くの赤字ローカル線を建設せざるをえなくなったのも，政治の圧力のせいです．道路公団も，明らかに無駄なところにまで道路を建設しています．これも政治家の干渉を受けやすい状況にあるからです．

したがって，国営企業は，多くの場合大きなX非効率性を生み出します．このため，国営企業をむしろ民営化するべきだという議論が盛んになりました．

6　独占対策(2)：料金規制

規模の経済が強く働いている企業では，独占の状態でも，大規模であることによって生産費用が低下しているのだから，数多くの小規模企業で生産するより，生産の能率はいいわけです．したがって，独占は認めるが，その代わりに価格を規制する，という独占対策が考えられます．たとえば図6-3では，需

要曲線と限界費用曲線の交点である生産量70まで生産するように，価格を p_r の水準に規制すればいい，ということになります．

このような規制方法の良い例が日本の電力価格です．電力事業，ガス産業では規模の経済が働きます．東京のような大都市であっても，電力会社がもう1社参入してきて電線をはりめぐらすというのは無駄なので，送配電に関しては1社が独占したほうが低費用で生産できます．このため，放っておいたら自然独占に陥り，電力価格は吊り上がってしまいます．これを防ぐために，電力会社の地域独占は認めるが，その代わり価格は規制するという方法がとられます．電力では，東京電力，関西電力など10社が全国各地において地域独占が認められています．

電力事業だけでなく，ガスや鉄道や通信などの事業のように，公益のために料金規制が課せられている事業を，**公益事業 public utility** と言います．

以下では，料金規制の方法として，①限界費用価格形成原理と，②総括原価主義とを説明しましょう．

結論を先に述べると，いずれの規制も死重の損失の縮小に関しては有効です．しかし，X 非効率性の除去縮小に関しては，いずれの規制もそのままの形では有効ではありません．ただし，状況によっては，X 非効率性の縮小にも役立つように，それぞれの規制方法を修正できる場合があります．

A 限界費用価格形成原理

総余剰の最大化

総余剰を最大化するためには，限界費用曲線と需要曲線がちょうど交わる水準に料金を規制する必要があります．この時価格は限界費用に等しくなります．この規制方法を**限界費用価格形成原理 marginal cost pricing principle** と言います．この原理はホテリング（Harold Hotelling）やヴィックリー（William Vickrey）といった人たちによって，1930年代から提唱されてきました．初めは奇抜で非常に特殊な考え方だと思われていましたが，理論的には一番すっきりしています．公益事業の価格規制は基本的にはこの限界費用価格形成原理に基づいて実行することが望ましいでしょう．

政府が価格を規制して図6-3パネルBの p_r を上限とするならば，企業は p_r

の水準の価格線をあたかも需要曲線のように受け取らざるをえなくなり，利潤最大化する企業は，結局は70単位を生産することになります．この結果，死重の損失をなくすことができますから，総余剰を増大させることができます．

ただしこの場合，利潤が正か負かはケース・バイ・ケースで決まります．図6-3のパネルBでも価格線と限界費用曲線で囲まれた部分の面積で表されている生産者余剰が固定費用より大きければ利潤は正（プラス），小さければ利潤は負（マイナス）になります．

限界費用価格形成原理に基づいて価格が規制された結果，利潤が正（プラス）になる場合には，それ以上は政府が市場に介入する必要はありません．独占が望ましくないのは，独占企業が超過利潤を得るからではなく，非効率をもたらすからです．非効率が是正されるのならば，超過利潤を得ること自体は問題ではありません．

一方，価格規制の結果，利潤が負（マイナス）に陥った企業は，このままでは事業から撤退せざるをえなくなります．そうなると，その企業が生産していた財は一切供給が止まってしまい，その結果大きな総余剰の損失が発生します．そのため，この場合には政府によるさらなる介入が必要です．

利潤が負になるケース

利潤が負（マイナス）になる場合を，その最も単純なケースに基づいて考えてみましょう．すなわち，ある企業で，固定費用は非常に大きいが，限界費用は，この企業の最大可能生産量まで一定である場合を考えます．発電所などがその例です．[7] 図6-4ではそのようなケースが描かれています．この発電所が例えば島の唯一の発電所であれば，需要曲線が図に描かれたように右下がりになりますから，放っておけば自然独占になり，限界費用と限界収入が等しい生産量 x_n で生産されます．この場合の生産量と価格の組み合わせは N 点であり，三角形 NYE の面積に等しい死重の損失が発生します．

---

[7] たとえば，ガス発電所の建設には固定費用がかかりますが，可変費用の大部分は燃料ですから，限界費用は一定です．そういう場合には，価格が限界費用にちょうど等しくなるように設定すると企業は損失をこうむります．

220　6章　規模の経済：独占

図 6-4　収入＝可変費用

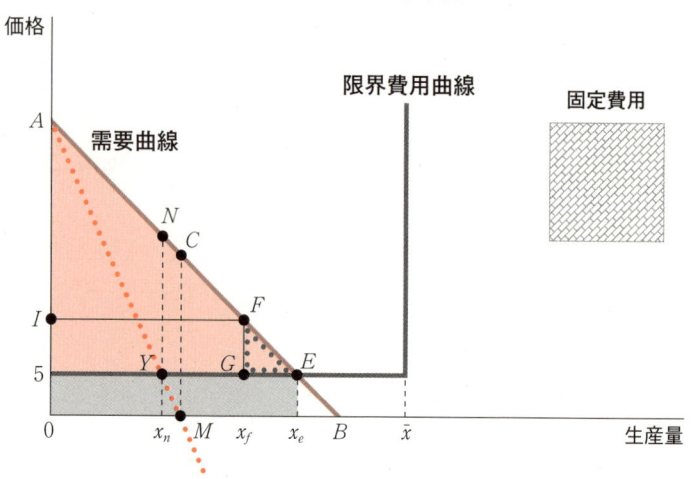

一方，余剰を最大化するためには限界費用価格形成原理に基づいて価格規制をするとしましょう．実際，総余剰は需要曲線と限界費用曲線にはさまれた面積ですから，価格を 5 に規制すれば最大になります．生産量と価格の組み合わせは E 点です．この場合，総余剰はベージュの三角形全体となり，死重の損失は完全になくなります．

しかし E 点では企業が手に入れることのできる収入は図 6-4 の限界費用曲線の下側のグレーの面積だけです．この収入では可変費用だけしかまかなえず，固定費用はまかなえません．この場合，この企業の利潤は完全に負になります．[8]

限界費用価格形成原理による価格規制を行うと，社会的に最も望ましい生産量（E 点の生産量）が生産されますが，私的な独占企業の利潤は負になってしまうので，生産が行われません．したがって，どのようにして独占企業に E 点に対応した生産量を生産させるかが問題になります．

限界費用価格で規制する一方で，企業の損失（＝固定費用，レンガ模様の面

---

[8] ただし可変費用はすべて収入でまかなわれているので生産者余剰は 0 です．このため，消費者余剰であるベージュの三角形そのものが総余剰になっています．

積）を政府が補填してやれば問題は解決します．企業の生産水準とは無関係に政府から支給される固定費用の相当分を，**一括補助金 lump sum subsidy** と言います．このような一括補助金を限界費用価格とセットにして，価格を引き下げさせます．そうすると，企業が損失を出して生産をやめてしまう事態を回避すると同時に，総余剰を最大化する生産量を実現させることができます．基本的にこの線に沿った介入が，地下鉄や市バスで行われています．そこでは固定費用は市や都が負担していて，料金で運営費などの可変費用をまかなっています．

一括補助金の問題点と改善策

実際に限界費用価格形成原理に基づく価格規制と一括補助金の組み合わせによる自然独占対策を実施しようとすると，問題が生じます．すなわち固定費用を政府が補助してくれることになると，規制されている企業に**固定費用を節約しようとするインセンティブ（動機付け）がまったくなくなる**ことです．費用をできるだけ抑制しようという動機がなくなって，平均費用がどんどん増大してしまいます．X非効率性が，国有化とは別の形で増大してしまうわけです．固定費用に関するX非効率性が特に増大することが限界費用価格形成原理の特徴です．

ただし幸いなことに，一括補助金の必要額を軽減する2つの方法があります．

(1) 二部料金制

上で述べたように，限界費用価格形成原理を採用して価格を規制した場合には，図6-4のE点で余剰は最大になりますが，固定費用に相当する政府補助金が必要になります．

この問題を解決する1つの方法は，料金を使わなくても支払わなくてはならない月々の**基本料金**と，使った量に応じて支払う**従量料金**に分ける**二部料金制 two-part tariff system** を取ることです．例えば水道代・ガス代・電気代はこの料金制を採用しています．財政負担を少なくしながらできるだけ多くの人に使ってもらうように価格を設定する方法だといえるでしょう．この制度の下で基本料金部分で固定費用をまかない，従量料金部分を限界費用に等しく設定すると，図6-4では，料金が5に設定されるので，Eで消費されます．消費

者余剰は図 6-4 のベージュの三角形の面積から固定料金部分を引いたものになりますが，固定料金部分は生産者余剰になるので，合計した総余剰はベージュの面積のままです．

(2) 時差料金制

一括補助金の必要額を軽減するための，別の例を考えてみましょう．電力需要は時間帯ごとに大きく変動します．つまり，電力会社は時間帯によって異なった需要曲線に直面しています．深夜の需要の低い時に図 6-4 のような需要曲線の位置になっており，昼間の需要が高い時には図 6-5 のような需要曲線の位置になっていると考えられます．この場合，時間帯ごとに別料金をかけることを時差料金制といいます．いま時間帯ごとに，限界費用に等しくなるよう料金設定すると，オフピーク時には低料金になるので損失が発生しますが，ピーク時の高料金が生む利潤で穴埋めできます．実際，オフピーク時の図 6-4 では料金が 5 円で設定され E 点で取引されますから，固定費相当分の損失が発生します．次にピーク時の図 6-5 の場合には，料金が 30 円の H 点で取引さ

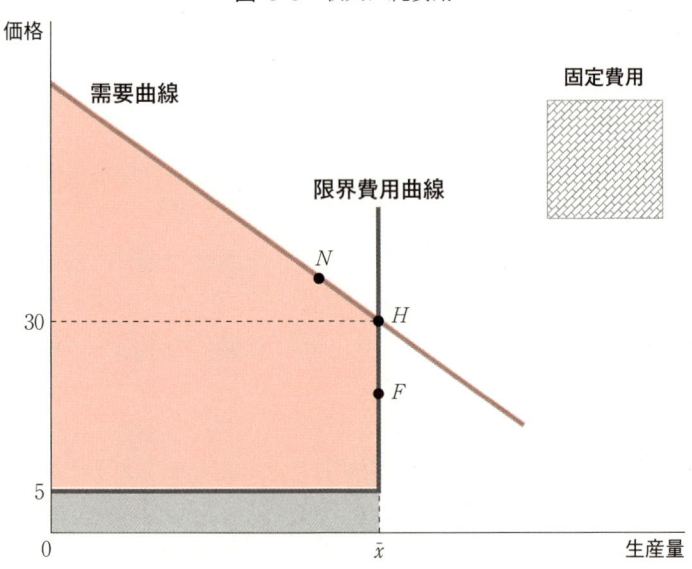

図 6-5 収入＞純費用

れます.この料金では生産者余剰は固定費用より大きいので利潤が発生します.昼間に発生するこの利潤を夜間に発生する損失の一部,あるいは全部の穴埋めに使うことができます.したがって,需要が時間帯で大きく異なる場合には,それぞれの時間帯で限界費用に等しく価格を設定することで,政府からの補助金をゼロにする,あるいは補助金の額を減少させることができる場合もあります.

B 総括原価主義

収支均衡

次に,政府が料金規制をする場合にも,「財政に余裕がない」ために補助金を出すのが困難なことがあります.その場合には,せめて総費用の分だけは企業が自前でまかなえるような価格付けをする必要があります.それは,固定費用の面積が生産者余剰の面積に等しくなるような価格です.そのように料金規制する場合の価格と数量の組み合わせが図6-4のF点で示されています.なおF点は,この点を角とする実線枠の(すなわち線分IFと価格線5とにはさまれる)長方形の面積が,固定費用(茶色四角の面積)と同一になるように選ばれています.この時の収入は,固定費用と可変費用を合わせたものにちょうど等しくなっています.このように,企業が価格をあまり高く吊り上げさせないように政府が規制するけれども,生産にかかっている費用はまかなえるようにしてあげる,という規制の方法を**総括原価主義 multiple costing principle**と言います.

これは,生産にかかる費用を全部ひっくるめた総括的な原価の平均(=平均費用)で価格を決めましょうという考え方です.いわば**平均費用価格形成原理 average cost pricing principle**です.ここで,価格と平均費用が等しいなら,コストを回収しただけで,この企業には利潤がないじゃないか,と思われるかもしれません.しかし,以前にお話ししたように,帰属所得を経済学では費用の一部として評価します.したがって株主が投資した資本に対する帰属利子をちゃんと会計上の費用に上乗せしたうえでの経済学的な費用の平均を価格にしましょう,というのがこの総括原価主義です.この「総括」という言葉は,株主の投下資本に対する帰属利子まで入っているということを意味しているわ

けです．しかも帰属利子の評価は，「市場で評価した公正な報酬率」に基づいて計算するので，この原理を**公正報酬率原理 fair rate of return principle** とも言います．これは新聞によく出てくる言葉です．

日本では，この総括原価主義に基づいて価格が決められている公共料金がたくさんあります．実際，日本中の電気料金・ガス料金や鉄道料金，バス料金，道路の料金は，基本的にこの方式で決められています．

総括原価主義の問題点

図6-4で，政府がこの F 点を料金規制の基準とする，ということは，独占を許すし，公正報酬率は保障するが，価格を規制して，それ以上の超過利潤は発生させない，ということです．こうした総括原価主義には2つの問題点があります．

第1の問題点は，**死重の損失は，総括原価主義の下では，規制がない場合に比べて減少するが，残存することです．生産量不足が原因です**．本来は，死重の損失をなくすために，限界費用と価格が等しい E 点で生産すべきです．しかし，総括原価主義に基づいて F 点で価格を規制した時には，グレー点線で囲まれた三角形 EFG が新たに死重の損失として発生してしまい，非効率に陥ります．

ここで各ケースにおける死重の損失の比較をしておきましょう．規制がない場合，企業は利潤を最大にするように行動し，図6-4の限界収入と限界費用が等しくなる N 点に対応する価格付けと生産をします．これは独占企業が利潤を最大化する点です．この点では三角形 NYE の面積に等しい死重の損失が発生しています．

次に，限界費用価格形成原理にすると E 点になり，政府が固定費用分を財政から補塡しなければなりませんが，死重の損失は完全になくなります．最後に，総括原価主義に基づいて規制を行うと，図6-4の F 点になり，規制がまったくない N 点に比べて価格は低下し死重の損失も減少しますが，死重の損失はまだ残っています．

第2の問題点は，**X 非効率性も残存することです．すなわち企業側にコストを抑制しようというインセンティブがなくなる**ことです．総括原価主義の場合は，損失を政府が税金で賄って穴埋めしてくれるわけではありませんが，費

用がかかった分だけ規制料金の引き上げで穴埋めしてもらえるからです．したがって，限界費用価格形成原理の問題点であった X 非効率性は解消されません．例を2つあげましょう．

第1に，日本の電力会社の送電線網は，外国の送電線網に比べて非常に大きな費用がかけられています．

送電線敷設にどんなに高いコストがかかっても，電気料金は総括原価主義に基づいて決められていますから，そのコストは全部電気代に上乗せすることができるためです．ですから，送電線を安く敷設しようとか，あるいはピーク時の電力料金を高くすることによって需要量を抑えて，その分だけ送電線敷設費用を引き下げよう，などといったコスト削減努力は行われません．かかったコストはすべて電気料金に上乗せしましょう，ということになります．

第2に，電力会社の無駄遣いは，発電機に関しても起きます．数年前に，電力会社が，鉄鋼会社やガス会社などから電力を入札で購入する卸入札という制度ができました．[9] 卸入札が始まった年に，あるガス会社が，自己所有の土地に発電所を作って，入札しようと考えました．できるだけ安く入札するために，日本のメーカーの発電機ではなくて，スイスのメーカーに発電機の値段を聞いたところ，3割も安かったそうです．それでコスト面での条件をクリアできて，このガス会社は入札に成功しました．その後は，電力会社も発電機を3割安く購入するようになったそうです．

この例からもわかるとおり，総括原価主義の下では，生産要素の調達価格を引き下げてもらうように交渉するインセンティブが小さかったわけです．高コストでも，全部料金に上乗せして回収できるからです．もし完全競争的であったならば，どの会社も血眼になってコスト引き下げの努力をするはずです．

その結果，総括原価主義に基づいた料金規制は電気料金を高止まりさせました．電力の自由化が始まる前の電気事業審議会におけるセブン–イレブン・ジャパン社長の指摘によると，同社は，アメリカのセブン–イレブンの3倍の平

---

[9] 電力は必ず地域独占の電力会社から買わなくてはならない，と思い込むのは間違いで，自家発電はかなり広く行われています．鉄鋼メーカーは，製鉄の過程で出る熱を利用して発電しています．また中国地方や四国地方では，買うよりも安いからという理由で，使っている電力のほぼ半分が自家発電です．

均電気料金を支払っていました．

改 善 策

コスト引き下げのインセンティブが働かない，という問題の改善策はこれまでいくつか考えられてきました．その例は**プライスキャップ制 price cap system**です．これは価格の上限は規制するが，各社の努力によりさらに費用が節約された時には，次期の規制上限価格の設定にはその費用節約分を反映させない制度です．

ノルウェーでは，市のレベルで電気を売る配電会社が各市にあるのですが，そこでは配電料金と発電料金とも別に徴収します．その際，配電料金は，国からプライスキャップ制により規制されています．したがって今年の価格は前年のコストには基づきません．その代わり規制価格は，毎年最低2％ずつ引き下げられます．しかし，料金引き下げ，と言われても，送電・配電の技術面で，そんなペースでの技術革新なんてあるはずがありません．毎年2％ずつ価格を引き下げる規制を課された会社の関係者によれば，技術開発をしなくても，余剰人員を減少させるなど価格引き下げの余地はいくらでもある，とのことです．この試みは，公正報酬率規制の下で全部料金に上乗せされてきた無駄をなくそうというわけです．

コスト引き下げのインセンティブを与えるもう1つの方法は，企業間で競争をさせることです．たとえば，電力会社には，地域ごとに東北電力と東京電力と九州電力などの複数の会社があります．この場合，会社間を比較して，発電量1単位当たりの費用が相対的に高い会社に対しては，低い報酬率を与え，利潤が下がるようにします．この方法の下では，費用節約した場合にその分だけ価格を下げずにすみますから，利潤を上げることができます．したがって，各社が費用引き下げの競争をします．このような規制方法を**ヤードスティック yardstick**と言います．

7 独占対策(3)：企業分割

死重の損失と X 非効率性の縮小

独占の弊害をなくす第3の方法は，独占企業を分割してしまうことです．これは，死重の損失を減少させると同時に X 非効率性も縮小します．

まず，分割されたそれぞれの企業が直面する需要曲線は，分割前よりも水平に近くなります．分割された後の企業は，少し価格を引き上げると消費者は競争相手の他社に逃げていくことになります．一方，少し価格を引き下げると他社から大量に消費者を奪うことができます．そのため，需要曲線がより弾力的になるわけです．この結果，利潤を最大化する生産量における新しい均衡価格と限界費用の差が小さくなるので，死重の損失の三角形の面積が小さくなり，最終的に死重の損失が少なくなります．

一方，分割された後の会社の株主は，自社の成績を競争会社のそれと比較できますから，X 非効率性も大幅に減少します．

分割の弱点

しかし企業分割は，場合によっては規模の経済の利益自体を殺してしまう可能性があります．したがって，規模の経済を多少犠牲にしても，独占価格設定による無駄を排除するほうが重要であるか否かを，慎重に判定する必要があります．

需要が少ない時には規模の経済があるが，需要がふくらんだ結果ある程度以上大きな市場規模になると，規模の経済は使い果たしてしまう場合があります．日本の国鉄や電電公社は，規模の経済を使い果たしてしまった状態であると判断されて，企業分割されました．

ネットワーク産業の自由化

独占企業の生産工程のうちには，規模の経済がある部分と，規模の経済がない部分が併存していることがあります．たとえば，電力会社の送電網には強大

な規模の経済がありますが,発電自体は市場のサイズに比べて規模の経済は大きくありません.多くの製造業では自家発電していますし,最近の優れた性能の小型発電機は,ビルや家庭でも安く電気を生産することができます.

そのような企業の生産工程は,規模の経済のある部分だけを規制された独占企業に残すこととし,規模の経済のない工程は本体の企業から分割し,さらにそれを幾社にも分けてお互いに競争させることによって効率化をはかることができます.それが,現在世界中で進められている**電力の自由化**です.まず,電力会社の発電部門を送電部門から切り離して分割し,分割された複数の発電会社にお互いに競争させ,さらに自家発電を行っている会社などにも発電市場に参入させます.一方,電力会社の送電部門は,地域独占の送電会社として独立させます.この場合,競争的な発電業者は,送電会社の送電網を規制料金を支払って使用させてもらって需要家に直接売る制度にします.完全自由化後も,送電部門は非効率的な独占企業として残りますが,自由化によって,独占企業のサイズを最小化することができます.

日本では,現在の段階では発電と送電の部門分割はまだ実現していません.しかし,送電線の利用を当該電力会社以外の発電会社に開放する「部分自由化」は行われています.たとえば三越デパートでは,日本の部分自由化を利用して電力を東京電力以外の会社から買っていますが,年間で億円の単位で電気料金を節約することができました.

ガスも,規模の経済が大きいパイプラインによるガス運送工程と,規模の経済があまりないガス自体の調達や販売の部門に分けられます.パイプラインは導管事業者として地域独占的な会社に規制料金のもとで運用させ,ガス自体の調達や販売部門は多くの独立な会社に分割して競争させることができます.いま,この方向への改革の第一歩が踏み出されようとしています.通信の世界でも,電話会社の回線の使用料等は規制下に置き,それを利用するサービスは自由化して多くの企業に競争させてきました.

このように電力・ガス・通信にはネットワーク産業としての共通性があるのでこれらの産業の自由化を**ネットワーク産業の自由化**と言います.このタイプの企業分割では,企業分割の有用性が最も明確です.

なお,ネットワーク産業において,規模の経済がある工程の施設を最近は**不**

可欠施設 essential facility と言います．すなわち，電力会社の送電線や電話会社の回線網のように，設備を作るためには膨大な費用がかかるため，新規参入者が既存の業者から借りなければならない施設のことです．新規参入者が利用を拒まれたり，法外な利用料を押し付けられたりすると，競争上不利になります．ネットワーク産業の自由化とは，不可欠施設の使用に関する参入制限を撤廃し，施設を多くの会社に開放することだといえます．

政治支配による独占の温存

　日本でも，世界中で行われているように，個々の電力会社の発電部門を，送電部門から切り離したうえで数社に分割し，分割された複数の発電会社にお互いに競争させることによって，大きな社会的利益が得られます．しかし現在のところ，分割の可能性は大きくはありません．

　第1に，地域独占を認められている公益企業は，民間企業であっても，巨大なので直接および間接に政治家に献金をしたり選挙票に貢献したりすることを通じて，**政治を支配**しています．電力会社出身の国会議員は与野党にいますし，電力会社のお世話になって当選した国会議員は何人もいます．電力会社は，そのような政治家を動かすことができます．彼らが，業界関連の政策を決定する与党部会の幹部になり，企業にとって都合がよいよう規制を誘導することがあります．特に，自由化に際しては，政治に働きかけて競争を抑え，経営者の非効率が表に出ることをできるだけ避けようとしてきました．現在もこのようにして，自由化による競争の導入を抑えようとしています．このような政治力の行使は，独占とそれが生む非効率性の温存に役立っています．

　第2に，地域独占を許可されている公益企業は，その地位を守るための世論操作を行うことができます．例えば新聞記者出身の評論家たちに「研究資金」を配布して新聞記者の実質的な天下り先を用意することも可能です．そのための支出は，費用として規制料金に上乗せできるからです．

　第3に，料金収入を原資にして，多くのテレビ報道番組のスポンサーになっています．これによって，マスコミが当該業界を批判することをためらうことになっても不思議はないでしょう．

　第4に，経済産業省は，元職員を各電力会社に天下りさせているので，電力

会社の意に反する改革がなかなかできません．

電力会社で働く人たちの多くが優秀で紳士的であるのは事実です．しかし，組織としての電力会社や電力業界は，現在の日本において政・官との癒着が最も強い組織だと言えるでしょう．それが巨大な独占力に由来しているのはもちろんのことです．

8　民営化の経済学

前述のように，国営企業は，①政治による非効率的な干渉を受ける，②大きな X 非効率性がある，という弱点を持っています．最近では，国営企業を民営化するべきだという議論が盛んになりました．

民営化すると，政治家の不当な干渉を避けることができるようになります．JRの場合にも，基本的には，経営者の判断でどこに新しい施設を作るかを決められるようになりました．

しかし X 非効率性のほうは，国営企業の問題点というよりは，国営企業の多くが独占であることによって発生している問題です．したがって，国営企業をせっかく民営化しても，独占企業のままであれば，競争相手を持たないため，企業の経営の効率性を測る尺度はできません．すなわち X 非効率性が持続し，次第に硬直化し，非効率的になってしまいます．

しかし，次のような工夫を加えると民営化によって X 非効率性を軽減できます．

第1は，民営化に際して**企業分割**を行うことです．これにより，競争を導入できる場合があります．JRの場合には地域分割しましたが，そうなるとそれぞれの分割されたJR企業は競争相手を持っています．たとえば，東海道新幹線は東京-大阪間の航空輸送と競争していますし，大都市圏の電車は私鉄と競争しています．したがって，地域分割することによって，ある程度それぞれの鉄道会社が，競争相手に比べてどれだけ効率的かがわかるようになりました．さらにJRのように地域的に分割される場合には，それらをお互いに比べることにより，能率の度合いを計測することができます．

第2は，独占企業の事業のうち真に規模の経済がある部分は残すが，他の部分は企業分割して自由な参入を許して競争させることです．前述の**ネットワーク産業の自由化**がその例です．

　第3は，**期間を区切って民間企業**に官有施設を運用させることです．これは，万が一民営化企業を独占にせざるをえない場合にも，能率的な運営をさせる1つの有力な方法です．すなわち，道路や鉄道などの施設を国が保有したまま，競売によって競り合った会社に，一定期間その施設を借りて運用する権利を与えることです．これを**公設民営**と言います．その企業がもし利潤を生みうる会社ならば，企業が国にいくら支払えるかに関して競売で競争させます．一方で，道路のように基本的には無料で提供すべき公共財に関しては，国が支払う補助金がどれだけ少なくてすむかという点で競争させます．そしてたとえば10年ごとにそのような競売を繰り返すことによって，政府は収入を最大化したり，支出を最小化することによって，民営化された企業の効率化をはかることができます．非効率性を抑えることができます．

　なお，上記のような競争導入の必要性は，上下水道や保育園についても高く，これらサービスの運営の民営化が叫ばれています．[10]

コラム：総括原価主義がみえる

　総括原価主義のせいで奇妙なことが起きます．たとえば，JR東日本の中央線の料金と東急（東京-横浜間を走る私鉄）の電車料金を比べると，東急のほうがずっと安い．これはどうしてでしょう．JRのほうは，東京だけでなく東日本全部の電車のコストをキロ当たりで計算して出した原価をもとに料金を決めています．東京の乗客にしてみれば，関係のないほかの地域を走る電車にかかっている費用まで含めて計算された高い料金を支払わされているわけです．一方，東急のほうは，東急の路線のみにかかる原価をもとにして料金を決めているから，当然安いわけです．JRは，あまりに文句を言われるから，近頃は少し東京のウェイトを高くしている，と言うのですが，それでも料金はJRのほうが東急よりも高くなっています．

---

10) 八代尚宏『規制改革』（有斐閣，2003年），参照．

キーワード

平均費用　規模の経済　独占　特許　企業秘密　自然独占　寡占　収入　可変費用　標準図示　限界収入曲線（MR）による図示　利潤の最大化　生産者余剰の最大化　死重の損失　X非効率性　国有化　料金規制（価格規制）　企業分割　公益事業　限界費用価格形成原理　一括補助金　インセンティブ　二部料金制　基本料金　従量料金　時差料金制　総括原価主義　収支均衡　平均費用価格形成原理　公正報酬率原理　プライスキャップ制　ヤードスティック　電力の自由化　ネットワーク産業の自由化　不可欠施設　公設民営　限界利潤

練習問題

1. (1) 産業 A が独占的であり，産業 B が競争的であるとき，資源配分をより効率的にするためには，どちらの産業の生産量を増やすべきか．
   (2) この答えの理由が次の文章で示されている．空欄に入る言葉を答えよ（2つの(b)には同じ言葉が入る）．

   独占的な産業は，右下がりの(a)　　　　　に直面しているため，生産量を選択すると(b)　　　　　も同時に選択することになる．独占的な産業における生産量は，限界費用と(c)　　　　　が等しくなるような水準に定まっているから，独占的な生産量は効率的な水準より低くなっており，したがってこの生産量の下では，(b)　　　　　は限界費用よりも吊り上がっている．これが(1)の答えの理由である．

2. 次のような需要曲線と限界費用曲線に直面している独占企業を考える．この独占企業が，独占価格 p_m で価格付けを行う時の収入を，2通りに図示せよ．

図 6-6

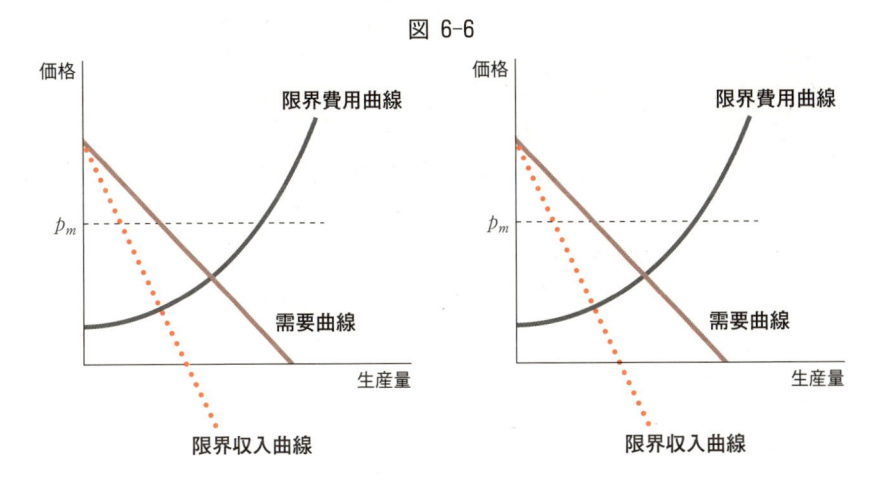

3．(1) 図 6-7 はある独占企業が直面する需要曲線と，その企業の限界費用曲線・限界収入曲線を描いたものである．独占企業が利潤を最大化する①生産量 x_m，②価格 p_m を図中に記入せよ．また，③この時の死重の損失も図示せよ．

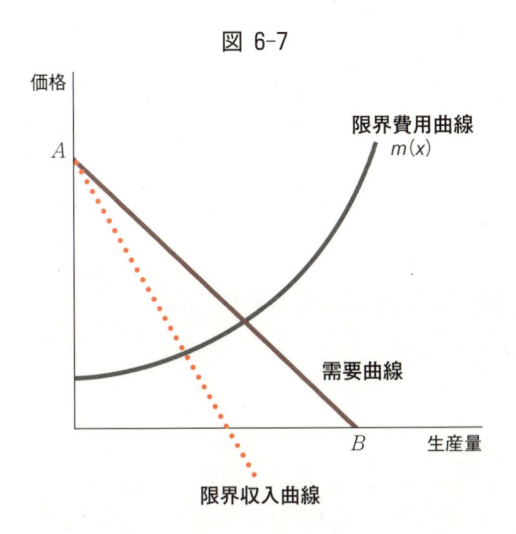

図 6-7

(2) 独占企業の限界収入曲線が次の図 6-8 のように描かれている時，その企業の収入曲線はどのような形状をしているか，下方の軸に描け．

図 6-8

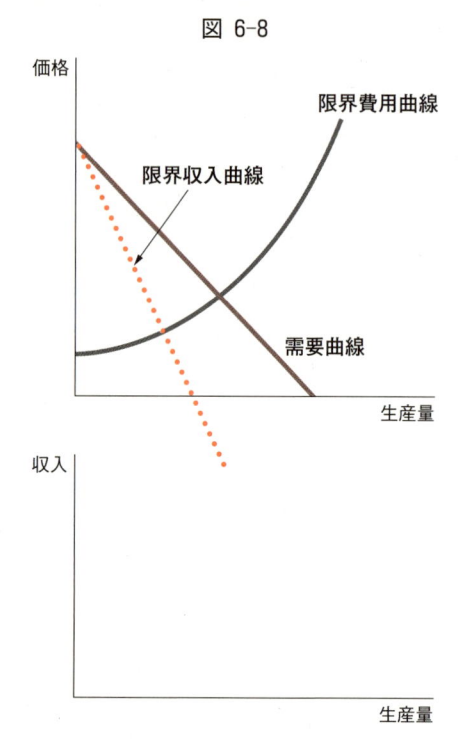

価格／限界費用曲線／限界収入曲線／需要曲線／生産量

収入／生産量

4. 図6-9のような需要曲線と限界費用曲線に直面している独占企業を考える．p_r が均衡価格，p_m が独占価格である．いま，政府が p_r で価格規制したとしよう．
   (1) 規制前と比べた消費者余剰の変化分を，記号を用いて示せ．
      (例：$+⑨+⑩-⑪$)
   (2) 生産者余剰の変化分に関しても同様に示せ．
   (3) この価格規制の方法を [　　　] 原理と呼ぶ．空欄に入る語句を答えよ．

図 6-9

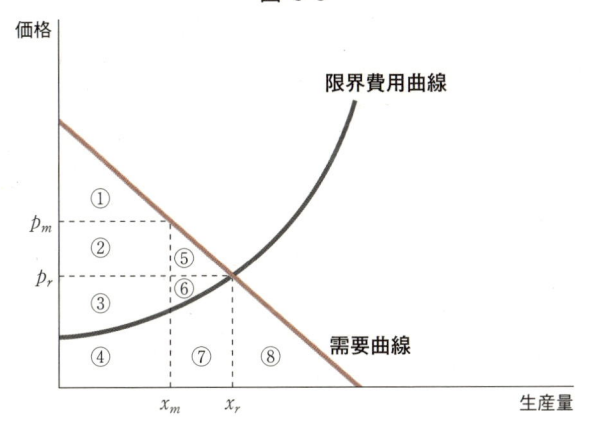

5. 図 6-10 は，ある自然独占企業が直面する市場需要曲線と平均・限界費用曲線である．この図について，以下の問いに答えよ．

図 6-10

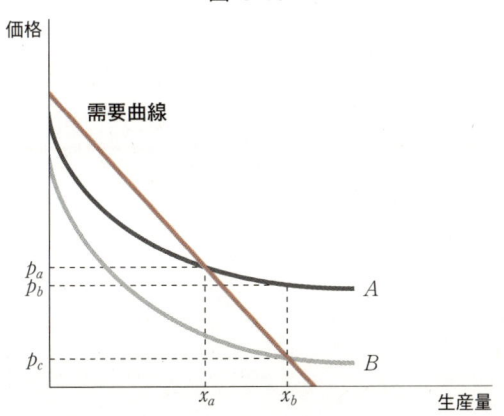

(1) 図の曲線 A と B では，どちらが平均費用曲線でどちらが限界費用曲線であるか．
(2) この独占企業に対して，政府が限界費用価格形成原理に基づいて価格規制を行うとしよう．この場合，p_a, p_b, p_c のどれが規制価格になるか．
(3) (2) の価格に基づいて規制すると，独占企業の利潤は負となってしまう．この負の利潤を表す面積を塗りつぶせ．

補論：収入曲線と費用曲線

本文では (6.1) 式を，図 6-1 の限界費用曲線と限界収入曲線から導きました．この補論では，(6.1) 式を費用曲線と収入曲線から導きましょう．

図 6-11 パネル A は図 6-1 と同じものです．需要曲線 AB に直面する独占企業を考えましょう．この企業の需要曲線から導かれた収入曲線と，費用曲線がパネル B に示されています．各生産量に対応した利潤は，このパネルに描かれている 2 曲線の垂直の距離です．パネル C には，そのようにして導かれた利潤を示す利潤曲線が描かれています．

この企業が，生産量 x を調整して利潤を最大にしようとすると，生産量 40 で生産することがパネル A からわかります．この場合の価格は P_m です．

生産量を 1 単位増やした時の利潤の増加分を**限界利潤 marginal profit** と呼びました．利潤を最大にする生産量の下では，限界利潤が 0 になります．すなわち，利潤曲線の頂点に達成する生産量で利潤は最大化されます．パネル B とパネル C の比較から，利潤が最大になるのは (6.1) 式が成り立つ生産量だということがわかります．

図 6-11 パネル A で，利潤が最大化される生産量 40 の時，限界収入曲線と限界費用曲線が交わっており，(6.1) 式が成立していることがわかります．

補論：収入曲線と費用曲線　237

図 6-11　利潤最大化

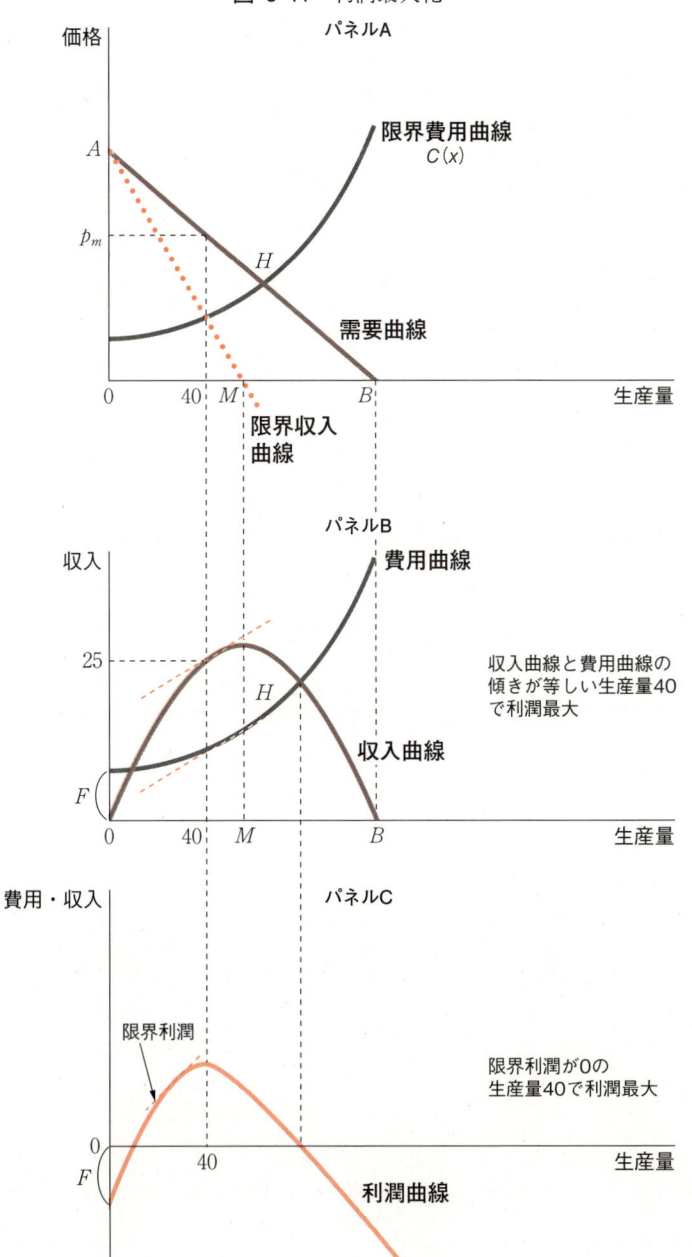

パネルA

縦軸：価格、横軸：生産量

- 限界費用曲線 $C(x)$
- 需要曲線
- 限界収入曲線
- 点A、p_m、H、M、B、40

パネルB

縦軸：収入、横軸：生産量

- 費用曲線
- 収入曲線
- 点F、25、H、40、M、B

収入曲線と費用曲線の傾きが等しい生産量40で利潤最大

パネルC

縦軸：費用・収入、横軸：生産量

- 限界利潤
- 利潤曲線
- 点F、40

限界利潤が0の生産量40で利潤最大

7章

外部経済と不経済

　本章の前半では，公害対策について説明します．河川沿いの2企業のうち，上流に立地する企業が河川に廃液を流して，下流に立地する企業に迷惑をかけているとしましょう．この場合に，市場万能主義に基づいて，上流企業に好きなだけ廃液を垂れ流させるべきでしょうか．それとも，上流企業による廃液排出はいっさい禁止すべきでしょうか．あるいは，その中間の適正な排出量というものはあるのでしょうか．もしあるのならば，それを達成させるためには，政府はどうすればよいのでしょうか．本章の前半では，これらの問題に対して答えます．そのために，まず，自由放任の下でこの2企業間の資源配分がどうなるかを分析し，次にそれを最適な資源配分と比較しましょう．

　後半では，個人や企業が他の個人や企業に対して，良い影響を及ぼす外部経済を分析します．すなわち，材木屋さんが持っている山がふもとの町村に治水効果を持つ場合や，都心に立地した企業が周辺の企業に情報をもたらし集積の利益を作り出す場合がその例です．

A. 外部不経済

1 自由放任の非効率性

　公害の例として，2つの河川沿いの2企業のうち，上流に立地する企業が河川に廃液を流している場合を考えます．下流企業は，河川から大量に取った水を，浄化後に冷却水として使用しています．浄化費用は河川の汚染度に比例して高くなるため，上流企業が汚染するほど下流企業にとって迷惑になるとします．

　上流企業と下流企業は，両方とも完全競争的な企業であるとします．すなわち，この流域以外の地域にも，これらの財を生産している企業は多数あると想定します．このため2企業は，価格を所与として受け取ります．

　まず，上流企業の利潤最大化行動を分析しましょう．上流企業の限界費用曲線が，図7-1に描かれています．生産量がxの時の，この企業の限界費用を$m(x)$で表しましょう．限界費用曲線は，関数$m(x)$のグラフです．

　一方，上流企業が直面している価格がp_0である場合，この企業が直面する

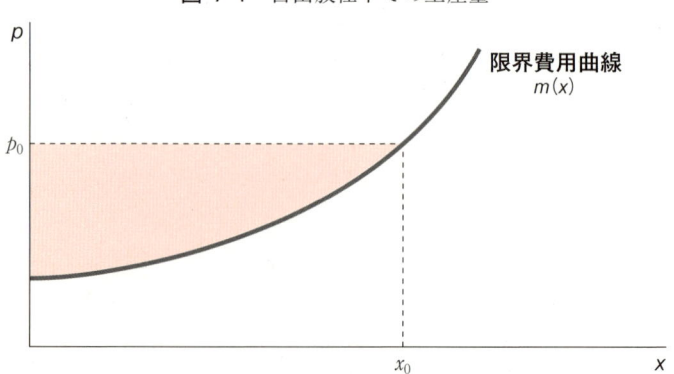

図 7-1　自由放任下での生産量

需要曲線は価格線 p_0 です．価格 p_0 の下では，この価格線と限界費用曲線が交わる生産量で，**自由放任の下での**上流企業の利潤が最大化します．この生産量を x_0 とすると，次が成り立ちます．

$$p_0 = m(x_0) \tag{7.1}$$

図のベージュの部分の面積が，上流企業の最大化した生産者余剰です．

浄化費用

問題は，上流企業が廃液を流していることです（ここで，上流企業による汚染を発生源で減少させるのは技術的に不可能だとします）．下流企業は，上流企業が汚染した水を浄化してから使わなければなりません．さらに，下流企業が負担する**浄化費用**は，①上流企業の生産量が増えるほど増加するが，②下流企業の生産量には依存しない，[1] と想定します．したがって，下流企業が負担する浄化費用は，上流企業の生産量 x のみの関数です．この関数を $E(x)$ と書きましょう．ここには，下流企業の生産量は，変数として入りません．したがってこの浄化費用は，下流企業にとって固定費用です．

社会的費用と社会的限界費用

ある企業が生産することによって，他の企業の費用を直接（すなわち価格の変化を通じてではなく）増加させることを，**外部不経済 external diseconomy** を発生させている，と言います．[2] この企業は公害を発生させているわけです．公害発生企業が他の企業に負担させる費用を，公害発生企業の**外部費用 external cost** と言います．上流・下流企業の例では，下流企業が負担する浄化費用が上流企業の外部費用です．

さらに，公害発生企業が・生・産・を・行・う・こ・と・に・よ・っ・て自社を含む企業のすべてに発生させる費用の総計を，この企業の**社会的費用 social cost** と言います．これは，公害発生企業が生産を行うことによって，・社・会・的・観・点・か・ら・見・て発生さ

---

[1] 下流企業は，その生産量に関係なく大量の冷却水を必要とするからです．
[2] 厳密に言うと，外部不経済とは，ある経済主体の行動が他の経済主体の費用に価格を通じずに悪影響を及ぼすことです．

せている費用の総計という意味です．[3] 公害発生企業が生産することによって自身が負担する費用は可変費用です．一方，他の企業に負わせる費用は外部費用ですから，したがって，次が成り立ちます．

社会的費用＝可変費用＋外部費用 (7.2)

上流の公害発生企業が1単位の増産をする時の社会的費用の増大をこの企業の**社会的限界費用 social marginal cost**，他企業が負担する費用の増加を**外部限界費用 external marginal cost** と言います．この企業自身の可変費用の増加はもちろん限界費用です（なお，社会的限界費用と区別する目的で，普通の限界費用のことを**私的限界費用 private marginal cost** と言う場合もあります）．したがって，(7.2) 式から次が成り立ちます．

社会的限界費用＝限界費用＋外部限界費用 (7.3)

上流企業が1単位増産するごとに，下流企業が負担する浄化費用が a 円増加するとしましょう．この時，上流企業が発生させる外部限界費用は a です．限界費用は $m(x)$ とすると，上流企業の社会的限界費用は，(7.3) から

$$\text{社会的限界費用} = m(x) + a \tag{7.4}$$

と書けます．

図 7-2 には，グレーの限界費用曲線を a 円分上方にシフトした茶色の曲線が描かれています．この曲線は，各生産量に対応した社会的限界費用を示しています．この曲線を**社会的限界費用曲線 social marginal cost curve** と言います．

この曲線を用いると，社会的費用を図示できます．上流企業が1単位増産するごとに，下流企業が負担する浄化費用が a 円増加するという設定の下では，上流企業の生産量が x の時，

$$\text{上流企業が発生させる外部費用} = ax$$

です．下流企業が負担する浄化費用は ax だからです．

図 7-2 のオレンジ色の部分の面積は ax ですから，これは，生産量が x の時の外部費用です．生産量 x の下での上流企業の可変費用は，グレーの部分の面

---

[3] これは，生産量が 0 の場合と現在の生産量の下での費用の差です．したがって，正確には，社会的可変費用と言うべきでしょう．固定費用は含まれません．

図 7-2 社会的限界費用曲線

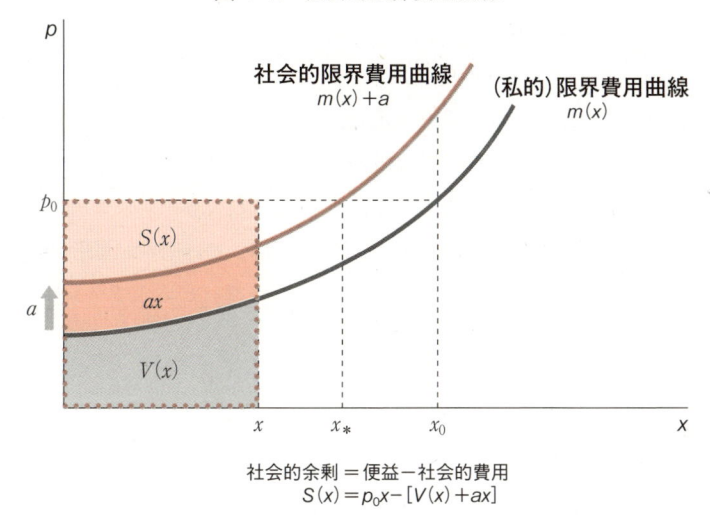

社会的余剰＝便益－社会的費用
$S(x) = p_0 x - [V(x) + ax]$

積が表しています．上流企業の社会的費用は，(7.2) 式から，これら2つの面積の和です．したがって，次が成り立ちます．

> 図 7-2 で上流企業の生産量 x の時の社会的費用は，茶色の社会的限界費用曲線の下側の面積である． (7.5)

社会的余剰と社会的限界費用曲線

ある企業の生産が発生させる**社会的余剰** social surplus は，その企業の生産量が生み出す便益からその企業が発生させている社会的費用を差し引いたものです．すなわち，

> 社会的余剰＝便益－社会的費用 (7.6)

です．

右辺の便益は，需要曲線の下の面積です．図 7-2 の場合には，この企業が直面している需要曲線が水平なので，生産量が x の時には，

> 便益 $= p_0 x$

です．したがって，まず次が成り立ちます．

便益 $p_0 x$ は，図7-2の茶点線で囲まれた長方形の面積である． (7.7)

さらに，(7.6)式を書き直して，

社会的余剰 $= p_0 x -$ 社会的費用 (7.8)

が成り立ちます．この式の右辺第1項は，(7.7)から茶点線の長方形の面積で，第2項は，(7.5)から社会的限界費用曲線（茶線）の下側の面積です．社会的余剰は，この2つの面積の差ですから，次が得られます．

図7-2で生産量がxの時の社会的余剰は，ベージュ図形の面積である.[4]

社会的余剰の最大化

生産量 x の下での上流企業の可変費用を $V(x)$ で表すと，(7.2)式は次のように書き直せます．

社会的費用 $= V(x) + ax$ (7.9)

生産量 x の時の社会的余剰を $S(x)$ と書くと，この式を用いて，(7.8)式は次のように書き直せます．

$$S(x) = p_0 x - (V(x) + ax) \tag{7.10}$$

図7-2で生産量 x を少し増やせば，ベージュの図形の面積 $S(x)$ が増えるのは明らかです．

生産量をさらに図の x_* まで増やせば，$S(x)$ は増加して，基本的に図7-2をコピーした図7-3のAになります．すなわち，

$$S(x_*) = A \tag{7.11}$$

となります．なお，図7-2の x_* は，社会的限界費用曲線と価格線 p_0 が交わる点での生産量です．すなわち x_* では，

$$p_0 = m(x_*) + a \tag{7.12}$$

が成り立ちます．

一方，生産量を x_* よりさらに増やすと $S(x)$ は減少します．たとえば，図

---

[4] もう1つの考え方は，次のとおりです．上流企業は，企業自体としては，生産者余剰を図7-2の $S(x) + ax$ だけ得ていますが，下流企業の余剰を浄化費用 ax の分だけ低下させています．したがって，これらの差である $S(x)$ が，上流企業の社会的余剰，すなわち上流企業が流域全体に発生させた余剰になります．

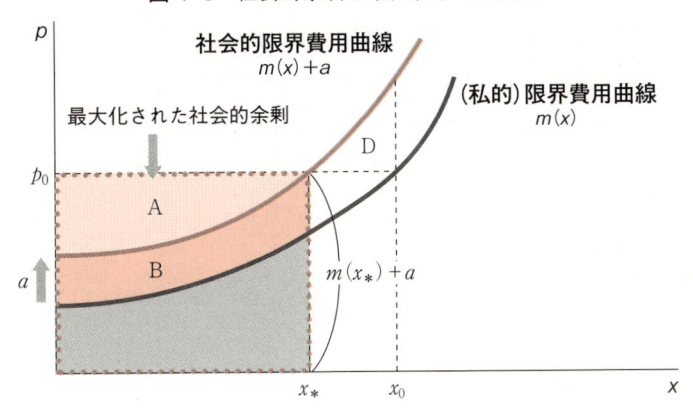

図 7-3 社会的余剰を最大化する生産量

7-4 の x_0 の場合には，社会的余剰は，面積 A から面積 D を差し引いたものになります．[5] すなわち，

$$S(x_0) = A - D \tag{7.13}$$

です．したがって，次のように言えます．

上流企業の生産が生む社会的余剰を最大化する生産量は，社会的限界費用曲線と価格線の交わる生産量 x_* であり，次が成り立つ．

$$\text{最大化された社会的余剰} = A \tag{7.14}$$

なお，上流企業の社会的余剰を最大化する生産量は 0 でないことに注目しましょう．これは，社会全体の観点からは，公害を引き起こす企業の生産量を 0 にすることが必ずしも望ましいわけではないことを示しています．公害は適切な水準まで引き下げるべきです．

自由放任の非効率性

いよいよ，次に外部不経済効果の下で自由放任が生む非効率を分析しましょう．

---

5) 社会的余剰は，収入から，社会的費用（社会的限界費用曲線の下側の面積）を差し引いたものです．重なり合っているところを取り除くと社会的余剰は A−D になります．

図 7-3 において，上流企業の自由放任の下での生産量は x_0 です．しかし，これは社会的に見て最適な水準の公害を発生させる場合の生産量 x_* を超えています．つまり自由放任のもとでは，非効率的に過大な生産が行われています．ところで，(7.13) 式と (7.14) 式は，上流企業の社会的余剰が，自由放任の下では，最大達成可能量 A より D だけ少なくなることを示しています．最大達成可能な社会的余剰と現実に発生している社会的余剰の差を**死重の損失** dead weight loss と言いました．したがって，

　　外部不経済下の自由放任によって発生する死重の損失は D です．

限 界 分 析

社会的余剰を最大化する生産量が，(7.12) で定義された x_* であることと，自由放任の下での生産量 x_0 は非効率的であることとは，限界分析によっても示すことができます．

上流の公害発生企業による 1 単位の増産がもたらす社会的余剰の増大を**社会的限界余剰**と言います．(7.6) 式から

　　社会的限界余剰＝限界便益－社会的限界費用

が成り立ちます．図 7-2 の場合には，この企業が直面している需要曲線が水平なので，**この企業の生産量にかかわらず，消費者の限界便益は市場価格 p_0 に等しくなります．**したがって，上式は次のように書き直せます．

　　社会的限界余剰＝p_0－社会的限界費用　　　　　　　　　　　(7.15)

図 7-2 で生産量が x の時，社会的限界費用は茶線の高さですから，社会的限界余剰は，生産量 x における価格線 p_0 と茶線の高さの差です．生産量が x の時，p_0 のほうが社会的限界費用を上回りますから，社会的限界余剰は正です．図が示すように，社会的限界余剰が正である場合には，上流企業の増産によって，社会的余剰が増加します．同様に，社会的限界余剰が負ならば，減産によって社会的余剰が増加します．

結局，社会的限界余剰が 0 でないかぎり，増産か減産かによって社会的余剰は増加します．すなわち，社会的余剰が最大になるのは

　　社会的限界余剰＝0

のときです．(7.15) 式から，この時

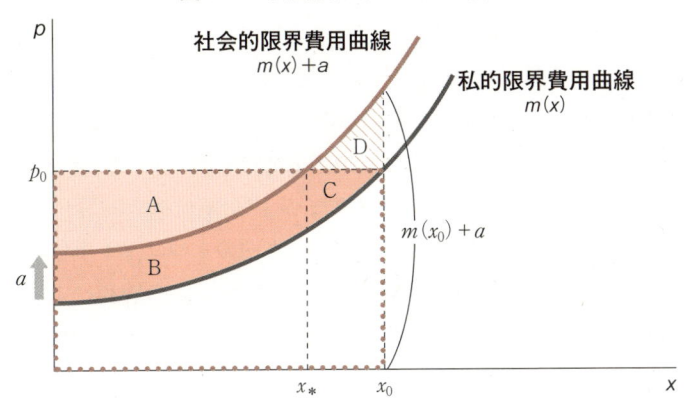

図 7-4　自由放任下の死重の損失

$p_0 =$ 社会的限界費用

が成り立ちます．これからも（7.12）式が得られます．

なお，図 7-4 から明らかなように，上流企業の自由放任の下での生産量 x_0 では社会的限界費用 $m(x_0)+a$ のほうが p_0 より高いので，[6] 社会的限界余剰は負です．したがって減産によって社会的余剰は増大します．これは次のように言い換えられます．

> 上流企業の生産が外部不経済を発生させている時には，自由放任の下での生産量 x_0 は社会的余剰を最大化しない．この生産量の下では，社会的限界費用 $m(x_0)+a$ が価格 p_0 を上回っているためである．

2　ピグー税

上流企業が外部不経済を発生させている図 7-4 のケースでは，政府が上流企業に自由放任の下で生産量 x_0 から減産させて，x_* で生産することができれ

---

[6] これは，図を使わずに説明できます．上流企業が x_0 を生産している時には，上流企業の社会的限界費用は $m(x_0)+a$ です．（7.1）式から，これは p_0+a と等しいことがわかります．したがって，（7.15）式から社会的限界余剰は $-a$ です．

ば，社会的余剰を最大化できます．では上流企業の生産を x_* まで減少させるように，政府が誘導するには，どうすればよいのでしょうか．

図7-4で上流企業が x_* を生産している場合には，価格 p_0 のほうが上流企業の私的限界費用 $m(x_*)$ を上回っているため，増産によって利潤が増加します．上流企業の経営者の立場からすると，生産を x_* にとどめる理由がありません．

x_* を上回って生産をさせないためには，上流企業に社会的費用を自分のコストとして認識させる必要があります．その方法の1つは，1単位増産するごとに，外部限界費用 a に等しい税金を課すことです．この課税によって，上流企業が直面する限界費用が税金分だけ上昇するので，私的限界費用曲線が，ちょうど社会的限界費用曲線に等しくなります．そのために，社会的限界費用と価格が等しい生産水準 x_* で生産が行われることになります．その状況での外部費用は図7-3の図形Bで，可変費用はグレー図形の面積で示されています．

このような税金を**ピグー税**と言います．ピグー税とは，「公害発生企業の生産に対して外部限界費用に等しい税率の税金を課す」ものです．[7] ピグー税の目的は，課税によって，この企業が直面する税込みの私的限界費用を社会的限界費用に等しくし，最適な生産量になるように誘導することにあります．

ピグー税が課された場合の上流企業の生産量は x_* になります．したがって(7.11)式より，

$$\text{ピグー税の下での社会的余剰} = A \tag{7.16}$$

が成り立ちます．これは，(7.14)式から，この企業が生み出しうる最大の社会的余剰です．すなわち，ピグー税は社会的余剰を最大化します．言い換えると，ピグー税は，自由放任の下で発生する死重の損失（図7-4のD）を除去します．

市場の失敗がない場合には，物品税は死重の損失をともなって税収を生み出しました．しかし，外部不経済がある場合には，ピグー税は当初に存在した死重の損失を除去して，税収を生み出します．ピグー税は理想的な税です．

最後に，(7.16)で示された社会的余剰Aが各経済主体にどう配分されるかを図7-3によって見てみましょう．ピグー税の下では，

---

7) ピグー（Arthur C. Pigou）は20世紀初めのケンブリッジ大学の大経済学者です．

政府の税収：B
　一方，上流企業の生産の結果，下流企業は同額の浄化費用を負担しますから，
　　　下流企業の余剰増加：−B
　最後に，上流企業の生産者余剰は，生産量が x_* の時に茶点線の枠で示された収入から，社会的限界費用曲線の下側の面積であるコストを引いたものですから，
　　　上流企業の生産者余剰：A
です．これで，経済の3つの経済主体（上流企業，下流企業，政府）の余剰がわかりました．以上を合計するとAとなり，(7.16)式と整合的です．

税収をどう使うか

　ここで注目すべき点は，ピグー税の下でも，下流企業は浄化費用をまだ図7-3のB分だけ負担していることです．社会的余剰を最大にする上流企業の生産量 x_* は，ゼロではないためです．この結果，下流企業の浄化費用負担は，ピグー税の課税前と比べて図7-4のC+D分だけ減少したとはいえ，負担は残されています．

　下流企業の負担が残っている以上，ピグー税による政府税収から，下流企業に補助金を与えるということが考えられます．しかし，効率上の観点からは，税収を下流企業に与えても与えなくても，差はありません．

　上流企業にピグー税を課すと，上流企業が減産をするため，効率が改善されます．一方，下流企業は，浄化費用を税金で補償してもらおうともらうまいと，生産量を変えません．補償は下流企業の直面している価格にも限界費用にも影響を与えないからです．したがって，下流企業の損害を補償するかどうかは，効率上の差を引き起こしません．[8] 補償は，下流企業の利潤を増やすことを通じて，純粋に所得分配を変える効果だけを持っています．

　実は，ピグー税からの税収には，効率性と両立するさまざまな使い方が考え

---

[8] ここでの設定では，ピグー税収は浄化費用に等しく，浄化費用の額は，河川の汚染度のみに依存していますから，税金による補償額は，上流企業の生産量にのみ依存しています．

られます.まず,**既得権尊重のルール**です.たとえば,昔から下流企業が営業している河川の上流で,最近水を汚染する企業が創業を開始した,としましょう.このような状況では,「上流企業からとったピグー税からの税収は被害者である下流企業に,あげるべきじゃないか」と考えられる場合があるでしょう.しかし逆に,昔から上流企業が営業している河川の下流に,ある企業が最近営業を始めたとしましょう.「上流企業のほうが50年も以前から操業しており,最近営業を始めたばかりの下流企業に対して補助金を与える必要はない」と考えられる場合もあるでしょう.また,最初から「ピグー税からの税収は,既存企業の損害補償の財源には充てるが,公害発生企業より後で営業を始めた企業には補償はしない」という制度にすることも考えられます.以上のルールはどれも既得権尊重のルールです.

さらに,どちらが先に操業を開始したかに関係のないルールを考えることもできます.たとえば,「環境税からの税収は,すべて一般財源として使うことにする」という制度にすることも考えられます.ピグー税導入以前には被害企業はもともと補償されていません.ピグー税の導入は,それだけでも被害企業の被害を少なくしますから,それほど不自然な解決策ではありません.すなわち,被害企業にはいっさい補償をしないことを最初から原則とすることも可能です.そういう原則がある場合には,流域にまだ他企業が立地していない時に下流に立地を決める企業は,将来は何らかの企業が上流に立地して水を汚染する可能性を覚悟して,決めることになります.汚染の可能性の分だけ下流の地価が安くなる場合もあるでしょう.

公害がCO_2(二酸化炭素)排出であるような場合には,ピグー税の税収を被害者にわたそうにもその数が多すぎて困難です.また被害者の受ける被害額がどれだけか確定することも難しいでしょう.このような場合には,ピグー税の税収を一般会計に繰り入れることを原則にすることが合理的になります.

ところで,環境保護団体の多くは,CO_2排出に対するピグー税——**炭素税**と言います——からの税収を被害者の補償にではなく,環境改善,たとえば自然エネルギー補助に使おうと主張しています.しかし,これは,被害者への補償と違った意味で危険をともないます.なぜなら,もし環境税による税収を環境改善のためにしか使えないとなったら,効率が悪い自然エネルギー・プロジェ

クトにも資金が注ぎ込まれてしまう可能性があるからです．それは結局資源の浪費を引き起こします．[9]

　自然エネルギーの補助に使うのならば，費用より便益のほうが大きいプロジェクトに対象を限定しなければなりません．そのようなプロジェクトへの補助に必要な金額の総計がピグー税としての炭素税収入と等しくなるはずはありません．そうであるならば最初から炭素税の税収は一般財源に繰り入れて，費用より便益のほうが大きい自然エネルギー・プロジェクトの補助をするのが一番自然です．

　ところで，現行の**ガソリン税**は，自動車の排気ガスに対する炭素税である，と考えることができます．この場合，ガソリン税の目的は，それによって自動車による CO_2 排出量を抑制することです．その場合も，税収の使い道を被害者補償に限定する必要はありませんし，自然エネルギー補助や道路建設に限定する必要もまったくありません．それを一般財源に組み入れてしまっても，効率性の視点からはまったく問題はありません．

3　数量規制の非効率性

　ピグー税のように，税を使って外部不経済を抑制することに対しては，直接的な規制を好む人からの批判があります．その代表的なものは，たとえば，図7-4で外部限界費用 a が知られているのならば，初めから x_* の水準に公害発生企業の生産量を規制してしまえばいいではないか，そちらのほうが単純明解ではないか，という批判です．その場合には，**公害発生企業にとっては，ピグー税に比べると，税負担を支払わなくてすむ分だけ負担が軽く，政治的には受け入れやすい方策になります．** 図7-4の場合，生産者余剰は，ピグー税の下

---

[9]　たとえば日本では「ガソリン税はすべて道路に使わなければならない」ということになっているために（道路特定財源），必要のない道路までどんどん建設されています．このように，使途を限定した税金は無駄を生むことが多いので，できるだけ避けるべきです．自然エネルギーへの補助に環境税の使途を限定することもまったく同じ問題を生み出します．

ではAですが，x_* での生産量規制の下ではA+Bです．それだけに，工学系あるいは，工学系から環境経済学を始めた人たちは，ピグー税を嫌い，直接的な数量規制のほうを好む傾向がよく見られます．

たしかに，公害発生企業が1企業の場合には，価格を使っても，数量規制をしてもたいした違いがありません．しかし，公害発生企業が複数の場合には，価格を使うほうがはるかに効率的に公害の抑制をすることができます．以下ではそのことを示しましょう．

複数企業に対するピグー税

これまで外部不経済に関する分析では，議論を簡単にするために，加害者が1企業であると仮定してきました．この仮定のために，ピグー税の効力の重要な部分が隠されています．そこで次に，加害企業が複数ある場合を考えてみましょう．

ここで，2つの企業AとBが上流にあり，両方とも河川を汚染しているとしましょう．図7-5パネルA・Bのそれぞれ2本の曲線のうち下方にあるグレーの曲線は各企業の私的限界費用曲線（S_A と S_B）です．自由放任の下では，

図7-5　複数企業に対するピグー税

パネルA：
企業Aの社会的限界費用曲線

パネルB：
企業Bの社会的限界費用曲線

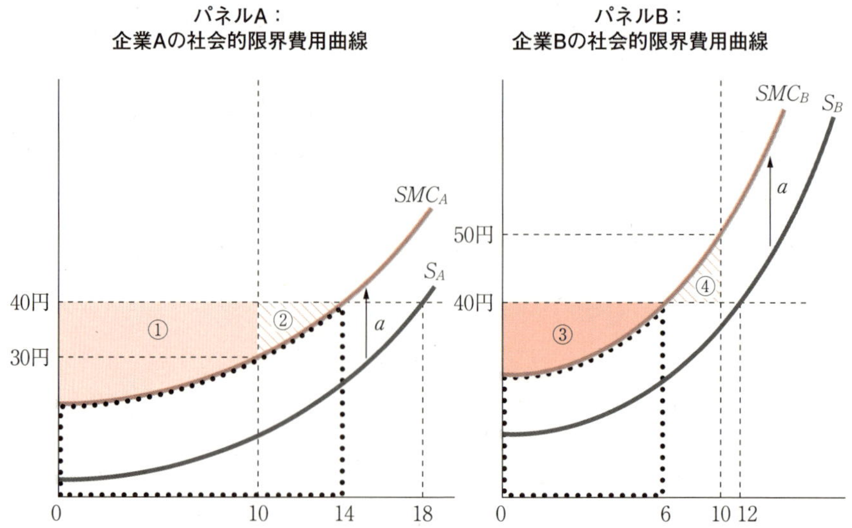

企業 A は18単位，企業 B は12単位生産します．

いずれの企業の外部不経済効果も a 円であるとすると，両パネルの茶色の曲線は各企業の社会的限界費用曲線（SMC_A と SMC_B）を示すことになります．それぞれの企業は，自社の社会的限界費用が価格と等しくなる生産量の下で，社会的余剰を最大化します．その時，企業 A は14単位，企業 B は 6 単位，上流企業全体で20単位を生産します．14単位を生産する企業 A が生み出す社会的余剰は，パネル A の①＋②です．また，6 単位を生産する企業 B が生み出す社会的余剰は，パネル B の③です．したがって，この時の上流企業全体が生み出す社会的余剰は，①＋②＋③です．

ピグー税が課されている場合には，供給曲線は，図7-5 パネル A・B では茶色の社会的限界費用曲線と同じ曲線になりますから，同じく企業 A は14単位，企業 B は 6 単位，上流企業全体で20単位を生産します．

したがって，ピグー税が課される場合は，それぞれの企業は利潤を最大化することによって，自社が生み出す社会的余剰を最大化しています．その結果，上流企業全体が生み出す社会的余剰も最大化されます．

複数企業に対する生産量規制

いま，政府がピグー税ではなく，生産量規制を採用することによって上流企業全体の生産を20単位に抑制しようとしたとしましょう（20単位が最適な生産量であるということは通常，政府にわかりませんが，政府の推定がたまたま当たったとします）．この場合政府は全体で20単位になるように各社に生産量を割り当てるのが通常の規制のやり方です．ここで政府が，企業 A・B の最大生産量を10単位ずつに制限したとしましょう．この時企業 A は，ピグー税下の生産量14単位ではなく10単位しか生産できません．

企業 B も，生産量 6 単位ではなく10単位を生産します．この時企業 A が生み出す社会的余剰は，図7-5 パネル A の②の面積分だけ減少します．企業 B がこの時生み出す社会的余剰はパネル B の④の面積分だけ減少します．

したがって，両企業に対する10単位規制の結果，②＋④の社会的余剰の損失が起きます．このことは，配分図を用いるとより明確に示すことができます．

図7-6 は，図7-5 パネル B の左右をひっくり返して，パネル A に重ね合わ

254   7章　外部経済と不経済

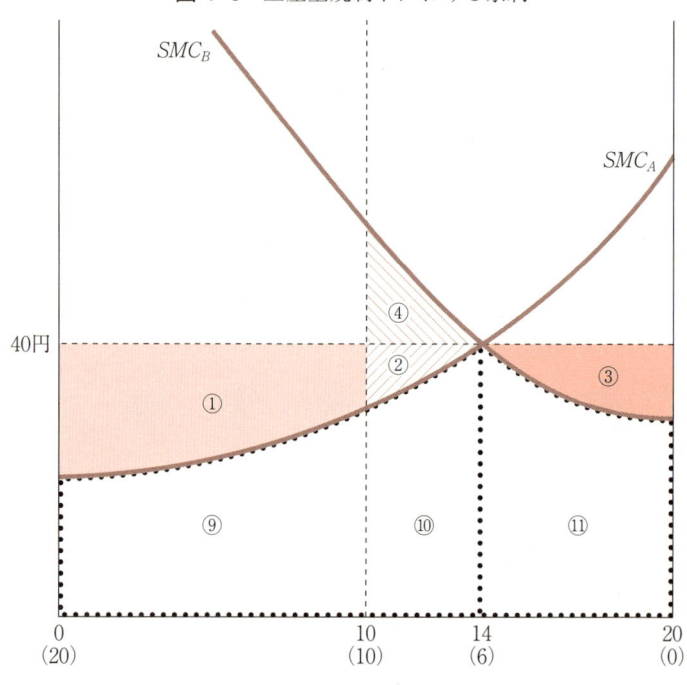

図 7-6　生産量規制下における余剰

40円

SMC_B

SMC_A

① ② ③ ④ ⑨ ⑩ ⑪

0   10   14   20
(20) (10) (6)   (0)

せた図です．図では，両企業合計で20単位生産する時に，両企業間での生産量の配分ごとの費用が示されています．図7-6の右下がりの曲線 SMC_B は，右下の角を原点として企業Bの生産量を測った時の企業Bの社会的限界費用曲線です（企業Bの生産量はかっこ内に示されます）．企業Aの生産量を14から10に減少させたあとでは，企業Aの社会的余剰は①に，企業Bの社会的余剰は③－④になります．この結果，総余剰は①＋③－④となり，以前と比較して，②＋④の社会的余剰の損失が起きていることがより明確にわかります．

ところでピグー税の下での両企業の社会的可変費用は図7-5パネルA・Bの太い黒点線で囲まれた面積で示されます．図7-6の太い黒点線で囲まれた2つの面積の合計は，企業Aが14単位，企業Bが6単位を生産した時の2企業の社会的可変費用を合計したものです．この生産量の組み合わせの時，両企業合計で20単位を生産するのに必要な両企業合計の費用が最小になっているこ

とがわかります．この組み合わせを**効率的な生産量の配分**と言います．一方，両企業が10単位ずつ生産している時の企業Aの社会的可変費用は，図7-6の⑨，企業Bの社会的可変費用は②＋④＋⑩＋⑪です．両企業の社会的可変費用を合計すると，図7-6の点線で囲まれた2つの面積と2つの斜線で示される②と④です．

一方，効率的な生産水準の組み合わせの社会的可変費用の総計は，太い黒点線で囲まれた2つの面積でしたから，社会的可変費用が面積②＋④だけ増加していることがわかります．これが，**生産量規制が生む死重の損失**です．社会的余剰の損失額は，この社会的費用の増加額を正確に反映しているわけです．

このように，数量規制の最大の問題は，各企業の社会的限界費用が等しくならず，生産の無駄が発生することです．ピグー税を採用すれば，このような無駄の発生を避けることができます．

4 個人と外部不経済

上では，企業間の外部不経済を分析しましたが，外部不経済はより一般的にも成立します．ある経済主体の行為が市場を通ぜず他の経済主体の効用を下げたり費用を上げたりしている時，その行為は**外部不経済**を引き起こしていると言います．

これまでは，2企業間で起きる外部不経済を考えてきました．しかし実際には，被害者あるいは加害者が個人である場合もあります．水の例で言えば，下流に住んでいる人にとって，汚れた水は明らかに迷惑です．空気を汚す自動車公害も，工場による煤煙も，さらには地球温暖化を引き起こすCO_2の排出も，個人の効用水準を下げます．これらは被害者が個人である外部不経済です．

また，外部不経済は個人間でも起こりえます．たとえば，真夜中にピアノを弾きまくる人は，周辺の他人に外部不経済を引き起こしています．

被害者が個人である時の外部不経済費用は，「被害者の効用水準を外部不経済が発生する前の水準に戻すことができる補償額」で測ります．

被害者が企業であるか個人であるかを問わずに，外部不経済を定義できます．

すなわち，ある経済主体の行為が市場を通さずに他の経済主体の効用を下げたり費用を上げたりしている時，その行為は**外部不経済**を引き起こしていると言います．

ところで，犯罪は，外部不経済を与える行為だとみなすことができます．ある人に傷害を与えるということは，受けるほうにとっては望ましくない行為を，市場を通ぜずに与えることです．罰金や刑罰は，そのような行動を抑制するためのピグー税であると考えることもできます．通常，外部効果やピグー税・補助金は，経済取引について言いますが，このように，より広いものとして捉えることができます．

5　外部不経済の必要条件

外部不経済が発生するための必要条件がいくつかあります．

排　除　費　用

上流・下流の例では，上流企業が汚した水を下流企業が無料で排除でき，きれいな水だけを取り込むことができれば，外部不経済は発生しません．したがって，外部不経済が起きるための1つの必要条件は，被害者が負担しなければならない**排除費用**が存在することです．

所　有　権

外部不経済が起きるためのもう1つの必要条件は，発生源と被害者とが異なる経済主体であることです．

同一の経済活動が行われても，**所有権の所在**，すなわち誰がどの財産を持っているかによって，外部不経済が発生したり，しなかったりします．上流・下流の公害の例のように，自由放任下での上流企業の生産が社会的に過大になり，非効率をもたらすのは，あくまで2つの工場が別の企業に属している場合です．

加害者企業と被害者企業が統合された場合には，外部不経済は消滅します．この場合，統合された企業は全体の利潤を最大にしようとしますから，自由放

任下でも社会的に最適な生産ができます．このように，外部不経済が発生するか否かには，どの工場をどの企業が所有しているかという，制度的な枠組みに決定的に依存しています．技術的な理由だけで外部不経済が起きるわけではありません．[10]

ところで，社会主義国では企業間の外部不経済がありません．というのは，すべての会社が国営だから，上流の工場が水を汚染して下流の工場のコストを高めても，1つの国営企業内の費用構造変化にすぎないからです．1つの会社だから，当然，工場間のコストの影響を考慮して生産量を決めます．加害企業と被害企業を統合すれば，外部不経済が消滅するのとまったく同じ理由で，社会主義国では定義上外部不経済がないわけです．[11]

6 混　　雑

道路混雑は，経済学的には典型的な外部不経済の例です．ただし，道路で混雑が起きている場合には，同一の経済主体が加害者でもあり，被害者でもあります．すでに混み合っている自動車道路にもう1台自動車が入ってくれば，他のすべての車のスピードを下げるという意味でこの車は加害者です．しかし，他の車がすでに大量に走っていることの結果としてこの車自身のスピードも落ちているという意味で，この車は外部不経済の被害者でもあります．

このように，あるグループ内のどの経済主体の活動が活発化しても，グルー

---

[10] 上流・下流の公害の例のように，上流工場と下流工場が別々な企業に属している場合には，下流企業が負担する浄水費用は上流企業の可変費用の一部ではありません．しかし浄水費用は，上流企業の社会的費用の一部です．このことを利用して，第7章では両社合計の利潤，すなわち社会的利潤の極大化を分析しました．しかし，両工場のどちらかが他方を買収して1つの統合企業になった時，この統合企業では，浄水費用は，上流工場の生産がもたらす可変費用のれっきとした一部です．「上流企業生産の社会的費用とは，統合企業における上流工場の可変費用である」と考えると社会的費用の意味がはっきりします．

[11] ただし，社会主義国では，市場を用いず，中央が各工場に生産量割り当てをしますから，第2章に述べたように，大規模な非効率が生じます．

プ内の他の経済主体に市場を通ぜずに悪影響を及ぼす時，**混雑**が発生すると言います．道路混雑が発生する場合には，自由放任の下では，非効率的なレベルにまで走行自動車数が増えてしまいます．この場合，混雑している道路を走るすべての自動車に対して，他の自動車に対する迷惑料相当のピグー税を課すことが非効率を除去する対策となります．これが**混雑税**です．[12]

一方で，もしこの混み合っている道路を通るすべての自動車を，1つの会社（たとえばクロネコヤマト）が所有していれば，この会社は自発的に，トラックの混雑度を最適なレベルまで抑制するでしょう．したがって，**この道路を利用している自動車が別々の経済主体であるということが，非効率を発生させています**．すなわち市場を失敗させています．

実のところ，1つの会社がすべてのトラックを持っていたとしても，道路を走るトラック数が多くなれば，「混み合い」現象という物理的な現象は起きています．この混み合い現象が一社内で起きる時には，たんに，トラックの限界生産力逓減という現象が起きるだけです．非効率や市場の失敗は起こしません（第4章「市場介入」参照）．「混み合い」という物理的な現象が外部不経済効果となって非効率をもたらすか否かは，結局所有権のあり方に依存します．混み合い現象という技術的な現象と所有権のあり方とが組み合わさって，混雑が発生すると言えるでしょう．

7　現実問題への応用

地球温暖化対策

地球温暖化防止のためにCO_2（二酸化炭素）の排出量を抑制することの重要性が認識されるようになりました．

前述したように，日本全体の炭素排出量抑制には，発電であろうが，輸送であろうが，炭素を排出するものに対してピグー税を課税することが有効です．

---

[12]　同じ目的で料金を課す場合は**混雑料金**と言います．混雑税と混雑料金の違いは，収入が政府に入るか道路事業者に入るかのみで，混雑抑制の効果はまったく同一です．

それが炭素税です．まず，この税は，家庭が直面する電気料金を引き上げ，家庭の電力消費の抑制を促します．次に，炭素税は，石炭や石油の利用を不利にする一方で，風力発電や原子力発電，また石油に比べて炭素排出量の少ない天然ガスの利用を優遇します．

　優遇の結果，原子力発電を選択するのか，あるいは天然ガスへの転換を選択するのかは，経営者の判断にゆだねればよい問題です．政府の役割は炭素税の税率を正しく設定することだけで，実際にどのエネルギー源を選んで日本全体の炭素排出量の削減に寄与貢献するかは，経営者が決めるべきです．炭素税の下では，経営者に炭素排出削減のためのさまざまな工夫をしようというインセンティブが生まれます．自社のコスト構造全体を把握している経営者に任せたほうが，より低いコストでの炭素排出量削減が可能になります．これがピグー税の考え方です．

　ところがこれまで日本政府により取られてきたCO_2対策は，環境保全に役に立つ風力発電や電気自動車に補助金を出そう，あるいは原子力発電を国策として推進しようとかいったものでした．しかし，炭素排出源はきわめて多岐におよぶので，政府が直接それら1つひとつの生産量の抑制を指示することは不可能ですし，また排出抑制量を決定することもできません．そのため，きわめて効率の悪いやり方でした．

　たとえば日本では，原子力発電に対して，政府が発電計画を立案し，策定して，援助してきました．税収面からも，地元対策費などを支払って，原子力を優遇してきたのです．政府が原子力発電を補助する公式の理由は，「原子力発電は，炭酸ガスを排出しないので環境にやさしいから」というものです．環境保全のためには，火力発電の代わりに原子力発電でいくしかない，というわけです．

　しかし，発電に使われる石油は，日本の輸入量の1割未満です．日本の発電を全部原子力でまかなっても，せいぜい日本の石油輸入量の1割ぐらいしか削減できません．残りの9割は，自動車輸送とか産業用に使われています．そこに手をつけず，発電だけを石油から原子力に換えても，地球環境保全にとってはあまり有効ではありません．ピグー税のほうがはるかに有効です．

　ピグー税にはもう1つの大きなメリットがあります．炭素排出するもの全部

に税金が課されることになると，炭素を排出しないような技術を開発しようと企業や発明家は一生懸命になります．発明によって生まれたエネルギー節約型製品を市場が買ってくれるからです．そうした技術進歩により，予想もしていなかった形で，炭素排出量がコントロールできるようになるかもしれません．

もし政府がピグー税を選択せず，特定のエネルギー源に補助する政策を採用すると，技術開発の促進には役立ちません．研究開発（R&D）の促進にインセンティブを与えることも，ピグー税の特徴です．

ただし，産業界は，ピグー税の下で税負担するより生産量規制を受け入れるほうがましだと考えるのが一般的です．

違法建築対策

建築基準法では，容積率（各階の床面積の合計と敷地面積の比率）や建坪率（建物が建てられている面積と敷地の面積の比率）を規制しています．その目的は，居住環境を混み合った感じにしたり，都市インフラに混雑を発生させたりしないためです．家屋を密集して建てることによって，他の人が困ることを防ごうというわけだから，これらの規制は外部不経済対策です．しかし現実には，それらの規制に違反した違法建築が数多く建設されています．

違法建築に対して，現在通用している罰則は「除却」です．要するに，建築業者をつれてきて，違法建築を潰してしまうということですが，大変な費用と人手がかかるため，日本全体でも毎年1件か2件しか行われていません．

このような外部不経済に対しては，ピグー税を用いればオーソドックスな対策をとることができます．すなわち，定められた許容容積率や建坪率を超えた割合に応じてピグー税をとればいいわけです．たとえば固定資産税の上乗せのような形で，賦課税をとればすみます．また個々の宅地ごとの容積率ではなく，インフラ混雑に関係する地区全体の容積率を定め，それに達するまでは賦課金を0とし，それを超えるとその地区すべての住宅の床面積に対して賦課金をかけることも考えられます．

B. 外部経済

8　外部経済とピグー補助金

定義と例

　これまでは，ある経済主体が市場を通さずに，他の経済主体に対して，何らかの被害を与える場合を考えてきました．しかし，ある経済主体が他の経済主体に対して，市場を通さずに，よい効果をもたらす場合があります．他の企業の利潤を引き上げたり，他の個人の効用を引き上げたりする場合です．このような場合を，**外部経済 external economy** が起きていると言います．外部不経済のちょうど逆です．

　外部経済でもっとも古典的な例は，養蜂家と果樹園の例です．養蜂家の近くに果樹園ができると，蜂蜜生産の生産性が上がります．

　もう1つの例は，山林の治水効果です．山林を持っている材木会社は，ふもとに住む住民に対して治水効果という外部経済を生みます．すなわち山林によって，これ以上の雨量になってはじめて洪水の可能性が発生するという雨量の閾値が上がります．しかも山林の規模が大きいほどこの閾値は高くなります．

　外部経済と外部不経済を合わせて**外部効果**と呼びます．外部経済を**正の外部効果**，外部不経済を**負の外部効果**とも言います．

ピグー補助金

　果樹園や材木会社のような外部経済を発生させている経済主体は，自由放任の下では，効率性の観点からは過少な生産をする傾向があります．その場合には，発生源の生産を自由放任の水準より増加させることを社会的に促す補助金を採用することが効率化に役立ちます．たとえば，自由放任の下では，材木会社が行う植林の規模は社会的観点からは小さすぎる可能性があります．効率化の観点からは，材木会社が行う植林に対して補助金を出して，治水効果を上げる必要があります．このような発生源に対する補助金は，**ピグー補助金**と呼ば

れています．

9　外部経済の必要条件

結合生産物

　企業が発生させる外部経済は，結合生産物という概念と密接に結びついています．

　これまで，1つの企業は1つのものを生産するという場合を考えてきました．しかし実際には多くの場合，1つの企業は複数のものを生産します．トヨタがいかに多くの種類の自動車を生産しているかを考えればわかりますし，ソニーは，オーディオ機器だけでなく，映画もCDもゲーム機も生産しています．このように，同一企業が生産する複数の生産物のことを，**結合生産物**と言います．[13] 牛からは革も肉も生産されますし，鳥からは卵も肉も生産されます．石油精製をすると，一定の割合で，ナフサや軽油が出てきます．そのように，結合生産物の例は多くあります．

　果樹園とミツバチの場合には，果樹園は，果物を生産していると同時に，蜂蜜提供サービスをも結合生産物として生産しています．その際，果物は市場で取引されますが，蜜蜂提供サービスのほうは売られることなく，外部経済効果をおよぼしています．材木会社は，材木と治水効果とを結合生産しています．その際，材木は市場で取引されますが，治水効果のほうは，売られることなく外部経済効果を及ぼしています．

　ある生産工程から財Aと財Bの2つの結合生産物が生まれる場合に，財Aには市場があるが，財Bには，市場がないため売れないとしましょう．この時，財Aを市場で売るために生産すると，自動的に結合生産されてくる財B

---

[13] このような結合生産が起きるのは，1つの企業がそれぞれ単品で作るよりも，異なった生産物を同時に作ったほうが，その企業が持っているノウハウや機械，労働力・材料などをより有効に使うことができ，より安く作ることができるからです．このように，複数のものを作った場合に，1つひとつを別々に作った場合よりも安くできる場合を，範囲の経済がある，と言います．

を，関係ない人が無料で受益してしまうということになります．

このように，民間企業の生産活動が外部経済を発生させるのは，その企業の主な生産活動の結合生産物が，他の経済主体に便益を及ぼすにもかかわらず，その結合生産物の市場が存在しない場合です．

排除費用

上の例で，山に林を持っている材木会社が，ふもとの住民のうち特定の住民が治水効果を受けることを排除できるのならば，治水サービスの対価を支払う人に対してだけサービスを受けさせ，対価を支払わない人を排除すれば，材木会社は利益を得ることができます．すなわち，治水サービスの市場ができます．それがなされないのは，排除が難しいからです．「サービスの受益者として，特定者以外を排除するのが難しい」場合，**排除費用が高い**，あるいは，**排除不可能である**，と言います．

果樹園は，果物は商売にできますが，蜂蜜提供サービスのほうは商売にできないのは，特定の養蜂業者以外の蜂が果樹園にくるのを排除できないためです．受益者の排除費用が高いために，蜂蜜提供は，市場に提供できず外部効果として供給されています．

したがって，**ある企業が生産する財の結合生産物の排除費用が高い場合**には，結合生産物の市場ができないため，**その結合生産物が，複数の受益者に対して，外部経済効果を起こします**．すなわち，民間企業が外部経済を発生させる場合には，排除費用の存在が必要条件です．

一方，市場のない結合生産物を生産することが，他の経済主体に直接的に被害を及ぼす場合には，**外部不経済**を起こしていると言えます．他人に嫌われる結合生産物が外部不経済を引き起こします．

所有権

外部経済も，所有権の所在，すなわち誰がどの財産を持っているかによって，発生したりしなかったりします．たとえば，ミツバチの例では，養蜂業と果樹園とを同じ会社が経営しているならば，外部効果は発生しません．果樹の種類や本数を蜂蜜の生産のことも考えて調整するでしょう．また，個人経営の製材

業者が所有する山林のふもとに，経営者が広大な大邸宅を持っている場合も，外部効果は発生せず，放っておいても山林の規模は適正になります．

10　発生源としての個人と政府

　ここまでは，企業が外部経済を発生させる場合を考えましたが，個人も政府も外部経済を発生させます．

　ヨン様が街を歩いているのを見ると，皆が嬉しくなるということも，個人が引き起こす外部経済の1つであると言えます．また，ある邸宅の樹木が周囲の人にくつろぎを与えるということも，個人が外部経済を発生させる例です．大田区の東馬込の個人が所有する邸宅内にあった桜並木は，桜の名所でした．この邸宅の持ち主が亡くなったあと，邸宅を買い取った不動産業者が跡地にマンションを建てるために桜の木を切ろうとしたところ，近所の住民による大規模な反対運動が起り，周囲の人がそれまで無償でどれだけの恩恵を受けていたか，桜並木にどれだけの外部経済を受けていたかが明らかになりました．

　また，政府が発生させる外部経済は，無料で提供している橋や道路のような公共財です．これらは，受益者に市場を通ぜずに便益を及ぼしているため外部経済を引き起こしています．

　ところで，企業が発生源である時の外部経済を引き起こす技術的な要因は，結合生産物と高い排除費用でした．個人が外部経済を発生させる原因も，高い排除費用です（たとえば，街を歩いているヨン様の場合も，特定の人には姿を隠せるのなら，お金を支払う人だけに姿を見せることができるはずです．見物人を排除するコストが高いから，外部経済が発生しています）．一方，政府が発生源である場合には，規模の経済が根本的な原因です．

11　金銭的外部経済

　1つの企業の行動が，価格変化を通じて他の企業によい影響を及ぼすことが

あります．たとえば，あるオフィスビルと契約している清掃会社が料金を下げたとします．それによってこのオフィスビル会社は得をします．しかしそれは養蜂業者の近くに果樹園ができるのとは違っていて，たんに価格の低下を通じてこの企業は得をした，ということです．

このような場合，外部性と似ているので，それとはっきり区別するため特別の用語を用います．すなわち1つの企業の行動が他の企業の行動に価格変化を通じて影響を及ぼす場合を，**金銭的外部経済**を及ぼすと言います．これは非効率を生み出すわけではありません．なお，市場を通じない普通の外部経済のことを，これと区別するために，**技術的外部経済**と言うこともあります．

12　相互外部効果

第4節では，外部不経済の例として，混雑をあげました．混雑状況にいる経済主体は，外部不経済効果の発生源であるとともに，受け手でもあります．外部経済に関しても，お互いに外部経済効果を与えあう状況があります．ここではその例として，都市の集積の利益，産業の集積の利益，ネットワーク外部性，商品規格について考えましょう．

都市の集積の利益

都心にオフィスが集積すると，お互いに便益を与えあうという現象は，**都市の集積の利益**と言われています．これには2種類あります．第1は，集積がもたらす個々の企業の**生産性上昇**によるものです．具体的には，企業間の通信・交通費の節約によって得られます．生産性の上昇による，集積の利益は，技術的外部経済を通じて，各企業にもたらされます．第2は，集積によって**投入物価格が下落すること**によるものです．具体的には，対事務所サービス費用の低下がもたらします．こちらは都心における企業の集積がもたらす利益が，対事業所サービス価格の下落を通じて，すなわち，金銭的外部経済を通じて各企業に分け与えられます．

a. 生産性の上昇：通信・交通費の節約

まず，通信・交通費用の節約による集積の利益が得られるケースを説明しましょう．例えば，東京丸の内のオフィス街で働く投資銀行の営業部員が，いままで1日3社のお客にしか会えなかったのが，都心再開発の結果，都心に企業数が増加したために，1日6社に会えるようになったといったケースです．

東京のオフィス街が薄く広がっていれば，丸の内にある会社Aの社員にとって，他の会社を訪問するのに時間もお金もかかります．しかし，オフィス街が密集しており，大半の企業のオフィスが丸の内の近くにあれば，数多くの顧客企業を訪問できるようになります．すなわち他の会社が丸の内に集積することは，会社Aに対して，外部経済を与えます．その一方で元から丸の内に立地している会社Aも，丸の内に集積してきた会社に外部経済効果を与えます．

この例では，集積の利益は，1つのオフィスから他のオフィスに行く通信・交通の費用の節約という形でもたらされています．この場合，1つの企業の立地変更が他の企業の利潤に市場を介せずに影響を及ぼします．つまり，いずれかの企業が提供している財・サービスの価格が低下することによって，他企業の利潤を上げているわけではありません．したがって集積の利益は技術的外部経済です．この市場の失敗に対する基本的対策は，ピグー補助金です．すなわち，企業が従業員を採用することに対して補助金を出すことです．敷地面積当たりの床面積が大きいほど補助金を出すのもピグー補助金の一種です．

このような集積の利益がある場合は，都市全体としては，生産量が増えると，すべての企業の平均費用曲線が下にシフトしますが，個別の企業が自社の生産量を単独で増やすと，自社の平均費用は増大します．すなわち，個々の企業ではなく，都心全体として規模の経済があります．各企業は規模の経済による便益を技術的外部経済という形で受け取っているので，ピグー補助金さえ適正に設ければ，それ以上の規模の経済対策をする必要はありません．

b. 投入物価格の下落：対事務所サービス費用の低下

次に，ある種の対事務所サービスの価格は（都市の大きさが一定水準に達するまでには），都市が大きくなるほど下がります．以下では，そのような対事業所サービスの例をいくつかあげましょう．

第1は，コンピュータの保守，エレベーターの保守などの対事務所サービスです．

第2は，渉外弁護士事務所です．東京には外国との取引をするのに必要な外国法に詳しい弁護士もいる渉外弁護士事務所がいくつかありますが，小さな町ではそのような事務所はやっていけません．

第3は，国際会計事務所です．日本の会社がジョージア州かケンタッキー州のどちらに工場をつくりたい場合に，両州における地方税の優遇税制についてただちに詳しく調べてくれる国際的な会計事務所が，東京にならあります．しかし札幌にはありません．お客さんの数が多い都市では，規模の経済のために，これらのビジネスがペイするようになるわけです．

対事務所サービスの低価格化を通じた集積の利益は，利益の受け手にとっては金銭的な外部経済です．したがって，その限りにおいて市場の失敗はなく，政府による市場介入の必要性はありません．ただし，対事務所サービス単価の低下は，もとを正せば対事務所サービス企業の規模の経済によって起きています．

ある市が大きくなり，規模の経済によって，例えばコンピュータ保守会社の平均費用が下がる結果，1社か2社がペイするようになると，独占的なサービス価格をつけるようになるでしょう．この時，厳密には価格規制をすべきですが，都市が成長していればそのような対事務所サービス会社自体が増えますから競争的になります．したがって，行政コストをかけてまで規制する必要はありません．また，独占的な価格を黙認することによって，対事務所サービスへの企業参入を促す効果もあります．

以上で考えた2つのタイプの都市の集積の利益には，街全体の生産性で見ると，いずれにも規模の経済が背後にあり，それが都市の集積の利益の根源的な原因になっていることがわかります．

産業の集積の利益

ある地域に立地している産業の生産が増加すると，その産業で用いる部品や機械の生産に規模の経済が働き，部品や機械の価格が下がるために，それらを投入物とした産出物の価格が下がる場合には，**産業の集積の利益**があると言います．

コラム：都市の集積の利益

　東京のソロモン・ブラザーズは，1986年に溜池に再開発されたおしゃれなエリアにオフィスを構えていました．しかし当時，溜池は地下鉄の駅から遠く不便でした．どこに行くにもタクシーで，MBAを持った優秀で高給取りの社員が渋滞に巻き込まれて時間を無駄にしていました．そういうわけで，ソロモン・ブラザーズは，大手町アーバンネットビルにオフィスを移しました．4本の地下鉄が通っている大手町に移ってからは，大手町で多くの仕事ができるようになり，社員1人当たりが1日に他社の社員と会える回数がぐんとアップし能率が改善しました．これは集積の利益が企業の立地にいかに重要な影響を与えるかを示しています．

　ところで，その後溜池には3つも地下鉄の駅ができ，溜池・赤坂・六本木地区に他の開発も進み，周辺に大きな集積がもたらされるようになりました．それとともにソロモン・ブラザーズが合併した会社は，また溜池の近く（赤坂）に戻ってきました．これも集積の利益の立地に及ぼした影響です．

　香港ではセントラル（中心）地区にオフィスが集中しています．香港三菱商事の社長さんから聞いた話ですが，このため，夕食後のパーティーに1日4件まで顔を出せるそうです．もちろん昼も同様に，たくさんのお客さんに会えます．集積の利益が発生している例です．

　たとえば，途上国にある自動車会社が生産を始めようとする時，国全体の自動車の生産量が少ないならば，工場で使う各種の部品も，機械もすべて自前で生産しなければならないため，非常に高いものになります．しかし，産業全体への需要が増して産業の生産量が増加し，企業数が増えると，部品のメーカーや機械工場の建設メーカーあるいはそれぞれの修理会社が発達し，それらから部品や機械を安く調達できるようになります．このため，自動車産業で参入が進み，産業全体の生産量が増大するにしたがって，どの企業もそれ以前より安く生産できるようになります．

　これは，規模の経済と金銭的外部経済が入り組んでいるケースです．産業全体の規模が大きくなることによって部品メーカーがペイするようになる，とい

うことは部品の生産に規模の経済があるということです．しかし，この産業の最終製品を生産する各企業は，安い価格の部品が現れることによって利益を得ているので，金銭的外部経済を得ています．自社の生産工程に規模の経済があって利益を得るのではありません．言ってみれば，他の企業の生産が生み出す産業全体の規模の経済からの利益を，金銭的外部経済を通じて得ているのです（なお，前節で説明した「対事業所サービス費用の低下」による都市の集積の利益は，「産業の集積の利益」の特殊型とみなすことができます）．

　一方で，ある地域に1つの産業が集中すると，その原材料や部品の購入先が近くに立地するようになり，輸送費が軽減されるという外部効果もあります．これは，都市の集積の利益における，通信・交通費の節約効果と同様に，生産性の上昇をもたらします．こちらのほうは，技術的外部経済効果だと言えます．

ネットワーク外部性

　相互外部経済効果のもう1つの例は，**ネットワーク外部性**と言われる現象です．例えば，携帯電話を持つ人が増加すると，すでに携帯電話を持っている人にとってもますます便利になっていくという現象です．

　これまで規模の経済は，同じ質を持つ財の生産の平均費用が，生産量の増大とともに減少していく現象であると定義しました．一方で，ネットワーク外部性は，生産量が増加するにしたがって，同じ平均費用で供給されるサービスの質が上がっていくという現象です．これは，生産量が増加するにつれて，サービスの質を一定に保ったまま平均費用が下落することと本質的には同一の現象であるとみなすことができますから，この現象も広い意味での規模の経済に含めて考えることができます．

　一方で，同じ携帯電話会社の加入者が増えると，加入者1人当たりのコストは下がり，サービスの質を下げることなく価格が下がる場合があります．これは，金銭的外部経済が相互に効果を発揮する状況です．

商　品　規　格

　上では，全体における規模の経済による利益が，金銭的外部経済を通じて，個人や企業に便益を与える場合をいくつか指摘しました．

規模の経済は，間違った商品規格を生むことがあります．2つの別な財のいずれもが，ある最終的な需要を満たすことができ，かつそれぞれの財の生産に巨大な規模の経済がある時には，経済に複数の均衡が存在することがあります．しかも結果的に，市場が（社会的に）望ましくないほうの均衡を選んでしまう場合があります．ビデオデッキの商品開発の初期に市場に併存していたβマックスとVHSが良い例です．実は，βマックスのほうが画質が高かったのですが，長時間プレイをする技術の開発が多少遅れたために，VHSの生産が大きくなり，費用が規模の経済によって下がり，結局VHSが広く使われることになりました．

また，その際，VHSの生産費用が下がっただけでなく，レンタルソフト会社は，より大きな市場を占めたVHSのために，より多様なレンタルソフトを提供しました．そのため，一度大きなマーケットシェアを獲得したVHSは，ますます多くのソフトを集めることになったのです．需要家には，その観点から，VHSはより優れた製品として受け取られ，βマックスを駆逐していきました．この場合，ビデオ受像機生産に規模の経済があっただけでなく，ビデオのソフト市場に規模の経済があったことが効きました．少量の需要に対応してビデオを製造するのには単価がかかるという規模の経済が，個々のビデオソフトに存在したため，より大きなマーケットを獲得していたVHSがその規模の経済を利用できたのです．

このケースでも，規模の経済の利益は，価格を通じて最終需要家に伝えられています．すなわち，金銭的外部経済が起きています．したがって，技術的外部経済があったというわけではなく，むしろ規模の経済が，潜在的に2つの均衡（VHSだけが使われる均衡とβマックスだけが使われる均衡）を生み出し，ほとんど偶然によって望ましくないほうが選ばれたのだと解釈できるでしょう．

13　最長期供給曲線

第5章では，最長期の供給曲線が水平になる場合を考えました．需要曲線がどのようにシフトしても，最長期均衡では，企業数が調整されて，利潤がゼロ

コラム：ディズニーランドとディズニーワールドの違い

　カリフォルニアにディズニーランドがあり，フロリダにはディズニーワールドがあります．その違いは何でしょうか．ディズニーランドのほうには，ディズニーの遊園地はありますが，泊りがけでくるような人たち向けのホテルはディズニーランドの外にあります．そしてそれは，ディズニーではなくてほかの会社が経営しているのです．土地が値上がる前に目ざとくディズニーランドの集客力に気が付いて，近くの土地を購入してホテルを建てたりレストランを作ったりした人は，外部経済による便益を得ることができたわけです．

　ディズニーは，ディズニーランドの客目当てで周りにホテルなどができ，高い利益をあげている，ということを後になって気がつきました．そこで，フロリダに作った時は，最初から周辺の土地も多めに買ってしまって，その中に遊園地だけでなくホテルもレストランも全部作ってしまいました．要するに，ディズニーランドでは外部経済によって他者に与えてしまっていた便益を，今度は自社が全部吸収しようとしたのです．もちろんディズニーが直接ホテルを経営しなくとも，経営は普通のホテル会社にやらせて，その代わりディズニーの土地でホテルを経営するライセンスを売ればよいのです．すると，前もって買っておいた土地の外部経済も含めたレントをすべて吸収できます．

　こうして，ディズニーワールドにおいては，何もかもディズニーが吸い取ることができました．所有権構造によっては，外部経済は発生しないということを思い出してください．ディズニーは，外部経済の及ぶ範囲をすべて手中に収めることで，外部経済を内部化してしまったのです．つまり，1つの世界にしてしまったわけです．だからディズニーワールドと名付けたのかもしれません．

になるまで価格が下落します．ということは，価格が最低の平均価格に等しくなるということです．すなわち，最長期均衡では，産業全体の均衡生産量が何であれ，すべての企業は最低の平均費用で生産していることになります．したがって，最長期供給曲線は水平になります．

　ただし，最長期供給曲線が水平であるためには，産業全体の生産量が増加しても労賃や原材料の価格が変化しないという暗黙の前提があります．

右上がりの最長期供給曲線

　この前提が成立しない場合には，最長期供給曲線が右上がりになる場合があります．自動車のような大きな産業では，産業全体の生産量が上がれば，日本全体の労働者に対する需要が高まって労賃が上がります．労賃が上がればどの企業の平均費用も上がってしまいます．すべての企業が直面する最低平均費用が上にシフトするわけです．この結果，産業全体の生産量が上がるほど，平均費用は逓増し，産業の最長期供給曲線は右上がりになります．

　この場合，新しい企業が入ってくることが他の企業の費用を引き上げています．しかしこの効果は，市場を通じたものですから，金銭的外部不経済の結果です．これは技術的外部不経済と異なり，市場の失敗を起こしません（労賃だけでなく原材料の値段が上がるという場合もあります．その時にも市場の失敗は起きません）．

右下がりの最長期供給曲線（産業の集積の利益）

　最長期供給曲線は，右下がりになる場合もあります．産業の集積の利益がある場合には，産業全体の生産量が増加すると，部品や機械の価格が下がりますから，各企業が直面する最低平均費用が下がります．その結果，最長期の市場供給曲線が右下がりになることが観察されます．「産業の集積の利益」の説明で述べたように，この産業の最終製品を生産する各企業は，安い価格の部品が現れることによって利益を得ているので，金銭的外部経済を得ています．自社の生産工程に規模の経済があって利益を得るのではありません．他の企業の規模の経済からの利益を，金銭的外部経済を通じて得ています．

キーワード

自由放任　浄化費用　外部不経済　外部費用　社会的費用　社会的限界費用　外部限界費用　私的限界費用　社会的限界費用曲線　社会的余剰　社会的限界余剰　限界便益　自由放任の非効率性　死重の損失　ピグー税　既得権尊重のルール　炭素税　ガソリン税　数量規制の非効率性　効率的な生産量の配分　生産量規制が生む死重の損失　所有権　混雑税　混雑料金　排除費用　外部経済　外部効果　正の外部効果　負の外部効果　ピグー補助金　結合生産物　ピグー減産補助金　排除不可能　金銭的外部経済　技術的外部経済　金銭的外部不経済　技術的外部不経済　規模の経済　産業の集積の利益　ネットワーク外部性　商品規格

練習問題

1. 以下の空欄を埋めよ．同じ言葉を何度用いてもよい．

   公害発生企業が生産することによって自社を含む企業のすべてに発生させる費用の総計を，社会的費用といい，(a)　　　　＋(b)　　　　で表される．また，ある企業が発生させる社会的余剰は(c)　　　　－(d)　　で表される．この社会的余剰が最大になるのは，社会的限界余剰が0となる時であるので，(e)　　　　＝(f)　　　　が成り立っている．

   一方，社会的余剰を最大化する生産量を企業が生産している時，(g)　　　　＝(h)　　　　が成り立っている．

2. 上流企業1社が排水を流し，下流企業が浄化しなくてはいけないという教科書の例で，x財価格がp_0，外部限界費用がaであるとしよう．図7-7は，この時の上流企業の私的限界費用と，社会的限界費用とを描いたものである．

274　7章　外部経済と不経済

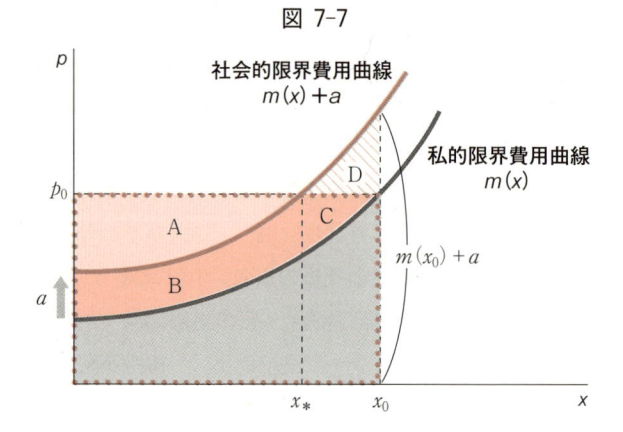

図 7-7

下の選択肢を用いて空欄を埋めよ（何度用いてもよい）．

A, A−D, B+C, B+C+D, C+D, D, x_*, x_0

(1) 自由放任の時，上流企業は ＿＿＿ だけ生産する．
(2) 自由放任の時，社会的余剰は ＿＿＿ である．
(3) 自由放任の時，死重の損失は ＿＿＿ である．
(4) 政府が外部費用に等しいピグー税を課す時，上流企業の生産量は，＿＿＿ である．
(5) 政府が外部費用に等しいピグー税を課す時，社会的余剰は ＿＿＿ である．
(6) ピグー税がかけられたことによる社会全体の総余剰の増加分は ＿＿＿ である．
(7) ピグー税がかけられたことによる，上流企業の利潤の減少分は ＿＿＿ である．

3．次の文の(a)から(j)に当てはまる適切な領域を，下図の番号を利用して記入せよ．（例：①+②+③）

　　上流企業が公害を起こすモデルで，上流に2社あるとする．図7-8には，2社の社会的限界費用曲線が SMC_A と SMC_B として描かれている．価格は p である．企業Aがピグー課税の下で14単位，企業Bが6単位生産するとき，

企業 A が発生させる社会的余剰は(a)□である．この時，企業 B が発生させる社会的余剰は(b)□である．したがってこの時の社会的余剰は(c)□である．また社会的費用は(d)□である．

次に，規制によって企業 B が10単位生産する時，企業 A が発生させる社会的余剰は(e)□で，企業 B が発生させる社会的余剰は(f)□である．したがって，この場合の社会的余剰は(g)□であり，社会的費用は(h)□である．

よって，この規制が生み出す死重の損失は(i)□であり，社会的費用の増加は(j)□である．

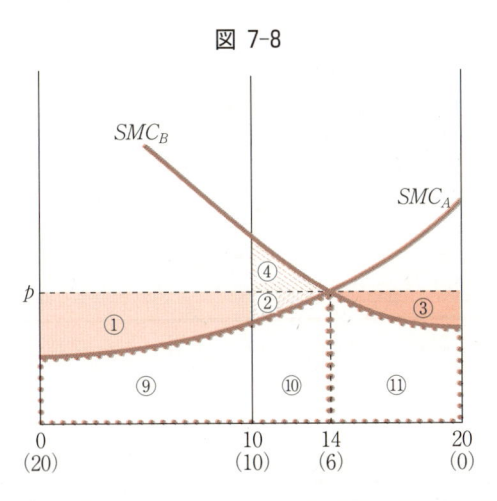

図 7-8

4．2つの企業 A，B が外部不経済の加害者である場合を考えよう．企業 A の私的限界費用は $PMC_A = 10 + 0.5x$ で，企業 B の私的限界費用は $PMC_B = 10 + x$ で表される．いま，市場価格が $p = 40$ であるとしよう．また，企業 A は生産1単位当たり15の外部限界費用を，企業 B は生産1単位当たり10の外部限界費用を発生させているとしよう．

図 7-9

$PMC_A = 10 + 0.5x$

$PMC_B = 10 + x$

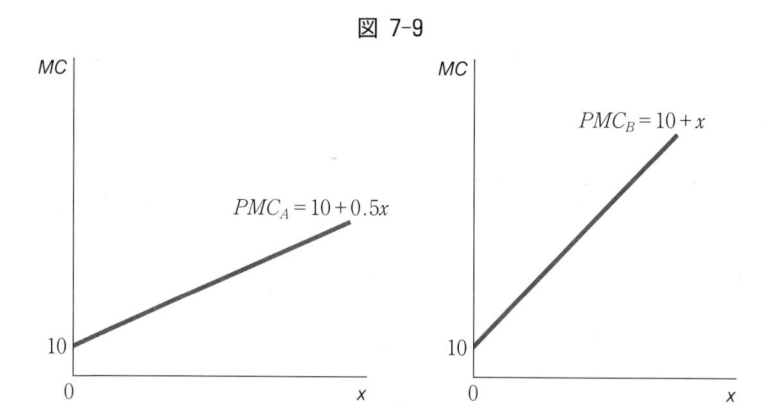

(1) 規制が一切ない場合，各企業が選ぶ生産量を求めよ．
(2) 各企業の社会的限界費用を表す式を求め，上の図に追加せよ．
(3) ピグー課税を行う場合，各企業が選ぶ生産量を求めよ．
(4) (3)の各生産量の平均値で生産量規制を行うとする．この場合の死重の損失を図に表せ．

5．次の各文章内の空欄に当てはまる適切な言葉を下から選んで答えよ．

金銭的外部不経済　　技術的外部不経済　　可変費用　　固定費用　　外部経済

(1) 1つの企業の行動が，他の企業の行動に価格を通じてマイナスの影響を及ぼす場合，(a)｜　　　｜を及ぼすという．他方，市場（価格）を通じずにマイナスの影響を及ぼす場合は(b)｜　　　｜を及ぼすという．
(2) 上流企業が下流企業に対して負の外部性を及ぼしている場合，上流企業の社会的費用は，両社が統合してできる企業における上流工場の｜　　　｜と見ることができる．
(3) 近くに大型電器チェーン店ができたことで，商店街の電器屋の売り上げが減少するのは，｜　　　｜の一例である．

6．社会主義国では基本的に外部経済・不経済はありえない．この理由を説明せよ．

7．「結合生産物がある場合に，外部経済を引き起こす」ということを説明せよ．
8．空欄に正しい語句を入れよ．
　(1) 教科書の例にあげられた果樹園の蜂蜜提供サービスは，果物の生産過程で生まれる(a)□□□□生産物であると考えられる．このサービスが無料で養蜂業者に提供されているのは(b)□□□□が高いためである．
　(2) 「市場の失敗」とは，自由放任状態において，□□□□が成立しなくなったり，縮小してしまったりする状態のことを指す．

8章

減産補助金と環境権

　ピグー税を導入する際の最大の問題は，公害発生企業が課税を嫌がることです．そのような企業は，「もともと，そのような税金がないことを前提に営業してきたのだから，いまさら導入されるのは困る．これでは，経済を沈滞させてしまうことになる」といった理由で抵抗します．その結果ピグー税が導入されず，非効率的な資源配分が続くのは残念なことです．

　しかし，そのような状況でも，本章第2節で述べるピグー減産補助金を導入するならば，むしろ発生企業にとっては得になり，政治的に効率化政策が導入しやすくなります．さらに，本章第3節で示すように，ある条件が整えば，外部不経済下でも市場の失敗が起きず，政府が市場介入する必要がない場合があります．「コースの定理」が成り立つ状況です．

　本章の第1節では，第2節と第3節の準備のために，外部不経済の話から離れて，通常の需要・供給市場に**減産補助金**が導入される場合を考えましょう．

1　減産補助金の下での供給曲線

減産補助金
　第4章「市場介入」では，1単位生産するごとに政府が企業に対して支払う補助金を分析しました．しかし，本節では減産補助金を分析します．これは，

企業が生産量をある数量から1単位減産するごとに，政府が企業に対して補助金を出すという制度です．

生産を増やすための補助金は，生産量を増大させる効果を持ちます．一方，減産補助金は，生産を減らす効果を持っています．この点で，減産補助金は，物品税と同一方向の効果を持っています．

以下では減産補助金の効果を，まず固定費用がない場合について分析し，その後で固定費がある場合を分析します．

減産補助金の効果を分析する前に，税金も補助金もない場合の利潤最大化行動を復習しましょう．ある企業の生産量xにおける限界費用$m(x)$のグラフが図8-1のグレー線で示されています．税金も補助金もない場合には，この曲線がこの企業の供給曲線です．これは図7-1のグレー線とまったく同じです．

たとえば価格がp_0の時，この企業はx_0を供給することによって利潤を最大化します．固定費用がない場合，最大化された利潤は図のベージュの面積です．

ここで，減産補助金を導入するとしましょう．この企業が生産量をx_0から1単位減産するごとに，この企業に対して10円の補助金が与えられるとします．価格がp_0時に，この減産補助金の下で企業が得る利潤を所与の生産量ごとに測りましょう．

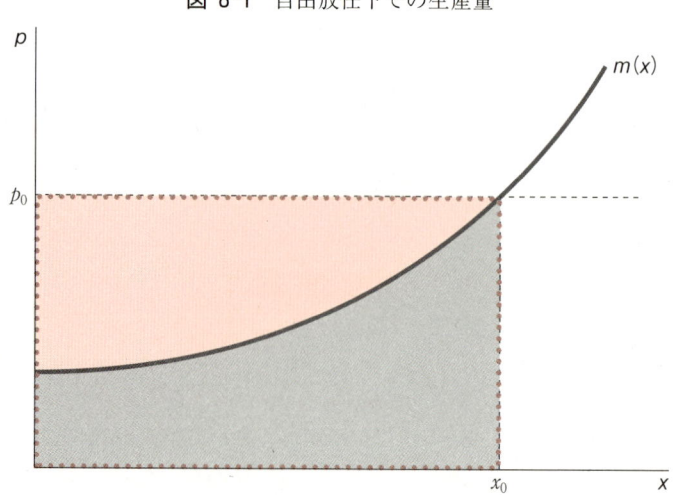

図 8-1　自由放任下での生産量

利潤は

利潤＝収入－費用

のように定義されましたが，減産補助金がある場合には，収入＝販売収入＋補助金が成り立つため，次のように書き直せます．

利潤＝販売収入＋補助金－費用 (8.1)

図 8-2 の茶色右上がり線は，グレーの右上がり線を上方に 10 円分シフトさせた曲線です．10 円の減産補助金の下では，この茶線が供給曲線になることを示しましょう．

まず，生産量を図 8-2 の x_0 から x_a まで減産したとしましょう．この時，この企業は，x_a の量の販売から，茶点線で囲まれた長方形の面積の収入を得て，費用 V を支払います．したがって販売から得る利潤は Y＋T です．一方この企業は，ベージュ格子線図形の面積 S に等しい補助金も得ます．したがってこの時，利潤の合計は Y＋T＋S になります．

さらに，この企業は x_a から x_* まで増産すると，三角形 a の面積だけ利潤が増えます．この図から明らかなように，生産量が x_* の時利潤は最大化されます．言い換えると，価格が p_0 の時，この企業は価格線 p_0 と茶線が交わる生産量 x_* で生産します（価格が p_0 の時に，この企業が最大化した利潤は，図 8-3

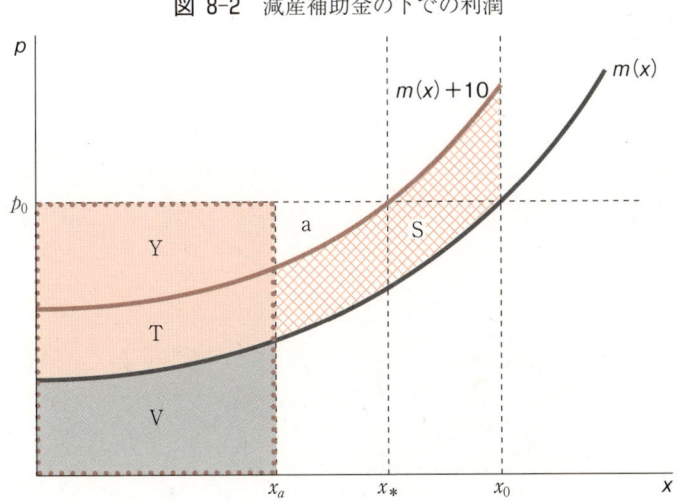

図 8-2 減産補助金の下での利潤

のA＋B＋C＋Dです）．

つまり，10円の減産補助金の下では，

　　　市場価格＝限界費用＋10　　　　　　　　　　　　　　(8.2)

が成り立つ生産量 x_* を生産する時，利潤を最大化します．この式は，物品税の下で成り立つ (4.2) 式と同一です．

同様に，この減産補助金の下で価格がさまざまに変化した時の供給量は，図8-3の茶線によって与えられます．すなわち，**1単位当たり10円の減産補助金が与えられた場合のこの企業の供給曲線は，限界費用曲線を10円分上にシフトさせた曲線（図8-3の茶線）**になります．

ところでこれまでは固定費が0であると想定して分析してきました．固定費がある場合には，図8-2の x_a における利潤は，Y＋T＋Sから固定費を差し引いたものです．しかし，生産量の変化は固定費を変化させませんから，利潤を最大化する生産量に影響を与えません．したがって，固定費がある場合にも固定費がない場合にも，価格 p_0 の下では，x_* が利潤を最大化します．すなわち，1単位当たり10円の減産補助金の下でのこの企業の供給曲線は，固定費のあるなしを問わず，図8-3の茶線になります．

したがって，減産補助金は，等しい従量税率の物品税とまったく同様に供給

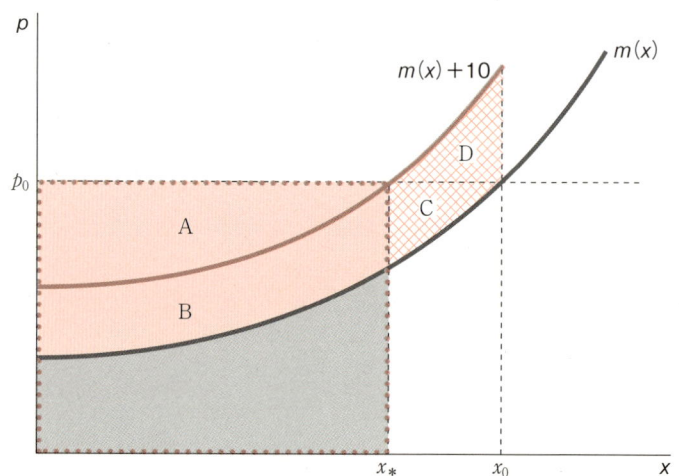

図8-3　減産補助金の下での最大化された利潤

曲線をシフトさせることが示されました．

限 界 利 潤

限界利潤の概念を使っても，図8-3の茶線が供給曲線であることを示すことができます．

生産量を1単位引き上げる時の利潤の増加（限界利潤）は，(8.1) 式から次のように分解できます．

$$\text{限界利潤} = \text{限界販売収入} + \text{限界補助金} - \text{限界費用} \tag{8.3}$$

右辺の各項は，それぞれ生産量1単位の増加にともなう (8.1) 式の右辺各項の増加です．この時，右辺の限界販売収入は p_0，限界費用は $m(x)$，また，限界補助金は -10 であるので，上式は次のように書き直せます．

$$\text{限界利潤} = p - 10 - m(x) \tag{8.4}$$

ここで，補助金は，生産増にともなって減りますから，利潤を減らす要因として入っていることに注意してください．

利潤を最大化する生産量の時，限界利潤 $= 0$ なので，(8.4) から，

$$p = m(x) + 10$$

が成立します．つまり，図8-3の茶線がこの企業の供給曲線です．このことは，前に図8-2を用いて (8.2) 式を導くことによって示しましたが，限界利潤の概念を用いると，このように，式だけを用いて示すことができます．さらにこの概念を用いる場合には，固定費用のあるなしは，最初から分析にまったく影響を与えません．

減産補助金と物品税の効果の同一性

減産補助金が，等しい従量税率の物品税とまったく同じように供給曲線をシフトさせるのはなぜでしょうか．

この問いに答えるためには，図8-2でもともと x_0 だけ生産していたこの企業が，生産量を x_a まで減少する時に，仮想的に次の2段階で生産調整をすると考えると役立ちます．

第1段階では，生産量を0まで引き下げる．

第2段階では，生産量を0からx_aまで戻す．

このような2段階調整の，それぞれの段階における減産補助金額の増加を加えると，生産量x_aでの減産補助金額が得られるはずです．減産すれば補助金をもらえるというので，大喜びして生産量をまず0まで引き下げ，その後考え直してx_aまで生産量を戻したと考えてもいいでしょう．

まず生産量を0にした段階でもらえる補助金額は，図8-4のオレンジ斜線の部分の面積のLです．次に，生産量を0からx_aまで増産する場合，いったんもらった補助金の一部を，増産に応じて返却しなければなりません．図8-5の図形Tの部分の面積は，この補助金の返却額を示しています．

上の生産調整における2段階の減産補助金増加額を合計すると，図8-5の面積L（これは図8-4の面積Lと同一です）から図8-5の図形Tの部分を差し引いたものになります．これは，図8-5の図形Sの部分の面積です（この図のSは図8-2の図形Sと同じです）．

つまり図8-5のx_aで受け取る減産補助金額は，図8-5のLの一括補助金をもらったうえで，0からx_aまでの増産に対して生産1単位当たり10円の物品税を徴収される場合に手元に残る額と同じです．したがって，生産量がx_aの時には，"一括補助金"Lの分だけ固定費（つまり生産量が0の時の費用）が軽減された後で，"物品税"が課されていると考えることができます．[1]

生産量をx_aから変化させると，補助金の2段階調整による補助金変化のうち，一括補助金Lの部分は変化せず，図8-5の茶格子の部分Tで示された"物品税"部分だけが変化します．

したがって，1単位の増産がもたらす利潤の変化は，1単位当たり10円の減産補助金の下でも，同率の物品税の下でも，まったく同じです．減産補助金の下での利潤最大化条件である（8.2）式と，物品税の下での利潤最大化条件である（4.2）式とが同一であるのは，これが理由です．減産補助金は，この"物品税"効果によってこの企業の限界費用曲線を10円分だけ上方にシフトさ

---

[1] したがって，企業がある生産量において得る利潤は，減産補助金の下では，同率の物品税の下でより，図8-5のLだけ多いことがわかります．

1 減産補助金の下での供給曲線 285

図 8-4 生産停止時の補助金額

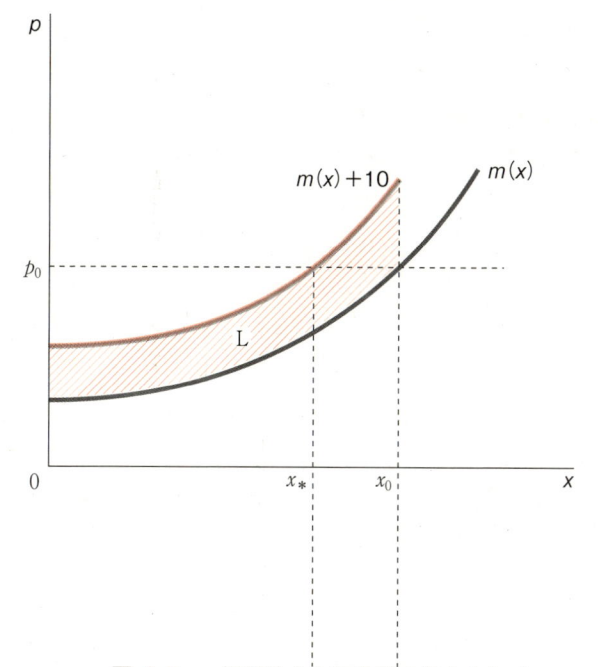

図 8-5 一括補助金と物品税の組み合わせ

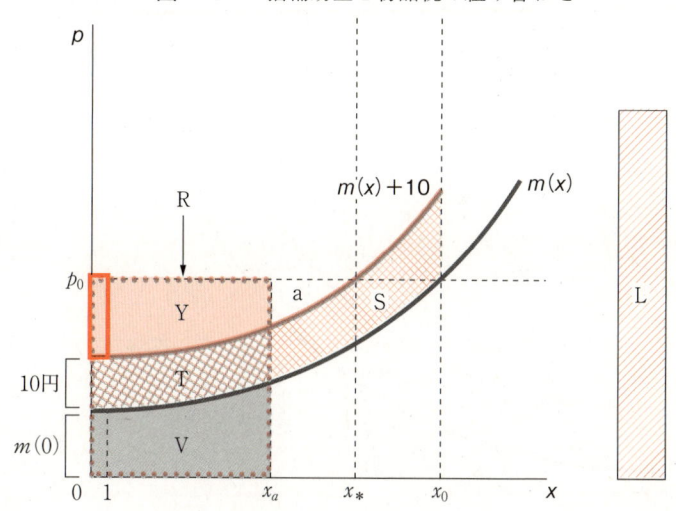

せるわけです．1単位当たり10円の物品税の下での供給曲線とまったく同一の曲線，すなわち図8-5の茶色の曲線，になるのはこのためです．

減産補助金と物品税の組み合わせ

ところで，図8-1のグレーの供給曲線を持つ企業に対して，生産量をx_0より減産した分には1単位当たり10円の補助金を出す一方で，x_0を超えて増産した分について同額の物品税が課されるとしましょう．この制度を「x_0を基点とする**減産補助金と物品税の組み合わせ**」と言います．

この組み合わせの下での供給曲線が図8-6の茶線です．図8-5までの茶線との違いは，生産量がx_0を上回る部分です．

この組み合わせの下での供給曲線は，生産量がx_0を上回る時には，物品税がかけられますから，限界費用曲線を10円分上方にシフトさせた曲線です．これは，図8-6の茶線のx_0より大きな生産量に対応した部分として描かれています．一方，x_0を下回る生産量の時には，減産に対して減産補助金が与えられますから，供給曲線は限界費用曲線を10円分上方にシフトしたものです．これは図8-6の茶線の生産量がx_0より低い部分に対応した部分です．

結局，この税・補助金制度の下では，生産量がx_0を下回っても上回っても，

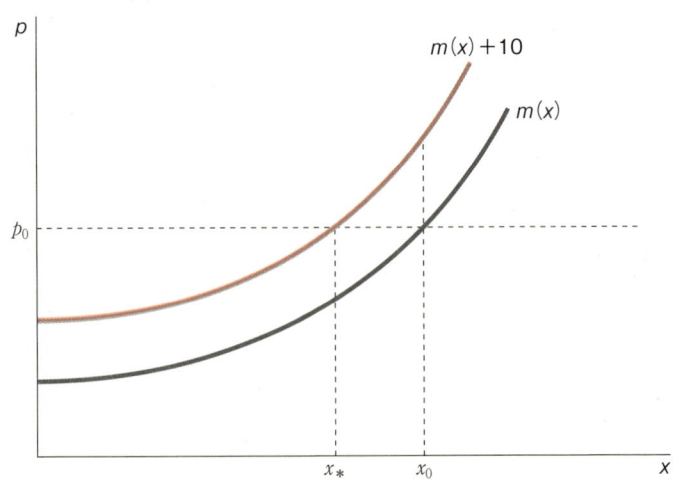

図 8-6　減産補助金と物品税の組み合わせ

1 減産補助金の下での供給曲線　287

供給曲線は10円分上方にシフトします．したがって，図8-6の茶線のように，当初の供給曲線を10円分上方にシフトさせた曲線が新しい供給曲線になります．生産量 x が x_0 より大きいか小さいかに関係なく，供給曲線は物品税を課した場合とまったく同一になります．

減産補助金と物品税との組み合わせの下では，各企業の供給曲線を横方向に足し合せてできる市場供給曲線も上方に10円分シフトします．第4章1節で分析した物品税のケースとまったく同じになります．

上の減産補助金と物品税を組み合わせた例では，基点として x_0 を選びました．しかし，基点をどの水準に選んでも，新しい供給曲線は同様に上方にシフトすることに注目してください．任意に選んだ生産量を基点に決めて，基点よりも減産した時には1単位当たり10円の補助金を出し，基点よりも増産した時には1単位当たり10円の税金を課すことにすれば，供給曲線は生産量0から税金を課す場合とまったく同一になります（ただし，基点の決め方によって"一括補助金"の総額は変わります）．極端な場合として，基点を0にすることもできます．その場合，減産ができないので減産補助金は有名無実になりますから，「生産量0を基点とする減産補助金と物品税の組み合わせ」は物品税そのものになります．したがって，「x_0 を基点とする減産補助金と物品税の組み合わせ」は，物品税の一般化であるとみなすことができます．

減産補助金による死重の損失

ここで，市場の需要曲線が価格 p_0 の水準で完全弾力的である場合（たとえばこの財が国際市場で売られている場合）に，単位当たり10円の減産補助金がこの市場に引き起こす総余剰の変化を分析しましょう．

第3章の (3.6) 式から

$$\text{総余剰} = \text{便益} - \text{可変費用} \tag{8.5}$$

です．需要が完全弾力的である場合には，

$$\text{便益} = \text{販売収入} \tag{8.6}$$

です．図8-7で1単位10円の減産補助金が与えられた場合の総余剰は，茶点線で囲まれた面積が示す便益（販売収入）からグレーの面積が示す可変費用を差し引いたものです．すなわち，図8-7のA＋Bの面積です．これを次のよ

288　8章　減産補助金と環境権

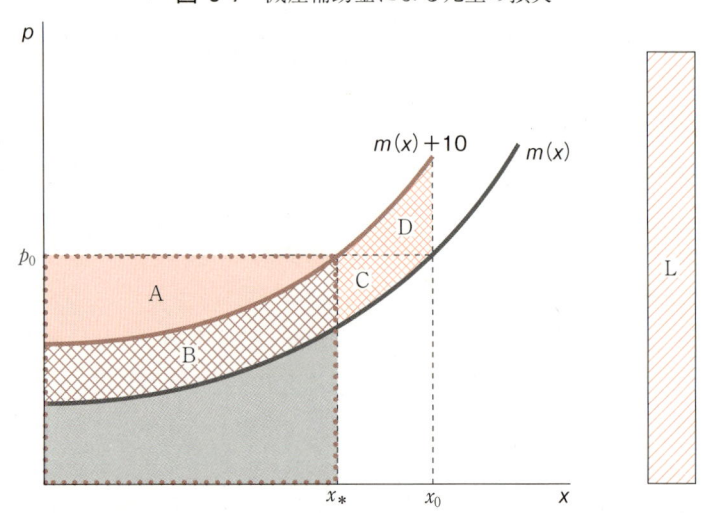

図 8-7　減産補助金による死重の損失

うに書いておきましょう．

$$\text{減産補助金の下での総余剰} = A + B \tag{8.7}$$

　一方自由放任の場合は図 8-1 から明らかなように，図 8-7 の A＋B＋C です．したがって減産補助金によって総余剰は C だけ減少しています．**C が減産補助金によって発生する死重の損失**です．これは，1 単位 10 円の物品税がかけられた場合の死重の損失とまったく同一です．

2　ピグー減産補助金

　減産補助金の例としてピグー補助金を分析しましょう．公害発生企業に対して外部限界費用に等しい減産補助金が支払われる時，それを**ピグー減産補助金**と言います．

ピグー税

　第 7 章「外部経済と不経済」の上流企業と下流企業の例で学んだように，ピ

グー税の目的は，「公害発生企業の生産に対して外部限界費用に等しい税率の税を課すことによって，企業が直面する税込みの私的限界費用を社会的限界費用に等しくし，最適な生産量になるように誘導すること」です．

図8-7のグレー線と茶線をそれぞれ，第7章の上流・下流モデルを表す図7-4の上流企業の限界費用曲線と社会的限界費用曲線であるとしましょう．自由放任の下では，生産量がx_0になり，社会的余剰はA−Dでした．一方，(7.12)式から社会的余剰を最大化する上流企業の生産量は図8-7のx_*です．これによって上流企業が経済全体に発生させている社会的余剰は面積Aで表されています．この時，ピグー税を課すことによって，上流企業にx_*を生産させ，外部不経済が発生させる死重の損失Dをなくすことができました．

さて，死重の損失は，社会的限界費用と価格が乖離する時に発生します．自由放任下の生産量x_0では，社会的限界費用と市場価格とが乖離しています．ピグー税を課して，生産量をx_*に誘導することによって，社会的限界費用を価格と等しくすることができたから，死重の損失をなくすことができました．

ピグー減産補助金

ここで，上流企業が50年間生産し続けてきた河川の下流に，別の会社が新しく工場を建設するとしましょう．このような場合，下流企業の設立にともない，上流企業の生産に対してピグー税を課すべきでしょうか．

上流企業の廃液排出を放任しておけば，上流企業は経済全体にとっては過剰な生産をします．生産を抑制させるためには，何らかのインセンティブを上流企業に与える必要があります．しかしピグー税は上流企業に税負担を強いますから，かわいそうな気がします．実はピグー税以外にも，上流企業に対して生産を縮小するインセンティブを与える方法があります．

このような時には，政府が上流企業に対して次のように言うことができます．

政府：「昔からお宅がx_0を生産しているのはわかっています．しかしもうすぐ，下流に新しい工場ができます．下流企業としては廃液を垂れ流されたら困るので多少は生産を減らしてくれませんか？」

上流企業：「わが社はここでもう50年間操業しています．下流に企業が新し

くできるからといって，何でわが社が利潤を減らす減産をしなければならないんですか？ 下流に企業ができた場合には，減産しなければならないと，最初から法律で決められていれば，祖父は50年前にここには工場を作らなかった．そのような法律はなかったからここに工場を建設したんだ．それをいまさら言ったって遅い．」

政府：「おっしゃることはよくわかります．貴社には悪いようにはしません．損はさせませんから，とにかく生産量を縮小していただけませんか．」

上流企業：「具体的に言ってくれ．」

政府：「生産量を縮小していただければ，それに対する補助金を差し上げます．」

上流企業：「マジ？ そういうことなら，話に乗るよ．さすがお役人は頭がいいね．」

政府は，上流企業の既得権を尊重して，「損はさせない」と言うわけです．そのために，税金を課すのではなくて上流企業への減産補助金を与えます．そうすると，社会全体にとって得になるよう減産を誘導できます．

これが本章第1節で学んだ減産補助金です．すなわち，上流企業がx_0から1単位減産するごとに，外部限界費用に等しいだけの減産補助金を政府が提供する制度です．この制度を**ピグー減産補助金**と言います．[2] 第1節で学んだように，ピグー減産補助金の下では，増産に対して同額の課税を課すのと同じ効果が得られ，減産へのインセンティブを生みます．このようにピグー減産補助金は，ピグー税と同じ公害抑制効果を持ちます．

上流企業が直面する価格がp_0，上流企業が直面する限界費用が図8-7の$m(x)$，外部限界費用が10円であるとしましょう．この時，1単位当たり10円の減産補助金の下で，生産量をx_*まで引き下げた場合には，上流企業が得る生産者余剰は最大化され，図8-7のベージュの面積Aになります．

---

[2] ここでは，価格がp_0の場合に生産量がx_0を超えることはないので，x_0以上の生産に対するピグー税をピグー減産補助金と組み合わせる必要がありません．したがって，ピグー減産補助金は減産補助金の特別なケースということになります．

結局，ピグー減産補助金によって，上流企業が社会的に望ましい生産量である x_* を生産する動機ができるわけです．

社会的余剰

ここで，ピグー減産補助金が導入された場合の上流企業生産の社会的余剰の分析をしましょう．上流・下流モデルでの上流企業生産の社会的余剰 $S(x)$ は (7.10) 式で定義されました．すなわち，

$$S(x) = p_0 x - (V(x) + ax)$$

です．ピグー減産補助金の下で上流企業の生産量は x_* です．ところが (7.11) から $S(x_*) = A$ ですから，

ピグー減産補助金の下での社会的余剰 ＝ A (8.8)

が成り立ちます．これと，(7.14) 式から，ピグー減産補助金は社会的余剰を最大化することがわかります．実際，ピグー減産補助金を導入すると，均衡で社会的限界費用と価格とが等しくなり，死重の損失が消滅します．[3]

第1節で分析した減産補助金のケースでは，自由放任の下での死重の損失が0でした．したがって，減産補助金という市場の介入が死重の損失（図8-7のC）を生みました．ピグー減産補助金のケースでは，出発点で死重の損失があったため，減産補助金による介入によって，この死重の損失を除去することができたわけです．

---

[3] ピグー減産補助金の下で発生する社会的余剰 A が各経済主体にどう配分されるかを図 8-7 によって見てみましょう．なお，この注では，本章補論1の分析を用います．

まず生産量が x_* の時，上流企業は生産者余剰として，次を得ます．

　　上流企業の生産者余剰：A

次に上流企業の生産が引き起こしている下流企業の利潤の増分 $-B$ が，下流企業の余剰です．したがって次が成り立ちます．

　　下流企業の余剰：$-B$

最後に政府の補助金は，上流企業の生産量が0の場合と比べてBだけ減っていますから，補論の (8.12) 式より，

　　政府の余剰：B

です．これで，経済の3つの経済主体（上流企業，下流企業，政府）の余剰がわかりました．以上を合計すると，社会的余剰は A となり，(8.8) 式と整合的であることが確認できます．

ピグー税とピグー減産補助金

ピグー減産補助金によって生産量 x_0 から1単位減産するごとに10円の補助金を与えるという仕組みは，第1節で見たように，まず一括して図8-7のB＋C＋Dの補助金を与えたうえで，生産量に対して1単位当たり10円だけ課税するのと同じです．したがって，ピグー税との違いは，B＋C＋Dに相当するだけの一括補助金があるかどうかだけです．限界的に見るならば，生産量に比例して税率10円の物品税が課せられているのとまったく同じことです．ですから，減産補助金によって上流企業の私的限界費用曲線は生産量が x_0 以下の水準では10円分だけ上方にシフトします．したがって，上流企業の供給曲線は，10円だけ上方にシフトします．さらに生産量が x_0 を超えた分についてピグー税を課すという制度にすれば，茶色の曲線は社会的限界費用曲線と完全に一致します．

政 策 判 断

外部不経済への政策的対処の仕方，たとえば公害への対処は，必ずしも善玉と悪玉とに分けて，悪玉を罰すれば話はそれで終わるというわけではありません．むしろ，ペナルティや奨励金を適当にうまく制度設計することで適切に対処できます．経済全体の資源の効率的な配分という観点に基づいて，集められたピグー税収を被害者補償には用いないとか，加害者のほうに減産補助金を与えるというようなシステムも含めて，対策を検討する必要があります．

ピグー税を導入する際の最大の問題は，公害発生企業が課税を嫌がることです．しかし，ピグー減産補助金を導入するならば，むしろ公害発生企業にとっては得になる話ですから，政府による補助金負担を我慢すれば，効率化政策として導入しやすくなります．ピグー税への移行課程への第1段階として，ピグー減産補助金を採用することは，1つの有力な選択肢でしょう．

3 コースの定理

コースの予備定理

第7章で説明した上流企業の私的・社会的限界費用曲線が、図8-8に描かれています。すでに学んだとおり、自由放任下で廃液を垂れ流すことができる上流企業は、私的限界費用と市場価格が一致する x_0 で生産します。しかし上流企業と下流企業の利潤の合計は、上流企業に減産させることができるならば、もっと増加します。両企業の利潤の合計は、(上流企業が社会的限界費用と市場価格が一致する) x_* で生産すれば、最大化します。それならば、両社が取引をして、上流企業が自発的に生産量を x_* へ減産生産するような可能性はないだろうか、という疑問が生じます。

この市場の失敗に対しては、「政府が何とか対策を講じなければならない」としてピグー税やピグー補助金を発案したのが、ケンブリッジ大学のピグー教授です。それに対して、伝統的に政府の干渉を信用しないシカゴ大学のコース教授 (Ronald Coase) は、両社の合計した利潤が増えるならば、両社が取引して自発的に x_* が生産されるようになるから政府の干渉はいらないと主張しま

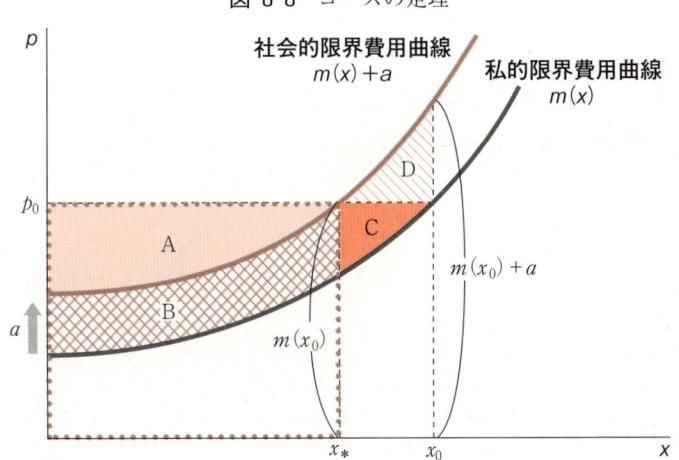

図 8-8 コースの定理

した．以下では，コース教授の主張を説明しましょう．

取引をするからには，もともとの状況と比べて，両企業の利潤は改善しているはずです．取引後には，「これでわが社も得をしたが，貴社も得したじゃないか」と言える状態にならなければいけません．その取引は，下流企業が上流企業へいくらか補償金を支払って，上流企業に生産量を縮小してもらうものになるでしょう．それでは，いくら補償金を支払うことになるでしょうか．

図8-8を見てください．説明を簡単にするために，上流企業の固定費用が0であるとすると，自由放任下で生産量 x_0 の時に上流企業が受け取る利潤は面積 A+B+C です．上流企業が x_0 から x_* に生産量を減らすことによって，上流企業の利潤はCだけ減少します．一方，上流企業によるこの減産によって，下流企業は，浄化費用をC+Dだけ節約できますから，その分だけ下流企業の利潤は増加します．つまり，2企業全体の利潤はDだけ増えます．それを2企業の間で山分けする方法を考えればよいわけです（なお2企業合計の利潤を最大にする生産量が x_* であることは第7章で説明したとおりです）．

結論を先に言えば，次のように山分けをすれば，どちらも得をします．[4] すなわち上流企業が x_* まで生産を縮小することとし，その代償として，下流企業が

$$C < \mu < C + D \tag{8.9}$$

の範囲の額の補償金 μ 円を上流企業に対して支払うことにするのです．まず，上流企業は，下流企業からCより多くの補償金を得られるのならば，生産量を x_* まで縮小することによって得をします．一方，上流企業が減産してくれるのならば，それに必要な補償額がC+D未満であるかぎり，下流企業は得をします．補償額が (8.9) の範囲になるのはこのためです．

---

[4] 上流企業が，補償金 μ 円をもらって，生産量を x_0 から x_* に減産することによって得る利潤の増分を Δ_x と書くと，

$$\Delta_x = \mu - C$$

となります．その時の下流企業の利潤の増分を Δ_y と書くと，

$$\Delta_y = C + D - \mu$$

です．μ に関する本文中の不等式が成り立つ時には，Δ_x も Δ_y も正であることがわかります．

3 コースの定理　295

したがって，次が成り立ちます．

コースの予備定理
上流企業の生産が発生させる公害が下流企業に被害を及ぼすケースでは，上流企業と下流企業が交渉することによって，社会的に効率的な生産の組み合わせが政府の介入なしに達成される．

コースの定理と環境権
上の設定では，河川を汚染した上流企業に対して，下流企業が，「悪いけれど水をきれいにしてくれ，そのために，生産量をちょっと減らしてくれ」と，頼みにいったわけです．つまり，上流企業には河川を汚染する権利があることが暗黙の内に想定されています．水質の汚染度を支配する権利を**環境権**と呼びましょう．ここまでは，上流企業に環境権があると想定してきたわけです．

しかし，次のように思う人もいるでしょう，「水というのはきれいにしておくべきで，下流企業がわざわざ上流企業に生産を減らすようお願いするという制度は，変なんじゃないか．下流企業が補償金を負担しなくてもすむように，下流企業にきれいな水へアクセスする権利（環境権）を与えるべきではないか．そうすれば，上流企業は下流企業から許可を得た場合にのみ河川を汚染できるようになる」と．

下流企業に環境権があると仮定すると，上流企業は許可なく水を汚染してはいけない，ということになります．しかし，上流企業は廃液を排出しないと操業できませんから，このままでは上流企業の生産量は0になり，利潤も0になります．

実は，下流企業に環境権がある場合でも，上流企業と下流企業が取引をして上流企業の生産量を図8-8のx_*まで増加させると，両企業の利潤の合計は増加します．まず，上流企業の生産量が0からx_*に増産されることによって，下流企業の利潤は浄化費用Bの分だけ減少しますが，上流企業の利潤はA＋Bだけ増えます．つまり，両企業を合わせると，Aだけ利潤が増加します．

したがって，今度は，このAを山分けする方法を考えればよいわけです．上流企業は，下流企業から許可を得てはじめて生産できますから，上流企業は，

次の不等式を満たす補償金δを下流企業に対して支払うことになります．

$$B < \delta < A + B \tag{8.10}$$

図8-8の記号を用いると，x_*を生産する時には，下流企業の浄化費用がBかかるから，その時の補償額δが，Bより多いならば得をします．また，上流企業がA+Bより低いδを支払うのならば，上流企業の利潤も増大します．

このため，環境権が下流企業に与えられている場合にも，上流企業と下流企業の取引によって，社会的に最適な上流企業の生産量x_*が達成されます．

すでに学んだことと合わせると，コースの定理は最終的に次のように述べられます．

コースの定理
環境権を上流企業に与えても，下流企業に与えても，交渉（取引）の結果，上流企業の効率的な生産量であるx_*が実現される．

すなわち，上流企業が汚水を垂れ流してもよいという制度を想定した場合でも，その逆に，上流企業はいっさい汚水を垂れ流せないという制度を想定した場合でも，両企業が取引をすれば，最終的には上流企業の生産量はx_*になります．したがって，環境権をどちらに与えても，効率性の観点から見るかぎり，まったく同一の結果が交渉によってもたらされます．

環境権の当初配分と企業の最終取り分

ところが，分配面では違いがあります．図8-8からわかるように，上流企業に環境権がある場合には，上流企業はx_0を生産していた時にA+B+Cという利潤をすべて手にします．生産量をx_*に減らすと，下流企業から補助金が入るので，A+B+Cよりさらに大きな利潤を得ます．ところが，下流企業に環境権がある場合は，Aの一部しか上流企業には残りません．ですから，上流企業の取り分は，どちらに環境権が付与されているかによって大きく変化します．

上流企業の生産量が0である時の下流企業の利潤をΠであるとしましょう．下流企業に環境権がある場合には，下流企業は，上流企業に生産を許可するこ

とによって，浄化費用を補ってあまりある補償金を獲得します．したがって，下流企業は，Π より多く利潤を得ます．

一方，上流企業に権利がある場合は，下流企業の利潤は，Π から浄化費用と，支払補償額を差し引いたものになります．したがって，上流企業に環境権が与えられると，Π より小さくなります．

このように，下流企業の利潤は，どちらの企業に環境権が与えられるかによって Π より大きくなったり，小さくなったりします．

環境権の当初配分の方法

上の分析は，環境権がどちらに付与されているかが明らかであれば，社会全体として効率的な生産の組み合わせが達成できることを意味しています．権利設定の重要性はコースの定理の核心です．

権利設定の方法の1つに，早い者勝ちで与える，すなわち，河川の上流であろうが下流であろうが先発企業に環境権を付与する，ということが考えられます．要するに，**既得権**を尊重するわけです．早い者勝ちにすると，後発企業が下流で操業する場合には，この下流企業が上流企業に頭を下げてお金を支払い，先発の上流企業に生産を縮小してもらうことになります．その逆に，後発企業が上流で操業を開始しようとする場合には，この企業が先発の下流企業にお金を支払って廃液を排出させてもらうことになります．いずれの場合も，後発企業が，先発企業にお金を支払って生産量の調整をお願いするということになります．

これに対して，環境権がつねに上流の汚染企業にあることが確定している場合には，既得権の考え方は成立しなくなります．後発企業が河川上流に立地したら，下流企業がたとえ先発企業であったとしても，上流企業による汚染を我慢しなければなりませんし，汚染を減少してもらうためには，補償金を支払わなければなりません．[5] すなわち，先発企業が後発企業に補償金を支払うということになります．上とは逆の結果です．

---

[5] したがって先発企業は，こうした事態の発生を覚悟して，下流の土地を購入するわけです．その分だけ，土地は安く購入できたはずです．

要するに、権利設定の方法として、汚水を垂れ流してもよいとするのか、水は絶対に汚染してはいけないとするのか、早い者勝ちにするのか、その他いろいろな方法が考えられますが、そのどれかに決定すれば、効率的な生産の組み合わせが達成されます。

ところが、どちらの企業に権利があるのかわからず、裁判で争うことになると、いつまでたっても収拾がつかなくなります。日本の法律では、権利が明確に確定されていないために、公害問題を裁判で争われなければならないというケースが多く、非効率が発生しています。

4　コースの定理が機能しない場合

ホールディング・アウト

環境権が明確に設定されていて、コースの定理に基づいて交渉で解決を図ろうとしても、現実には、効率的に生産量が調整されにくい場合がよくあります。

ここで、環境権は上流企業にあり、上流企業が1単位増産するたびに、下流企業の浄化費用がa円かかるということを、上流企業もわかっているとします。この場合には、(8.9)式が示すように、下流企業が、CとC+Dの間の補償金μを上流企業に支払えば、当初の状況に比べて、両企業とも得をします。

問題は、補償金額の具体的決定の段階で対立が起こる可能性があることです。つまり、両社とも「わが社にもっとよこせ」と主張する可能性があります。上流企業が生産量をx_*まで引き下げれば、下流企業がC+Dだけ得をすることを上流企業は知っています。したがって、上流企業は下流企業に「なるべくC+Dに近い金額を払え。支払わないかぎり、わが社はx_0を生産し続けるぞ」という脅しをかけるわけです。

一方、上流企業が生産量をx_0からx_*に移す代償として、下流企業が上流企業にCより少しでも多い金額を支払ってやれば、上流企業は得をするということを、下流企業は知っています。したがって、下流企業はCぎりぎりしか支払いたくありません。結局、補償額が確定するまではお互い意地を張り合い、交渉がまったく膠着して何も解決できないかもしれません。そういう状態のこ

とを，**ホールディング・アウト** holding out と呼びます．交渉がうまくまとまらないと，上流企業の生産量は x_0 のままになってしまいます．

ところで，上流企業が1単位増産するごとに下流企業は浄化費用を a 円支払っているということを上流企業がわかっていないと，さらに強いホールディング・アウトが起きます．つまり，下流企業が「わが社はものすごい浄化費用を負担しているんだ」というようなことを大袈裟に言い，上流企業は，「もっと少ないはずだ」と主張するような状況です．そういう可能性が新たに出てくるので，もし a 円という情報が共有されていないならば，ホールディング・アウトの問題がより深刻になります．

最後に，次の点を注意してください．交渉がたった一度だけしか行われないのならば，交渉の決裂が起こるかもしれません．たとえば，上流企業はある程度生産量を調整したほうが長期的な観点からは得をするといっても，上流企業があと数年間しか操業しないということならば，交渉に応じる必要はなくなります．どんどん汚水を垂れ流して稼げるだけ稼いでさっさと工場を廃業しよう，ということになります．つまり，期間が限定されている交渉では，お互いが意地を張り合っているうちにとうとう時間がすぎて非効率の状態が続く，ということが起こるかもしれません．

しかし，交渉を何回も繰り返し，また長い時間行うのならば，お互いに交渉を成立させたほうが得になります．だから，たとえばジャンケンで決めるとか，A をお互いに半々にして分けようよ，という交渉をする動機が出てきます．

ただ乗り

次に，交渉の関係者が多数である場合には，これとは別の理由で，うまく取引ができない可能性があります．

たとえば，下流で10社が操業しているとします．これら下流企業の10社がいっしょになって，上流企業に補償金を支払い減産が実現したならば，すべての企業が得をします．しかし問題は，下流企業の中での補償金の分担割合をめぐる話がまとまりにくいことです．というのは，下流企業のどこか1社だけでお金を支払って，上流企業が生産を縮小したなら，他の各社のすべてがその恩恵を受けるわけです．上流企業にしてみれば，もらうお金がどこからどう出てい

ようが関係ありませんから，それ相応の額をもらえるなら生産を減らします．ところが，それによる汚水減少という効果によって，下流にある企業は，実際にお金を支払っていてもいなくても，みんな等しく得をするわけです．だから自社が支払う額はなるべく少なくして，他の会社が多く支払ってくれることに依存しようとする傾向が出てきます．すなわち，他の会社に**ただ乗り**をしようということが起きます．

ただ乗りが起きる要因として，次の2つをあげることができます．

第1に，下流の10社の意見をまとめること自体に大変コストがかかる場合です．いちいち皆が集まって，意見を募るだけでも時間がかかります（たとえばマンションの管理組合で考えてみても，夜や日曜日などに管理組合のビラを印刷して配る人がいるわけです．一方では，管理組合の会合など出たことがないという人がいます．こういうのは，ただ乗りしている人です．そういう人ばかりだと，組合運営は立ち行かなくなります）．

さらに，下流の会社をまとめて上に交渉してくれる世話役を誰かが買ってでなければならないのですが，それは時間その他のコストがかかります．つまり，**交渉費用**が過大である，という点で，他のやる気がある人にただ乗りしよう，という誘因が発生します．

第2に，全員が組合の会合に出てきたとしても，なおかつ上流に支払う金を誰がどれだけ負担するかというところで，問題が起きます．補償額はすべての企業で平等に負担する，ということにするのか，各会社の生産量に比例して決めるのか．さらには，本当は被害があるのに，「おれのところはずっと下流にあって，水で十分薄められているから被害はない，だから一銭も支払わない」，と言って，他の会社にただ乗りしようとする会社があるかもしれません．

上流企業と下流企業が1対1の時でもホールディング・アウトが起きますが，関係者が多数になると，それに重ねてただ乗りの問題が起きます．したがって，ここでのコース的な解決法というのは，たとえば被害者の多い自動車公害のような問題に対しては，うまく機能しません．この場合は，他の措置を講じなければいけないということになります．

5　公害対策の比較

コースの理論とピグーの理論の関係

　これまでに，外部性の補正の仕方として，ピグーの理論とコースの理論を学びました．ここでは，これらがどう関係しているのかを考えましょう．

　ピグー税やピグー減産補助金は，同一の，効率的な生産量を実現させます．一方で，コースの理論が前提とする，政府の介入なしに当事者が交渉を行う設定でも，環境権をどちらの企業に与えるかに関わりなく，まったく同一の，効率的な生産量を実現します．この点で，コースの結論は，ピグー税・ピグー補助金の結論とそっくりです．

　さらに，下流企業が環境権を持つ場合，上流企業は生産するために金を下流企業に対して支払いますから，上流企業にとってはピグー税をとられるのと似た状況です．上流企業が環境権を持つ場合には，減産することに対する補償を下流企業から受け取りますから，減産補助金と似た状況です．

　ピグー税とコースの補償の違いは2つあります．

　第1に，下流企業が環境権を持つならば，上流企業はコースの補償金を下流企業に与えますが，上流企業が支払うピグー税は必ずしも下流企業には与えられません．その点が違います．[6]

　ピグー税を上流企業にかける場合には，政府は税収を下流企業に与えてもいいし，どこか他の目的に使ってもかまいません．効率性の観点からは，税の使い道はどちらでもかまわないということを前に指摘しました．

　しかし，これは多少意外に思うでしょう．われわれの常識的な正義の概念からすると，下流企業がかわいそうということになり，下流に補償してやるべきだという気がします．

---

[6]　上流企業に環境権がある場合には，上流企業に与えられるコース補償金を下流企業が負担します．しかし，上流企業に与えられるピグー補助金は，政府が負担するため，下流企業は何ら負担しません．このように，補償金の場合にも違いが出てきます．

このような考えが起こるのは，おそらく頭の中で下流に環境権がある場合のコースの補償を想定しているからなのです．下流企業に環境権がある場合に，上流企業が下流企業にお願いして，水を汚させてもらう．この時に，上流企業が下流企業に対して最低限支払わなければいけない額がBです．このため，税収の中から下流企業に対して少なくともBだけは補償してあげるべきではないか，という気がします．しかし，効率性の観点からはそんな必要はありません．

第2に，コースの補償金とピグー税とでは，支払う額が異なります．コースの理論によると，下流が環境権を持っていて，上流ははじめいっさい生産できない，という場合には，上流企業が下流企業に対して支払う補償金は，(8.10)が示すように，$B+\alpha$です．これは，上流企業は下流企業の浄化費用のBも出してあげて，さらにそのうえある程度は支払いましょう，ということです．一方，ピグー税の場合，上流企業が支払う税はきっちりBになります．$+\alpha$はありません．この点がもう1つの違いです．

外部費用の内部化

外部不経済の問題は，外部費用を発生させる企業が，外部費用を自己の企業の費用とは受け取らないために，過大な生産をしてしまうことでした．本章でこれまで取り上げてきた対策のうち，ピグー税，ピグー減産補助金，交渉による減産のオファーは，公害発生者に外部費用の全体を，自分自身の費用として認識させる方法でした．このように，元来は外部費用であるものを，最終的に発生企業に自分の費用として認識させることを，**外部費用の内部化**と言います．

外部費用の内部化のもっとも極端な例は，加害企業と被害企業が合併することです．われわれの例でいえば，上流企業と下流企業が合併してしまうことです．この場合，合併企業が上流工場と下流工場とを持つことになります．この時，新企業が上流工場の生産量を決める時には，その生産量が下流工場にもたらす費用もすべて含めて，この企業の費用として認識します．この場合，これまで上流企業の外部費用と呼んでいたものが，上流工場によるこの企業の私的な費用になるわけです．

このような統合が行われると，社会的に望ましい生産量が各工場で選ばれる

ようになるのは明らかでしょう．ところで，コースが主張したのは，もともと非効率があるのならば，交渉によって，非効率を取り除くような方法を2社が選ぶだろう，という考え方でした．これをもう一歩進めれば，2社に分かれていて非効率があるのならば，この2つの企業が統合を選ぶだろうということを意味します．統合企業が効率的な資源配分を達成するというのは，コースの理論の延長であると言えます．

その意味では，すべての企業が国営企業である社会主義国では，個々の企業が独自の利潤最大化をしているわけではなく，それらすべてを国営企業として中央政府が管理しているわけですから，外部不経済はありえない，ということになります．経営主体がまったく独立している企業の間にのみ，外部不経済効果が発生するわけです．

さて，本章では，上流企業の効率的な生産が，さまざまな権利の配分と両立しうることを示しました．さまざまな政策や交渉によって起きる多様な両企業間の分配のどれもが，図7-3のAで表される最大の総余剰と両立します．

しかし，環境に関する権利を上流企業に認めるか下流企業に認めるかで，個々の企業の取り分は変わってきます．上流企業と下流企業のそれぞれにとって利潤の大きい順に政策を並べたものが，図8-9です．この図を説明しましょう．この図に示された諸ケースのうち，黒で塗りつぶした丸や四角のケースでは，この流域と他地域との間での資源の出入りがありません．

2つの黒丸は，コース式の交渉が行われる場合を示しています．ケースAが上流に権利がある場合，ケースBが下流に権利がある場合です．上流企業にとっても下流企業にとっても，自社に環境権がある場合のほうが有利になっています．一方，2つの黒の四角（ケースC，D）は，交渉がない場合を示しています．この場合には，非効率な資源配分が行われますから，どちらに環境権がある場合でも，交渉が行われる場合に比べて両者にとって低い利潤になっています．

次に，ピグー税が課される場合がケースEです．この点では，資源がこの流域から外に出ていきますから，どちらの会社にとっても自社に環境権がある場合よりは低い利潤になります．しかし，他社に環境権がある場合に他社に対して支払わなければならない補償額よりはピグー税でとられる額のほうが低い

8章 減産補助金と環境権

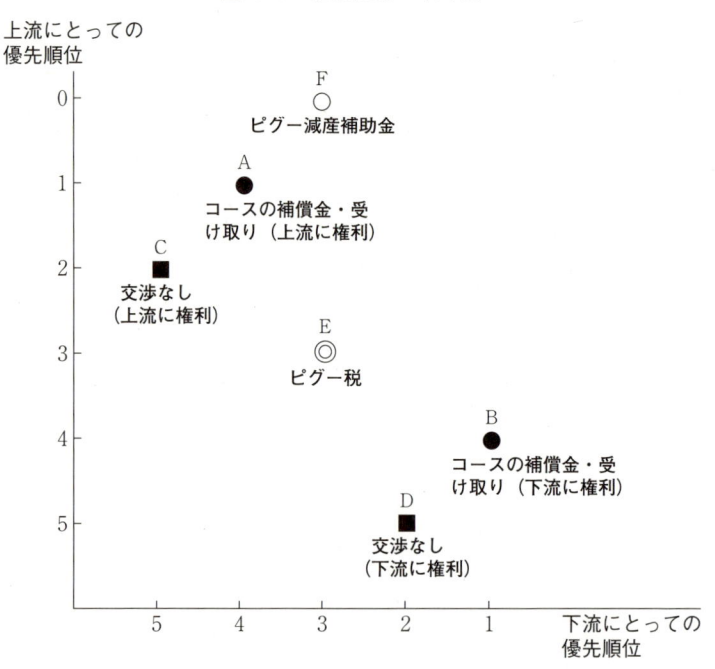

図 8-9 権利配分と取り分

```
上流にとっての
優先順位
0                    F ○
                     ピグー減産補助金
           A ●
1
           コースの補償金・受
           け取り（上流に権利）
     C ■
2
     交渉なし
     （上流に権利）
                E ◎
3               ピグー税

                              B ●
4                             コースの補償金・受
                              け取り（下流に権利）
              D ■
5             交渉なし
              （下流に権利）

     5    4    3    2    1   下流にとっての
                             優先順位
```

ので，ピグー税は2つの交渉の中間に位置しています．

最後に，ケースFで示されるピグー減産補助金の場合には，外からの資源が上流企業に流れますから，上流企業にとって最もよい対策になります．ただし，下流企業には1円もはいりませんから，下流企業にとっては上流企業にピグー税が課される場合とまったく同じ位置付けになります．

このように，さまざまな権利の配分が効率的な資源配分と両立しうるということは，公害対策を講じる時には，その具体的な対策方法については，政治的な妥協の余地があることを意味します．

にもかかわらず，ピグー税は，公害対策としては最も重要な政策手段です．物品税のところで見たように，もともと歪みのない市場に税を持ちこむことは，死重の損失をもたらします．しかし，外部不経済がある場合には，もともとの状態で社会的限界費用と価格の間に歪みがあり，死重の損失があるのです．税を課すことは，むしろ死重の損失を取り除くこととなります．これは，税の取

コラム：環境権の日常的な例

　次の話は実話です．奈良に養鶏場を持っていた人がいて，うまく経営していました．ところが，彼が40歳前後になったころに，周辺が開発されて，まわりに住宅が数多くできました．その結果，周辺住民から臭い，うるさいから出ていけ，というクレームを受けました．住民たちは，もともと養鶏場のある場所の付近に後から住みついたのですから，この要求は不当な感じがします．しかし，結局その養鶏場主は山奥に移ったのだそうです．
　ところがそれから20年たつとその山奥も開発され，住宅地ができて同じような目にあってしまい，とうとう2度目の移転をしたのだそうです．この話を教えてくれたタクシーの運転手さんは，このような社会的に不当なことが許されていいのでしょうか，と熱弁をふるって私に問いかけました．
　ある場所でもともと工場や農場が操業していたのに，そのまわりに後から来た人たちが「おまえは迷惑だから出ていけ」と言った時，これが不当な印象を与えるとすれば，われわれが暗黙のうちに先住者に外部不経済を引き起こす権利の既得権があることを想定しているからです．しかし逆に，すべての人にいい環境で（たとえば静かで臭くなく）暮らす権利というものが設定されているなら，住民の要求は別に不当ではありません．したがってまず法律で権利の設定を明確にしておく必要があります．あいまいだと裁判に持ち込まれますが，もともと基準がないのだからその時たまたまあたった裁判官の胸先三寸になり，結果に対する予測可能性が失われます．
　人がたくさん住んでいるところに養鶏場があったら，臭いや騒音で迷惑なことはわかっています．結果的にこの養鶏場に出て行ってもらったほうが効率的でしょう．権利の所在が明確になっていればコースの定理が前提とする交渉が行われる可能性もあります．
　しかし多数の人たちが関わっているため交渉が難しいとすると，この養鶏場を自発的に移転させる手段として，1つは税金をかける，という方法があります．もう1つは，補助金をわたすから出ていってくれ，という手があります．効率性の観点から見たら，どちらの手段でも結果は同じになります．ただし，養鶏場主に既得権が設定されているなら彼は補助金をもらって出ていき，住民の静かな生活の権利が設定されているなら自分で移転費用を出さなければならない，という分配面への影響だけが異なります．

り方としては最も優れたやり方です．

したがって，外部不経済対策の最終的な姿は，ピグー税を採用するということになるべきでしょう．ただし，それでは加害企業が反対してとても導入ができないという場合もあるでしょう．そのような場合には，移行過程として，たとえばある基点（補助金を出す基準となる各企業の生産量）[7] 以下での生産量では，ピグー減産補助金を出し，基点以上の生産量では，ピグー税をかける組み合わせで公害対策を導入し，その後，徐々に基点を下げていく，という方法が考えられます．最終的に基点がゼロになった時，これは完全なピグー税となります．

6 応用：連担建築物設計制度

建築基準法は，建物間の外部不経済が引き起こす非効率の軽減のために，建物の所有者に環境に関する義務を設定しています．これは，義務の受益者にとっては権利です．ただし以前は，この権利の売買が禁じられていたので，コースの定理が説明するようなさらなる効率の改善はできませんでした．しかし，連担建築物制度という制度の設立とともに，コースの定理が指摘する効率の改善が可能になりました．

建築基準法には，集団規定と単体規定というものがあります．このうち，単体規定というのは，基本的に安全性に関する規定です．家が安全に建設されるように，建材の強度などについて，最低限の規定をしています．

一方，集団規定というものは，基本的には外部不経済効果に対する規制です．あまり込み合った家を作るのを防ぐために，建坪率を制限する．あるいは，隣の家を日陰にすることを制限する．そういった外部不経済の規制のための手段として捉えられています．

この集団規定とコースの理論の関係を眺めてみましょう．阪神・淡路大震災で，震災によって，神戸の湊川地区というところでは150軒以上の家が焼けて

---

[7] 本章第1節参照．

しまいました．ところが，もともと建っていた家の多くは，4メートル道路に面していない違法建築でした．したがって，元どおりに再建することができません．この場合，どうしたらよいかについて，みんな知恵を絞りました．その結果，全部元どおりに建築することはできないから，もともと違法建築だった住宅を1カ所にまとめて135戸の集合住宅を作り，10戸ぐらいの合法の住宅を別のところに集めようということになりました．

　その際，135戸分の集合住宅が必要なわけですが，もう100戸分を同じビルに建設して売り出せば，建設費を全部まかなうことができることがわかりました．もともと，土地はあるわけですからこうすると，地震にあったにもかかわらず，旧住民は無料で新しい家を入手することができます．ところが，新しい集合住宅で100戸分加えると，10戸の戸建住宅に日陰を落とし，建築基準法の日影規制にひっかかることがわかりました．結局，10戸分が日影に当たるだけで100戸分が建てられなくなりました．もはや住民は無料でマンション再建ができなくなり1戸当たり2500万円の負担が必要になりました．

　コースの定理をこの問題に適用すると，マンション建築業者が戸建住宅の住民に補償してやればいいじゃないかということになります．マンション側が，100戸分余計に建てるけど，これだけお金を支払うから我慢してくださいと戸建側に提案すれば，戸建側はそのお金をもらってどこかへ移ってもいいわけですし，日陰になるだけなら，かなりの額をもらえるのであれば我慢できるという人もいるでしょう．そうすれば，お互いに何らかの妥協ができるのではないかと，建設省（現国土交通省）の建築審議会で私が何度も発言したことがあります．しかし，後で事務局から，「八田さんは法律のイロハを知らないから困る．建築基準法が私法だったら，そういう取引をできるかもしれないが，これは公法です．いくら被害者が大丈夫だといっても，違反は違反です」と言われました．要するに，被害者がいいと言っても，これは公の立場からは違反だ，だから，そんな取引を仮に当事者がしたとしても，100戸分の追加建築は違法である，というわけです．環境権が私法で設定されていれば，コースの定理は使えるが，公法で設定されていれば，使えないというわけです．

　しかし，この時私は大阪の新地にある全日空ホテルを思い出しました．容積率は，1つひとつの敷地を単位にしてかけられる規制ですが，全日空ホテルが

所有する敷地における実効容積率は，この地区での規制容積率を超えています．これが，合法的にできた理由がおもしろいのです．まず，建築基準法での「敷地」の定義は，「一体の建築物のある土地」というものでした．そこで，全日空ホテルが「所有する敷地」より大きな土地を，全日空ホテルの「基準法上の敷地」にしたのです．すなわち，ホテルの隣にある低層のクラブ関西の建物と地下で連ねて一体のビルである，ということにして，2つ合わせた敷地に対しては，容積率は規制を満たすようにしたわけです．いわば，クラブ関西の使っていない容積率を全日空に移転したのです．

そんなアクロバットみたいなことができるのなら，地下をつないでいなくても，最初から敷地の定義を変えて，別々の敷地の所有者が合意すれば，それらを合わせて建築基準法では一体の敷地と呼ぶことにしたらどうか，と考えました．お役所の法律のエリートにそう質問したところ，「それならできる」というわけです．

その後，紆余曲折を経た後，「敷地を合わせたものを正式に役所に届け出れば，合わせた敷地に対して基準法を適用し，個々の建物に対しては適用しない」という**連担建築物設計制度**ができました．合わせた敷地の内部の土地所有者間で金銭的な取引をして容積率を売り買いしても，合わせた敷地全体で規制を満たしていればよいことになったのです．同様に日影規制も，合わせた敷地内部では，金銭補償で解決できることになりました．

このような集団規定というのは外部不経済の対策ですから，コースの理論がぴったり当てはまるようなケースです．ただし，以前の法律の枠組みではコースの理論が適用できなかったため，新しい連担建築物設計制度の下でやっと適用できるようになりました．

以前の法律の枠組みではコースの理論が適用できない根本的な理由は，日影規制を公法で決めているためです．日影に関する規制は，私法で決めておき，違反に対しては，裁判に訴えて損害賠償を求めればいいはずです．しかし日影規制を私法にゆだねるとしたら，日本では裁判に時間がかかりすぎるため，裁判が決着する前に建てられてしまうため，硬直的にはなるが公法で規制したわけです．ここでも法曹人口の不足が問題を引き起こしています．

キーワード

減産補助金　自由放任　外部不経済効果　外部費用　社会的費用　社会的限界費用　社会的限界費用曲線　私的限界費用　社会的生産者余剰　社会的余剰　ピグー税　ピグー減産補助金　コースの予備定理　環境権　コースの定理　既得権　ホールディング・アウト　ただ乗り　交渉費用　外部費用の内部化　連担建築物設計制度

練習問題

1. 本文では，減産補助金が1企業の供給曲線にどう影響を与えるかを分析した．減産補助金が市場に与える効果を，図を用いて説明せよ．また，その場合の死重の損失を図示せよ．

2. 上流企業に環境権がある時，下流企業が上流企業の減産への代価として支払う補償金を μ とする．以下の問題に答えよ．

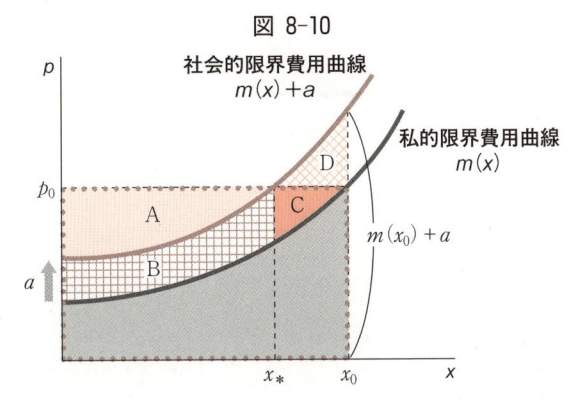

図 8-10

(1) μ の範囲を，図 8-10 の記号を用いて示せ．
(2) 上流企業に下流企業が μ 円の補償を行うことによって上流企業が生産量を x_* まで下げた場合について，上流企業・下流企業・政府それぞれの余剰額を示せ．また，それらを合計すると A になることを確かめよ．
(3) 環境権が下流企業にある時，上流企業が生産を行うために下流企業に支

払う補償金を δ とする．δ の範囲を，図 8-10 の記号を用いて示せ．

3. 図 8-11 は，上流企業が水を汚染し，下流企業に対して限界的に a 円の外部不経済効果をもたらしている時の，上流企業の私的限界費用曲線および社会的限界費用曲線を描いている．この企業は，自由放任のもとでは x_0 の生産をしているとする．この時 x_0 からの減産 1 単位に対して a 円の補助金が与えられると，上流企業は x_* で生産を行う．

以下はその説明である．空欄(a)から(j)に当てはまる適切な領域を，図中の番号を利用して記入せよ．（例：①＋③＋⑥）

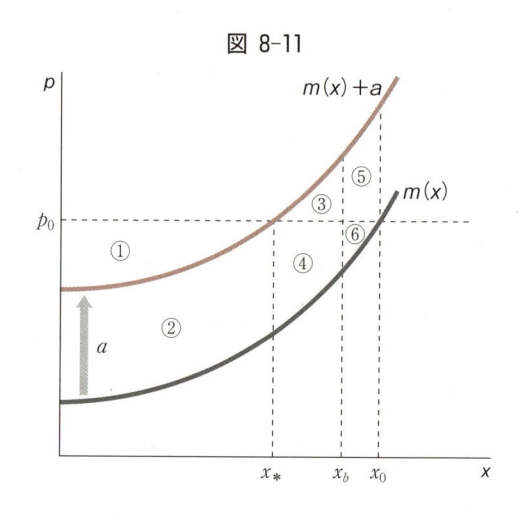

図 8-11

「自由放任のもとで上流企業が生産をする時，(a) □□□□ だけの死重の損失が発生する．上流企業が生産量を x_0 から x_b まで減産したとする場合，補助金は，減産した分に対して (b) □□□□ の面積だけ支払われる．一方で，販売することにより得られる利潤は (c) □□□□ だけ減少する．したがって，上流企業が得る利潤は (d) □□□□ だけ上昇する．

次に，この補助金のもとで，生産量を x_* まで下げた場合には，上流企業が得る利潤は，生産量 x_0 と比べて (e) □□□□ だけ増加していることがわかる．結局，生産量 x_* で，上流企業が得る利潤が最大になる．減産のための補助金によって，社会的に望ましい生産量である x_* を生産する動機がで

きるわけである．

ところで，上流企業の生産量が x_* の時の上流企業による生産が生み出す社会全体から見た総余剰は，(f)□□□□である．

次に総余剰の各主体への配分を見よう．上流企業は生産量が x_* の時利潤として，

$$①+②+③+④+⑤+⑥$$

から固定費を差し引いたものを得る．

次に上流企業の生産が引き起こしている下流企業の利潤の変化分は，

$$-(\text{g})\square$$

である．政府の補助金は，社会的にコストであるから，

$$-(\text{h})\square$$

の余剰である．したがって，これらを合計すると(f)□□□□が得られる．

ピグー補助金で起きる状況を別な面から見てみよう．もともと x_0 だけ生産した上流企業が，減産すれば補助金をもらえるというので，大喜びして生産量を0まで下げたとしよう．そうすると，図の面積(i)□□□□だけ補助金がもらえる．生産量が0なのにこれだけの収入を得られることになる．もし，その後で考え直して，生産量を0から増やしていくと，もちろん補助金が減らされていく．これは，増産に対して税金を取られるのと同じことである．

言い換えると，生産量 x_0 から1単位減産するごとに a 円の補助金を与えるという仕組みは，まず一括補助金を与えた上で，生産量に対して一単位 a 円だけ課税するのと同じである．したがって，ピグー税との違いは，一括補助金があるかどうか，その違いだけである．限界的に見たら，生産量に比例して税率 a 円の税金がかけられているのとまったく同じことである．だから，減産に対する補助金によって上流企業の私的限界費用曲線は，a 円分だけ上にシフトする．」

4．第5節にはピグー税とコースの補償の違いが2つ指摘されている．では，ピグー減産補助金に対応するコースの補償の違いは何か．

5．以下の文章を読み，下記の選択肢から適切な数字を選び空欄を埋めよ．また，｜ ｜内の適切な語句を選べ．

| −10, | 10, | 0 |

「1単位当たり10円の減産補助金が与えられた場合，利潤は次のように分解できる．

　　　利潤＝販売収入＋補助金−費用

また，生産量を1単位引き上げる時の利潤の増加（限界利潤）は，次のように分解できる．

　　　限界利潤＝限界販売収入＋限界補助金−限界費用

この時，右辺の限界販売収入は p，限界費用は $m(x)$，また，限界補助金は(a)　　　　であるので，この式は次のように書き直せる．

　　　限界利潤＝p＋(b)　　　　−$m(x)$

ここで，補助金は，生産増にともなって(c){増える　減る}ため，利潤を(d){増やす　減らす}要因である．

利潤を最大化する生産量の時，限界利潤＝(e)　　　　なので，上式から，

　　　$p = m(x) +$ (f)　　　　

が成立する．」

補論 1 : 減産補助金の下での総余剰の分解

　(8.7) 式は減産補助金下で発生する総余剰が図 8-7 の A+B であることを示しています．本補論では，A は生産者に，B は政府に配分されることを示しましょう．

　第 1 節では，総余剰を (8.5) 式で定義して分析しましたが，(4.4) 式から総余剰は，

　　　総余剰＝消費者余剰＋生産者余剰＋政府余剰

のように分解できます．しかし，需要曲線が完全弾力的な場合には，消費者余剰は 0 ですから，次が成り立ちます．

　　　総余剰＝生産者余剰＋政府余剰　　　　　　　　　　　　　　(8.11)

政 府 余 剰

　まず，この式の右辺の政府余剰を求めましょう．政府余剰の定義式 (4.3) を再掲すると，次のとおりです．

　　　政府余剰＝税収－生産量 0 の時の税収

補助金がマイナスの税金であることを考慮してこの式を修正すると，

　　　政府余剰＝生産量 0 の時の補助金支出－補助金支出

と書けます．減産補助金の支出額は，生産量が 0 の時に最大になります．この式の右辺は，生産量 0 の時と比べての補助金の減少額を示しています．したがって，

　　　政府余剰＝生産量 0 の時と比べた補助金の減少額　　　　　　(8.12)

が成り立ちます．10 円の減産補助金下では，図 8-7 の企業は x_* だけを生産するため，政府の補助金支出は，生産量 0 の時と比べて B だけ減っていますから，

　　　政府余剰＝B

です．これが，(8.7) 式の右辺第 2 項の意味です．

生産者余剰

次に，減産補助金下での生産者余剰を導出しましょう．

第1節で，減産補助金と同率の物品税の効果が同一であることを示す際に想定した2段階生産調整の第2段階目では，生産量を0からx_aまで増やしました．この調整は，生産量0から出発して計測する点で，生産者余剰の概念と密接に関連しています．

減産補助金がある場合には，生産量が0の時の収入は，0ではなく，図8-4のLです．

一方，定義によって，

生産者余剰≡利潤－生産量0の時の利潤 (8.13)

です．この式から明らかなように，ある生産量における生産者余剰は，生産量0からその生産量になるまで，限界利潤を積み上げていくことによって求められます．[8] したがって，(8.3)式の両辺の各項を生産量0から当該生産量までを積み上げることによって，生産者余剰は，次のように表せます．

生産者余剰＝販売収入＋補助金の増大額－可変費用 (8.14)

ここで，右辺の第2項は，生産量が0から当該水準まで増えた時の補助金の増大額です．生産量がxの時には，これは，$-10x$です．したがってこの式は次のように書き直せます．

生産者余剰＝販売収入$-10x-$可変費用

生産量が増えると，生産費用が増大するだけでなく，補助金が減ることに注目してください．この式を次のように書き直してみましょう．

生産者余剰＝販売収入－(可変費用＋$10x$)

この式は，(4.1)式と同一です．減産補助金は，同率の物品税が課されるのとまったく同じ効果を生産者余剰に対して与えることがわかります．

生産者余剰を図示しましょう．図8-5において，たとえば生産量がx_aの時には，生産量が0の場合に比べて，まず販売収入は茶点線の長方形の面積Rだけ増し，費用は可変費用Vの分だけ増加します．その上，補助金がT減少

---

[8] 詳しくは第2章の図2-13を復習してください．

します．したがって，R−T−V=Yが生産量0の場合と比べた利潤の増大です．すなわち，生産者余剰になります．[9]

このページの面積は，x_a を増やすことによってさらに増えます．最終的には，

生産者余剰は x_* で最大化されます． (8.15)

したがって，この減産補助金の下で最大化された生産者余剰は，図8-7のAの面積で表されます．すなわち，

生産者余剰＝A

です．物品税の下でも，同率の減産補助金の下でも，同一の生産量変化が起きるだけでなく，まったく同一の生産者余剰が生まれていることがわかります．

総余剰

したがって，生産者余剰Aと政府余剰Bとを合計すると，減産補助金の下での総余剰（A+B）が得られます．こうして，(8.7)式が，生産者余剰の概念を用いて導かれました．

ところで，(8.12)式を書き直すと，

政府余剰＝−生産量0の時と比べた補助金の増大額 (8.16)

となります．この式と（8.14）式と（8.6）式とを（8.11）式に代入すると，(8.5)式が得られます．こうして総余剰に関する2つの表現法である（8.5）式と，（8.11）式との関係が明らかになりました．

死重の損失

第2節では，減産補助金が与えられた場合には，総余剰が図8-7のCの分だけ減少していることを示すことによって，**Cが減産補助金によって発生す**

---

[9] これは，限界利潤の積み上げによっても直接求めることができます．まず生産を0から1単位引き上げる時の利潤の増加（限界利潤）は（8.4）式から，

限界利潤 $p_0 − 10 − m(x_1)$

と書けます．これは図8-5のオレンジ枠長方形の面積として表示できます．したがって，たとえば，現在の生産量が図8-5の x_a である場合の生産者余剰は，このような長方形を生産量が x_a になるまで次々につなぎ合わせた時にできる，ベージュの図形の面積です．

る死重の損失であることが明らかにされました．次に，この死重の損失を生産者余剰の変化と政府余剰の変化に分解しましょう．

まず，減産補助金がある場合の総余剰の増加は，(8.11) 式から次のように書けます．

　　　総余剰の増加＝生産者余剰の増加＋政府余剰の増加

ここで (8.13) 式から，

　　　生産者余剰の増加＝利潤の増加

が，成り立ちます．一方，(8.16) 式から，

　　　政府余剰の増加＝－補助金の増加

が成り立ちます．したがって，

　　　総余剰の増加＝利潤の増加－補助金の増加

と書けます．

これを図示すると，生産量を図 8-7 の x_0 から x_* に減少させた時，

　　　利潤の増加＝D

　　　補助金の増加＝D＋C

です．これらの差をとると，

　　　総余剰の増加＝D－(D＋C)＝－C

が得られます．したがって，減産補助金が与えられた場合には，生産者余剰は増加しているが，政府余剰の減少はそれより大きく，全体としては差し引き C だけ減っていることが，死重の損失 C の内訳であることがわかりました．

補論 2：減産補助金の下での生産者余剰と粗利潤

本章第 1 節では，固定費がある場合にも，利潤最大化の条件 (8.2) 式を導くのに，利潤の概念を直接用い，生産者余剰の概念を用いませんでした．しかし，補論 1 の (8.15) 式によって，前の各章と同じように生産者余剰の概念を用いても，(8.2) 式を示せることがわかりました．

第 3 章では，減産補助金がない時，

補論2：減産補助金の下での生産者余剰と粗利潤

$$\text{生産者余剰} = \text{収入} - \text{可変費用} \tag{8.17}$$

であることが示されました．しかし，減産補助金がある場合は，図8-3において定義に忠実に最大化された生産者余剰を求めると，Aになります．したがって，(8.17) 式の左辺の値はAです．一方この場合，(8.17) 式の右辺は，固定費のあるなしにかかわらず，図8-3のA＋B＋C＋Dです．したがって，等式 (8.17) は成立しません．

ところで，(8.17) 式の右辺は**粗利潤**と定義されます．すなわち

$$\text{粗利潤} \equiv \text{収入} - \text{可変費用} \tag{8.18}$$

です．本補論では，減産補助金がある場合について，生産者余剰と粗利潤の関係を明らかにします．

生産者余剰と粗利潤

定義によって，

$$\text{生産者余剰} \equiv \text{利潤} - \text{生産量0の時の利潤} \tag{8.19}$$

です．生産量が変化しても右辺第2項は変化しませんから，利潤が最大化される時に生産者余剰も最大化されます．

利潤＝収入－費用，であることを考慮すると，(8.19) は次のように書き直せます．

$$\text{生産者余剰} = (\text{収入} - \text{費用}) - (\text{生産量0の時の収入} - \text{生産量0の時の費用})$$

これは，次のように書き直せます．

$$\text{生産者余剰} = (\text{収入} - \text{生産量0の時の収入}) - \text{可変費用}$$

この式の右辺に (8.18) 式を代入すると，

$$\textbf{生産者余剰} = \textbf{粗利潤} - \textbf{生産量0の時の収入} \tag{8.20}$$

が得られます．

減産補助金がない場合には，

$$\text{生産量0の時の収入} = 0 \tag{8.21}$$

ですから，(8.20) 式は

$$\textbf{生産者余剰} = \textbf{粗利潤} \tag{8.22}$$

と書き直せます．減産補助金がない場合に，図8-1で価格 p_0 の時に最大化された生産者余剰はベージュの面積です．その場合生産者余剰を図示する際に用

いたのがこの式です.

次に, 減産補助金の下では, (8.21) 式の代わりに,

　　　生産量 0 の時の収入 $= 10x_0$

が成り立ちます. 生産量をゼロまで引き下げると, 販売からの収入はゼロですが, $10x_0$ だけの補助金収入が得られるからです. したがって, (8.20) 式は,

　　　生産者余剰 ＝ 粗利潤 $-10x_0$

と書き直せます. 減産補助金の下では, いかなる生産量に対する生産者余剰を計算するにも, その生産量における粗利潤から図 8-4 のベージュの斜線面積 L を差し引かなければならないというのが, 上式の意味です. したがって, **減産補助金の下では, (8.22) 式は成り立ちません.**

減産補助金の下での粗利潤最大化

ここで

　　　利潤 ＝ 収入 − 可変費用 − 固定費用

であることを考えると, (8.18) 式で定義された粗利潤は次のように書き直せます.

　　　粗利潤 ＝ 利潤 ＋ 固定費用

生産量を変えても固定費用は変わりませんから, この式からただちに次が導かれます.

　　　粗利潤を最大にする生産量が, 利潤をも最大にする.　　　(8.23)

ということは, 固定費用が変わらない短期では, 利潤を最大化する生産量を見いだすためには, 固定費用までは計算する必要がないということです. 粗利潤だけを見ていれば, 利潤を最大にする生産量がわかります.

本章第 1 節で固定費がある場合にも, (8.2) 式が成り立つことを明らかにしました. その際には, (8.23) 式を直感的に用いて, x_* で粗利潤が最大化していることを示すことによって, 利潤最大化していることを明らかにしたと言えるでしょう.

9章

情報の非対称性

　これまでは，財の売り手と買い手が，取引している財がどのような性質を持っているかについて，共通の正確な情報を持っていることを当然のこととしてきました．すべての異なる主体が共通の情報を持っていることを，情報が対称である，と言います．この場合には，規模の経済や外部効果がないかぎり，市場は効率的に資源を配分すること，すなわち，限界費用と価格が等しくなることを示しました．

　一方で，売り手と買い手が，取引している財の性質について共通の認識を持っていない時，売り手と買い手の間に財の性質について**情報の非対称性**がある，と言います．情報の非対称性がある場合には，市場で取引される財の量が効率的な量より小さくなったり，市場そのものが成立しなくなるおそれがあります．具体的には，情報の非対称性が引き起こす**逆選択**と**モラル・ハザード**という現象が，非効率を生み出します．

　もし薬品に関する公的な検査機関がなく，ある薬に効き目があるかどうか，副作用がないかどうか，ということがわからなければ，皆不安で製薬会社の作った薬は買えません．この場合，材料を直接目で確かめることができ，昔から性能の良くわかっている漢方薬のようなもののみに頼らざるをえなくなるでしょう．結局，新薬の市場はなくなってしまいます．このように，買い手か売り手の一方が，市場で取引されている財の性質を知らないために市場に入ってこなくなり，その結果市場が成立しなくなったり，市場が縮小したりする場合が

あります．この現象を，**逆選択 adverse selection** と言います．[1]

　他方で，火災保険に加入した人が，保険に入ったから火事が起きても大丈夫だと感じて不注意になり，かえって火事を起こしやすくなってしまうということもあります．この現象を**モラル・ハザード**と言います．[2] 保険会社の観点からは，すでに販売した保険契約の加入者が契約義務をきちんと果たしているかどうかの情報が得られないために，不必要に高い保険料の保険を売らざるをえなくなっています．保険会社が加入者の行動を監視できれば，このようなことは防げます．

　本章では，情報の非対称性が生み出すこれら2つのタイプの市場の失敗を分析します．

1　逆選択：買い手が情報不足の場合

　まず，買い手の財に関する情報が不足している場合に発生する逆選択を分析しましょう．

　取引している商品の性質を，売り手はよく知っているのに，買い手にはよくわからない，という場合を考えましょう．この場合，売り手が高い費用をかけてどんなに良い商品を作っても，買い手はそれを確かめようがないため，質の劣る商品と同じようにしかみなしません．つまりは，低い価格でしか売れません．これでは，売り手は，わざわざ高い費用をかけただけ損してしまいます．結果として，質の良い商品はあまり作られず，質の劣る商品が多く出回ることになります．これを見越して，品質が悪くてもかまわない，という買い手だけが市場で買おうとします．結局，品質の悪い商品についてだけ市場が成立し，

---

[1] 逆選択は，逆淘汰とも訳されます．元来，adverse selection という言葉は，natural selection（自然淘汰）の対語です．natural selection は，時間が経つにつれて環境への適応が弱い遺伝子が消滅していき，適応力が強い遺伝子が生き残ることを意味します．これに対して，adverse selection には，元来は適応力が弱い者のみが選ばれて生き残るという意味が込められています．

[2] より一般的に言えば，契約前に存在する情報の非対称性を逆選択と言い，契約期間内に生じる情報の非対称性をモラル・ハザードと言います．

良い商品の市場がなくなってしまいます．言い換えれば，悪い商品が良い商品を駆逐するわけです．

　逆選択が起きて，良い商品の市場がなくなってしまうと，良い商品に関して，消費者は高い限界便益を感じているにもかかわらず，1つも買うことはできません．逆に，供給者は低い限界費用に直面しているのに，1つも売ることができないという状況になります．この場合，大きな死重の損失が発生します．すなわち逆選択がある場合には，市場による資源配分は非効率になります．したがって，政府が市場に介入する必要が生じます．

　買い手が情報不足であることによって生じる逆選択への基本的な対策は，政府が正確な**情報開示**をさせる仕組みを作ることです．以下でいくつか例を見てみましょう．

薬　　品

　先ほど述べたように，薬品には，逆選択が起きます．したがって，厚生労働省のような役所が，薬の有効性や安全性を検査してくれるサービスは大変重要です．

　薬品の効き目や副作用については公の機関が検査し，その情報が消費者にきちんと知らされる必要があります．それによってはじめて，情報の非対称性が解消され，品質の良い薬品が，品質の悪い薬品に駆逐されず，市場で取引されることになります．

　ただし，新薬の認可に手間がかかるために，新薬によって助かるべき命が失われてしまうというのは不必要な損失です．リスクを負ってでも，まだ認可されていない新薬を使いたい人もいるでしょう．したがって，認可されている薬品は，そのことを明記させ，同時に，認可されていない薬品についても，認可されていないこと，そしてなぜ認可されていないのかといった情報を開示させたうえで，消費者の選択に任せて使わせるべきでしょう．

食　　品

　食品についても薬品と同様のことが言えます．野菜が無農薬で育てられたかどうかについて消費者がこだわっても，消費者自身ではそれを判別することが

できません．また，魚沼産コシヒカリ100％と称して売られていても，それが正しいかどうかわからなければ，消費者はコシヒカリというラベルを信じなくなってしまいます．鹿児島産黒豚についても同様です．さらに，狂牛病のような深刻な病気が流行っている時に，売られている肉が病原体に汚染されておらず，安全である，ということが完全に保証されていないと，多くの人びとは牛肉を食べるのをまったく止めてしまいます．狂牛病の牛が国内で1頭見つかっただけで，日本中の焼肉屋が大被害を受けたのはそのせいです．さらに，安全な焼肉を安心して食べられなくなった消費者も大きな被害を受けたのです．

このような問題は，国による検査体制の充実が重要であることを示しています．

欠陥住宅

家を買った時に，それが安全に作られているのか，手抜きされているのか，普通の消費者にはわかりません．したがって，最低限の安全性が守られているかどうかを，公的にチェックする必要があります．建築基準法の単体規定もこの理由で設けられています．[3] これも情報の非対称性による市場の失敗を解消するための政府による市場への関与です．

姉歯設計事務所が数多くの欠陥マンションを設計していたことが，2005年に明るみになりました．このようなことが大規模に起きたことの最大の原因は，建築物が合法的に建設されているかどうかをチェックする検査機関に対して，さらなる抜き打ち検査が行われていなかったことにあります．さらに，被害者に対して保険制度が整備されておらず，違法建築の建て主に補償をさせる制度であったために，建て主が破産すると，被害者は泣き寝入りせざるをえないという制度にもなっていました．この姉歯偽装事件は，二重の意味で制度設計の欠陥が引き起こしたと言えるでしょう．

中古車

さらに，逆選択を例示する場合によく使われるのは，中古車市場の例です．

---

3) 建築基準法には，単体規定と集団規定とがあります．単体規定は，建物の強度や火災防火性能など，建物の安全性に関する規定です．それに対して，集団規定は，高さや建蔽率や容積率など，周囲への外部効果をコントロールするための環境規定です．

1 逆選択：買い手が情報不足の場合

中古の自動車の売買に際して，売り手はそれがまともな中古車か，欠陥車（英語では「レモン」と言います）かを知っているはずです．しかし，普通の消費者にとっては，買って使う前にそれを見分けるのは難しいでしょう．このため，良い車を買いたい消費者は，レモンをつかまされることを恐れて，中古車市場での購入を躊躇するようになります．一方，たとえ買い入れた車がレモンであっても，自分で修理するなり我慢するなりして使う，という人は中古車市場で車を購入します．すると，中古車市場の買い手には，質が悪くても安い車を買いたい人の割合が多くなりますから，中古車の平均的な値段は下がっていきます．そうなると，良い車は，中古車市場で売りに出すより，所有者自身が使い続けたほうが有利だということになり，ますます市場に出回らなくなります．結局，良い中古車については，買い手も売り手も市場に出てこないので，良い中古車の市場は消えてなくなる可能性があります．これも典型的な逆選択の例です．

アメリカでは，中古車の売買が新聞広告を通じて個人間で行われます．私の友達は，安い VW の広告を見つけて買いにいったら，「いくらでも試乗してもらってかまわないが，そのうえで "As Is（「そのまま」という意味）" で売りたい．つまり後で文句はいっさい受け付けない」と言われました．試乗してみたら具合が良いので500ドルで買って大喜びしていました．しかし，翌日やってきて「まいったよ．あの車を昨日駐車しておいて，今朝乗ろうと思ったら，バックしないんだ」と言ってがっかりしていました．レモンをつかまされたわけです．

しかし中古車ディーラーでは，かなり良い中古車も売られています．それは，売り手と買い手の間に立つディーラーに対する信用が存在するからです．消費者は，ディーラーの会社の名前を見て信用する一方，会社もまたその信用を大切にし，高い値段でレモンを客につかませないようにします．大きなディーラーだけではなく，たとえば地元に密着したディーラーなどでも，長年つちかった信用に基づいて，良い車を取引できるよう，自分自身で逆選択の問題を避けていくと考えられます．祭りの縁日の屋台で，ブランド物と称するハンドバッグを売るのとは違って，お客が何度も繰り返して来たり，あるいはたくさんの客が会社の名前を信用の基準として来る場合には，会社自身に質と値段の関係

を正しく保つインセンティブができます．このような場合には，国が品質保証に介入していく必要は少ないでしょう．[4]

一方で，狂牛病や，黒豚，あるいはコシヒカリなどの食品の問題は，それを売っている商店ですらその品質を見抜く能力がないので，中古車市場で起きるような，自発的な防御策がとられにくいという事情があります．そのために，国の介入の必要の度合いが高いと言えるでしょう．

大学の認可

大学を新しく作る場合には，文部科学省に認可されないといけません．大学内の学部の新設の場合も同様です．ただし，文部科学省のお役人自身が，実際に申請された何百もの大学や学部の善し悪しを判断するわけではありません．そのかわり，文部科学省には大学設置審議委員会というのがあって，そこに学者を呼んで審査をさせます．このような審査をする理由は，一定の水準を満たす教育サービスを提供してくれるかどうかがまったくわからない大学や学部は，学生としてはそれが本当に大学と呼べるところなのか疑問を持ってしまうからだということになっています．したがって，公的機関による審査によって，大学が提供する教育サービスの質を保証することは，逆選択が起こるのを防ぐため，という意味合いがあります．

しかし，現行の日本の大学認可の制度には重大な問題があります．第1に，認可の時には学者がその質を判断しますが，その後の質の低下（たとえば，雇う教師の質の低下）に関して，チェックする機能がありません．第2に，認可の審査のために，教師の出版業績をはじめとした膨大な資料を提出させますが，認可されてしまえば，それらの情報は学生に伝わることなく葬り去られてしまっています．多くの大学では，同じ学部の教師同士ですら，相手の研究業績を知る仕組みがありません．

大学の認可の本質が，学生という消費者と，大学というサービス供給者の間の情報の非対称性を減じることにあるのならば，むしろ徹底的に情報を公開さ

---

[4] しかし，車検制度は，明らかに中古市場の活性化に役立っています．さらに米国のように，普段は車検をしなくてもよいが，中古車を売る時にはその時に売り手が車検を受けなければならないとするのは，さらに逆選択を防ぎます．

せることを認可の条件とすべきです．さらに，文部科学省がその情報が正しいか否かをチェックする権限を持つ，という介入の仕方が理想でしょう．インターネットのホームページで，各教官の研究業績や，その大学の卒業者の就職状況，平均的な授業の学生数などが公開され，しかもその内容が第三者によって確かめられていれば，YES か NO かしか知らせてくれない現在の認可制度よりは，学生にとってはるかに有益な情報が得られるでしょう．

もちろん，あまりに膨大な情報がホームページで提供されても，学生は比べられないかもしれません．そういう場合には，予備校や専門雑誌が，それらの膨大な情報を比較検討し，さまざまな目的に応じた大学のランキングを付けるでしょうから，その点で心配する必要はありません．そのようなランキングで目星をつけた2，3の大学について，詳しくホームページで学生が直接見ればいい，というような制度になるでしょう．

このような情報公開制度は，意欲があり積極的に情報を公開したい大学にとってもメリットがあります．情報の正確さについてお墨付きをもらえるだけでなく，他大学の弱さをさらけだすことになるので，相対的に有利です．良い学生をひきつけることができます．

しかし，文部科学省は，認可権限を失うことになるので，このようなことはやりたがりません．

労働市場における女性差別

女性は，結婚したり子供ができたりした時に辞めてしまう可能性が高いため，企業にとっては，平均的な女性従業員に対して行う教育投資の収益率が，平均的男性従業員に対するものより低いという問題があります．そのため，労働市場で，女性はずっと差別されてきました．差別を倫理に反している，と非難することもできます．しかし，企業には男性のほうを雇う経済的インセンティブがあるため，男女差別が起きてしまうのです．

実はこれは，情報の非対称性に基づいた差別です．結婚しても子供ができてもガンガン働くの，旦那さんは自立してちょうだい，私は仕事のために邁進する，という女性は結構いるわけです．一方で，共働きを続けるのがいいとは思わない，贅沢かもしれないが，子供を育てるには家にきちんといるのがいい，と内

心思っている人もいます．もし企業がこれらの人を区別できるのなら，ずっと働いてくれる人は男性と同じように雇うし，途中で辞めるつもりの人に対しては最初から安い賃金で雇うことになります．[5] ただ，それが雇うほうからは区別できないのです．その結果，雇うほうは，働き続ける女性を雇うことを諦めて，途中で辞めることを前提とした人にふさわしい賃金体系を女性用に用意します．そうなると，高い賃金なら働き続けるつもりだった女性まで，働くことにそれほどの見返りがないと考えて，早く辞めてしまいます．逆選択が起きるわけです．

そのように考えていくと，女性差別には2つの側面があります．第1は，不公平の問題です．ずっと続けて働きたいという女の人にとっては自分だけが統計的に差別されているわけで，不公平だ，という問題です．第2は，効率性の問題です．本当に優秀な人が働けば，非常に高い生産性が得られるのに，その人たちが働けるような市場が存在しないため，生産性が低い場所でしか働かせてもらえない，という無駄が発生するという問題です．

第1の不公平は通常よく指摘される点ですが，この観点からは良い解決策が生まれてきません．たとえば，男女の賃金をまったく等しくしなければならないなどという法律があれば，企業は，女性を最初から雇わなくなってしまいます．また，生命保険会社が総合職で入った女性をこき使って，辞めざるをえなくなるようにさせる，というような差別が行われています．優秀な女性がずっと働き続けてくれるなら，会社にとってその人を雇うことは得です．それにもかかわらず，情報の非対称性があるから女性一般を差別せざるをえない，というわけです．

保育所

実は，女性就労への差別をもたらす労働市場における情報の非対称性を根拠に，保育への補助を正当化することができます．

中産階級に対して保育園に関する補助は必要ない，という考えもあります．自分が勝手に好きで子供を産んだのだから，自前の金で保育園にやればいいじ

---

[5] もちろん退職金制度を用意して長く勤めている人にはたくさん支払う，途中で辞めてしまう人はすごく損する，という仕組みを作ることはできますが，それでも限度があります．

ゃないか，いやなら最初から子供を産まなければいい，というわけです．市場の失敗がないのだから，全部市場に任せるべきだというわけです．

　しかし，上で述べた情報の非対称性による女性差別が生み出す無駄をなくす方法として，保育所への補助を正当化できます．まず，この無駄をなくすための1つの方法として，企業が女性従業員を雇うごとに，その企業に対して補助金を出すことが考えられます．しかし，それでは子育てが終わった人や，子供を作る予定のない人にまで補助金を出し続けることになり，効果の割にコストがかかります．女性が仕事を辞める大きな原因が子育てにあることを考えると，より効率的な対策は，子育てに集中した支援を公的にやることです．つまり，保育所に対し，受け入れた子供の数に応じて補助金を出す，という政策が正当化されます．

　要するに，子育てにまつわるコストを少なくして，平均的女性にとって働きやすい環境を作れば，情報の非対称性に基づく逆選択の度合いが少なくなります．これによって，女性の就労における差別を減らすことができ，結果的に効率性を改善できます．

2　逆選択：売り手が情報不足の場合

　これまでの分析では，売り手のほうが商品についての情報を持っており，買い手のほうが情報を持っていない場合を考えました．しかし，たとえば，保険会社が保険購入者の危険度をあまりわからないままに保険を売らねばならない場合は，危険度の低い集団向きに売り出した保険料の低い保険を，危険度の高い人たちが購入するのを防ぐことができません．売り手である保険会社のほうが怖くなり，結果として，危険度の高い集団向きの保険料の高い保険のみが供給されることになります．このように，買い手が，買い入れている商品の性質を知っているのに，実は売り手が財の性質を知らないまま売らねばならない場合には，売り手のほうが警戒心を持ってしまい，危険度の低い買い手へ安い商品を供給することができなくなります．

　売り手が情報不足である場合に起きる逆選択への基本的な対策は，①国民全

コラム：保育園に関する情報

　いま，保育園が不足しています．保育園を公的に補助すべきかどうか，という問題にこの情報の非対称性が関わっています．現在の保育園には，認可保育所と認可外保育所があります．認可保育所は地方公共団体や社会福祉法人が作るもので，一応原則的には非営利，金儲けはしないという団体です．社会福祉法人になるためには，敷地を自分でどれだけ持っていなければならないなどのさまざまな条件があります．そういう社会福祉法人に対して政府は多額の補助金を出しています．施設も政府が補助してくれるし，運営費も補助してくれます．認可保育園に入れた人はラッキーで，大変良い保育園のサービスが得られます．もちろん夜間のサービスが限定されているとか，そういった役所特有の弊害があるにしても，基本的には質の高い保育サービスが得られます．

　ところが，都会では認可保育所は非常に数が少ないので，順番待ちでただちに入ることができません．その場合，認可外の保育所に入ることになります．認可外の保育所というのは，一般の営利に基づいた事業経営をやっているか，あるいは非営利の場合でも，社会福祉法人になるための条件を満たしていないものです．

　認可外保育所には，国から1円の補助も出ません．それは憲法の制約だというのです．憲法89条に，「公の支配に属さない」教育とか慈善の事業に対して国はいっさい補助してはいけないという規定があるからです．大学には補助を出しているじゃないか，と言うと，それは学校法人というのは非営利の団体で，「公の支配に属している」からいいとしています．慈善の団体も社会福祉法人ならば「公の支配に属している」からいい，という憲法解釈で切りぬけているのです．だから認可外保育所にはいっさい補助が出ていません．

　それだけでなく，認可外保育所には保育園としての最低の条件を満たしているか満たしていないかを消費者が判断するための情報の開示もいっさい義務付けてはいません．そのため悲惨な事故が起きている場合もあります．しかし，なかには立派な保育園もありますし，歌舞伎町で夜働いている女性のために夜遅くまでサービスをする，といったマーケット・メカニズムにのったサービスもあります．どう見ても必要な良いものと，ひどいものとが混在しているわけです．

　では，こういう憲法の制約がある時に，保育園をまんべんなく補助するにはどうしたらいいかというと，施設に補助するのではなくて，利用するお母さん個人に対して補助すればいいのです．直接的には個人に補助をわたし，個人が好きなところを選ぶので，特定の保育園への直接的な補助にはなりません．このような，

> 使用目的を限定した個人への補助を「バウチャー」と言います．低所得者への住宅や教育への補助にこのバウチャー制を用いることができます．そのうえで，保育園のサービスの質を示す情報（お母さんたちの評価を含めて）を，ホームページで公開させ，官が金をかけてその真偽の調査を行うという制度にする必要があります．
>
> 　そうすれば認可されていてもいなくても同額の補助を得られますし，保育園のサービスに関する情報が現在より正確に得られるようになりますから，お母さんたち自身が安心して保育園を選ぶことができるようになります．その結果，多数の創意工夫に満ちた会社が保育園に参入してくるでしょう．

員に強制的にその財を買わせること，②売り手に補助金を与えること，の2点です．以下でいくつか例を見てみましょう．

保　　険

　保険とは，死亡・火災・病気などの偶発的事故を受ける可能性のある各人が，あらかじめ一定の掛け金（保険料）を互いに拠出しておき，保険加入者が事故にあった場合に，プールされた積立金から一定金額（保険金）を与え，損害を補償する制度です．一般には，保険会社が，保険加入者から保険料を取って，事故にあった人へ保険金を支払うというかたちで，保険サービスを加入者に対して供給します．

　このような保険制度の下では，保険サービスの売り手である保険会社が，加入者の危険度に関する十分な情報を持てないことがあります．

　医療保険はその典型例です．公的な医療保険制度がなくて民間の医療保険のみがあり，それへの加入が任意であるとしましょう（たとえば，アメリカでは，健康保険は任意加入です）．人は自分自身の健康状態に関しては，かなりの知識があります．したがって，任意加入制の下では，病気がちの人は保険に加入するけれど，いままで病気なんかしたことがないという人は保険に加入しない場合があります．また，その中間の人は，加入するか否かを保険料に基づいて決めるでしょう．

　一方，保険会社は個々の加入者の健康状態を詳しくは知りようがないので，

病気がちの人が加入するのを止めようがありませんし，健康な人にだけ保険料を安くして加入しやすくすることもできません．

このように，医療保険に関しては，保険サービスの売り手である保険会社と買い手である加入者の間に，情報の非対称性があります．この場合，保険会社は，加入者の中で平均的な危険度の人にふさわしい保険料をかけます．しかし，その場合，平均より健康な人にとっては，保険料が高すぎて不利なので，保険から脱退してしまう人が出ます．すると，残った人は病気がちな人が多くなるので，保険会社は保険料を引き上げざるをえません．この場合，もともとの保険料の下では入っていた人まで脱退していくようになります．その結果，加入者の中で病気がちの人の割合がさらに高くなるため，保険料がさらに引き上げられ，普通の健康な人たちはますます入らなくなっていきます．結局，最も病気がちな人だけが保険加入者として残ります．最終的には，大部分の人にとって加入する価値のある保険が市場に存在しなくなります．これが，保険市場における逆選択です．

保険市場における逆選択とは，「被保険者の給付確率に関する正確な情報が得られないために，保険会社が，給付の確率が高い被保険者のみを選択せざるをえないはめに陥ること」であると言えます．逆選択の効果が強いと，大多数の人を対象とした保険が市場に存在しなくなります．このことをもう少し一般的に表現すると次のようになります．

情報が対称であれば，同じ保険金を支払う保険については，危険度の低い人には安い保険料を，危険度の高い人には高い保険料を課すようにすれば，保険会社はリスクに見合った利益を得ることができます．しかし，保険会社が保険購入者の危険度がわからない時に，そのような保険制度を導入した場合，危険度の高い人は，自分が危険度が低い人間だと偽って，安い保険料の保険に加入しようとするため，保険会社はリスクに見合った利益を得ることができなくなります．そのため，情報の非対称性が存在するケースでは，保険会社は最初から，危険度の低い集団向きの保険料の安い保険を供給しなくなります．この集団向けの保険市場が世の中から消えてしまうわけです．これが逆選択による市場の失敗です．

では，保険会社は，逆選択に対してどういう対策を講じているのでしょうか．

まず，個人ではなく団体で加入することを有利にすることで，団体加入を奨励します．たとえば，大阪大学の教職員の間には団体で生命保険に入るという制度があります．これは掛け捨ての保険で，1年加入していた人に対して，「大阪大学の教職員で去年は何人亡くなりましたのでこれだけ支払いました．今年は異常に多かったので配当金が少ないです．亡くなった数が少ないと翌年に余ったお金は配分されます」というような報告がきます．個人で入れる生命保険には，早死にする確率が高い人が申し出てくる可能性が高くなりますが，大阪大学の先生と職員全体を対象にすれば，病気がちの人ばかりが大阪大学に勤めるわけがないので，全体の危険度は平均的なものに落ち着くだろう，という理屈で，生命保険会社は団体加入を優遇するわけです．

　日本の生命保険会社が，勧誘に保険のおばさんを使うのも逆選択対策です．あんなに訪問セールスに力を入れるよりも，普通の銀行のように繁華街の目につくところにオフィスをかまえて，「来たい人は誰でも生命保険に入ってください」というふうに大宣伝すればよさそうなのに，そうしません．生命保険会社はお客さんが行きやすいところに支店をかまえることはあまりありません．便利な場所に支店を作ると，病気がちの人しかこなくなる可能性があるからでしょう．そのかわり，保険の勧誘おばさんを各地にたくさん派遣しているわけです．「来たい人は誰でも来なさいよ」と宣伝しないで，保険会社のほうから訪問する人を選んで「どうですか入りませんか」と勧誘して逆選択を防いでいるわけです．

　さらに，保険会社が2種類の保険を提供して逆選択を弱める場合もあります．1つは，安い保険料で，損害の補償割合が低いものです．たとえば，保険会社は損害の6割しかカバーしません，というようなものです．もう1つは，保険料は高いが，損害の補償割合も高いものにします．そうすると，危険性が高い人は保険料が高いほうに入って，危険性の低い人は安いほうに入ることになります．つまり自分で選ぶことができるわけです．そうすると，危険性の低い人に対して不十分な量の保険金しか提供できないという問題が残るにしても，ある程度役に立つ保険が提供できます．

　とはいえ，逆選択が強く出る保険については，保険会社自身の逆選択対策では不十分になります．そのような場合には，国が全国民を強制的に加入させる

ことによって逆選択を防ぐという方法があります．これが，第4節で詳しく論じる社会保険です．

借　　家

　実は，強い逆選択を防ぐには，全員強制加入の他に，もう1つの対策があります．それは，危険性の高い人たちを加入させた保険会社に国が補助金を出してリスク・プレミアム[6]の分を負担することです．次の例はこのケースに当たります．

　いまの日本の住宅政策では，大変大きな額の金が住宅補助に使われています．たとえば，国や地方政府は，公営住宅を作っています．これは政府が多額の補助金を投じて，安い家賃で提供しているのですから，一種の住宅補助です．公営住宅を供給する理由は，基本的には低所得者に良質の住宅を提供するためだ，とされます．

　しかし，本当に低所得者のことを考えるのであれば，現金をわたせばいいじゃないか，と考えられます．たとえば，住宅よりは子供の教育にお金を使いたいという人もいるのだから，現金をわたして，使い道は自分たちで決めさせたほうがはるかにありがたいだろう，高い金をかけて公営住宅を作るような無駄なことをする必要はないじゃないか，と批判できます．

　それにもかかわらず，住宅補助を正当化できる場合があります．それは，使途を住宅に限定して補助すると，情報の非対称性がもたらす市場の失敗を解決できる場合です．

　政府が干渉しない自由な借家市場では，高所得の人のほうが家賃を滞納する可能性が低いため，大家さんは高所得者に優先的に貸そうとします．大半の低所得の人は，きちんと家賃を支払おうと考えているでしょうが，滞納する人

---

[6] みなさんは，高いリスクに対してはそれ相応の見返りがなければ，そのリスクを負いたがらないでしょう．このリスクを負うことに対して要求される見返りを，リスク・プレミアムと言います．すなわち，リスク・プレミアムとは，リスクに対する補償のことです．上の保険の例では，保険会社は，リスクに対するリスク・プレミアムを保険料に上乗せしたため，低リスクの人たちの保険からの脱退を招いていました．このリスク・プレミアムが国から補助されれば，保険料は上がらないので，低リスクの人たちも脱退せず，保険会社も保険を提供し続けられます．したがって，これは1つの逆選択への対策です．

一握りはいます．このために，低所得者は，集団としてみると，大家さんにとって統計的に危険な集団です．このため大家さんは，低所得者に対しては入居差別をすることになります．

ただし大家さんが，この人は将来必ず滞納し，この人はけっして滞納しない，ということがきちんとわかれば，低所得者でも危険でない人に対して貸し出すことができますから，そういう心配はいりません．しかし，そのような情報は，当人にはわかっていても，大家さんのほうにはわかりません．この情報の非対称性があるために，入居差別が起きてしまいます．

入居差別が起きると，家賃をきちんと支払う気のある低所得者に対しても，借家市場が成立しなくなる場合があります．借家市場の失敗が起き，非効率が生まれます．

この問題に対してどういう対策を講じたらいいでしょうか．1つは，差別を禁止するという法律を作り，危険の負担を大家さんに負わせるということが考えられます．しかしそれではペイしませんから，多くの大家さんは家を貸すのをやめるため，貸家供給全体が減少してしまいます．

この問題に対するもう1つの対策は，低所得者に借家を貸す大家さんに対して，リスク・プレミアムの分として政府が家賃補助をするということです．家賃支払いが滞る可能性が本当に高い人に対しては，高い家賃を取るのは当たり前です．低所得ではあるが実際にちゃんと支払う人に対しては，普通の人と同じ家賃を取ればいいのですが，事前にはそれがわからないわけです．どの人が危険かがわからないから，低所得者ということで十把一からげに借家を貸さない，という状況が当然起こるため，低所得者のグループに対しては特別に政府が補助して，少々高めの家賃でも支払えるようにしてやろう，ということです．それによって家賃をきちんと支払う低所得者の人たちが借家市場から締め出されるという非効率的な事態を避けることができます．

住宅補助を正当化できる根拠の1つは，低所得者の人が家を借りにくくなる，という市場の失敗があることでした．[7] この場合の家賃補助政策は，再分配政策としてよりは，むしろ市場の失敗を直すための効率化政策であると位置付けることができます．[8]

このような使途を限定した現金給付を，**バウチャー**と言います．住宅バウチ

ャーは借家人がどこでも好きな借家を自分で探してくれば，探してきた家の家賃の何割かを補助してもらえるという，家賃補助の仕組みです．補助をする時に，これは必ず住宅にだけ使いなさい，と言って限定するのです．低所得者がバウチャーを入手することができるなら，大家さんは低所得者用住宅を高めに貸しても需要があります．この結果，バウチャーの大きな部分が大家さんに届くため，大家さんが積極的に貸家を供給してくれるようになります．住宅バウチャーの制度は，日本にはまだありませんが，アメリカでは多くの人が使っています．

貸付け奨学金

銀行は，貸付けをする時には，誰がきちんと返済してくれるかどうかに関して，正確な情報を持つことはできません．そこで，担保を取り，返却できない人がいた場合にも，銀行の損害を最小に食い止める仕組みを作ることによって，この情報の非対称性の問題を軽減しています．ところが，工場の建設資金や機械の購入資金の貸付けと違って，人間への教育投資については，奴隷制度でもないかぎり担保が取れません．したがって，市場に任せておくと，銀行が学生に対して奨学金を貸し付ける，という市場はできなくなってしまいます．そこで，政府がこのような貸付けに対する市場介入をする余地が出てきます．

---

7) 家賃補助には，もう1つの根拠があります．低所得者の中で，ギャンブルとかアルコール依存症の人がいると，自分できちんとした判断ができません．金をもらって，それが何にでも使えるということになったら，酒を買ってしまって家族のために全然使わない，という，家族にとって困ったことになります．したがって，受給者の判断能力を最初から疑い，使途限定の現金給付をする，ということが1つの根拠です．

8) これまで日本では，借地借家法というものがあって，いったん家を貸すと，契約期限が切れても借家人が継続を望むかぎり，貸し続けなければなりませんでした．しかも判例で，家賃の値上げは制約を受ける仕組みになっていました．このため回転率が高い学生や若夫婦のための小さな借家は別として，家族向けの借家が戦後はほとんど供給されてきませんでした（戦前はそのような法律がなかったので，大阪の9割，東京の8割の人は借家に住んでいました）．

しかし，最近，契約期間が切れたら借家人は必ず出て行くという了解の下に借家契約を結ぶ「定期借家」というものができました．これによって，これからは普通の家族向けの借家が次第にでてくると思います．したがって，そのような借家が低所得の人にも供給されるようにバウチャーのかたちで家賃補助をするという政策は日本の住宅政策の最も重要な柱になるでしょう．

コラム：情報の商売

　本章では，情報の非対称性が市場の失敗を生むことを学びました．しかし各個人が所有する情報を集めて（商売として）提供する民間の会社を利用すれば，情報の非対称性はなくなるのではないか，と思われるかもしれません．ところが，いかに情報の提供を専門にしている会社といえども，情報収集費用が高いために，取引者相手の（特に個人の）情報を完全に入手できない場合がよくあります．さらには，情報がコピーされるために，情報提供が採算にのらないという問題もあります．

　知的財産権の保護の制度があるとはいえ，保護自体にそれなりのコストがかかるため，多くの情報に対してはそのような保護が与えられていません．保護が与えられていないと情報売買の市場ができません．これらが，「ある商品についての望ましくない情報が，売り手から買い手の一方に届かない」という情報の非対称性の原因になっています．

　たとえば，ある家を買おうとする人にとって，その家に欠陥があるかどうかについての情報にはニーズがあります．しかし，欠陥調査会社は，その家を買おうとする人全員にその情報を売ることはできません．情報を買った人は簡単に別の人に売りわたせるからです．このため，この情報は1人ずつにしか売れません．そうすると，最初の情報提供は買い手にとって割の合わないくらい高い価格が付きます．複数の人に高い価格で売るわけにはいかないからです．結局このような情報の市場は成立しません．最近，日本でも中古住宅の質に関して，国が管理して公開するような制度ができました．このような情報の提供については，やはり官が介入する必要があると考えられます．

　中古車を買う際に，過去15年間くらいに作られた中古車の部品ごとの故障成績の統計が売られていればどれだけ役に立つかわかりませんが，日本にはそんなものはありません．コンピュータ雑誌にも，日本では，機種ごとにスピードから故障の回数からあらゆることを調べ上げたようなレポートは載っていません．日本でなされないのは，せっかく高い費用を支払って調べてその情報を売ったところで，他社がそれを真似した記事を売ることでペイしなくなると考えられるからでしょう．そのために売り手と買い手の間で情報の非対称性が生じています（ただし，アメリカでは，詳しい中古車故障成績やパソコン性能比較情報が売られています．なぜアメリカではできるのかむしろ不思議です）．

このような例として，学生への奨学金貸付けを考えましょう．現在日本で行われている国立大学や私立大学への国庫補助は，潜在的な高所得者への国費による補助になっています．まず，大学に行った人は，国立大学への運営費交付金や私学補助などの膨大な国庫補助の恩恵を受けますが，専門学校に学ぶ人や高校卒業後すぐ就職する人はそれらの国庫補助の恩恵を一切受けません．一方，大学卒のほうが，専門学校卒や高校卒より高い生涯所得を得ます．この所得格差の大きな部分は，大学における教育自体が生み出しています．したがって，大学への国庫補助は生涯所得の低い人から高い人への所得移転であるとみなすことができます．大学卒とそれ以外の人の間の公平を保つためには，将来の所得に大きな格差をつける原因になる教育費は原則的には自己負担にすべきでしょう．

ただし，有能な学生が資金制約のために最も質の高い大学に進学できない状況は作るべきでありません．[9] もし銀行が有利子奨学金を学生に貸し付ける市場が充実していれば，この問題は解決できます．

しかし，先に述べた理由で，民間の銀行では，有利子奨学金の貸付けができません．つまり，返済不能になる少数の人のために，多数の人に対する奨学金貸付けの市場が消えてしまうわけです．ここに，公的な有利子奨学金への奨学金貸付け市場に対して，政府が介入する必要性があります．具体的には，民間銀行が貸し出す奨学金に対して，**政府が債務保証**を与えるというかたちの公的支援を行うことができます．1970年代以来，アメリカではこの方法による学部学生の奨学金制度が充実しました．

3　モラル・ハザード

逆選択と並んで，情報の非対称性が生み出すもう1つの問題であるモラル・ハザードについて考えましょう．ここでは，保険に関するモラル・ハザードを考えます．

---

9) アメリカの私立大学の例として，デューク大学の2002年度の，寮費込みの学費は2万6700ドル（当時の日本円で約300万円）です．

3 モラル・ハザード

　保険加入者の中には，危険を避けるための努力を怠る人が出てきます．そのような行為による危険の増加が**モラル・ハザード**です．火災保険で言えば，火災保険に入っているから安心してしまい，火の始末がおろそかになるために，かえって火事が起きやすくなる，ということがモラル・ハザードです．

　モラル・ハザードのもう1つの例として，**健康保険**を考えましょう．健康保険に入ってしまえば，健康を損なっても保険会社が面倒を見てくれるため，健康保持にあまり努力しなくなります．もし自分で医療費を全額負担しないといけないとなると，自分の健康管理には気をつかうのと対照的です．

　このように，モラル・ハザードがある場合には，保険があるために保険加入者が危険回避の努力を怠るわけですから，結局は保険金支払いが高くなってしまい，それをまかなうための保険料も高くなってしまいます．

　ここで，逆選択とモラル・ハザードの違いに注意してください．保険での逆選択は，これから加入しようとする人のタイプが何であるか保険会社にはわからないために危険性の高い人ばかりが加入し，その結果，危険性がそう高くない普通の人は抜けていくということです．それに対し，モラル・ハザードは，保険にすでに加入している人が，事故を防ぐためにどれほど努力するかが保険会社にわからないために起きる現象です．したがって，すでに保険契約をした人に対する情報の非対称性がこれを生み出しています．

　モラル・ハザードという言葉は，上の定義より広い意味でも使われます．すなわち，「保険金を直接間接に受給するものが，保険金支出の可能性を下げる努力を怠る結果，保険金の支払いが増大すること」をモラル・ハザードと言います．以下はその例です．

　過去の日本では，老人の健康保険での本人負担が0割だったことがあります．この時には，特に強いモラル・ハザードが起きました．老人が病院に行っても健康保険のおかげで無料であることを利用して，体は悪くないのに待合室に話をしに行く，という現象が起きていたのです．たとえば，病院の待合室で常連の吉田さんが来ていないので，どうしたか聞いたら，「吉田さんは今日はかぜだそうだよ」という答えがきたという話があります．

　このような「待合室的モラル・ハザード」には，もう1つ有名な例があります．長野県のある町で温泉が出ました．温泉は老人の健康にもいいというので，

温泉を町立にし，町の老人なら誰でも無料で入れるようにしたところ，町立の病院のほうがつぶれてしまいました．これまで病院の待合室に行って社交をしていた老人たちが，皆温泉に行って社交をするようになったためです．その町にとってみれば，病院のほうに行ってくれれば，当人は何も支払わなくても健康保険を通じて国からたくさん金が出ていました．しかし，温泉のおかげで病院にくる人が少なくなったので，町立の病院のほうはつぶれてしまったというわけです．これは，もともとの状況で健康保険にモラル・ハザードが起きていた証拠です．

老人の健康保険の本人負担が0割であった時には，病院側も過大な量の薬を投与して儲けていた，という事態も発生しました．患者の負担が0割だと，病院側も患者に気兼ねせずにモラル・ハザードを引き起こしていたのです．

生命保険に関しては，2つのモラル・ハザードがあります．第1は，自殺です．生命保険に入っている人が生活に困窮し，妻子に金を残そうと思って生命保険に入って自殺する，ということが時折報道されます．「加入後1年間は自殺による死の場合は，生命保険は出しません」という条項が保険契約にあるのは，このようなモラル・ハザードを抑制するためです．

第2は，保険金殺人です．お金欲しさに，自分が受取人になっている生命保険に入っている家族を殺してしまう，ということも報道で見聞きしたことがあるでしょう．これの防止は基本的に警察に頼るしか方法がありません．[10]

---

10) もし，モラル・ハザードによって保険料が上がっても誰も保険額を減らしたり保険から脱退したりしないならば，モラル・ハザードは大した問題ではないかもしれません．しかし，世の中には，怠慢でモラル・ハザードを起こしやすい人と，きちんと努力することができてモラル・ハザードを起こさない人がいます．その場合には，モラル・ハザードによって料金が高くなってしまうと，モラル・ハザードを起こしやすい人は保険に残りますが，そうでない人は，保険から脱退してしまいます．保険に残った人たちにはモラル・ハザードを起こす人が多いから，さらに保険料が上がってしまうという問題が起きます．最終的には，最もモラル・ハザードを起こしやすい人だけが入るような保険制度が残り，普通の人のための保険制度がなくなってしまうという状況になってしまいます．つまり，モラル・ハザードの可能性が存在すると，逆選択と組み合わされて保険が成立しなくなってしまうわけです．

4 社会保険

　逆選択が強く出る保険に関しては，基本的にはこれに対して国が関与せざるをえません．

　前にも述べたように，そのための有効な対策は，その保険を多少なりとも必要としている人全員に加入を強制することです．保険からの脱退を認めないのです．そのように，国が強制加入させる保険を**社会保険**と言います．たとえば**医療保険，年金，介護保険**[11]などがあります．日本のように，国が全国民を強制的に健康保険に加入させることには，市場の失敗を防ぐという意義があります．

　そうかといってすべての保険を社会保険にする必要はありません．保険によっては，逆選択が弱いものがあるからです．その例は，火災保険です．たとえば建物が木造か鉄筋かということや，防火設備の充実度は，調査すればわかります．つまり，火災がその建物に対して起きそうかどうかに関する情報は，保険会社と顧客の間で比較的対称なわけです．それに応じて保険料を変えることができます．そのため，火災保険の場合には逆選択の余地が小さいので，さほど国が関与する必要はありません．

　ところが健康に関しては，強い情報の非対称性が存在します．このため，放っておくと市場が成立しなくなったり，あるいはきわめて小規模なものにならざるをえません．医療保険・年金・介護保険などはその例です．これらの保険は，社会保険にすることに意義があります．

　社会保険でもう1つ重要なものに，**失業保険**があります．これは，失業した

---

11) 介護保険も，その人が介護が必要かどうかについて情報が非対称だから，国が関与できるだろうということになります．ただし介護保険において，本当にどれだけ逆選択が重要なのかというのは実証的な問題です．医療保険なら，確かに本当に病気しそうな人とそうでない人がいて，普通は自分がどちらかがわかります．しかし介護については，将来自分に介護が必要になるかどうか，うまく予想がつくのか疑問です．そのため介護保険を公的にやる必要があるのかという問題があります．現実に，介護保険を持っているのはドイツと日本くらいで，アメリカなどはまったく持っていません．介護保険という制度の最終的な根拠というものは，逆選択に関する実証的な研究に依存するということになります．

時に一定期間給付が出るというものです．会社がつぶれそうであれば，失業の可能性は高くなりますし，また自分自身が病気がちであったり，他の人と折り合いが悪ければ，失業の可能性は高くなります．このように，自分では失業の可能性についてある程度判断ができるのに対して，保険会社はなかなか判断できません．この場合も，典型的な逆選択の起きるケースですから，民間の企業が失業保険を供給するということはできません．したがって，社会保険にして，全員加入の制度にしています．

最後に，制度のうえでは社会保険とされていませんが，実質的に社会保険と見なせるものに，**生活保護**があります．これは，理由は何であれ生活水準がある水準以下になった時，国が最低限の文化的な生活水準を保障しようとするものです．病気や事故などでそういう状況になった場合には給付を受けられますが，そうでない場合には税金として保険料を支払うわけですから，これも一種の保険です．一定以下の生活水準になるかならないかの可能性についても，当人のほうが保険会社よりはるかに情報があるでしょうから，保険料に相当するものを税でまかなって一般財源から拠出し，すべての国民に対して生活保護のサービスを提供しているのです．すなわち，一種の社会保険にしているわけです．

ただし，医療保険，介護保険，生活保護のどれをとっても，そういうふうに社会保険にしてしまうと，デメリットもあります．危険性が高い人が，非常に安い保険料でもって保険に加入できて，他の人に迷惑をかけるということになります．さらに，保険料が低くても入りたくないという人まで強制的に入れてしまうという弊害があります．しかしそれらのデメリットよりも，とにかく危険性が平均的な人が入れる保険を作れるというメリットが大きいと判断して，それらを社会保険にしているといえるでしょう．

医 療 保 険

日本では**医療保険**は国民皆保険ですが，アメリカは国民皆保険ではありません．[12] そのために，保険会社がさまざまな対策を講じていますが，それでも逆選択は残っています．

実際，アメリカでは1990年の時点では，美容師が医療保険に入れませんでし

た．民間のどの保険会社も，美容師の保険加入を断ったからです．それは次の理由からです．まず，①HIVに関する感染予防策を講じない人の感染率は，同性愛者の場合には平均よりも高く，②当時のアメリカでは美容師に占める同性愛者の割合が他の職業よりも平均的に高かったという事実があります．この結果，当時のアメリカでは，美容師という職業ではHIV感染率が相対的に高かったわけです．そのため美容師の平均的保険加入者への保険金の支払いが，他の職業の場合より大きくなりました．これにより，そのリスクにマッチするように保険会社は保険料を上げざるをえなくなりました．そうなっても，予防策を講じないために感染の危険性の高い人は，保険に入りつづけますが，危険性が平均的な人の多くは保険料が高すぎるから脱退してしまいます．その結果，加入者1人当たりの保険金支払額がますます高くなりますから，保険料をさらに上げなければなりません．最終的には危険性が平均的な人は全然入れないということになります．このため，危険性が平均的である美容師さんたちへの医療保険市場が消えてしまいました．典型的な逆選択が起きたわけです．保険会社が加入者の危険性を判断できない保険を民間に任せておくと，危険の高い人のみに役立つ保険が残り，平均的な危険性の人が必要としている保険が市場から消えてしまいます．

　美容師の大部分は，HIV感染の予防策を講じており，HIV感染に関して高い危険性を有しているわけではないでしょう．にもかかわらず，当時のアメリカでは美容業でのHIV感染の割合が他の職業に比べて少し高かっただけで，平均的な危険性を有する美容師を対象とした保険市場が逆選択のために，消えてしまったわけです．美容師が医療保険に加入できないということは，保険会社の美容師業界に対する「心の持ち方」によるために発生しているのではありません．保険会社が儲けを追求するとこうなってしまうのです．医療保険を国民皆保険にし，国民全員に強制加入させると，このような逆選択を防ぐことができます．

---

12) 低所得の人と65歳以上の老人は国が面倒を見ています．しかし，その中間の普通の人は国民健康保険がありません．したがって，アメリカの医療保険というのは，基本的に民間の保険ということになります．

生活保護

また、**生活保護**は、保険として見ると、逆選択が強いので公的に用意されているものですが、同時に非常にモラル・ハザードの起きやすいものです。一定水準以下の所得になり資産がなければ給付を受けられますから、無駄づかいをしたり働かないで、この給付を受けようとするインセンティブがあります。働く努力を止めて生活保護に頼ってしまうわけです。それは、生活保護という保険におけるモラル・ハザードです。そのようなケースを防ぐために、65歳以下の男の人の場合には、病気でもなければ、生活保護はなかなか受給できないようになっています。具体的に1日の時間をどのように使っているか、働く時間があったのではないか、というようなことを市の役人に詳しく問いただされて、それに答えられなければ、支給されません。

国民年金

生活保護は、65歳以上の人の場合には、病気でなくとも支給されます。このため、老人にしてみれば、退職前に預金を全部使い果たして生活保護に頼ることもできますし、そもそも最初から生活保護を期待して預金をしないことも考えられます。たとえば、若い時から給料は低かったがまじめに働いてきた人が、それで延々と老後のために貯金し、その貯金を使って老後の生活をしようとすると、夫婦で月12万円の生活しかできないという人がいるとしましょう。彼は、生活保護に入ってもほとんど同じ額をもらえます。そうすると退職する前にいまの貯めた貯金を全部使ってしまおうという動機が起きます。

退職者に関しては、生活保護におけるモラル・ハザードの余地は特に大きいと言わなければなりません。そうすると巨額の生活保護の支出が起きてしまう可能性があります。

国民年金は、そのような生活保護の過大な負担を防ぐために、強制的に貯金をさせる仕組みだと言えます。これは、すべての国民に一定の保険料を勤労年齢にある時に支払わせ、老後に共通の最低限の生活を保障する終身年金を支給するものです。これは生活保護のモラル・ハザードを防ぐための**強制貯蓄**だと考えることができます。

このような観点からすると，国民年金の保険料は，税金と同じように強制的に徴収する必要があります．もちろん所得の極端に低い人の場合には，支払いを免除し，代わって国がその分を支払うべきでしょう．しかしその他の人については，保険料の未払いは脱税と同等に扱って厳しく処罰すべきです．しかし日本では国民年金が上のように明確に位置づけられてこなかったために，保険料を支払わない人に対するペナルティが，老後の年金給付の減少というかたちで行われています．このため，多くの人が若い時に国民年金保険料を支払わず，退職後に生活保護に陥っています．日本の生活保護受給者に高齢者が多いのは，この制度設計の欠陥のためです．

厚生年金

日本の公的年金には，さきほど述べた国民年金と，保険料や給付が賃金に比例する**厚生年金**があります．[13] 生涯の所得水準に関係なく支給される国民年金と違って，厚生年金は，所得の水準に応じて支払われますから，国民年金の根拠は厚生年金には使えません．厚生年金への加入をすべての勤労者に強制していることの根拠は，加入を自由にすると，長生きする可能性が高いと自覚する人だけが年金に加入するという逆選択が起き，保険料が不必要に高くなってしまうためです．

年金も保険です．というのは，長生きしすぎるという事故に対して保険をかけるのが年金だと考えられるからです．人びとが自分の死ぬ年齢を正確に知っていれば，それまでにお金を使い果たして死ぬことができます．しかし，どのような予想を立てても，予想より長生きしてしまえば，その間を暮らしていくだけの十分な蓄えを用意するのが非常に難しくなります．そこで，長生きしても安心なように年金が必要になります．

年金の場合も，自分が長生きしそうかどうかは，自分の病歴や親兄弟の長生き具合を見ればある程度予想がつく一方，それは他者にはわからないため，情報の非対称性が存在します．そのため，民間の年金だけに任せておくと，長生

---

[13] 民間企業で働くサラリーマンの大半は，厚生年金に入りますが，公務員や私学の先生は共済年金に入ります．

きしそうな人は割に合う一方，通常の人にとっては保険料が高すぎるような年金だけが残ってしまい，通常の人が年金に入らなくなってしまう可能性があります．

　これは，年金の逆選択のためです．日本で民間が供給する年金に強い逆選択がある，という主張には証拠があります．実際，よく新聞などで年金の広告を見るかもしれませんが，その多くは，たとえば10年間の年金，65歳から75歳までとか，70歳から80歳までという期間限定のものです．期間限定ということは，保険会社はほとんど危険を負担しておらず，実質的に貯蓄の一形態だということです．このため逆選択は防げるので，民間もこぞって供給するわけです．たまに終身年金という広告を見た人もいるかもしれません．それらの多くには，たしかに終身カバーするけれど，「早く亡くなった場合にも，ご遺族に何割かをお出しします」という広告文句も付いています．つまり，長生きしてもしなくてもお金は払います，というわけです．保険会社はどっちみち支払うわけですから，あまり危険を負担していなくて，長生きした場合には消費者にとっては割の悪い保険制度になっているのです．さらに，純粋の終身年金も，保険会社はあまり宣伝しませんが，あるにはあります．ただし，それらの保険料は，平均的な平均余命も持つ人にとって著しく不利な保険料になっています．このように保険料が高くなっているのは，保険会社が逆選択を防ぐための措置だと考えられます．公的な厚生年金が設けられているのは，このような理由からです．

　しかし，年金を公的に供給することが健康保険ほど重要か，という疑問を持つ人はいるかもしれません．各人が，100歳くらいまで暮らしていけるように貯金すればそれですむことです．残ったならば遺産にすればよいですし，子供がいなければ国に取られてしまうかもしれませんが，長生きする危険への対応はある程度できます．一方，健康保険はまったくそれができません．ですから，健康保険のほうが緊急性はあると言えるでしょう．

介　護　保　険

　介護にももちろん逆選択の問題があります．自分が介護を受けそうなタイプかどうかは，自分にはわかりますが他の人にはわからないので，情報の非対称

が存在し，民間の介護保険が成立しにくいということもあります．しかし，ここで一番の問題になるのはモラル・ハザードです．介護保険でお金をもらえるのならば，実際には寝たきりでないのに，「私は寝たきりです」と申告したほうが得です．もちろん医者の診察を受けなければなりませんが，それを乗り越えれば，お金をもらえるようになります．そうすると，みんな「私は歩けません」と言うようになります．保険のシステムで，家に介護用のお風呂を作ってくれるのならば，「ちょうどいい機会だから，うちは介護が必要だと申告してしまおう」と考えるようになります．結局，いろいろな締め付けをしないと，お金が垂れ流しになることが目に見えています．

　介護保険の保険金が現金で支給され，それを付き添いの人に支払うこともできるし，家族で使うこともできるような制度にしたならば，「それでは家族で介護します」と言い張って，やはりもらってしまうでしょう．また，保険金を付き添いの人に支払うような制度にすれば，「やっぱり寂しいから人に来てもらう」とか，「食事も作ってもらう人に来てもらおう」などということになり，お手伝いさんをどんどん雇うという形になるでしょう．このように，いくらでも放漫な支出がなされてしまう可能性があります．これを防ぐのは非常に難しいことです．

　1つの手段は，現金でわたさないで，車椅子など物でわたすということです．しかし，人的なサービスに対しては，その必要度の判定はどうしても医者が下さざるをえません．そして，医者が判断する時には，医者ごとに判断基準にかなりの幅があります．基準を厳格にするためには，それを監督する地方公共団体に対して，モラル・ハザードを積極的に防ごうとする動機づけを与えることが重要です．

　その1つの方法としては，国から，何があろうともこれだけしか使えませんよ，という形で地方公共団体に介護保険の給付の原資を——たとえば，老人の頭割りで——割り当てることが考えられます．そして，実際の支出がそれより多かった時は自前の税金で負担しなければならない，という仕組みになっていれば，地方公共団体は自己負担を減らすために，医者に対して基準を厳格化させ，モラル・ハザードを防ごうという動機づけができます．

　このようにモラル・ハザードを防ぐためにはさまざまな工夫をする必要があ

ります．

5 まとめ

　情報の非対称性は，情報に関する技術的な制約によって発生しています．保険を例にとって復習すると，次のようになります．
　まず，1人ひとりの特徴をきちっと保険会社が観察することができるならば，逆選択という現象は起きません．アメリカの例で言えば，美容師のグループの中で，加入者がHIV感染の予防策を講じているか否かを保険会社がきちっと事前に判定できるのならば，危険性の低い人を大歓迎で入れ，危険性の高い人にはそれにふさわしい高い料金をかけられます．そうすれば逆選択の問題は発生しません．
　危険性の低い人には安い料金をかけ，危険性の高い人には高い料金をかける，ということができれば，皆が自分にふさわしい保険制度に入ることができます．しかし，個人はその情報を握っているけれども，他の人はその人の危険状態に関する情報はわかりません．その技術的な制約が逆選択の根本にあるのです．
　モラル・ハザードもそうです．どれだけこの人が，危険が起きないように注意をしているか，健康管理をしているのかということがきちっと外から観察できるならば，健康管理を怠ると保険料が上がるようにできるので，皆健康管理をするようになります．ところが実際には，努力をしようがしまいが保険会社にはわからない，という情報の非対称性があるため，モラル・ハザードが起きてしまいます．要するに，保険会社が顧客情報を細かくつかんでおり，それぞれの顧客のタイプや行動に応じてそれぞれ別の保険商品を用意できれば市場は効率的に機能します．しかし，現実には技術的な制約のためにそうはいかない，ということです．市場だけにまかせておいたら十分な保険サービスというのは供給されないのです．
　経済学者が「市場でやればうまくいく」と言って，「民間にまかせればよい」と言う際には，買い手も売り手も，売り買いするものの質に関して共通の情報を持っているということが，前提でした．

情報の非対称性が強い財の取引には，国が介入して，検査をしたり，情報の開示を義務付けたり，補助金を出したり，社会保険の制度を作ったりする必要があります．

キーワード

情報の非対称性　逆選択　モラル・ハザード　情報開示　バウチャー　債務保証　健康保険　生命保険　社会保険　医療保険　年金　介護保険　失業保険　生活保護　国民年金　強制貯蓄　厚生年金

練習問題

1．正しいか誤りか，○×を付けよ．
 (1) 保育所の公的補助は，モラル・ハザード対策になる．
 (2) 銀行による学生への奨学金貸付けに対して，政府による保証はモラル・ハザード対策ではあるが，逆選択対策ではない．
 (3) 生命保険の加入者が自殺をすることは，逆選択の例でありモラル・ハザードの例ではない．
 (4) 保険会社が保険購入者の危険度を知らない時には，危険度の高い保険購入者は，自己の状態を正直に申告するインセンティブを持つ．
2．以下は情報の非対称性に関する記述である．空欄に正しい語句を書き入れよ．
 (1) 保険会社が加入者について情報を十分得ることができないために保険市場が成立しなくなることがある．この現象を　　　　　と言う．
 (2) 保険に入っているために，保険加入者が危険を避ける努力を怠ることがある．この状況を，　　　　　が生じている，と言う．
 (3) 保険会社が加入者の危険度に関する十分な情報を持てないと，最も危険性の高い人だけが保険に加入することとなる．この状況を，　　　　　が生じている，と言う．

3．火災保険は民間保険にし，医療保険は社会保険にすべき理由を述べよ．ただし，下の4語のうち2語を選んで用い，250字程度で述べよ．

| 逆選択 | モラル・ハザード | 再保険 | 情報の非対称性 |

4．情報の非対称性の観点から，労働市場における女性差別について述べよ．また，有効な対策として何が考えられるか．

5．情報の非対称性は「モラル・ハザード」と「逆選択」を生む．教科書にあげられた例に含まれる下の語句のうち，モラル・ハザードに関係ある概念には「モ」を，逆選択に関係ある概念には「キ」を付けなさい．
  (1) 保険金殺人
  (2) 国民年金
  (3) 欠陥住宅
  (4) 国民皆保険
  (5) かぜを引くと病院の待合室に来なくなる人

6．情報の非対称性に対する対策のうち，下にあげた例は，①買い手が情報不足の逆選択，②売り手が情報不足の逆選択，③モラル・ハザード，の3つのうちどれに対応するものと考えられるか．最も適するものを各問について1つだけ選び番号で答えよ．
  (1) 薬品の認可
  (2) 中古車販売のディーラー
  (3) 住宅バウチャーの給付

10章 公共財

規模の経済が極端な財には，非競合性という性質を持つ場合があります．本章では，そのような財は，公共財として政府が無料で提供することが望ましいことを示しましょう．

1 公共財と料金

非競合性

私がアイスクリームを消費したら，他の人は同じアイスクリームを消費することができません．このような財の性質を**競合性** rivalry，この性質を持つ財・サービスを**競合財**と言います．

反対に，テレビ放送，国防，空いている時の道路などでは，ある人が消費しても他の人の消費量が減少することはありません．すなわち，資源投入を一定に保ったまま，使用者数を増やすことが可能です．この性質を**非競合性** non-rivalry，この性質を持つ財・サービスを**非競合財**と言います．表10-1の左側は，競合性のある財を，右側は非競合性のある財を例示しています．

料金

政府は，道路，橋，公園のように，非競合性を持つ財を無料で提供すること

10章 公共財

表 10-1 競合性・非競合性

	競合性	非競合性
有料	ハンバーガー アイスクリーム ジーンズ パソコン	東名高速道路 成田空港 小石川後楽園・新宿御苑
無料		新御堂筋高速道路 日比谷公園・橋 一般道路・灯台 テレビ放送［NHK］

(注) オレンジ枠は，公共財を表わしています．
　　 黒字体は，民間が供給するものを，茶字体は政府が供給するものを示します．
　　 なお，NHKのテレビ放送を無料としたのは，NHKを見なければ受信料を払わなくて済むという選択肢が与えられていないためです．

が多いですが，首都高速道路のように有料で提供するものもあります．[1] 同じ都立公園でも，日比谷公園は無料で，小石川後楽園は有料です．国立の新宿御苑も有料です．表10-1では，有料で提供する財・サービスが上欄に，無料で提供する財・サービスが下欄に示されています．

　無料で提供しているものの中には，料金を取るのにコストがかかりすぎるためにそうせざるをえないものもあります．たとえば，灯台の場合には，そもそも料金の取りようがありません．しかし東京の日比谷公園や大阪の新御堂筋高速道路のように，[2] 料金徴収がコスト的には可能でも，無料にしているものもあります．[3]

---

[1] 「高速道路」という言葉は法律上，有料道路のことを指しますが，本書では，信号のない自動車専用道路――ハイウェイ――のことを，有料無料に関係なく，高速道路と言います．

[2] 新御堂筋は，大部分が信号のない自動車専用道路で，高架か堀割になっていますから，ハイウェイです．しかし無料です．

[3] 実際，東京-横浜間では，有料道路と無料道路が入り混じっています．さらに，道路のように非競合性を持つ財は，必ずしも政府が供給するとはかぎりません．外国では，民間会社が料金を徴収して経営している道路はいくつもあります．日本でも，たとえば箱根ターンパイクは，民間会社が経営しています．
　つまり，道路や橋のような非競合性を持つ財の特徴は，①料金を安い費用で徴収することができるか否か，あるいは②実際に料金を徴収しているか否か，あるいは③そのサービスを公共団体が建設したか民間企業が建設したかなどといった点には依存しません．

料金による定義

非競合財のうち，サービスが無料で提供されているものには特別な名前が与えられます．

無料で提供されている非競合財を，公共財 public goods と呼ぶ． (10.1)

公共財には別な定義が与えられることもあります．

それらと区別する必要がある場合には，(10.1) を公共財の**料金による定義**と言います．[4]

表 10-1 の右下のオレンジ枠で囲まれた項目が公共財を示しています．灯台，橋，公園等が例としてあげられています．

混んでいない道路は，非競合性を持っています．しかし同じ道路でも，無料の道路は公共財ですが，有料の道路は公共財ではありません．表 10-1 で無料の新御堂筋高速道路が公共財に分類され，有料の東名高速道路が公共財に分類されていないのはこのためです．

表 10-1 には，政府（あるいは準政府機関—以下省略）が提供する公共財のみが示されていますが，上の定義を満たすものは，民間が提供するものも公共財といいます．

なお，競合財・非競合財を問わず，有料で提供されているものは**私的財**と呼ばれます．

2　規模の経済の一種としての非競合性

料金徴収が低費用で可能な場合にすら，多くの非競合財が政府によって無料で提供されている理由は，次の理由によるものです．

---

[4] この定義は，公共財の通常の定義と少し違います．通常の定義は (10.6) で与えられます．違いの理由については本章第 4 節を参照してください．

「非競合性のある財に関しては，料金が仮に徴収可能であっても，その料金をゼロにし，その建設費用は税金でまかなうことが望ましい.」

本節では，このことを示しましょう．

非競合性と限界費用

灯台，混んでいない道路，橋，公園のような非競合性を持つ財は，使用者数が増加しても，それにともなう費用を増やさずにサービス供給量を増加させることができます．これらの財を建設する際には巨額の固定費用がかかりますが，施設供給者側が負担する可変費用は無視できます．[5] すなわち，施設供給者側が負担する（以後省略）限界費用は0です．したがって，**非競合財のサービス供給に関する限界費用はゼロです．**

規模の経済性

第6章「規模の経済：独占」で見たように，固定費があり，限界費用が一定である場合には，生産量が増えるにしたがって平均費用が下がります．[6] したがってこの場合には，規模の経済があります．[7]

非競合財は，固定費のみで限界費用が0という特性を持っていますから，**規模の経済の極端な形です．**

限界費用がかからない場合に必要な市場介入は，第6章の図6-4で分析した限界費用が一定のケースの特殊例として，分析できます．

第6章の議論を簡単に復習しましょう．ある独占企業の限界費用曲線と需要曲線が図10-1（これは，図6-4の基本部分を再掲したものです）に描かれています．価格規制がない場合，この企業は，

$$\text{限界収入} = \text{限界費用} \tag{10.2}$$

が成立している生産量 x_n で330円の価格付けをします．しかしこの場合には，死重の損失が発生します．

---

[5] 道路を利用する運転者はガソリンや時間のコストを負担しますが，施設供給者側はこれを負担しません．

[6] 第6章注3参照．

[7] 規模の経済とは，生産量が増えるにしたがって平均費用が下がることです．

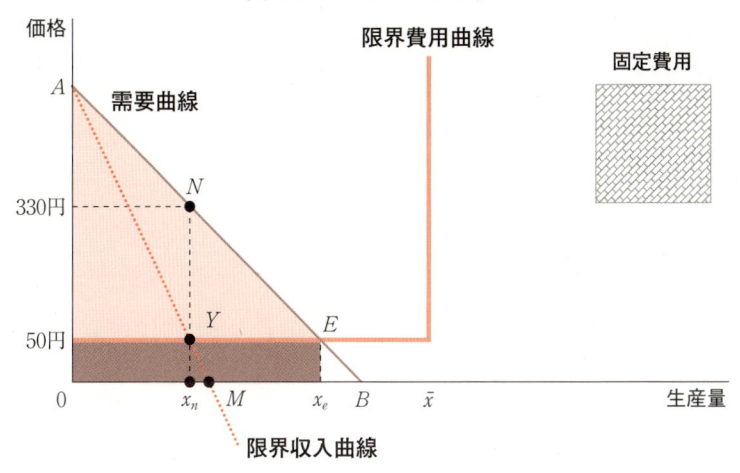

2 規模の経済の一種としての非競合性

図 10-1 収入＝可変費用

一方，限界費用価格形成原理によって，価格規制を行うと，

規制価格＝限界費用　　　　　　　　　　　　　　　　(10.3)

ですから，規制価格は50円になります．この場合，死重の損失は0になりますが，限界費用が一定なので収入はちょうど可変費用をカバーする分しか入ってきません．固定費用の分の赤字が発生しますので，国が固定費用分を補塡してやる必要があります．

民営非競合財の価格設定

橋を例に取って，第6章の分析を非競合財に適用しましょう．横軸に通行者数を取った図10-2には，ある橋の限界費用曲線，固定費用，需要曲線が描かれています．この橋の利用者数が増加しても，$\bar{x}$までは完全に安全ですが，それを超えると橋が重量に耐えきれずに落下してしまう可能性が発生するとしましょう．[8] この場合の限界費用曲線はオレンジ線で示されています．生産量が$\bar{x}$までは，限界費用は0です．また，右側に描いたレンガ模様の面積は，固定費用すなわち橋の建設費と毎年の減価償却費＋利子です．右下がりの線ABは，仮に橋の通行料金が徴収された場合に何人の人が通行するかを示す需要曲線で

---

[8] 事故が起これば，橋の管理者に膨大な費用がかかります．わずかでも危険があれば，それ以上人が通行することによる限界費用は巨大になると考えられます．

図 10-2　非競合財の供給：自由放任の場合

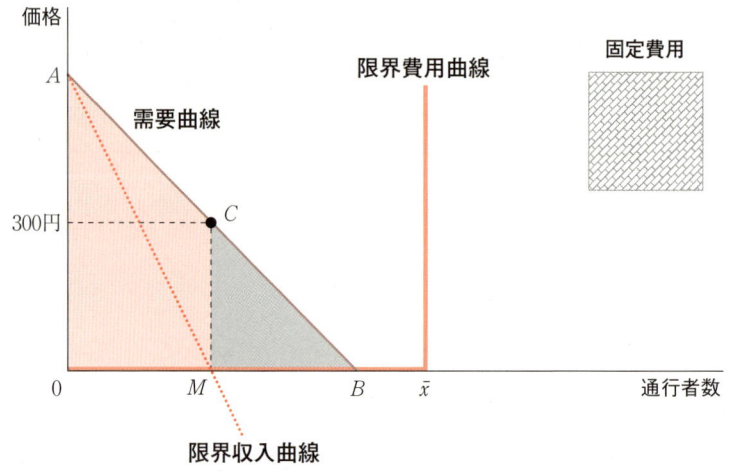

す．図10-2は，図10-1で一定の生産量までは限界費用をゼロとした特殊なケースであることは明らかでしょう．

いま，この橋が私的に所有され，通行料を払った人のみに通行させるとしましょう．

まず料金（価格）規制がない場合を考えます．図10-2に描かれている橋の保有会社は，利潤最大化するためには，(10.2)式を成立させる通行者数Mとそれに対応した通行料金300円との組み合わせを採用します．この場合，通行者数を増やしても可変費用は0のままですから，収入を最大にする通行者数Mが利潤を最大にするわけです．この場合，総余剰は図10-2のベージュの面積になります．そのうち価格線300円より上の三角形が消費者余剰で，下の長方形が生産者余剰です．

道路無料公開の原則

次に，限界費用価格形成原理に基づいて価格規制をする場合には，限界費用が0なのですから，(10.3)式に基づいて，通行料金を0にしなければなりません．この場合の通行者数と料金の組み合わせは，図10-3のB点で示されます．

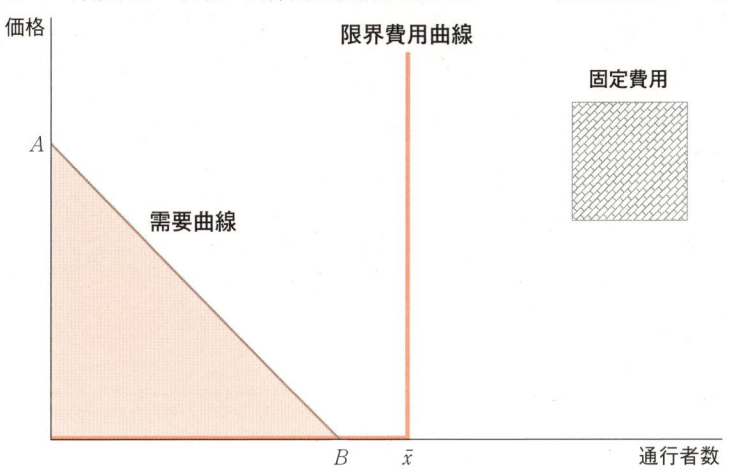

2 規模の経済の一種としての非競合性

図 10-3 非競合財の供給：限界費用価格形成原理によって価格規制される場合

この時消費者余剰は図 10-3 の需要曲線の下側のベージュの三角形の面積です．一方，この場合，橋の保有者にとっての生産者余剰は 0 です．したがってこの時の総余剰は，ベージュの消費者余剰とまったく同一です．

図 10-2 と図 10-3 を比較すると明らかなように，限界費用価格形成原理に基づいて価格規制をする場合には，橋が自由放任下で供給されている場合と比べて，総余剰が図 10-2 のグレーの面積分だけ増加しています．

図 10-3 から明らかなように，総余剰を最大化するためには，料金を 0 にして，国が建設費と毎年の償却費＋利子の全額を負担する必要があります．このことを道路の場合には特に**道路無料公開の原則**と言います．

総余剰を最大化できれば，税金でその建設費用をまかなっても，社会全体では得をします．非競合財は，誰かが使うことで他の人へのサービスが減るわけではないので，使用料金は無料にして公共財としてできるだけ多くの人に使ってもらうのがよいわけです．

灯台，道路，橋といった非競合性を持つ財が，基本的に政府によって建設され使用料金が無料になっているのは，その時に総余剰が最大化されるからです．混雑が発生してない道路は非競合財なので，そのような道路に対しては，この原則があてはまります．[9]

非競合性のある財・サービスの供給に関して政府が採用すべき道路無料公開の原則をまとめると，以下のようになります．

「非競合性のある財・サービスの供給に際しては，限界費用は0であるから，使用者を増やしても費用は増えない．このため，無料にすることによってできるだけ多くの人に使ってもらえば，総余剰を最大化できる．したがって料金徴収が可能であっても，無料にするべきである．その場合，サービス供給の費用は税金でまかなうべきである．」　　　　　　　　　　　　　　　　(10.4)

3　公共財の投資基準

費用便益分析

すでに建設されてしまっている橋や道路については，総余剰を最大にする水準でサービスを供給するためには，政府が固定費用をまかなうべきだということが明らかになりました．

しかし，そもそも財政負担をしてまで橋や道路を建設すべきか否かの決定は，いったいどのように行ったらよいのでしょうか．経済学的に意味のある公共財の投資基準は，

「最大化した総余剰のほうが固定費用よりも大きければ，建設すべきだ」[10]

---

9)　ただし，道路に混雑が発生すれば第16章で詳しく論じるように最適な料金は0ではなくなります．

10)　実は
　　　　総余剰＝便益－可変費用
　　　　固定費用＝総費用－可変費用
であるから，この基準は，
　　「最大化した便益のほうが総費用より大きければ建設すべきだ」
という基準と同値です．
　なお，「最大化した総余剰のほうが，固定費用よりも大きい」ということは，第17章「長期均衡」6節に出る「長期総余剰が正である」ということと同値です．第17章の見方では，本章の総余剰は「短期総余剰」です．

というものです．

この投資基準を図10-3で示すと，「ベージュで示した総余剰の額がオレンジ色で示される固定費用を上回る場合に限って建設を行う」というものです．図10-3の場合，可変費用は0なので，「総余剰＝便益」と「固定費用＝総費用」が成り立ちます．この投資基準に基づいて総余剰（便益）と固定費用（総費用）とを比較する分析は，**費用便益分析 cost benefit analysis** と呼ばれています．

費用便益分析は，次の手順を踏んで行われます．
第1に，需要曲線を予測して，その下側の面積によって総便益を計算する．
第2に，建設費用のデータを収集して，総費用を計算する．
第3に，総便益と総費用のどちらが大きいかを比較する．
なお，第3の手順は総余剰と固定費用を比較することです．

中立官庁による費用便益分析の発注

現在日本に存在する多くの橋や道路は費用便益分析なしに建設されました．その例は3本の本州四国連絡橋です．1967年に建設省は，この本州四国連絡橋（本四架橋）を1本だけ3候補地のどこに架けるべきか検討するために，費用便益プロジェクトチームをつくって検討を始めていました（当時私自身が大学院1年生時代にアルバイトでこのプロジェクトに下働きとして参加していたのでよく知っています）．しかし費用便益分析ができあがる以前に，政治家たちの強引な要望によって，3本の架橋をすべて架けるということが政治的に決められてしまいました．本四架橋のそれぞれがもたらす余剰がコストを超えているかどうかは，チェックされないまま建設されてしまったのです．

現在，本州四国連絡橋公団が赤字であることが非難されています．しかし赤字であるということ自体は非難の理由にはなりません．費用便益分析に基づいた投資決定を行わなかったことが非難されるべきです．すなわち，こういう政治決定を行った時点における首相であった佐藤栄作氏こそ非難されるべきでしょう．費用便益分析を行わないで大型の公共投資をするなどという愚行を，日本は二度と繰り返すべきではありません．

ところで最近では，日本でも形のうえでは費用便益分析をすませてから公共投資が行われるようになりました．しかし残念ながら，いまでも日本では費用便益分析の結果は信用されていません．その理由は，分析を行う者と分析発注者が癒着していると考えられているからです．国土交通省や農林水産省が，ある事業をしようとする場合には，費用便益分析をコンサルティング会社に依頼します．当然発注者側は，便益は費用を超えているという結果を出してほしいわけです．コンサルティング会社が逆の結果を出せば，国土交通省や農林水産省から仕事があまり回ってこなくなるかもしれません．したがっていろいろ工夫して，便益が大きくなるようにしているのではないか，と疑われています．

そのような癒着を防ぐために最低限行うべきことは，費用便益分析の計算の発注を事業担当官庁ではなく，中立的な官庁がすることです．

費用便益分析の現行制度には他にも大幅な改善の余地があります．

まず，すべての費用便益分析に対して，第三者が事後的な検証調査を行い，分析の責任者に対しては，過去に行った評価の質の優劣によって，それ相応の社会的評価を与え，責任を明確にすべきです．現在は，責任が不明確になっています．

つぎに，政府が，費用便益分析の結果から異なる投資判断をする場合，第三者による費用便益分析自体は公開したうえで，異なる政治判断をした大臣なり市長なりの責任者を特定する必要があります．現在では，費用便益分析自体の責任と政治的責任とが明確に分離されていないため，費用便益分析を行う側も歪んだ分析を行うことへの責任転嫁ができる仕組みになっています．

4　公共財と排除費用

民間が供給する公共財

第1節で分析した公共財は，灯台，空いている道路，橋，公園のように主として政府が供給する財でした．しかし，民間企業も，公共財を提供します．たとえば，第7章で説明した材木会社の治水効果の例では，ふもとに住む住民は，

表 10-2 競合性・準競合性・非競合性

		競合性	準競合性	非競合性
I 有料	A 排除可能	ハンバーガー アイスクリーム ジーンズ パソコン 商業映画館(満席)	東名高速道路 羽田空港 箱根ターンパイク 通勤鉄道	東名高速道路 成田空港 小石川後楽園・新宿御苑 箱根ターンパイク 通勤鉄道 テレビ放送［WOWOW］ 商業映画館(空席有)
II 無料	B 排除不可能	公民館無料映画(満席)	新御堂筋高速道路 一般道路 果樹園の外部効果	新御堂筋高速道路 公民館無料映画会(空席有) 日比谷公園・橋 一般道路 国防 灯台 テレビ放送［NHK］ 果樹園の外部効果 民有林が及ぼす治水効果 テレビ放送［民放］

(注) 灰色の網かけは混雑時を示しています．
オレンジ枠は公共財を，ベージュ枠は準公共財を表しています．
黒字体は，民間が供給するものを，茶字体は政府が供給するものを示します．

追加的に住民が何人か増加しても，前と同様に治水の便益を得ることができますから，利用者の増加がもたらす社会的な限界費用が0であるという条件は，この場合も満たされています．この場合，治水効果には非競合性があるし，もちろん無料で供給されていますから，公共財です．

また，第7章で解説した果樹園の場合にも，混雑が発生していないかぎり，果樹園の蜂蜜提供サービスの限界費用は0であり，非競合性を持っています．[11] このサービスも公共財です．

表10-2は表10-1を拡充したものです．この表では，民間が供給する公共財が黒字で，政府が供給する財が茶色字で示されています．さらに右下のオレンジ枠の欄は公共財を示しています．そこでは，民間が提供するもう1つの公共財の例として，民放テレビがあげられています．

民間による公共財供給と排除費用

供給する非競合性のあるサービスの排除費用が安ければ，民間供給者は有料にするでしょう．

したがって，無料で提供するということは，その原因が排除の難しさによると考えられます．

たとえば，森林の治水効果のように，排除費用が高く，料金が取れない場合には，無料で提供され公共財となります．果樹園の蜂蜜提供サービスも，排除費用が高いために無料で提供されて公共財となっています．民間放送の場合には，広告主に対する広告サービスと視聴者に対する番組提供サービスを結合生産物として提供しています．広告提供サービスを提供しながら，特定の受信者を排除するのは難しいために，放送は無料で提供されていると考えられます．つまり，民間が供給する非競合性のある財で公共財として供給されているものは，受益者を排除する法的・技術的な費用が高いという特徴があります．

したがって「民間は，料金を取っても採算にのらないほど排除費用の高い非競合財は，公共財として提供する」と言えます．「料金を取っても採算にのらないほど排除費用が高い」ことを**排除不可能である**と呼びましょう．するとこの命題は次のように言い換えることができます．

　　　民間は，排除不可能な非競合財は公共財として提供する． 　　(10.5)

表10-2の点線の下段には，排除不可能なものが示されています．この表では，黒字は民間が提供する財ですが，オレンジ枠で囲まれた公共財のうち，黒字項目がすべて点線の下にあることは，民間が提供する公共財はすべて排除不

---

11) 民間が供給する非競合的なサービスにも規模の経済があります．山林が非競合性を生み出している時には，植林費用と山林の維持に要する費用との和を治水費用と言いましょう．植林した木の数を一定にしたまま，山ろくの住民（＝治水効果の利用者）の利用者数を増やした時，社会的限界費用は0です．したがって，利用者1人当たり治水費用（すなわち平均費用）は減少します．サービスの供給量が増えるにつれて平均費用が下がるのだから，山林の治水効果にも規模の経済性があります．果樹園の場合にも，養蜂家の数が増加しても社会的な費用は変わりませんから，蜂蜜1単位当たりの平均費用が下がります．したがって，養蜂家の生産にも規模の経済があります．

可能であることを示しています．

排除費用による定義

実は，現在の大半の教科書での標準的な公共財の定義は次のとおりです．

排除不可能な非競合財を公共財という． (10.6)

これを公共財の**排除費用による定義**と呼びましょう．これは，(10.5) と密接に関連した定義です．

公共財の料金による定義 (10.1) は，(10.6) の「排除不可能性」ではなく，「料金が 0」で公共財を特徴づけています．(10.5) から明らかなように，民間財に関しては 2 つの定義はまったく同じです．

政府による公共財供給と排除費用

政府も，排除不可能な非競合財は，公共財として無料で提供します．料金の取りようがないからです．

表 10-2 のオレンジ枠で囲まれた公共財のうち点線の下にある国防や灯台など茶色の項目が該当します．

しかし，**政府は，排除可能な非競合財も，公共財として無料で提供することがあります．**[12] オレンジ枠内の点線上部にある，大阪の新御堂筋線高架道路や日比谷公園のような公園がその例です．

政府は，政策的な目的に基づいて，排除可能な場合でも料金を取らずに提供するわけです．非競合財のサービスは限界費用が 0 である以上，できるだけ多くの人に使ってもらっても，誰も損をしないからです．理屈っぽく言えば，(10.4) で示したとおり，政府は，非競合材サービスを無料で提供することによって，総余剰を最大化できるからです．

---

[12] 高速道路の場合には料金所さえ作れば，法外な費用をかけなくても，料金を支払わない人の使用を排除できるという性質があります．したがって高速道路は，排除性のある財（排除費用の安い財）です．一方，軍備や消防サービスなどは，いったんそのようなサービスを提供してしまえば，特定の人が受益するのを排除するのが難しいため，排除不可能な財（排除費用が高い財）です．

つまり政府が提供する非競合財に関しては，「排除費用による定義」では公共財に分類されないものも，「料金による定義」では公共財に分類されることがあります．政府が提供する財に関しては，2つの定義は異なる場合があるわけです．

この相違をより明確にするために，一般道路と有料高速道路を比べましょう．まず，一般道路は，どちらの定義でも公共財ですが，有料高速道路は，どちらの定義でも公共財ではありません．いま，これまで高速道路として有料で供給していた道路を無料で開放することによって，一般道路とまったく同じように使えるようにするとしましょう．この道路は「料金による定義」では公共財に分類されますが，排除可能なので，「排除性による定義」では，公共財に分類されません．

表10-2のオレンジ枠で囲まれた項目はすべて，料金による定義に基づく公共財ではありますが，これらの項目のうち点線より上のものは，排除可能性による定義では，公共財ではありません．[13]

5　公共財と外部性

本章第1節では，公共財の「料金による定義」の2つの要素のうち「非競合性」は規模の経済が特殊な形をとっている性質であることを明らかにしました．

公共財の定義のもう1つの要素である「無料」のほうは外部経済効果の概念と密接に結びついています．

公共財であることがはっきりしている山林の治水効果を例にとって説明しましょう．まず山林の治水効果は，サービスが無料で提供されているため，外部経済効果です（外部経済効果とは，1つの経済主体が他の経済主体に市場を通

---

[13] 排除性による定義には，明確性に欠けるという特徴もあります．排除の難しさは程度問題で，排除費用の大きさによって高かったり低かったりするため，ある財が公共財なのかどうかはっきりした判定ができないことです．それに対して，料金が取られているかどうかは，はっきりしていますから，「料金による定義」には明確性という特徴があります．

じないで影響を与えること，であったことを思い出してください）．

　しかも治水効果はふもとのすべての家屋に外部効果を与えていますから，追加のもう1軒が治水のサービスを得ても，他の家屋が同様のサービスを受け続けることができます．したがって，非競合性を持っています．外部経済効果の受け手が複数いることが，山林の治水効果に非競合性を与えています．

　一方，橋や道路のように，政府がサービスを無料で提供する公共財も，複数の受益者に対し外部経済効果を引き起こしています．この場合も同様に，複数の受益者がいることが橋や道路に非競合性を与えています．したがって，公共財は次のようにも定義できます．

　　　外部経済効果を複数の受益者に対して引き起こしている財を公共財と言う．　　　　　　　　　　　　　　　　　　　　　　　　　　　　(10.7)

これを公共財の**外部性による定義**と呼びましょう．公共財は，外部性を持つ財

コラム：フリー・ライダーと公共財の適正規模

　一般道路のように非競合性があり，しかも排除が不可能なサービスを生む施設を，受益者の1人が自分でお金を出して建設しようとする動機は起きません．誰かが作ってくれれば自動的に利用できるわけですから，自分で作るのはばかばかしいわけです．

　したがって，受益者全体で金を出し合って作る必要があります．しかし，皆で作るにしても，公共財の適正な規模・性能をどうするべきか，ということを決めるのは困難です．たとえば，受益の大きさによって建設資金を負担する，ということになれば，どの人も，自分はあまり受益していない，と主張して，自分が負担するお金をなるべく少なくしようとします．とにかく誰かが作ってくれれば，自分はそれを利用できるからです．このように，自分が犠牲を払わなくても，他人が作ってくれたものを自由に利用できることを**フリー・ライダー問題**と言います．

　排除不可能でかつ極端な規模の経済を持つ財は，フリー・ライダー問題のために市場では供給されなくなってしまうので，政府がそれを供給する必要があります．その場合，適正な供給量は，費用便益分析によって判断されます．道路のように類似のものがいろいろなところにある場合には，需要曲線の予測ができるのでそれを用います．

の特殊型としても位置づけられるわけです．公共財の「外部性による定義」が，(10.1)で与えられた「料金による定義」と実質的に同一であることは明らかでしょう．[14]

公共財の本格的な分析は，サミュエルソンの1950年代の3本の論文に始まりました．彼は，これらの論文の中で，外部性による定義にきわめて近い定義を採用しています．[15]

6 非競合財の有料供給

映　　画

民間は，非競合性のある財を無料で提供する場合もありますが，有料で提供することもあります．混んでいない映画館は，非競合財が有料で提供されている典型的な例です．混んでいない映画館では，もう1人観客が増えても，ほかの観客にとっての迷惑になりませんから，明らかに非競合性があります．言い換えると，社会的費用なしに観客を増加させることができます．このため，厳密に言うと民間の映画館が料金を取って映画を上映していることは，空席が多いかぎり非効率を生み出しています．

一方，混んでいない公民館で映画を無料で上映するならば，この映画上映サービスは公共財です．映画上映サービスのように非競合性のある財は，公共財として供給される時に効率的に利用されます．

---

14) ところで第7章「外部経済と不経済」6節で，「ある企業が生産する財の結合生産物の排除費用が高い場合に，その結合生産物は一般に，複数の受益者に対して外部経済効果を起こす」ことを示しました．これと(10.7)とを合わせると，「民間財にかぎっていえば，排除費用の高い非競合財が公共財である」という命題すなわち(10.5)が得られます．

15) 具体的には，彼はこれらの論文では，ある財の供給量を表す変数が，2人以上の消費者の効用関数（第18章「生産と消費の基礎理論」参照）の中に直接入っている場合に，その財を公共財と呼んでいます．なお，サミュエルソンは，「排除不可能性」という概念を用いていません．彼は，公共財を規範的な分析の文脈で定義したためです．

6 非競合財の有料供給

表10-2で，商業映画館（空席有）の有料サービスはオレンジ線で囲われた公共財リストに入っていません．しかし，公民館無料映画会（空席有）は，公共財リストに入っています．

公共財の質と料金

表10-2の右上のコーナーには，非競合性のある財のサービスが有料で提供されている例がいくつかあげられています．これらのサービスは，国が何らかの財政的支援をして，公共財として無料で供給されるべきなのでしょうか．

商業映画館の場合を考えてみましょう．できあがった映画を映画館で上映している時に，空席がある場合，料金を支払わないで観られるのならばぜひ観たいという人がいるでしょう．その人にも観せてあげたら，費用は増加せずに便益だけは上がります．したがって，総余剰は上がるでしょう．映画館は，すでに完成された映画の料金を取ることによって社会の総余剰を下げています．

しかし，その一方で，徴収された料金は，最終的には映画製作会社に入り，質の高い映画を作ることに貢献します．映画の興行収益があるからこそ，映画会社はより面白い映画を作ろうと努力すると言えるでしょう．したがって，料金を取ることが，質のよい映画を生み出すことを通じて，便益を引き上げるという貢献をしています（同様のことは，テレビ放送のWOWOWが料金を取ることについても言えます）．

政府が無料の映画館を経営して，映画鑑賞を公共財にすれば，確かに映画ができてしまった後の死重の損失は少なくなります．しかし，そもそもいい映画ができなくなるという別の損失が生まれます．商業映画館に有料で映画を提供させていることは，映画の自由なコピーを禁じる著作権保護と同じ理由であることがわかります．

その一方で，高速道路や空港に関しては，公共財として無料で提供しても，研究開発や映画製作と違って，何らかの技術開発が抑制されるということはありません．言い換えると，東名高速道路の料金や羽田空港の着陸料を取っても，これら施設に技術進歩が起きて質の改善が起きるというわけではありません．これらの施設で混雑していない時に料金を取るのは無意味です．[16]

7　公共財としての情報

情報は，政府が公共財として提供することもありますし，民間が有料で提供することもあります．

情報という財の非競合性

普通の財を複製するためには，費用がかかります．しかし，情報の生産には，固定費はかかりますが，利用者数を増加させるために複製をする限界費用は0です（ある経済学者が「情報は火のようなものだ」と言いました．火と同様に，情報は，次から次へと無料でコピーしていくことができるという意味です）．限界費用が0であるということは，情報が非競合財だということを意味します．したがって，その生産は，市場に任せてもうまくいかず，国が積極的に関与する必要があります．その手段の第1は，情報を公共財にしてしまうことです．すなわち，情報の生産者に助成金を与え，その代わりに生産された情報を広く一般に提供させることです．第2は，情報の使用に関する独占権を与えることです．

公共財としての情報
(1) 研究助成

大学での基礎研究は，非競合性のある情報の生産活動です．誰かがある研究成果を使ったからといって，他の人の知識水準は落ちません．だからこそ，政府が大学での研究を助成し，その成果が公共財として提供されています．

---

16) ただし政府は，排除可能な非競合財を，財政的な理由から有料で提供することがあります．表10-2の右上欄に表示されている，東名高速道路はその例です．しかし政府は，排除可能なサービスであっても効率的な資源配分のためにあえて無料で公共財として提供すべきです．

(2) 政府による情報提供

第9章では，食品・薬品・建築物などの品質に関して，情報の非対称性がある時に，政府が情報提供をする必要があることが指摘されました．この場合，政府は情報の正確性に関する検査に固定費をかける必要がありますが，その後情報を知らせることは，基本的に限界費用0で行うことができます．したがって，この場合の政府による情報提供は，公共財であるということがわかります．

知的財産権の保護

新しく開発された技術が，公共財として無料で提供されることは，その技術が最大限に利用されるという意味では望ましいことです．

しかし，技術開発をする企業にとっては，苦労して新技術を作っても，それが他の人に無料で利用されてしまうと，情報を作るインセンティブがなくなってしまいます．すなわち企業に研究開発の動機がなくなってしまうために，非効率が発生します．同様のことは，映画や本についても言えます．完成した映画を無料で他の人がコピーしてもいいのならば，映画製作者としてはよい映画を作るインセンティブがなくなってしまいます．

新しく情報を作るインセンティブを与えるためには，せっかく作った情報を他人がコピーできないように，情報生産者が情報を独占する仕組みが必要になります．

第6章で独占を分析した時に説明したように，独占は，規模の経済だけでなく情報の独占によっても発生します．[17] 情報の独占は，国が青色発光ダイオードのように①特許を与える場合，マイクロソフトのウィンドウズなどのように②著作権保護を与える場合，コカ・コーラの製法のように③企業が秘伝として情報を秘密にする場合に可能です．

①製品に関する特許と，②著作権に関する独占権の法的な保護を総称して**知**

---

[17] 独占的行為は死重の損失を発生させるので，独占禁止法は，独占を原則として禁じています．また公正取引委員会が公正な競争が行われるように監視しています．
　にもかかわらず，独占が法律に基づいて例外的に認められているケースがあります．第1は，電力会社やガス会社などの，国が価格規制を行う地域独占事業体です．第2は国営企業です．かつての郵便事業がその例です．第3は知的財産所有権を保護する場合です．

的財産権保護と言います．これらは，新しい発明や著作を，一定期間「独占」的に営業目的に使うことを可能にする法的な保障制度です．技術は特許で守られ，映画や著作物は著作権で守られています．知的財産の保護の結果，知的財産の使用料金を取れるようになります．

　知的財産の使用料を取るということは，死重の損失を発生させるというマイナスの効果を当然発揮します．しかしその反面，発明や創造的活動の誘因を与えるというプラスの効果があります．言い換えると，知的財産は非競合財であるから，元来は無償で公共財として提供されることが望ましいにもかかわらず，技術開発促進効果のために知的財産権保護制度を通じてそのサービスの使用に料金を取ることが許されていると言えるでしょう．ただし，何年間の保護が適正であるかを判断するためには，厳正な経済学的分析が求められます．

　なお，知的財産権保護のほとんどの分野では，法律の面でも，それを運用する法曹的人材の面でも，米国が圧倒的に優れており，日本はその技術的な開発力にもかかわらず，法的な保護の側面で立ち遅れ，国際競争の面で不利な立場に立たされています．日本では，技術者や医者が弁護士資格を取りやすくする制度改革を行うことが，国際競争に伍していくために不可欠だと言えるでしょう．

8　準公共財

準競合性

　アイスクリームのように，ある人が消費してしまえば他の人が消費することができない財の性質を競合性と言いました．また，反対にある人が消費しても他の人の消費量がまったく減少しない財の性質を非競合性と呼びました．

　実は競合性と非競合性の中間の性質があります．利用者が適切であれば公共財である施設が，利用者数が多いために混雑している場合です．

　たとえば，混雑している道路に，もう1台車が入ってくると，他の人に迷惑をかけますが，他の自動車利用者の消費を完全に奪うわけではありません．混雑している道路が持つような，競合性と非競合性の中間の性質を，**準競合性**と言います．準競合性とは，ある人が消費することによって，他の人によるその

財の消費が一部減少する財の性質のことです．

　非競合性のある財のうち，無料で供給されているものを公共財と呼びました．準競合性のある財のうち，無料で供給されているものを**準公共財**と呼びます．混雑している道路や混雑している市立図書館はその典型です．表10-2の中央列は，準競合性を持つ財・サービスを列挙しています．この表では，準公共財をベージュの枠で示しています．

　混んでいる道路では，利用者がお互いに外部不経済を及ぼしています．また非競合性は失われています．混んでいる道路にもう1台車が入ってくれば他の車のスピードが落ちるわけですから，この道路を走っている車が前と同じスピードを保つためには，道路を広げるという対策しかありません．追加的な1台の車は，正の外部限界不経済費用をもたらしています．この意味では，混んでいる道路は公共財としての基本的な性格をまったく失っていると言えます．

　それなのになぜ準公共財と呼ぶのでしょうか．混雑している道路は，道路を建設する側から見ると，多くの人に外部経済をもたらす公共財としての施設を作ったのに，使用者数が増大した結果，使用者間で勝手に混雑という外部不経済をお互いに及ぼし合っているため，道路が純粋な公共財ではなくなっています．したがって施設を建設する立場から見て，混雑している道路を「準公共財」と呼びます．

　また，道路当局の立場から言うと，新しく車が入ってきたことは当局が負担する費用をなんら高めていません．「当局にとっての限界費用」は0です．しかし，混んでいる道路は，社会的限界費用が正であるから公共財ではありません．混雑している道路は，「当局にとっての限界費用」が0であるサービスを無料で供給しているという意味で，当局にとっては公共財のように見えるので，「準公共財」であると呼ばれているのでしょう．

混雑のある道路

　混雑が発生している場合には，その道路はもはや非競合性を持ちませんから，通行料金を有料にすることを正当化できます．[18]

---

18) この点に関する詳しい分析は第16章「混雑」を参照してください．

図 10-4 混雑のある道路

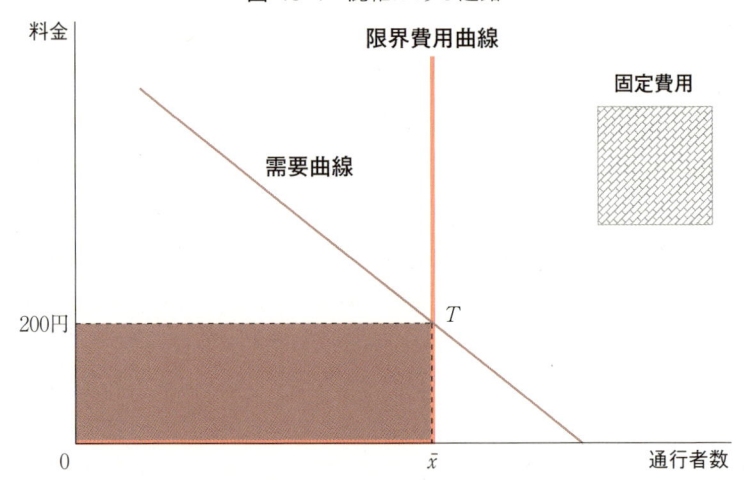

さらに，交通量が増大し道路の輸送能力を超える時も，通行料を課して需要量を抑制する必要があります．図 10-3 で，仮に需要曲線が上方にシフトしていき，とうとう縦のオレンジ線を切るようになると，これ以上の通行人の増加は危険ですから，限界費用が 0 ではなくなります．その場合には，需要量を制御するために，需要曲線と限界費用曲線が交差する水準まで通行料を引き上げなければなりません．図 10-4 のように，需要曲線が限界費用曲線と T 点で交わっている時には，料金を 200 円にすべきです．

このように，道路は，混雑を抑制するためや，安全のために交通の絶対量を制限しなければならない場合には，特別に有料とすべきです．

9 一般道路利用者への課税

道路特定財源

一般道路（自動車だけでなく，歩行者や自転車も通れる道路．すなわち一般には，信号のある道路のことです）は，公共財の中でも最も重要なものの1つです．ここで，一般道路の建設基準と財源について考えてみましょう．

図 10-5　独立採算制道路

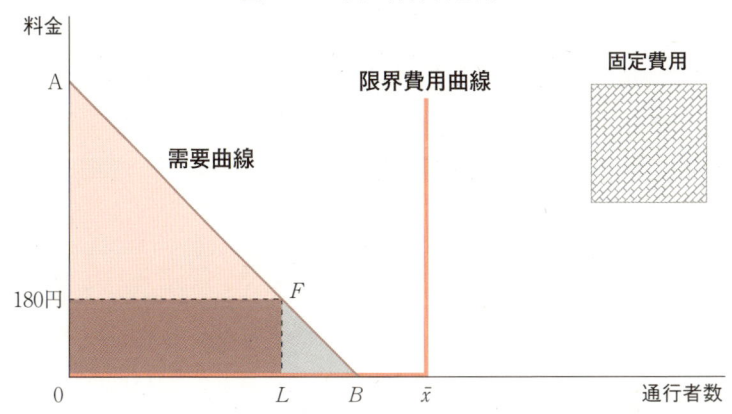

2008年3月現在では，自動車購入時にかかる自動車重量税と**ガソリン税**は，道路建設のための財源に充てられることになっています．これらは**道路特定財源**と呼ばれています（特定財源に対して，所得税や消費税のように，使途が特定されず，どのような経費にも使用できる資金を**一般財源**と言います）．日本の一般道路には料金所こそありませんが，建設費をまかなうための使用料が取られているのです．

一般道路建設のための財源を自動車重量税やガソリン税などに求めると，非効率が発生します．このような税金は，税金相当の料金を課した場合と似たような状況を作りだします．たとえば図10-5では，料金収入（茶色の面積）が固定費用（レンガ模様の面積）に等しくなるように設定された料金が180円であることを示しています．料金180円に相当するガソリン税がかけられると，通行量が減少してグレーの三角形で示される死重の損失が発生します．これを避ける方法は，道路建設を一般財源でまかない，無料で使用させることです．これが (10.4) にまとめられた「道路無料公開の原則」のエッセンスです．

これに対して，「道路の利用を無料にすれば，道路利用者は他の人々より得をするので，効率性を犠牲にしてでも，利用者に使用料を課税すべきだ」という主張がなされることがあります．これは，**利用者負担の原則**と呼ばれています．この原理が，道路特定財源の根拠とされてきました．

実は，どの公共財も，政府による無料提供は，その利用者だけを有利にしま

す．道路にしても，消防署にしても，政府資金による基礎医学研究の成果にしても，公共財として政府が無料で提供しているサービスが利用者に与える恩恵は，利用者以外をも含む人々の一般財源の税負担で可能になっています．われわれが利用する実に多様な非競合財の費用を利用者負担にすると，それぞれの非競合財の利用者が減り大きな無駄が発生します．建設費をまかなおうとして高い料金をかけたために，利用者が少ない東京湾アクアラインがその典型的な例です．

　逆に，それらの利用者負担をすべてゼロにしたうえで費用を一般財源でまかなえば，特定の道路の非利用者も，道路以外の多様な公共財の恩恵を受けますから，公共財全体では，彼が払う税負担を上回る恩恵を受ける可能性が高いでしょう．道路を，他のさまざまな公共財と並んで無料公開することで，道路を最大限活用しながら，負担の偏在を避けることができます．実際，灯台や消防署のサービスは無料なのだから，道路も無料にしても不公平は生じない，と言えるでしょう．したがって，道路の費用負担のためには，利用者負担の原則を採用すべきではなく，道路無料公開の原則を採用すべきです．

　実は，道路の無料公開の原則は，より一般的に「すべての効率化政策を補償なしに実行する政策原則」の一環としても位置づけられます．道路の無料公開と一般財源による建設費調達との組み合わせは，総余剰を増やすという意味で効率化政策ですが，独占企業の価格規制や，情報の非対称への対策も，同様に効率化政策です．たとえば，独占価格の規制によって消費者は大きな恩恵を得ます．また政府が薬の効果や副作用を検査してくれることで，薬の使用者は大きな便益を得ます．このように多様な効率化政策が人々に恩恵を与えています．この結果，現実に行われている（公共財の提供と租税負担の組み合わせを含めた）多種多様の効率化政策の全体は，特定の道路を利用していない人にも，総計すると損失より大きな便益をもたらしている可能性が高いと言えるでしょう．何しろ，個々の効率化政策は，経済全体に対しては，損失より大きな便益をもたらすことがわかっているからです．

　このように考えると，税負担による損失を相殺する便益の対象範囲が，「すべての公共財」がもたらす便益から，「すべての効率化政策」がもたらす便益にまで広がります．効率化原則の下では，独占価格を規制しなければならない

のとまったく同様に，便益が費用を上回る道路は，一般財源によって建設し無料公開しなければなりません．この原則の下では，独占価格の規制は，当該独占企業の株主に直接的には損をもたらすにもかかわらず，実行します．それと同様に，道路の無料公開も，当該道路の非利用者には所得税や消費税などの租税負担しかもたらさないにもかかわらず，実行することになります．

ところで，道路特定財源の自動車関連税は，田中角栄氏が議員立法で作りました．その根拠は，利用者負担の原則でした．この原則を根拠にしたことは，当時の時代背景を考えると自然であったと言えるでしょう．まず費用便益分析の制度は，いまよりさらに未発達で，道路予算はしょせん政治的に決めざるをえませんでした．そうなると一般財源からは十分な予算が確保できません．次に，道路が極端に不足していた当時，自動車税から得られる税収をすべて道路整備の財源に使っても，費用便益テストを満たす可能性が高かったのです．さらに，自動車は，裕福な人たちが使う贅沢財で，道路建設のための財源を，ガソリン税等として彼らに求めることは，政治的に抵抗が少ない財源調達方法でありました．

しかしこれらの条件はことごとくなくなりました．したがって，「道路無料公開の原則」に戻る必要があります．道路建設は一般財源でまかなうべきで，利用料としての税でまかなうべきではありません．

自動車関連税の根拠

しかし，道路建設をまかなう以外の目的で自動車関連税を課税する正当な根拠が，現在の日本では4つあります．

第1は，自動車走行がもたらす道路の**損傷の代価**としてです．一般に，車が引き起こす道路の損傷は，車の重さの3乗に比例すると言われます．したがって，例えばトラック用のタイヤに重く課税すれば，損傷を引き起こす走行を有効に抑制できます．ちなみに現行の重量税は，道路損傷の程度がどうであれ重量に応じて課税されており道路損傷を抑制する効果はあまりありません．

第2は，**環境税**としてです．自動車の排出ガスによる二酸化炭素（CO_2）や煤煙の発生を抑制する目的でガソリンに税を課すならば，**排出ガスに対するピ**

グー税としての存在意義があります．その場合，現状のように自動車関連税を，ピグー税として再構成する必要があります．すなわち，税金を炭素排出量に応じて課すことになります．

第3に，**エネルギー安全保障税**としてです．ガスや石油の産出国の政府や政府の連合が，独占力を行使して日本企業に高い値をつける場合，エネルギー安保の観点から，それに対抗するため団結して日本全体の需要を抑える必要があります．そのために有効なのは，石油やガスの輸入に関税をかけることです．この対抗手段による需要減は，輸入価格を下げ，国益を守ります．また，税込みの国内価格が上昇することで，省エネ技術の開発が促されます．

当分の間，この関税の近似として，自動車関連税の一部をエネルギー安保税とすることができます．現状以上に輸入量が増えると，エネルギー安保が脅かされるのならば，環境税率と安保税率の和が，これまでの自動車関連税の税率を下回らないように，安保税の税率を設定すべきです．

第4に，ある地域で一般道路が混雑していることが多いならば，通行している自動車に**混雑税**を課す必要があります．

たとえばETC技術を一般道路に使えば，混雑している場所や時間帯にだけ，あらかじめ定めた料金を課すことができます．[19] しかしETCが普及するまでの間は，一般道路の混雑抑制のために税を使うのは実際的でないでしょう．

自動車関連税の根拠のうち，損傷の対価としての税収は当然道路の補修に使うべきです．次に，環境税やエネルギー安保税や混雑税などのピグー税は車の利用を抑えるための税であり，財源を捻出するための税ではありません．これらからたまたま入ってくる税収は，一般財源に投入すべきです（第7章2節参照）．

環境税やエネルギー安保税は，自動車だけでなく，産業において使われるエネルギーにもかけられるべきです．将来は，自動車関連税の安保税部分を輸入

---

19) ETCとは，有料道路の料金所を通過する自動車を電子的に特定し，ノンストップで課金されるシステムです．課金方法には，プリペイド・カードから料金が差し引かれる方法や月末に請求書が届く方法があります．ETCを利用すれば，時間ごとに違った料金を課すことができますから，混雑している時間帯に料金を高くすることができます．

関税化し，産業にも車と共通に負担させることにすべきでしょう．なお，環境税や安保税を産業に導入する際には，産業全体として税負担を増やさないため，法人税を同時に減税する必要があるでしょう．

　課税目的においても，また税制の設計においても，現行の自動車関連税や道路特定財源には，排出ガス抑制やエネルギー安全保障という思想はありません．[20] しかも現在では道路特定財源を使って必ず道路を建設するという体制になっていますから，不必要なところにまで道路が建設されてしまいます．[21]

10　高速道路料金

　上では，一般道路の財源になっているガソリン税について分析しましたが，本節では高速道路の財源になっている高速道路料金について分析します．

道路無料公開の原則　vs　利用者負担の原則

　これまで示したように，混雑していない道路で料金を取るのは非効率ですから，道路無料公開の原則は，一般道路だけでなく，現在有料道路となっている高速道路にも当てはまります．混んでいない高速道路の通行料は，最初から無料にて，建設費は一般財源からの税金でまかなうべきです．
　しかし現実の日本の高速道路では，道路無料公開の原則ではなく，利用者負

---

20) たとえば，トヨタのハイブリッド車のプリウスは電気を使いますが，ガソリンも使うので結構炭素を排出します．しかし，特別措置によって税金が安くなっています．ところがプロパン・ガス車は炭素排出量も小さく，昔から存在しています．本当に炭素排出量の抑制を考えるのならば，ハイブリッド車であるかどうかに関係なく，実際に排出している炭素量に比例してガソリン税を課すべきですが，そのような特別措置はありません．そうした仕組みを作れば，プロパン・ガス車を使おうという人も増えるでしょう．
21) 役所が利用者負担を主張する建前は，「道路を使わない納税者に損をさせないため」ということですが，本音は，料金をかけることによって，役所の裁量のきく税源を確保するためであると言えるでしょう．

担の原則に基づいて，料金が徴収されています．[22] すなわち，料金収入を財源にして，道路体系全体における独立採算を前提に建設されています（これは「料金プール制」とも呼ばれています）．この料金・予算制度は，2つの問題を引き起こしてきました．

第1は，多くの高速道路が，料金が高すぎるためあまり利用されなくなっていることです．その一番有名な例は，**瀬戸大橋**です．橋ができればフェリーの利用者がいなくなるだろうからというわけで，フェリーの船主には運航停止のための補償金が支払われました．ところが，橋の通行料が高いので，誰もがフェリーに乗りたがり，フェリーは再開しました．結局料金を高くしてしまったために，橋を作ったことは膨大な無駄になったわけです．

料金が高すぎるために利用者の少ないもう1つの有名な例は，**東京湾アクアライン**です．通行料金を無料にすれば，東京を通過するトラックの多くは，追加的な社会的コストも発生させずにアクアラインを通るでしょう．そうすれば，代替道路である首都高速道路の大幅な混雑解消という便益をもたらすことでしょう．しかし高料金のためにそうはなっていません．

第2は，不要な道路が建設されてきたことです．東名高速道路・名神高速道路のような大動脈では建設費以上の料金収入を稼いでいましたが，料金は全国でプールして使っているので，個別道路ごとの費用・便益分析が甘くなり，ほとんど自動車が通らないような地方道路の建設のためにそれらからの料金収入が使われてきました．

道路公団本体の民営化

以上の2つの問題点のうち，第2点の不要な道路が建設されてきたことを理由として，「赤字の高速道路を作るのはけしからん」という日本の高速道路への批判がされました．「ペイする道路のみを建設すべきなのだから，道路公団

---

[22] 日本のように通行料金で道路の固定費用までまかなう国はあまりありません．ドイツのアウトバーンが無料なのは有名ですし，アメリカでもフリーウェイと言って無料道路が多くあります．欧米諸国の中で高速道路料金を徴収している場合でも，固定費用の部分は国が補塡して，残りの維持や補修などの運用費用の部分を料金収入でまかなうという制度を採用しています．

を民営化しろ」と言う人は数多くいます.

　しかし,道路を作るか否かは,「ペイするかどうか」ではなく,「便益が費用を超えるかどうか」によって決めるべきです.すなわち「総余剰が固定費用を超えるかどうか」が判断基準です.民営化論者が言うように,料金収入が総費用を超えるもののみを建設しようとすると,便益が費用を超える場合にも橋や道路が建設されなくなる可能性があります.

　道路建設においては,一般道路,高速道路の区別なく,同じ基準を用いるべきです.道路本体の民営化の主張には,説得的な根拠が提示されませんでした.「高速道路だけは原則として固定費用を通行料金でまかなう」と決めた高速道路制度の設立時からの方針が間違っていたのです.

高速道路料金が混雑料金になっていない

　本章第2節では,原則として,道路は国費で建設し,無料で公開することが効率性を達成することを示しました.ただし道路は,利用者数が増えると混雑するので,通行している自動車に混雑料金を課す必要があります.もし道路損傷や,環境税や,安保税として,ガソリン税等がすでに取られているならば,高速道路は原則無料にし,混んでいる時間帯のみ混雑料金をかけることが望ましいと言えます.したがって,**高速道路の料金設定の基準は混雑の程度であるべきです**.そのうえで,料金収入が建設費に満たなければ政府が不足分を補填すればいいし,料金収入が建設費を超えた場合にはその余剰分を政府に返却すべきだということになります.

　日本では,2005年9月まで**日本道路公団**が大都市圏を除いた全国の有料道路の大部分を管理していました.日本道路公団などの料金設定基準は,「①新設の道路は当初は有料にして,建設費をすべて回収した後に,②道路の無料公開の原則にしたがって無料にする」というものでした.本章におけるこれまでの分析に照らしてみると,何か変な議論だと感じるでしょう.

　まず,新設道路を当初は必ず有料にするというのは間違いです.料金水準は混雑の度合いを基準にして決めるべきです.[23] その際,混雑税(混雑料金)収

---

23) ここでは,すでにガソリンには排出ガスに対するピグー税が課せられているとします.

入で建設費をすべて回収する必要もないし，混雑税（混雑料金）が建設費を超えてもかまいません．

次に②についても，すべての建設費を回収した後にさらに混雑があれば，混雑料金を徴収し続けるべきです．

要するに，日本道路公団の料金設定基準は，何から何まで最初から間違っていたわけです．間違っていたのは，①有料道路の料金設定を混雑度に合わせて設定しなかったこと，②あらかじめ定めた期間内に建設費を回収することを目的に料金を設定したこと，③建設費の回収ができれば無料公開にするとしたこと，の3点です．

高速道路付随施設運営の民間委託

道路本体は公共財なので民営化の根拠は薄弱です．ただし，高速道路に付随するサービスエリアのガソリンステーションやレストラン，さらには駐車場などの周辺施設は公共財ではありません．したがって，高速道路サービスを公共財として国が供給すべきだということは，国なり，国の外郭団体がこれらの付随施設の運営も直接行うべきだということを意味しません．これらは，民間に対して競争的に委託して運営させるべきでしょう．

これらの運営サービスは，以前は道路公団自身がやっていましたが，費用が高くつくので批判を浴び，1997年からは入札によって民間委託されました．しかし実際には，一般競争入札ではなく指名競争入札が行われていたため，談合が行われ，公団の子会社との非競争的な契約が結ばれていました．さらに受注会社からは政治家への献金があるらしく，これが利権を発生させ，政治家を潤していましたし，今も潤しているのかもしれません．これが1つの理由で，「道路を押さえる政治家が国政も押さえる」と言われます．[24]

しかも，このような子会社が公団や担当官庁からの天下りを受け入れていました．したがって政治家だけではなく官僚もこの利益を手放そうとはしません

---

24) もう1つの理由は，道路建設からの利権です．道路建設の基準となる費用便益分析の発注を事業官庁が行っているため，恣意性があります．したがって，道路建設の場所に影響力を持つ勢力は道路建設からの利権を得ることができます．

でした．これら天下り企業への発注額は年間2兆円にもなっていました．だからこそ，道路の利権の恩恵に浴してきた官僚や政治家は，道路の運営の民営化に徹底的に抵抗しました．

公団は，子会社を民間に売却して，民営化し，しかも入札方式を一般入札に改めて，談合を廃止すべきでした．

このように道路付随施設を民営化する場合は，高速道路付随施設の一定期間における運営を，入札によって決定した民間会社にやらせるべきでしょう．そうすれば，民営化会社も含め，民間企業間で競争させることができます．

道路公団民営化推進委員会

このように，道路の付随施設運営を民営化すべき理由は十分あります．しかし，2002年に始められた道路公団民営化推進委員会は，道路自体を民営化すべきだと考えました．すなわち，混んでいない道路でまで料金を取って，建設費を通行料でまかなうような会社に高速道路を運営させるべきだと考えていました．この方式を採用すると，料金の故に，利用者を不必要に制限し，道路が十分活用されないことになります．

道路利権族は，当時の民営化論者の明らかな論理矛盾を指摘していました．こうして，民営化自体が形式的なものになり，利権族が勝利してしまいました．

2005年9月に日本道路公団は民営化され，東日本高速道路株式会社などいくつかの会社に分割民営化されました．しかし，民営化とは名ばかりで，料金収入のプール制は基本的に維持され，もともとプール制を前提にして作られた新道路建設計画も実質的に手つかずになりました．高速道路の独立採算制を主張する民営化論は，民営化論者の当初の意図と反対の結果をもたらしてしまったわけです．

効率化政策を広く採用する方針でいくならば，非競合財は，国が無料で提供すべきです．その際，その費用は原則税金でまかなうべきです．道路公団改革を，効率化政策の一環として位置づけるならば，道路民営化委員会は次のことを主張すべきでした．

(1) 混雑していない道路の通行料金を無料にする．(第2節参照)
(2) 首都高速道路のように混んでいる道路は有料化する．(第10節参照)

(3) 高速道路新規建設の是非は費用便益分析の厳格な適用によって決める．（第3節参照）
(4) 費用便益分析の発注を中立的な官庁が行う．（第3節参照）
(5) 高速道路付随施設運営を一般競争入札によって民間委託する．（本節参照）

こういうことが行われたならば，高速料金は大幅に下がったでしょう（日本の高速料金は，アメリカの2倍以上，ヨーロッパの3倍以上です）．その一方で，ごく少数の新道路のみが建設されることになったでしょう．

11 市場の失敗とは

さて，本章で，**市場の失敗**に関する主要な議論を終えるので，ここで市場の失敗とは何であったかを考えてみましょう．

市場の失敗を引き起こす技術的要因は4つあります．第1は，規模の経済（その特殊ケースとしての0限界費用の存在を含む），第2は，結合生産物の存在，第3は，排除費用の存在であり，第4は，情報収集の費用の存在です．

さらに，規模の経済，独占，公共財，外部性，情報の非対称性（逆選択・モラル・ハザード）など市場の失敗の全体に共通しているものは，競争市場の欠如です．つまり，**市場の失敗**とは，自然に任せていると，競争的な市場自体が成立しなくなったり縮小してしまうことです．

まず，規模の経済の場合は，1社が生産するのが一番能率的なのですから，競争的な市場はなくなって独占状態になってしまいます．電力はその例です．同じ規模の経済があるものでも，一般道路のように排除コストの高い財の場合には，独占すら成り立ちませんから，国が公共財として提供せざるをえません．民間企業が発生させる外部性は，その企業が，元来市場で売ることを目的としている生産物以外の，2次的に生産している結合生産物の市場がない状態です．市場がないのは，その財が排除性を持っていないからです．情報は非競合財なので市場が成立しにくい財です．その結果，ある商品の性質についての情報が，この商品の取引者に安価に伝わりません．それが原因で，逆選択やモラル・ハザードが起き，その商品自体の市場が成立しなくなってしまいます．

結局は，競争市場が何らかの原因で小さくなったり，なくなってしまう状況で市場の失敗が起きる，と言うことができます．

キーワード

競合性　競合財　非競合性　非競合財　公共財　公共財の排除不可能性による定義　私的財　道路無料公開の原則　費用便益分析　排除費用が安い・高い　フリー・ライダー問題　情報　知的財産権保護　準競合性　準公共財　道路特定財源　ガソリン税　排出ガスに対するピグー税　市場の失敗　公共財の料金による定義　公共財の外部性による定義

練習問題

1. 次の各文章内の空欄に当てはまる適切な言葉を下から選んで答えよ．

| 可変費用 | 固定費用 | 排除費用 | 非競合性 | 外部性 |
| 外部経済 | 準公共財 | | | |

(1) 公共財とは，無料で供給され，□□□□を持つ財のことである．
(2) 民間が生産する非競合性のある財やサービスで□□□□が高い場合，公共財として供給されることが良くある．
(3) サミュエルソン教授の論文では，□□□□の受益者が2人以上である場合の供給物を公共財と呼んでいる．
(4) 混雑していない映画館では□□□□がある財が有料で提供されている．この状態は非効率を生み出していると考えられる．
(5) 桜が開花した公園は花見客で混雑する．よって，この時期の公園は□□□□と見ることができる．

2. つぎの各文章の空欄に「①排除性」，「②競合性」，「③非排除性」，「④非競合性」のいずれかを番号で入れよ．(2)の2つの空欄には同じ番号が入る．

(1)「拓哉がアイスクリームを食べたら，慎吾はそれを食べることができない．つまり，アイスクリームは [____] を持つ財である．」

(2)「普段の日比谷公園は，[____] を持った財・サービスを供給しているとみなすことができる．一方，野外コンサートで満員の日比谷公園は，[____] を持つ財・サービスを供給しているとは言えない．」

3．以下の(1)～(5)の財はテキストの分類によると下表のどの領域に入るか．領域の記号Ⅰ～Ⅵを用いて解答せよ．

	競合性	準競合性	非競合性
有料	Ⅰ	Ⅱ	Ⅲ
無料	Ⅳ	Ⅴ	Ⅵ

(1) 公民館の無料映画上映（非混雑時）
(2) 東名高速道路（非混雑時）
(3) 東名高速道路（混雑時）
(4) 混雑時の一般道路
(5) 映画館における有料映画上映（非混雑時）

4．空欄に正しい語句を入れよ．

(1) 供給者が民間であれ，政府であれ，(a) [____] を持ち，(b) [____] で提供されている財を，公共財という．

(2) 公共財の投資は，総余剰が(a) [____] を上回る場合，別の表現をすれば，総便益が(b) [____] を上回る場合にのみ行うべきである．

(3) 上の(2)が成立するかどうかを調べる分析を [____] と言う．

(4) 余剰を最大にする公共財の使用料金は，
    |①平均費用　②０円　③平均固定費用　④総括原価| である．

(5) 私がアイスクリームを消費したら，他の人はそれを消費することができない．このような財の性質を(a) [____] という．反対に，テレビ放送，国防，空いている時の道路等では，ある人が消費しても他の人の消費量が減ることはない．この性質を(b) [____] と言う．

(6) 公共財の特質は，使用者の増加による [____] が０であるという点にある．

5．「赤字の高速道路を作る日本道路公団はけしからん，作るならペイするも

のだけにしろ」という意見を，「固定費用」，「総余剰」，「限界外部費用は 0」，「無料」の 4 つの言葉を必ず用いて批判せよ．ただし，高速道路に混雑はないものとする．

11章

権利の売買

　売り手は，往々にして競争を制限して価格を吊り上げようとします．第4章では，すでに生産された財の一部を捨てて，販売量を制限する販売量規制について学びました．

　政府はさらに，生産量そのものを直接的に規制する場合があります．ただし，各生産者への最適な削減割り当て量を政府は知りようがありません．そのため，生産量規制をすると非効率的な生産が行われてしまいます．その理由は，公害発生企業に生産の数量規制をすることが，ピグー税に比べて非効率である（第7章3節参照）理由と基本的に同じです．本章では，まずこのことを明らかにします．

　次に，生産量規制をした後で，規制の手段に用いた許可証の売買を許すと，結果的に各企業は効率的な生産量を生産するようになることを示します．

　さらに，戦時などにおける価格規制にともなう配給制度についても学びます．配給制度の下では，生産する権利ではなく「購入する権利」が配分されます．この権利（すなわち配給切符）の売買も，効率的な資源配分をもたらすことを示します．実は，この分析は，ワールド・カップの切符の配分方法にも示唆を与えます．

A. 生産数量規制

1 生産量規制

　生産者が話し合って，個々の企業の生産量を減少させる約束をし，生産自体を縮小することがあります．売上げを増やす目的で供給者たちが生産調整をすることを，**生産調整カルテル** production adjustment cartel あるいはたんに**数量カルテル** quantity cartel と言います．

　生産調整カルテルは，販売量規制と同様に総余剰を減らしますから，一般的には法律で禁止されています．

　しかし，原則的にはカルテルは禁止されているのにもかかわらず，特定の産業の政治力が強い場合には，例外的にカルテルが認められる場合があります．[1] 現在日本で行われている合法的な数量カルテルで最大のものが，米の生産調整です．米の生産量調整を含めて，政府が行う数量カルテルを，**生産量規制**と言います．

　政府は，販売量や生産量などだけでなく，農家の耕作面積や，特定の地区におけるラーメン屋台の台数など，生産要素の数量を規制することもあります．これらを総称して「数量規制」といいます．本章では数量規制全般をカバーしますが，本節ではその1つである生産量規制を分析します．

---

[1] さらに，生産国と消費国が別な国際的なカルテルは，消費国の法律で取り締まるのが難しく，生産国の主導で行われることがあります．石油の生産調整によって価格吊り上げを図る OPEC（石油輸出国機構）はその典型的な例です．ただし，生産調整に一生懸命な国が調整によって石油の国際価格を維持しても，高価格の恩恵を受けようとして他の国が石油の生産を増加させると，結局はカルテルの効果は失われていくということが往々にしてあります．これを防ぐためにカルテルの首謀者たちは，カルテル破りに対する罰則の導入に苦労しています．

生産量規制による「1次」の死重の損失

　生産量規制を，図11-1によって説明しましょう．図11-1パネルA・Bには，企業Aと企業Bの供給曲線が，それぞれ縦軸の切片10から出発する右上がりのグレー線で描かれています（なお，この分析における企業A，Bを，それぞれ農家A，Bと読み替えると，米の生産量規制の分析ができます）．この時の市場供給曲線は，企業Aと企業Bの個別供給曲線を横方向に足し合わせたものであり，パネルCの右上がりのグレー線です．均衡はE点で達成されます．この時の市場全体の生産量は25単位，価格は50円です．

　政府が，この状況よりも価格が高くなるように，各企業の生産量を規制し，産業全体の生産量を均衡水準よりも低い20単位に制限するとしましょう．生産費用の合計を最小にするためには，両企業の限界費用が等しくなるように各社の生産量を規制する必要があります．図11-1パネルCのグレー右上がり線から産業全体で20単位を生産する時の各社共通の限界費用は40円であることがわかります．パネルA・Bによれば，企業Aと企業Bの生産量がそれぞれ14単位と6単位の時，両企業の限界費用が40円で等しくなり，かつ産業全体の生産量は20単位になります．このため，政府が企業Aと企業Bの最大生産量をそれぞれ14単位と6単位に制限するとしましょう．

　この数量制限の下での両企業の供給曲線が，図11-1パネルA・Bの茶線で描かれています．パネルCにはこれらを合わせた市場全体の供給曲線が茶線で描かれています．新しい市場均衡はM点になり，均衡価格は70円まで上昇します．図11-1には，企業Aの生産者余剰がベージュの図形で，企業Bの生産者余剰がオレンジの斜線の図形で描かれています．しかしこの時には，死重の損失がLだけ発生してしまいます．

生産量規制による「2次」の死重の損失

　上では，政府は産業全体の生産費用を最小にする各企業の生産量の組み合わせを知っていると想定しました．しかし実際には，産業全体の費用を最小にする各企業の生産量は政府にはわかりません．したがって普通は効率と関係なく，公平そうに見える基準で規制してしまいます．たとえば，それぞれの企業に対

388 11章 権利の売買

図 11-1 効率的生産量規制下の企業の供給の変化

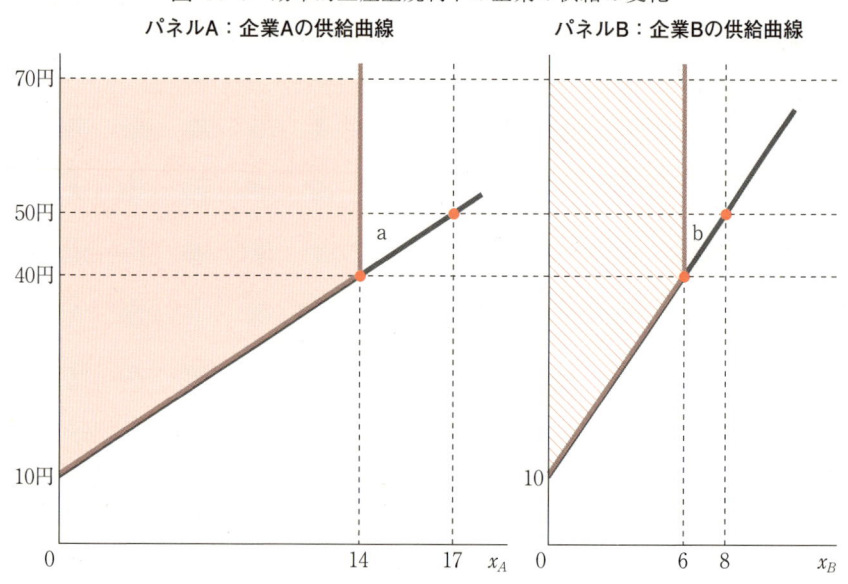

パネルA：企業Aの供給曲線

パネルB：企業Bの供給曲線

パネルC：効率的な生産量規制

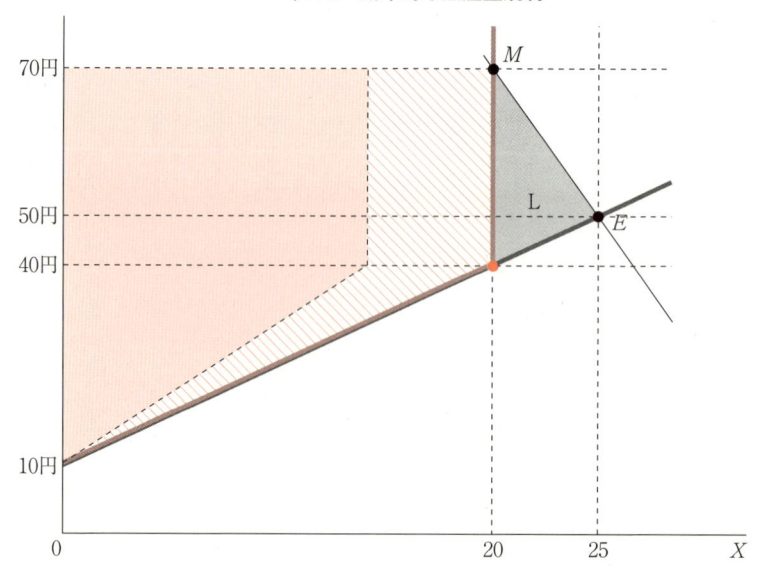

しこれまでの生産量を何割減少させるという規制をします。

ここでは，議論を簡単にするために各企業の最大生産量を10単位に制限したとしましょう。具体的には，政府が企業A，企業Bのそれぞれに，1枚当たり1単位分の生産をする権利が付与された**生産許可証**を10枚ずつ配布し，生産者が生産物を卸業者に売る時には，この生産許可証をつけて売らなければならないとします。なお，生産許可証の転売は認められていません。企業Aと企業Bのそれぞれに生産許可証を10単位ずつ与えた時の両社の供給曲線は，それぞれ図11-2パネルA・Bのオレンジ線で描かれています。企業Aの供給曲線は価格が30円のところで屈折しており，企業Bの供給曲線は価格が60円のところで屈折しています。両企業の供給曲線を右に足し合わせたパネルCのオレンジ線が，「規制下の市場供給曲線」です。

価格が0円から30円の間の時，図11-2パネルCのオレンジ線は企業Aと企業Bの限界費用曲線を横方向に足し合わせたものになっています。価格が30円から60円の間では企業Aの供給量はすでに10単位を生産しているのでこれ以上増加することはなく一定ですから，パネルCの市場供給曲線の傾きはパネルBの企業Bの供給曲線と同じものになります（図11-2パネルCのオレンジ線で示される規制下の供給量は，価格が30円と60円の間では，グレー線で示される規制なしの供給量より少なくなっています）。価格が60円より高くなると，企業Aも企業Bも供給量は上限の水準で一定になりますから，パネルCのオレンジ線で示される規制下の市場供給曲線も垂直になります。市場均衡は以前と同じM点で，均衡価格は70円です。

この規制下の均衡価格である70円で売った場合の両企業の生産者余剰が，図11-2パネルAのベージュの図形と，パネルBのオレンジ斜線の図形の面積で表されています。これらの図形の面積はそれぞれパネルCの対応する色の図形の面積と同一です。したがってパネルCの，オレンジ線の上の色付き図形の面積が，産業全体の生産者余剰です。[2] 産業全体の生産者余剰は，図11-1パネルCの供給曲線に対応した生産者余剰に比べて面積Fの分だけ減少して

---

2) パネルAとCのベージュの図形が合同であることは明らかです。パネルBとCのオレンジ斜線図形は，価格30円以上の台形部分が合同です。価格30円以下の三角形部分は合同ではありませんが，底辺の長さも高さも同じですから，面積は同じです。

390　11章　権利の売買

図 11-2　非効率的生産量規制下の企業の供給の変化

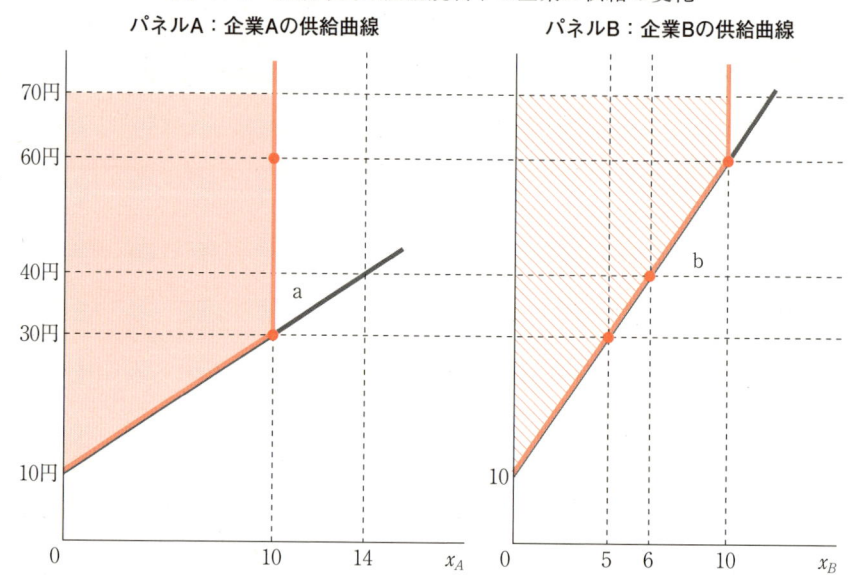

パネルA：企業Aの供給曲線

パネルB：企業Bの供給曲線

パネルC：非効率的な生産量規制

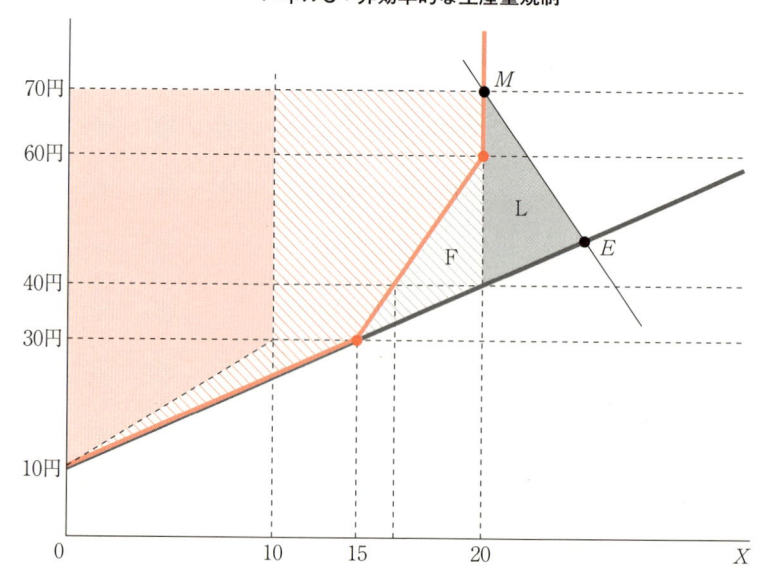

います．

　図11-1パネルCの茶色の市場供給曲線のように効果的な生産量配分をしていた時は，死重の損失が面積Lだけですみました．しかし，図11-2パネルCのオレンジ線の市場供給曲線の下では，面積Fという追加的な生産者余剰の損失が起きていることがわかります．

　図11-2パネルCのオレンジ線で示される数量規制下の市場供給曲線の下側の面積は，グレー線で示される規制なしの市場供給曲線の下側の面積よりFの分だけ増加しています．グレー線とオレンジ線の2本の市場供給曲線の下側の面積は，それぞれに対応した可変費用ですから，これは規制によって生産量の企業間配分が変化した結果，産業全体の費用が面積Fの分だけ増加したことを示しています．

　図11-2パネルCの三角形Lを「第1次の死重の損失」，三角形Fを「第2次の死重の損失」と言います．第1次の死重の損失は，消費量と生産量を引き下げたことによって発生します．一方，第2次の死重の損失Fは，限界費用が企業間で乖離する水準で各企業の生産量を決めたために発生したものです．

配 分 図

　図11-2パネルCの「第2次の死重の損失」Fは，非効率な生産量配分の結果生じた産業全体での費用の浪費を反映したものです．このことを示しましょう．

　図11-3は，図11-1パネルAをそのまま描いたうえで，横軸の長さを産業全体の生産量である20までで区切り，横軸の右端に図11-1パネルBの原点を置いて左右を反転させて企業Bの供給曲線を書いたものです．図11-3の底辺の長さは均衡における産業全体の生産量である20単位です．底辺上の任意の点は，両企業の間に生産量がどのように配分されるかを示しています．底辺上の所与の点と左側の原点との距離（オレンジ目盛りで示されている）は，企業Aの生産量です．この点と右側の原点との距離（茶色目盛りで示されている）は，企業Bの生産量です．したがって，図11-3の縦実線は企業Aが14単位，企業Bが6単位生産している状況を表します．

　図11-3には，企業Aの供給曲線（＝限界費用曲線MC_A）が，底辺の左端

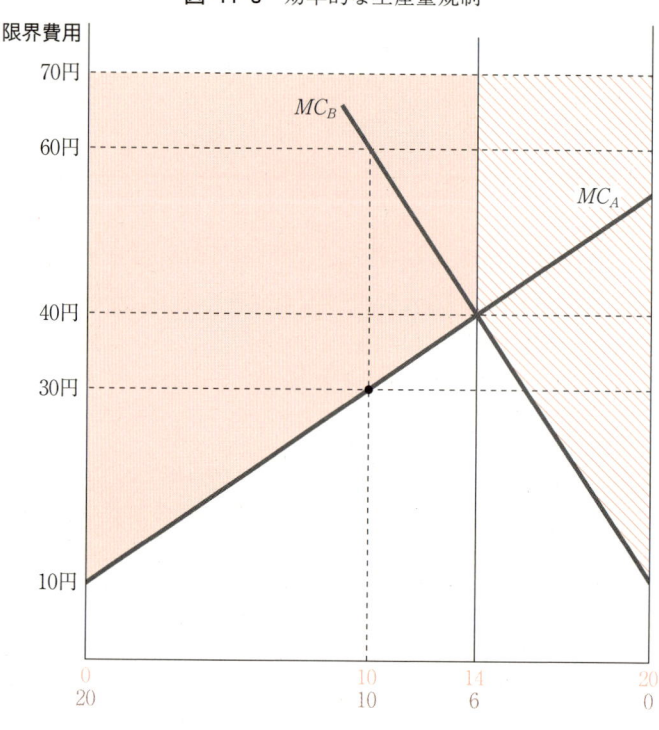

図 11-3 効率的な生産量規制

を原点として右上がりのグレー線で描かれています．企業 B の供給曲線（＝限界費用曲線 MC_B）は，底辺の右端を原点として右下がりのグレー線で描かれています．ここで，企業 A の生産者余剰はベージュ塗りの台形，企業 B の生産者余剰はオレンジ斜線の台形で表されています．

同様に，図 11-4 は，図 11-2 パネル A をそのまま描いたうえで，横軸の長さを20までで区切り，左右反転させた図 11-2 パネル B の原点を，横軸の右端においたものです．この図の中央の縦実線は，両企業が10単位ずつ生産している状況を示します．この生産配分における企業 A の生産者余剰はベージュ塗りの台形，企業 B の生産者余剰はオレンジ斜線の台形で表されています．

図 11-3 と図 11-4 の総余剰を比較すると，図 11-3 のほうが面積 F の分だけ大きくなっています．したがって，図 11-4 の生産配分では非効率が F だけ発生していることがわかります．

1 生産量規制

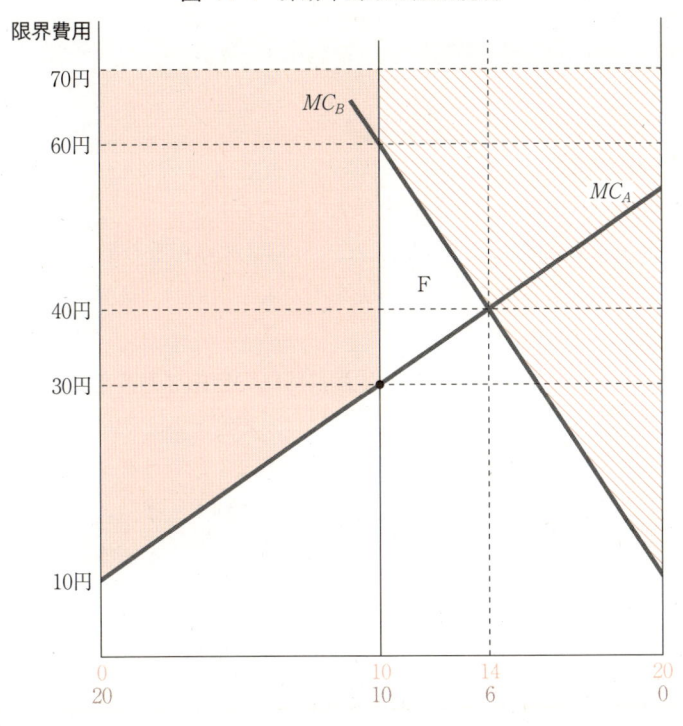

図 11-4 非効率的な生産量規制

　図 11-4 の三角形 F の面積は図 11-2 パネル A の三角形 a と図 11-2 パネル B の三角形 b の面積の和であることは図から明らかです．一方図 11-2 パネル A・B の三角形 a，b の面積の和が図 11-2 パネル C の面積 F に等しいことも明らかです．したがって図 11-2 パネル C と図 11-4 の F は同一面積です．

　ところで，図 11-4 の面積 F が図 2-17 の面積 F にも等しいことは一目でわかります．図 2-17 の面積 F は，非効率的な企業間の生産量配分によって生じた産業全体での費用の浪費を表していました．したがって，図 11-4 の F で示される生産者余剰の損失は，非効率な生産量配分の結果生じた産業全体での費用の浪費を反映したものです．

2　生産許可証の市場

生産許可証の売買

　生産量規制の目的は生産者余剰を拡大することですから，それに伴う第1次の死重の損失Dはやむをえないとしても，第2次の死重の損失Fまで失うのは無駄な話です．第2次の死重の損失を生産者余剰にし，業界の利益をさらに増加させる方法はないでしょうか．

　実はそのような方法があります．**生産許可証の自由な売買を許せばよい**のです．生産許可証の売買が許されている時には，増産する企業は生産許可証を市場から買ってきます．その一方で減産する企業は生産許可証を市場で売ることができます．この場合誰かが増産すればその分を別の人が減産しているわけですから，市場全体の生産量は20単位で固定され，財の市場価格も70円のまま維持されます．

　いま，ある市場での生産許可証の価格が，仮に1単位当たり10円に決まったとしましょう．この場合，増産1単位当たり10円を支払って，生産許可証を購入すれば，企業は増産できます．これは，10円分の**物品税**が課されたのと同じことです．一方，減産する場合には，生産許可証の売却を通じて，1単位減産するごとに10円の収入が入ります．これは，1単位当たり10円の**減産補助金**を得ているのと同じことです．つまり増産する場合には10円分の物品税がかけられ，減産する場合には10円分の減産補助金が得られるのとまったく同じです．

　したがって，売買可能な生産許可証の制度を導入すると，各企業の供給曲線は，図11-2パネルA・Bのグレー線から上方に10円分シフトし，図11-5パネルA・Bの茶線のようになります．売買可能になった生産許可証には企業ごとの生産量を規制する働きはありません．

　企業レベルの供給曲線（図11-5パネルA・Bの茶線）を横方向に足し合わせると，図11-5パネルCの茶線のように，新しい市場供給曲線が得られます．この曲線と需要曲線との交点をSとしましょう．図からわかるように，交点Sにおけるこの財に対する生産者側の希望供給量は，生産許可証総量の20を超え

2 生産許可証の市場　395

図 11-5　生産許可証売買自由化による企業の供給の変化

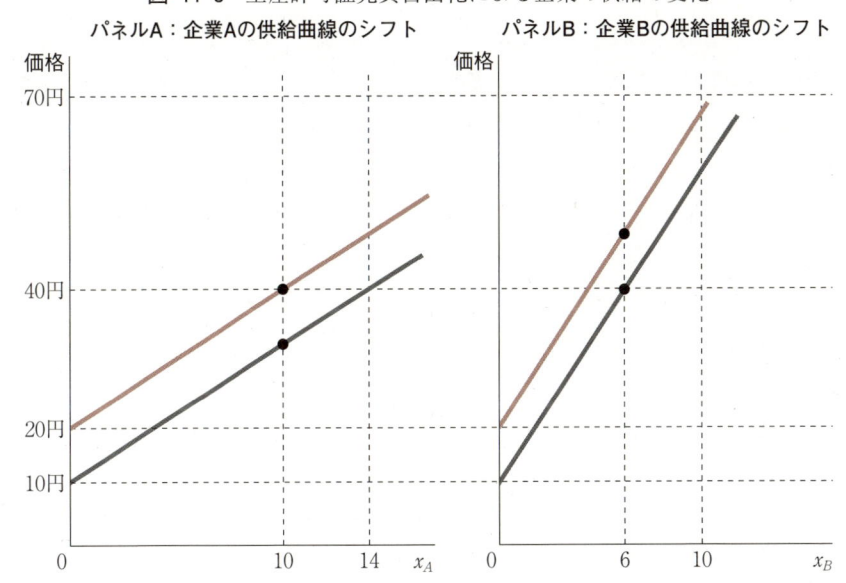

パネルA：企業Aの供給曲線のシフト

パネルB：企業Bの供給曲線のシフト

パネルC：生産許可証売買の開始

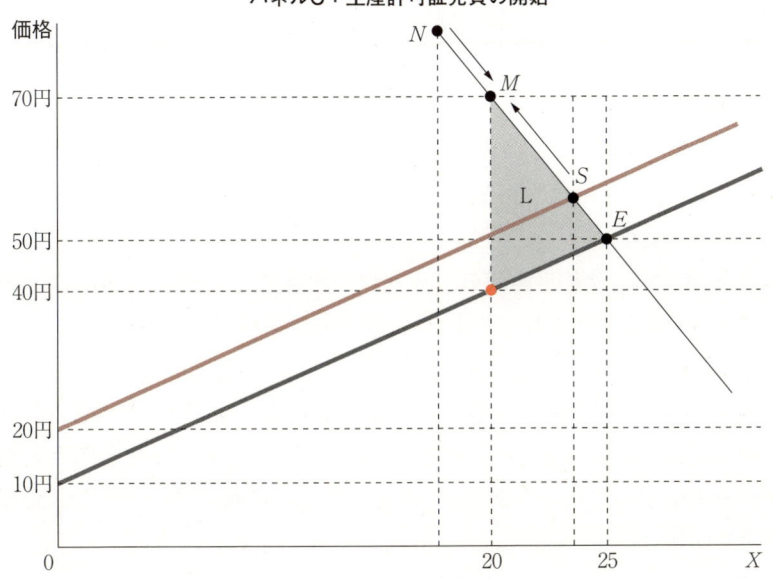

ています．生産許可証は1枚当たり1単位分の生産権利を与えてくれるので，生産者の希望供給量は生産許可証への需要量に等しくなります．つまり，交点Sでの生産許可証への需要量が，実際に政府の発行している生産許可証の供給量20を上回っています．

ということは，この場合，仮に10円であるとした生産許可証の価格設定が低すぎたわけですから，生産許可証の価格は上がり，図11-5の茶線の供給曲線は上方にシフトします．需要供給曲線との交点がM点より右下にあるかぎり生産許可証の価格は同様の理由で上がり続け，交点は次第にM点へと近づき，最終的にはM点と一致します．

一方，新しい市場供給曲線がM点の左上のN点のような点を通るなら，逆に生産許可証は余ってしまい，生産許可証の価格は下がります．需要供給曲線の交点がM点より左上にあるかぎりこのプロセスは続き，交点は次第にM点へと近づき，最終的にはM点を通ります．

市場供給曲線がちょうどM点を通る時，財の市場が生産量20で均衡し，同時に生産許可証の市場でも需要供給の均衡が達成されることがわかります．図11-6の各パネルでは，生産許可証の均衡価格が30円の時の供給曲線が茶線で描かれています．グレーの供給曲線が上方に30円分シフトしたものです．

生産者余剰の変化

図11-6パネルCの新しい均衡点Mでは，各生産者は，限界費用がともに40の水準で生産していますから，第2次の死重の損失は消えるはずです．これを確かめましょう．

均衡点Mでは，生産者全員の可変費用の総計は，図11-6パネルCのグレー枠の台形の面積で示されています．一方，この時の収入の総計は，このグレー枠台形の面積にオレンジ枠の台形の面積を加えた面積です．したがって，この業界全体の生産者余剰の総計は，収入から生産者全体の可変費用を差し引いた，オレンジ枠台形の面積になります．これが，この場合の企業Aと企業Bの生産者余剰の和です．たしかに，図11-2パネルCのFのような2次的な死重の損失はなくなっています．

では，この時，企業Aの生産者余剰と企業Bの生産者余剰は，それぞれど

2 生産許可証の市場 397

図 11-6 生産許可証売買自由化による企業の生産者余剰の変化

パネルA：企業Aの生産者余剰の変化

パネルB：企業Bの生産者余剰の変化

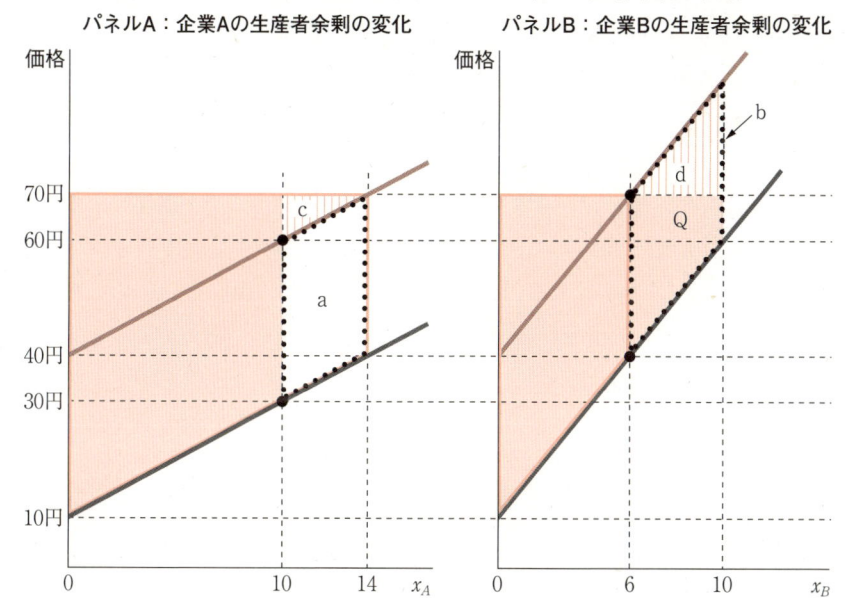

パネルC：生産許可証売買自由化下の均衡

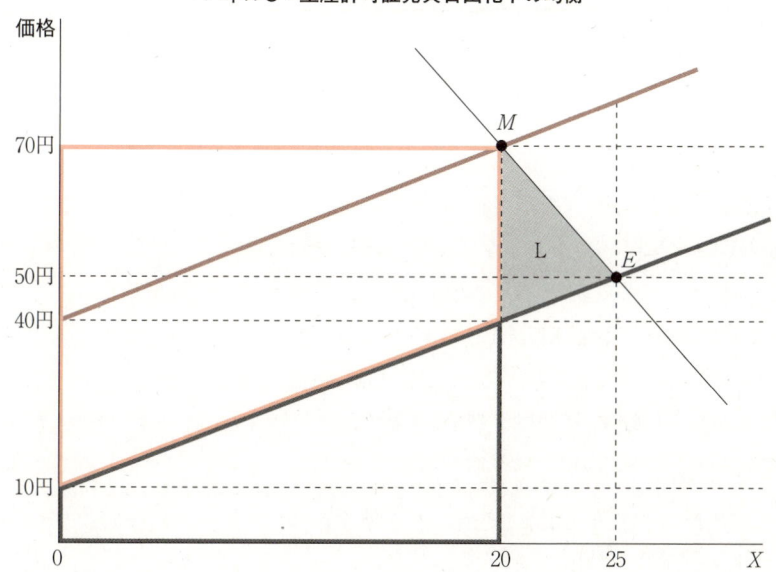

の大きさで表されるのでしょうか．生産許可証の価格が30円の時，企業 A は，図 11-6 パネル A の点線で囲まれた平行四辺形の面積 a だけ支払って生産許可証を入手し，14単位まで増産します．この結果，ベージュのしまの面積 c だけ利潤が純増します．したがって，ベージュの台形にベージュのしまの三角形を足し合わせたものが企業 A の生産者余剰になります．

　企業 B は，生産量を10から6に引き下げるにともない，図 11-6 パネル B の点線で囲まれた平行四辺形の面積 b だけ生産許可証の売却益を得ます．一方10単位から6単位に減産することによって，生産者の販売から得る利潤は Q と記されたベージュの面積だけ減ります．したがって差し引きベージュのしまの部分 d が，利潤の純増になります．この結果，パネル B のベージュの台形の面積＋ベージュのしまの三角形 d の面積が，企業 B の生産者余剰になります．[3]

　したがって，図 11-6 パネル A・B の色付き（2つのしま三角形を含める）面積の総計が，生産許可証取引下での生産者余剰の総計です．両パネルのこれら色付き面積の総計は，余剰の総計を示す図 11-6 パネル C のオレンジ実線で囲まれた台形の面積と実際に等しいことを示しましょう．

　まず，図 11-6 パネル A の点線枠平行四辺形 a は，許可証の購入額を表しており，パネル B の点線枠平行四辺形 b は，許可証の売却額を表しています．したがってこれら2つの平行四辺形は等しい面積を持っています．パネル B の点線枠平行四辺形 b をこのパネルの色付き図形から切り取りましょう．すると，パネル B のオレンジ枠台形が残ります．切り取ったパネル B の平行四辺形 b をパネル A の点線枠平行四辺形 a に埋め込むと，パネル A の色付き面積はオレンジ枠台形になります．

　ところで，パネル A とパネル B のオレンジ枠台形の面積の和は，パネル C のオレンジ枠台形の面積と同一です．[4] 図 11-6 パネル A・B の色付き面積の

---

[3]　どちらの企業も，これ以上の増産や減産によってベージュじまの三角形の面積を増やせないことは，この図から明らかです．

[4]　等しい理由は，図 11-6 パネル A・B 各パネルのオレンジ実線の台形を40円の価格線の上と下で長方形と三角形に分割して，三角形は三角形どうしで長方形は長方形どうしで足し合わせれば明らかです．

総計を，図 11-6 パネル C のオレンジ枠台形の面積でも表せることが確認できました．

本節で考えた状況では，政府が各企業に対する生産許可証を発行しましたが，生産許可証の売買を認めると，各企業は，初期割り当て量に生産量を制約されません．つまり，生産許可証の価格が，増産のための物品税と減産のための補助金と同じ働きをし，供給曲線が上方にシフトする状況になります．

市場全体の生産量を20単位にしぼった時には，各企業の最も社会的に見て効率的な生産量がどれだけであるか，政府にはまったくわからなかったにもかかわらず，生産許可証の売買を許すと，効率的な生産量の組み合わせが結果的に実現されることがわかります．

物品税との比較

図 11-6 パネル C を見ると生産許可証を各企業に与えずに最初から 1 単位当たり30円物品税をとれば，均衡点 M が達成されることがわかります．その場合供給曲線がもともとのグレーの線から茶線まで上方に30円分シフトするからです．

もちろんそのような税の下では，2 つの会社のそれぞれの供給曲線は図 11-6 パネル A・B の茶線のようになります．生産許可書を各企業に10単位分ずつ与えたうえで許可書の取引を許す場合と 1 単位当たり30円分の物品税を課すこととの差は何でしょうか．

決定的な差は，税を課した場合には，生産許可書を発行して取引を許す場合と比べて，生産者余剰が減ることです．税を課した場合には，生産者全体が得る余剰（図 11-6 パネル C の茶線の上の三角形）は，生産許可書を発行して取引を許す場合に生産者全体が得る余剰（オレンジ枠の台形）に比べて小さいことは明らかです．逆に言うと，いずれにせよ全体で生産量を20単位に規制する場合には，企業にとって生産許可証の売買のほうが物品税より望ましいということになります．

実のところ企業にとっては，自由な売買が許されなくても，生産許可書が分配されるほうが物品税を課されるより余剰は大きくなります．

企業 A の売買なしの許可書の下での余剰（図 11-6 のパネル A のベージュ

図形の面積）は，課税の下での余剰（茶線の上の三角形）より大きいですし，企業Bの売買なしの許可書の下での余剰（図11-6のパネルBのベージュの面積）は，課税下でのこの企業の余剰（茶線の上の三角形）より大きいです．その結果，企業は，社会的な観点からは非効率的な，売買なしの規制のほうを物品税より望むのが普通です．

そもそも生産量規制は，値段を吊り上げて生産者の利益を増加させるために行われています．したがって，同じ市場価格と取引量が実現するからといって，生産量規制よりも物品税を採用したがるわけがありません．

3 排出権の市場

第7章3節で分析したように，複数の公害発生企業に政府が数量制限することは，ピグー税に比べて非効率です．しかし，その場合でも，生産許可証の売買を許すと，生産上の非効率性を完全に除くことができます．本節ではこのことを示しましょう．

これまでと同じように，川の上流に企業A，Bがあり，生産にともなって発生する汚水が川の下流にある企業に悪影響を及ぼしている状況を考えます．図11-7は図7-5をコピーしたものです．この図を復習しましょう．上流企業A，Bの供給曲線がパネルAとBのグレーの右上がり線で描かれています．上流企業の増産1単位当たりの外部不経済効果はa円です．

ピグー税

もし政府が上流の両企業に対してa円のピグー税を課すと，図11-7の各パネルの供給曲線は茶線のように上にシフトします．パネルCから明らかなように，その結果上流企業全体の最適総生産量20が実現します．この時，企業Aの生み出す社会的余剰は，価格線40と茶色の社会的限界費用曲線にはさまれた図形の面積であり，パネルAの①+②です．企業Bの生み出す社会的余剰は，パネルBの③です．一方，上流企業全体が生み出す社会的総余剰は図11-7パネルCの⑤です．したがって，

3 排出権の市場

図 11-7 公害発生企業に対する生産許可証売買自由化の効果

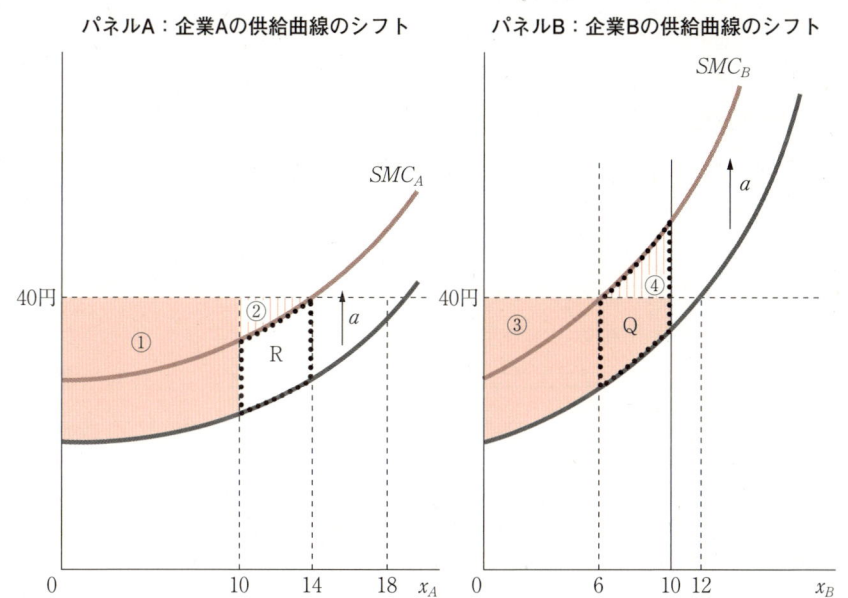

パネルA：企業Aの供給曲線のシフト

パネルB：企業Bの供給曲線のシフト

パネルC：市場供給曲線のシフト

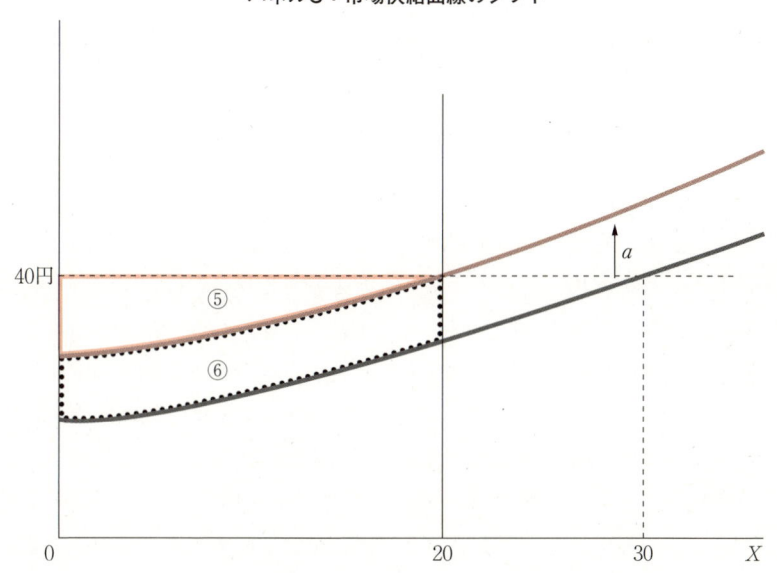

$$⑤ = ① + ② + ③ \tag{11.1}$$

が成り立っています．この⑤が最大化された社会的総余剰です．

生産量規制

次に政府は，ピグー税をかけずに生産量規制を行うとしましょう．具体的には，政府は全体で20単位生産させるべく，企業 A，B それぞれに10単位ずつの生産許可証を与え，その許可証が許容するだけの生産を許すという方法で生産量規制を行うことになったとしましょう．

この時，企業 A が生み出す社会的余剰は①であり，企業 B が生み出す社会的余剰は③－④です．この合計である①＋③－④がこのときの社会的総余剰であり，(11.1)と比較すると，最大化された社会的余剰である図11-7の⑤より②＋④少ないことがわかります．

生産許可証の売買

いま，政府は全体で20単位生産させるべく，企業 A，B それぞれに10単位ずつの生産許可証を与えたうえで，この**許可証の自由な売買を認める**としましょう．この状況では，増産する企業は許可証を市場で買ってこなければなりません．一方，減産する企業は許可証を市場で売ることができます．この場合誰かが増産すれば，その分もう一方が減産しているわけですから市場全体の生産量は，20単位で固定されます．

いま市場で生産許可証の値段が1単位当たり a 円に決まったとしましょう．この場合，企業が増産する場合には，許可書を購入するために，増産1単位当たり a 円支払わなければなりません．一方減産する場合には，生産許可証の売却を通じて，減産するごとに a 円の収入が入ります．つまり増産する場合には1単位当たり a 円分の物品税が課され，減産する場合には a 円分の減産補助金が得られるのとまったく同じことです．したがって，両企業の供給曲線は図11-7パネル A・B の茶線のように，上方に a 円分シフトします．

すなわち，もともとは政府が各企業に対して一定量の生産許可証を発行したわけですが，その許可証の売買を許すと，各企業にとっては生産量がその量に制約されなくなります．そのかわりに，増産のための税金と減産のための補助金の

分だけ両社の供給曲線がパネルA・Bの茶線のように上方にシフトするわけです．

上流にある2企業の全体の供給曲線は，両企業の供給曲線を横に足し合わせたものです．したがって，生産許可証の価格がaの時，2企業を合わせた供給曲線は，図11-7のパネルCの茶線になります．両社の生産量合計は20であり，許可証の発行量と一致しています．このため，生産許可証の取引価格は，最終的にaに落ち着きます．[5]

結局，許可証取引後の均衡において，企業Aは14を，企業Bは6を生産します．[6] これらはそれぞれの企業の効率的な生産量です．両企業の社会的生産者余剰の合計は，図11-7のパネルCのオレンジ枠図形⑤の面積と等しいことがわかります．つまり生産許可証の取引を自由にしたことによって，両社間における最も効率的な資源配分が達成されています．

政府は，市場全体の生産量を20単位にしぼった時に，各企業の最も効率的な生産量が何であるかまったくわからなかったのにもかかわらず，生産許可証の売買を認めることで，結果的に効率的な生産量の組み合わせが実現されることがわかります．

ピグー税との比較

図11-7を見ると，生産許可書の取引後の均衡は，両企業にピグー税を課した場合にも達成されることがわかります．ピグー税の下でも，各企業の供給曲線はパネルA・Bの茶線のように上方にa円分だけシフトし，市場全体の供給曲線も，パネルCの茶線のように上方にシフトするからです．

しかし多くの国で実業界は，環境対策として，許可証取引のほうをピグー税よりも望むようです．その理由は，ピグー税の税収分が国にいってしまい，その分企業の生産者余剰が減るからです．それに対して，許可証取引の場合は，企業は1円も税を支払いませんから，その分多くの余剰を確保できます．

---

[5] 生産許可証の価格がa円より高ければ生産許可証の市場に何が起きるか考えてみてください．また，生産許可証の価格がa円より低ければ何が起きるでしょうか？

[6] ここでの詳しい余剰分析は補論を参照して下さい．

排出権取引

ここでは分析上簡単なので,生産許可証について考えましたが,実際には企業ごとに1単位の増産がもたらす汚染物質の排出量は違うので,各企業に排出権を与えるという形で,生産量ではなく排出量を規制します.その場合,**排出権の取引**を許すことで,各社の効率的な生産量が達成されます.

たとえば,EUでは,2005年からCO_2排出権の企業間売買ができる市場が導入されています.このCO_2排出権は,各企業(あるいは各事業所)に過去の実績に基づいて,CO_2排出の権利を与え,その後,権利の自由な取引をさせる,というものです.なお,EU型の排出権取引のことは,**キャップ&トレード**とも呼ばれています.過去の実績より少なく排出上限(キャップ)を決めてそれを取引(トレード)させるからです.

企業間のCO_2排出権取引に対して,電力業界と鉄鋼業界が強力に反対してきたため,これまで日本では採用されませんでした.しかし,2008年になって急に日本経団連がこの制度を認める方針を打ち出すことになったため,これから日本でもこの制度の導入の検討がはじまります.

排出権取引には,問題が2つあります.

第1は,当初の権利の配分が,これまでの実績に基づくにしても恣意的にならざるをえないことです.排出権の取引によって,効率性は達成されますが,どう配分するかで不公平感が発生することは避けられません.

第2は,排出権取引を導入すると,環境税(ピグー税)の導入が難しくなり,国家財政をまかなうのに,他の非効率な税にその分依存しなければならなくなることです.たいがいの税は死重の損失を生むのに対して,環境税は,税を導入することが死重の損失を減らす効果を持っています.したがって税収調達手段としては,理想的な税なのです.その税の採用が難しくなってしまいます.

これらの問題を解決するには,とりあえず排出権取引を導入したうえで,各社への排出権割り当ての総量を毎年比例的に,例えば1割ずつ減らしていき,減らした分の排出権を,割り当てではなく入札で国が希望する企業に売却することが考えられます.毎年,入札の割合が1割ずつ増えていくと,10年後にはすべての排出権が入札されることになります.その際,入札した金額はすべて

政府の手元に入ります．これは実質的に環境税です．最終的な入札価格をもとに環境税の税率を決めれば，排出権取引で出発し最終的には**環境税に移行**していくことになります（なお，その際，排出権割り当ての割合を減らすにつれて法人税を引き下げていけば，全体の税負担も増やさずにすむことになります[7]）．

コラム：COP3で決められた温室効果ガスの排出権取引

ところでよく聞く言葉に，**COP3で決められた温室効果ガスの排出権取引**という言葉があります．これは本章で分析した企業間での環境排出権取引と密接に関連していますが，同じものではありません．これは企業ごとに排出権を与えるのではなく，国ごとに排出権を与え，国の間で排出権を取引させるというものです．そして温室効果ガスの削減目標を上回った国は目標超過分を他国に売ることができるというシステムです．削減目標を下回った国は，目標不足分を他国から買ってこなくてはなりません．これは温室効果ガス削減を促進するために，COP3（地球温暖化防止京都会議）で合意された制度の1つです．

この制度の下では，ある国が，国内の温室効果ガスをどのように抑制するかは，その国に任されています．したがって国内で，個々の企業に排出権取引を行わせるか，ピグー税を採用するか，あるいは直接的な規制を行うかというような抑制手段は，国ごとに決定します．その点で元来の排出権取引の考え方を，国際間の政策実行への誘導に応用したのが，この温室効果ガスの排出権取引であると言うことができます．

同時にこれは途上国援助の方策であるとみることもできます．京都議定書では，その割当量が達成できない先進国は，途上国における植林など，地球全体の炭素排出を減らす活動にお金を投じることによっても，排出権を購入できることになっています．将来的には途上国援助の大きな部分がこの排出権の購入という形に変えられていく可能性が高いと言えるでしょう．

---

7) この本の範囲を越えるので詳しくは述べませんが，法人税というのは，株のキャピタルゲイン税がきちんと整備されているかぎり元来不要なものだと考えることもできます．

4　許可証の有効期間の限定

入札の無償配分

これまでは，政府がある産業の生産量を一定量に制限する際，生産許可証は，実績など何らかの基準を満たした企業に対して無償で与えられ，その後，各企業が自由に取引するという状況を考えました．

しかし，政府は許可証を有償で販売することも可能です．その場合，生産者は生産するすべての財に対応する許可証を購入しなければならないわけですから，許可証の価格に等しい税率の物品税を課す場合と同じ効果があります．その際，価格をどう定めるかという問題が起きます．価格が高ければ許可証は売れ残りますし，安ければ需要超過が起こります．そこで，許可証の価格を**入札**で決めるとしましょう．その場合の落札価格は，許可証を企業に無償で与えたうえで，許可証を自由に取引させた場合の価格と同じ水準に落ちつきます．したがって，生産許可証の売買が行われた場合と同じ生産量を各企業が生産することになります．

両者の基本的な違いは，生産許可証を入札価格で販売する時には，政府に入札額分の収入が入るが，生産許可証を無償で特定の会社に与えてそのあと取引させる場合は，政府収入の相当分が企業の利潤増になるということです．このために企業は，当然許可証の入札よりも恣意的な割り当ての下に売買が自由化されることを望みます．

政府による許可証販売制度の実際の運用にあたっては，入札の代わりに，ある程度の超過需要が発生するぐらいの価格で先着順に生産許可証を販売し，その後で許可証の取引を許すという方法もあります．

ただし許可証の取引を許すとすべてがうまくいくわけではありません．もともとは他の目的のために始めた許可証の制度が，いつのまにか既得権を守るための道具になってしまう場合もあります．それを防ぐためには，許可証の有効期間を限定する必要があります．

メダリオン

ニューヨークのタクシー運転手の多くは，組合には入っていますが，日本流に言えば個人タクシーです．ニューヨークでは，タクシーには，メダリオンというCDより大きいサイズの円盤がボンネットに打ちつけられています．これがタクシーの営業許可証です．メダリオンは市場で自由に取引ができます．また1人が何枚も持って貸し付けるということも可能です．タクシーを運転するには，このメダリオンを市場で購入するか借り入れしてからでなければいけません．運転手の圧力で1937年以来，メダリオンの数は制限されるようになりました．しかしその後，タクシーの需要が増加し，タクシー料金も上がり，タクシー運転手になりたい人が増えたのにもかかわらずメダリオンは増やされなかったので，メダリオンの価格が高くなりました．2002年現在のこのメダリオンの価格は20万ドル（2000万円）に，年間リース料は3万ドル（300万円）にもなっています．

メダリオンは自由に取引できますから，運転手として能率的な人は，メダリオンを購入してでもタクシー運転手になったほうが，他の職業に就くより有利でしょう．その一方で，運転手として能率が悪い人は，メダリオンを売って他の職業に就いたほうが，高所得を得られるでしょう．したがって，メダリオンが取引される場合には，能力のある人のみがタクシーを運転する結果になっています．[8]

ここでタクシー市場の分析によってメダリオンのリース料を導きましょう．図11-8には，縦軸に1km当たりの運賃，横軸に走行距離をとったタクシーサービスへの需給曲線が描かれています．需要曲線は乗客の，供給曲線は運転手の行動を表しています．

分析を簡単にするために，①タクシー1台当たりの走行距離は一定であると仮定しましょう．この仮定の下では，1km当たりの運賃に対する（走行距離で計った）タクシーサービスへの需要曲線から，1km当たりの運賃に対するタクシー台数への需要曲線を導くことができます．さらに，②タクシー1台当

---

[8] これは米の生産許可証を市場で自由に取引させた場合と似ています．ただし日本の農業では自由参入が許されていませんが，ニューヨークのタクシー業界では，メダリオンを購入しさえすれば自由参入が許されています．

図 11-8 タクシーサービスへの需給

運賃
（1 km 当たり）

タクシー走行距離(Y)

図 11-9 タクシー台数への需給

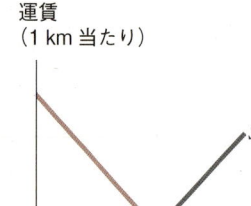

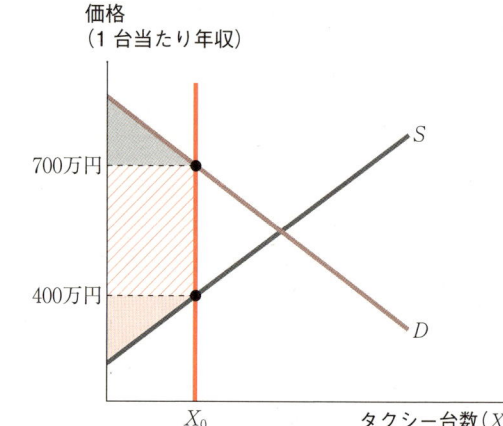

価格
（1 台当たり年収）

700万円
400万円

X_0 タクシー台数(X)

りの運転手数も一定であるという仮定を追加すると，縦軸に1台当たりの年収をとったタクシー台数（運転者数）へ需要曲線を導けます．これが，図11-9の茶線です．

一方，図11-8の右上がり線は，1km当たり運賃に対する（走行距離で計った）タクシーサービスの供給曲線です．上の2つの仮定の下では，この曲線から，タクシー1台当たりの年収に対するタクシー台数（すなわち運転手数）の供給曲線を導くことができます．これが図11-9の右上がり線です．

したがって，図11-9は，乗客の選好を表す需要曲線と，運転手の労働供給行動を表す供給曲線とを，縦軸に価格として1台当たりの年収を，横軸に台数をとって，示しています．メダリオンの発行数が図11-9の X_0 であれば，タクシー1台当たり運転手が得る年間料金収入は700万円までつり上がります．一方，X_0 の運転手数（台数）を確保するのに必要な年間料金収入は，400万円にすぎません．したがって運転手たちは，その差額の300万円を，メダリオンを手に入れるために払う用意があります．生産許可証の議論と同じようにして，メダリオンのリース料は年間当たり300万円になることがわかります．

資産としてのメダリオン

問題は，メダリオンは資産になっており，メダリオンの数を増やすとメダリ

オンの相場が下がってしまうので，メダリオン所有者が市当局に圧力をかけて，メダリオンを増加させることができなくなっていることです．それはすでに安い値段でメダリオンを入手した人や会社の既得権を守っている結果になっています．

これを防ぐには，最初からメダリオンの有効期間を1年限りとして，毎年競りにかけてリースすれば良かったのです．

図11-9で，メダリオンの有効期限を1年限りとして毎年競りにかけた場合には，ベージュのしまの部分が市当局の収入になります．運転手が得る生産者余剰は，ベージュの部分になり，生産者余剰は減ります．既得権を持つ運転手はいなくなります．しかも当初の目的である制限された供給量は，一度発行したメダリオンが永遠に有効である制度下とまったく同じです．

このように営業許可証に有効期限をつけて入札で価格を決めると，誰の既得権も発生させずに供給制限量を変えることができます．

2002年秋時点で，ニューヨークでは，メダリオンを市当局が買い取る一方で，市当局自身がリースをする改革案が議論されています．[9]

博多の屋台村

日本でも，似たような例があります．以前福岡の屋台村が大変な人気になったことがありました．それによって多くの観光客が福岡にやってきました．しかし屋台主は家賃や地代を払わないので，店を構えているラーメン店に比べて有利です．したがって店構えのあるラーメン店は，屋台の数が増加することに反対しました．その要望にこたえて，福岡市当局は，ある時から，既存の屋台には**営業許可証**を与え，それ以後は新規の許可証を発行しなくなりました．すでに発行された許可証は，子供に相続させてもよいが売買は許されない，ということになっていました．

もちろん屋台を開きたい人の数はどんどん増加していきます．一方，営業妨害になるという非難にこたえるために，新規の許可証は発行されません．しかし，これでは許可証を既に持っている人が明らかに優遇されているので，不満

---

[9] たとえば，Steven Malanga, "Taxi Industry Getting Ripe for Radical Reform," *The New York Sun*, April 22, 2002.

が起き，屋台をすべて禁止すべきなのか，それともこの不公平な状況を存続させるべきなのか，議論が起きました．結局相続を禁止し，一代限りとしてしまいました．

本節での分析を当てはめれば，いくつかの解決策が見つかります．

第1に，衛生の理由や公共建設への混雑の理由から，屋台の総数を制限するための許可証を発行する必要はありますが，発行した許可証を自由に売買させるべきでしょう．これによってやる気のなくなった屋台は，市場から退出していき，かわりに本当にやる気のある屋台は参入することができるようになります．これによって屋台の質が向上すると考えられます．

第2に，許可証を最初から与えてしまったり，ましてや相続を許すなどということはせず，許可証を期限付きで入札によって発行することがベストです．そうすれば屋台数を制限することによって発生する余剰を，市当局が手に入れることができたはずです．

屋台主の老化や死亡によって屋台の数が減少していきます．その分を期限付きの許可証として入札させて，期限付き入札許可証の数を増やしていく，というシステムにしていくべきでしょう．改革にあたっては，ニューヨークのタクシーのメダリオン改革での議論を参考にすることが役立つでしょう．

テレビ局の認可：ライセンス制

市場シェアを少数の企業が占めているケースを寡占と言います．寡占企業は，他の企業と製品を差別化できるのならば，独占企業と同じように右下がりの需要曲線に直面しています．

寡占の状況で典型的なのは，いままでのテレビ会社です．東京では，チャンネルの数が7つしかありません．民間の企業でやっていけるのは，結局5つとか6つとかしかないということです．そのチャンネルをたまたま入手した会社は，限界収入と限界費用の交点で生産水準を抑えることで広告価格を吊り上げ，独占利潤を得ることができるわけです．当然CMの料金は法外に高いし，そもそも競争相手がそんなにいません．いたとしても局同士で番組内容の差別化が図られているから，視聴者に対してはほとんど独占企業として振る舞うわけです．それによって独占のレントをとることができます．このレントは株主

だけではなく従業員や関連業者にも配分されます．

　日本でテレビ会社を営業する権利は，さまざまなもっともらしい条件を付けて，特定の会社だけに許可が与えられました．不思議なことに東京のキー局はすべて，朝日・毎日・読売・フジサンケイ・日経と言う大新聞社におさえられています．その際，政治家たちと新聞社幹部が大活躍したと伝えられています．いずれにしてもいったん与えられた権利は何十年も自動更新されてきています．[10]

　これではより優れた新規企業が参入できず，能率の悪い企業が既得権を持ち続けます．それを防ぐには，政府が権利を売る必要があります．

　営業の権利，すなわちテレビ局のライセンスを，たとえば5年ごとに競売に出すことによって，政府がこの独占レントをすべて吸収することができます．これはテレビ局を経営するために必要なライセンス維持のための固定費用を大きくし，結果的に平均費用を引き上げます．最終的には能率の悪い既存テレビ局の利潤は負になる一方で，能率のよい新規テレビ局は正の利潤で参入できるようになり，資源配分が効率化されます．

　いまアメリカでは，ケーブルテレビのライセンスがこのような入札制になっています．それからイギリスでは，各種の放送・通信媒体に，それぞれ使用できる電波の周波数帯をライセンスしています．「お金を払えばライセンスは与えます．もっと広い周波数帯を手に入れたければ，もっとお金を出しなさい」，という形で，競争入札でその電波帯を売りだします．このような入札制度の下では，レントが全部政府に帰属することになります．イギリスの場合には最近，電波帯のライセンスが入札制に改革されて，電波帯の売却収入で2兆円の税収があったそうです．

---

[10]　さらに，日本のFM局の数がすごく少ないことも，一種の利権構造です．政府が特定の資格があると称する局に対してだけその権利を与えて，FM局の認可数を制限することで，寡占の利潤を保障しています．

B. 購入数量規制

5 配　　給

　戦争やオイルショックによって急激な価格高騰が起きると，多くの国で物価統制，すなわち価格の上限規制，が行われます．しかし，この規制は第4章で述べたように，規制対策になった財から低い便益しか得ない一部の人たちにもこの財を配分する一方で，高い便益を感じる一部の人たちに対して財を配分しないという，ランダム配分効果を通じ，消費者余剰をむしろ小さくしてしまう場合があります．この問題を解決するために，多くの国では，この規制に並行して「配給制度」が採用されることがあります．

　本節では，配給制度の余剰に及ぼす効果を分析しますが，分析をできるだけ簡単にするために，一定量すでに生産されてしまった財の市場を分析します．図11-10のパネルAの供給曲線Sは，この状況を図示しています．例えばすでに米が秋にX_0だけ生産されてしまっており，それが市場で取引される場合です．なお配給は，短期の価格高騰への対応策として行われることが多いので，この分析は決して不自然ではありません．

価格規制：ランダム配分効果の復習

　図11-10のパネルAと図11-11のパネルAの比較を通じて価格規制の効果を復習しましょう．

　まず何の規制もない場合には，均衡は図11-10のパネルAのM点で達成され，均衡価格は4000円となります．需要曲線は曲線Dです．図11-10のパネルAで示される市場均衡の下での生産者余剰は，この図のベージュの斜線の面積で，消費者余剰は，ベージュの面積です．総余剰はこれら2つの面積の合計です．図11-10のパネルAの市場需要曲線は，ヒデとゴンの需要曲線を足し合わせたものだとしましょう．図11-10のパネルBに，均衡価格が4000円

5 配　　給　413

図 11-10　市場均衡

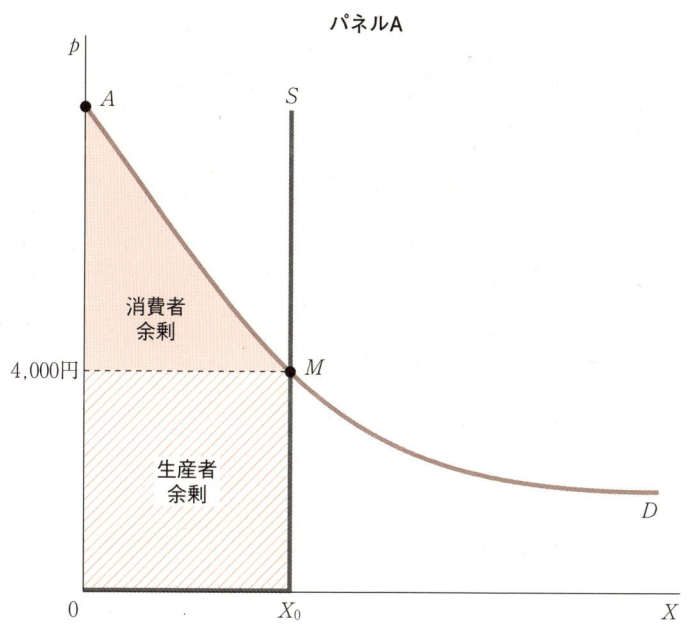

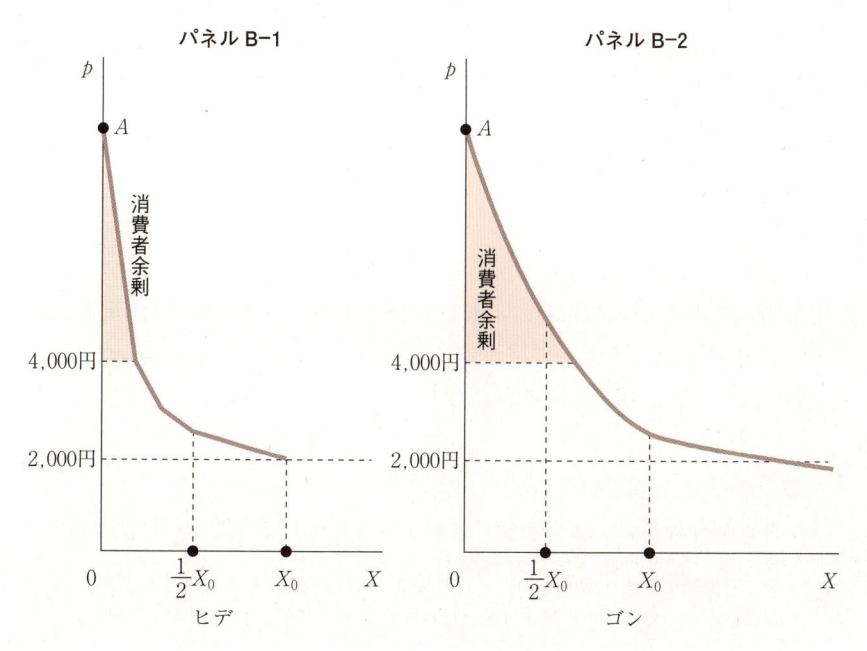

パネルA

パネル B-1　ヒデ

パネル B-2　ゴン

の時にヒデとゴンが得る余剰が，ベージュの図形で描かれています．これらを足し合わせたものが図11-10のパネルAのベージュの面積になります．

いま，価格を2000円に規制するとしましょう．この場合は図11-11のパネルAに描かれています．この時には，図11-11のパネルAの茶色の点線で描かれた量の品不足（超過需要）が発生します．つまり，もっと多く買いたいと思っているのに，入手できない人が多数発生するという状況になります．図11-11のパネルAのGを，**価格規制均衡**と呼びます．

この規制の結果，**ランダム配分効果**（第4章「市場介入」第9節参照）によって，実際購入する人の限界便益曲線が，図11-11のパネルAに示されているように，AMではなく，AGになっています．オレンジ点線AGは，「価格規制下の需要曲線」です．この時，総余剰はこの図のベージュの面積で示される消費者余剰とオレンジ斜線の面積で示される生産者余剰とを合わせたものになります．図11-10のパネルAと比べると明らかなように総余剰は縮小しており，図11-11のパネルAのグレーの死重の損失が発生しています．これは，図11-11のパネルAでは，図11-10のパネルAと比較すると明らかなように，ランダム配分効果が大きいために，価格の下落にもかかわらず，規制の結果，消費者余剰が減少したためです．この死重の損失は図4-17の第2次の死重の損失IIに相当していることがわかります．

図11-11のパネルAの市場需要曲線の背後にある個別需要曲線を考えましょう．価格規制が2000円で行われる時ヒデだけがこの財を購入でき，ゴンはまったく購入できなかったとしましょう．この場合，ヒデの消費者余剰は図11-11のパネルB-1に描かれたベージュの面積になります．[11]　一方，ゴンはこの財を購入できなかったため，消費者余剰をまったく得ません．図11-11のパネルAのベージュの図形で描かれているこの状況における市場全体の消費者余剰は，ヒデの消費者余剰そのものです．

配給①：ランダム配分抑制効果

ランダム配分効果によって消費者余剰が減少してしまう問題を解決するため

---

11) ここで規制価格2000円の下でヒデの需要量が供給量X_0にたまたま等しいのは，図を単純にするためです．この想定は簡単にはずすことができます．

5 配 給 415

図 11-11 価格規制均衡

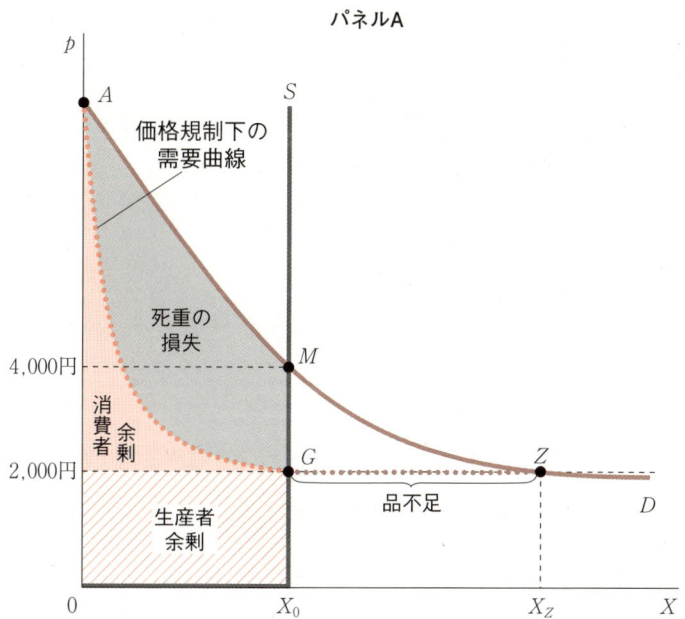

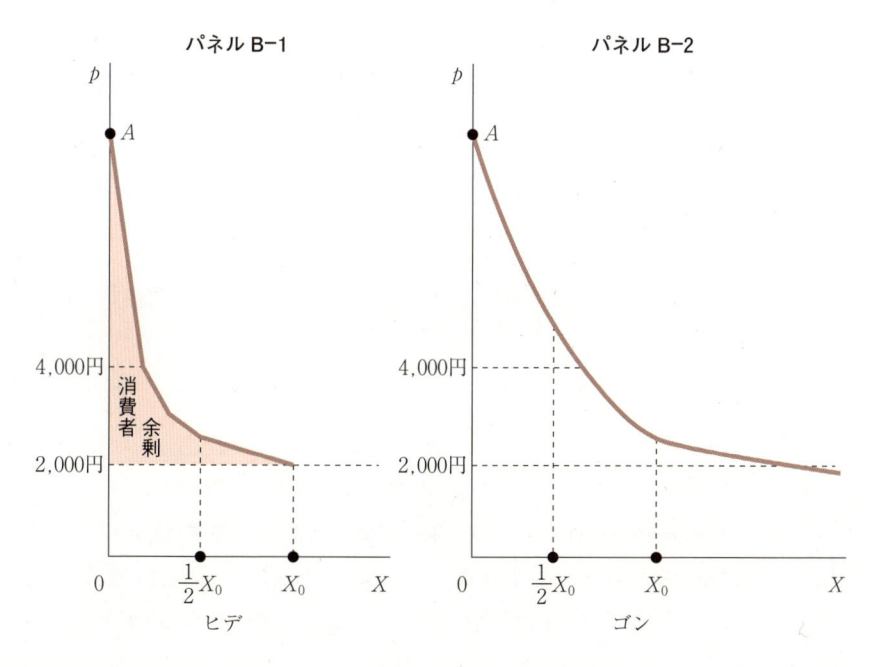

パネルA

価格規制下の需要曲線

死重の損失

消費者余剰

生産者余剰

品不足

4,000円　M
2,000円　G　　　Z
　　　　　　　　　D
0　　　　X₀　　　X_Z　　X

パネル B-1

消費者余剰

4,000円
2,000円

0　　½X₀　X₀　　X
ヒデ

パネル B-2

4,000円
2,000円

0　　½X₀　X₀　　X
ゴン

に，価格規制は往々にして**配給制度 rationing** と併用されます．たとえば，戦時中と戦後しばらくは，お酒もたばこも米も，家族人数に応じて配給され，配給しか買うことを許されませんでした．配給によって，どんなお金持ちでも一定量までしか買えなくなりますが，誰でも最低限生活に必要な量だけは買うことができるようになります．

価格規制の下では，どんなに限界便益が高くても規制対象の財をほとんど入手することができない運の悪い消費者が出てしまいます（図 11-11 のパネル B で描かれているゴンのようなケースです）．米のような必需品に関しては，これは深刻な事態を引き起こします．しかし配給制度が導入されると，すべての消費者が，最小限の消費量を確保できるために，最も高い限界便益に対応した数量は手に入れることができるようになります．したがって，

　　　価格規制の下で，配給制度を導入すると，消費者余剰が増える．　(11.2)

場合があります．価格規制の対象が米であるとして，この現象を示しましょう．

図 11-12 のパネル A で本年の米の収穫量は X_1 だったとしましょう．この時，2000円の価格規制が導入され，かつ総配給量を X_0 とする配給制度が価格規制と併用されるとしましょう．なお，配給の方法は，各戸への配給切符の均等な配布によるものとします．消費者は，この財を購入する際に，規制価格を支払うとともに，この切符を店に渡さなければなりません．

この制度の下で，ヒデとゴンに X_0 の2分の1ずつの配給切符がわたされる場合の2人の「配給下の個別需要曲線」が，図 11-12 のパネル B のオレンジ点線に描かれています．まず，これらの「配給下の個別需要曲線」にそった需要量は，価格が低くなっても $\frac{1}{2}X_0$ にとどまっています．一方，規制価格2000円の下での「配給なしの需要量」は，ヒデの場合もゴンの場合も $\frac{1}{2}X_0$ を超えています．これは，誰でも一定量は消費するという米の特徴を反映させるため，パネル B で，次の想定がされているためです．

　　　[A]：「価格が2000円の時には，すべての人が配給切符を使い切る．」

このため，価格を2000円より多少高くしても両人の配給下の需要量は配給量と一致したままです．結果的に，配給下ではヒデとゴンのいずれの需要曲線も，

5 配　給　417

図 11-12　配給均衡（米の場合）

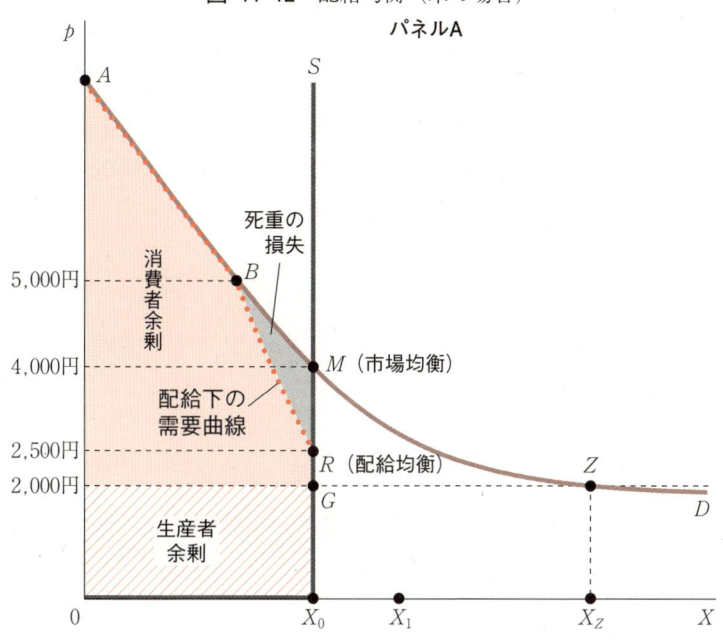

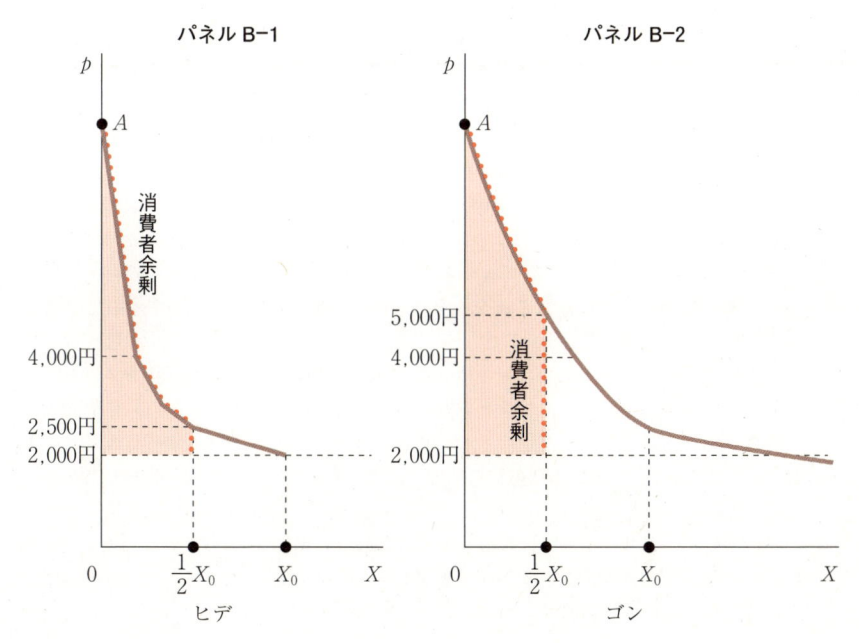

パネルA

- 消費者余剰
- 死重の損失
- 配給下の需要曲線
- M（市場均衡）
- R（配給均衡）
- 生産者余剰

パネル B-1（ヒデ）

消費者余剰

パネル B-2（ゴン）

消費者余剰

2500円以下の価格のもとでは垂直になっています．

　2人の需要曲線を右方向に足し合わせたものが図11-12のパネルAのオレンジ点線で示される「配給下での需要曲線」ARです．上の観察から説明できるように，「配給下での需要曲線」AR上で需要量X_0に対応する$\dot{R}$点は，$\dot{G}$点より上に位置しています．このために，図11-12のパネルAの「配給下の需要曲線」は，図11-11のパネルAに示される「価格規制下の需要曲線」より上に位置しています．これによって（11.2）が示されました．

　（11.2）によって示される効果のことを，配給の**ランダム配分抑制効果**と言います．価格規制が，多くの場合，配給制と併用されるのはこのためです．

　なお，図11-12のパネルAのB点より下では，「配給下での需要曲線」のほうが茶線で示される市場需要曲線より下に位置しています．[12] すなわち線分BRの方がBMより下に位置しています（これはこの図のパネルB-2で，5000円未満の価格ではゴンの配給下での需要曲線が垂直になっており，配給なしの需要曲線と乖離していることの反映です）．これは，**配給下でも死重の損失が残っている**ことを示しています．

---

[12]　ただし，すべての人の限界便益曲線が同一ならば，市場需要曲線は図11-12のパネルAのAMになります．曲線BRがBMと乖離しているのは，この図のパネルBでヒデとゴンの限界便益曲線が異なっているためです．

　配給下の市場需要曲線がAMより下に位置していることを，別の角度からも説明できます．配給量の下での限界便益が4000円（＝規制がない場合の市場価格）を上回るゴンは，この配給制度の下では，4000円より高い限界便益を与える消費量の一部をあきらめざるを得ません（規制がない場合には，この消費量は，必ず買えたはずのものです）．その結果，図11-12のパネルAの線分AMで示される限界便益を与える消費の一部が，配給の下では消費されなくなり，その消費に対応した限界便益は，限界便益曲線からは抜け落ちてしまいます．

　一方で，配給量に対応した消費水準におけるヒデの限界便益は4000円を下回っています．その結果，ヒデは，（市場価格4000円の下では買えたはずのない）限界便益が4000円を下回る量まで買います．このために，図11-12のパネルAが示す配給下の限界便益曲線には，0とX_0の間の需要曲線の高さに対応した4000円より低い限界便益を与える消費が含まれます．

　したがって，このパネルの横軸の0とX_0の間には，4000円より高い限界便益の消費が抜ける一方で，4000円より安い限界便益に対応した消費も入っています．価格規制と配給によって，需要曲線は，下方にシフトしているわけです．

コラム：民放テレビ局員の平均給与額

次の表は，2005年5月1日付の『サンデー毎日』に掲載された，テレビ局と民間企業の平均年収（万円）を比較したものです．参入制限を行っている産業（放送業界）の賃金がいかに高く吊り上げられているか一目瞭然です．元来は認可料として政府が吸収すべき独占利潤の一部がテレビ局オーナーだけでなく従業員にも配分されているわけです．

テレビ局	平均年齢	平均年収	民間企業	平均年齢	平均年収
フジテレビ	39.8	1,529	第一製薬	37.7	888
朝日放送	38.4	1,485	ヤマハ	45.0	768
日本テレビ	39.4	1,481	三井金属	40.5	730
毎日放送	39.4	1,453	TDK	39.4	711
TBS	42.3	1,429	キリン	39.5	693
テレビ朝日	41.3	1,357	日立建機	39.7	656
東海テレビ	37.7	1,245	セコム	36.4	598
中部日本放送	37.9	1,195	松坂屋	40.3	595
テレビ東京	38.9	1,164	熊谷組	41.1	566
テレビ大阪	41.3	1,127	大王製紙	36.0	566
テレビ愛知	41.3	923	西濃運輸	41.2	519

（注）2004年提出の有価証券報告書から『サンデー毎日』が作成．

配給②：硬直的配分効果[13]

ところで，すでに価格規制している場合に**配給を導入すると，消費者余剰が必ず増大するというわけではありません**．図 11-12 のパネル A の場合に配給を導入することによって余剰が増大したのは，前項の想定 [A] をおいた結果，限界便益線が R 点を通っていることに依存しています．米の場合には，価格がある程度高くても，誰もが一定量を必要とする財であるため，この想定が当

---

[13] 第5節を通じて，2000円での価格規制を分析してきました．これまでの分析は，2000円での価格上限規制に対しても，修正なしに適用できます．しかし本小節の分析は，上限規制に関しては，修正が必要です．どう修正されるか読者の方は考えてみてください．

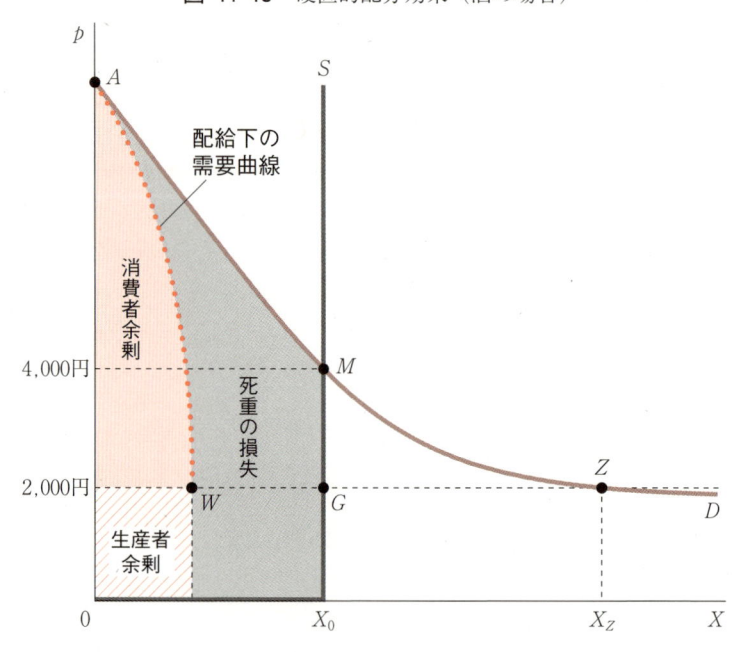

図 11-13 硬直的配分効果（酒の場合）

てはまりやすいでしょう．しかし，酒のように人によって好みがまるっきり違うものには，この想定は当てはまりません．

　酒の場合には，そもそも価格が 0 でも欲しくないという人がいるでしょうから，規制価格の下での需要量が配給量を下回る人が大勢いるでしょう．この場合の総需要量は想定［A］の時の X_0 よりも下回るでしょう．このような財の配給下の限界便益曲線が，図 11-13 のオレンジ点線のように描かれます．この線は W 点を通っています．この場合には，図 11-13 のような価格規制の下で配給制を導入することによって，消費者余剰が減少しています．酒など欲しくもないという人にも配給の割り当てが与えられる一方で，もっと酒が欲しいという人が配給量以上買えないという硬直的配分が，消費者余剰を大幅に引き下げているわけです．[14] これを配給の**「硬直的配分効果」**と言いましょう．米には，この硬直的配分効果が小さいのですが，嗜好の違いが大きい酒やたばこのような財には，この効果が大きく表れます．

　このように，価格規制に配給を加えると，ランダム配分抑制効果が便益を増

加させる一方で，硬直的配分効果は便益を減少させます．硬直的配分効果は必需品に関して小さく，嗜好品に関して大きいことを考えると，次のようにまとめることができます．

「価格規制の下で，配給を導入することは，米のような必需品に関しては，死重の損失を大幅に減少させる可能性が高く，一方で，酒やたばこのような嗜好品に関しては，配給によって死重の損失が減少するかどうかは必ずしも明確ではない．」

ところで，「ランダム配分効果」と「硬直的配分効果」の根本的な違いは，前者が配分の不均一性によって起きるのに対し，後者が人びとの好みの不均一性によって起きることです．たとえば，すべての人の限界便益曲線が同一であれば，「硬直的配分効果」は起きませんが，「ランダム配分効果」は起きます．配給制は，人びとの好みの違いを無視して，すべての人に均一な量の財を配分します．それに対して価格規制は，やはり人びとの好みを無視して，ランダムな量を配分する仕組みと言えるでしょう．どちらの制度も，市場が人びとの好みに合わせた量の財を配分するのとは対照的です．

6 配給切符の市場

価格規制によって発生する死重の損失は，配給によって縮小できる場合があることを上で示しました．ここでは，配給切符の自由な売買を許可することによって，死重の損失を消滅させてしまうことができることを示します．

切符売買均衡

当初は，図11-14（これは基本的に図11-12のパネルAをコピーしたものです）の配給均衡 R にあったとし，そこから出発して，配給切符を自由に売

---

14) 例えば，図11-12を酒への需要曲線だとしパネル B-1 の代わりに，（下戸の）縦軸に一致している需要曲線がパネル B-2 の需要曲線に加えられるとすれば，図11-13とほぼ同じ市場需要曲線が得られます．

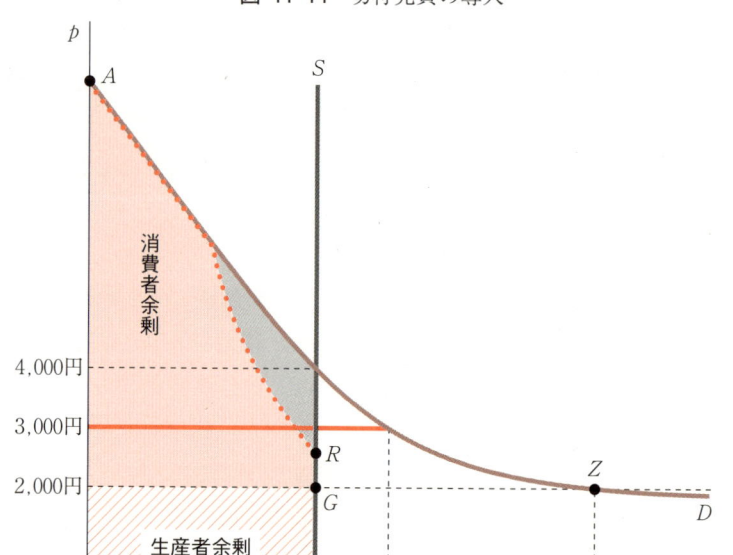

図 11-14 切符売買の導入

買できる制度になったとしましょう。[15] この制度の下では，財を買うためには，財の規制価格に加えて，配給切符の（市場）価格を払わなければなりません。この2つの価格を合わせて「合計価格」と言いましょう．

すなわち，

$$\text{合計価格} = \text{財の規制価格} + \text{配給切符の価格} \tag{11.3}$$

です．合計価格は，消費者がこの財を1単位分追加購入するために支払わなければならない額の総計です．

配給均衡が図11-14の R 点である場合に配給切符の売買を自由化すると，配給切符の均衡価格が2000円になることを示しましょう．なお，図11-14では，財の規制価格は2000円ですから，(11.3)式から，この場合の合計価格は4000円です．

仮に，配給切符の価格が2000円ではなく，たとえば1000円だとしましょう．

---

[15] 図11-13の配給均衡 W から出発しても以下と同様のことが言えます．

財の規制価格は2000円ですから，この場合，合計価格は3000円です．図11-14によれば，この合計価格の下でのこの財への需要量はX_*です．これはオレンジ線の長さで示されています．したがって，配給切符の価格が1000円の時の配給切符に対する需要量もX_*になります．

ところが，もともと各消費者に配られている配給切符の総量はX_0しかありませんから，上の場合だと配給切符に対する超過需要が発生します．この結果，配給切符の価格は上がります．図11-14から明らかなように，価格が少し上がると配給切符に対する需要量はX_*よりも下がります．しかし，それがX_0より大きいかぎり配給切符の価格は上がり続けます．配給切符の市場価格が2000円になり，この財の合計価格が4000円になった時，配給切符への需給は均衡します．この状況を**切符売買均衡**と呼びましょう．図11-15のオレンジ点線はこの均衡が達成された時の限界便益曲線を示しています．

死重の損失の消滅

この切符売買均衡では，各消費者は合計価格4000円で買っているわけですから，各消費者の購入量は市場均衡における購入量とまったく同一になります．このため，切符売買均衡における消費者余剰は，図11-15のベージュの台形の面積になります．このうち上部の三角形はこの財の消費から得る余剰で，下部の長方形は消費者に配分してもらった，配給切符の価値を示しています．したがってこの均衡における総余剰は，図11-15のベージュの面積で示される消費者余剰とベージュの斜線の面積で示される生産者余剰との和になります．ところでこれは，図11-10のパネルAに示された色付き図形の面積の和とまったく同じです．つまり，**切符売買均衡での総余剰は，市場均衡でのそれとまったく同一になります**．[16]

したがって，切符売買均衡の下では，図11-12のパネルAに示される配給均衡下に発生する死重の損失が消滅しています．

切符を売買できる制度の下では，高い限界効用を持つ人は，配給量より多く

---

[16] 消費者は，切符売買均衡では，配給切符を売った人も買った人も最後のもう1単位を売り買いする時には，市場価格と同じ4000円の合計価格に面しています．この点でも市場均衡と切符売買均衡ではまったく同じです．

11章 権利の売買

図 11-15 切符売買均衡

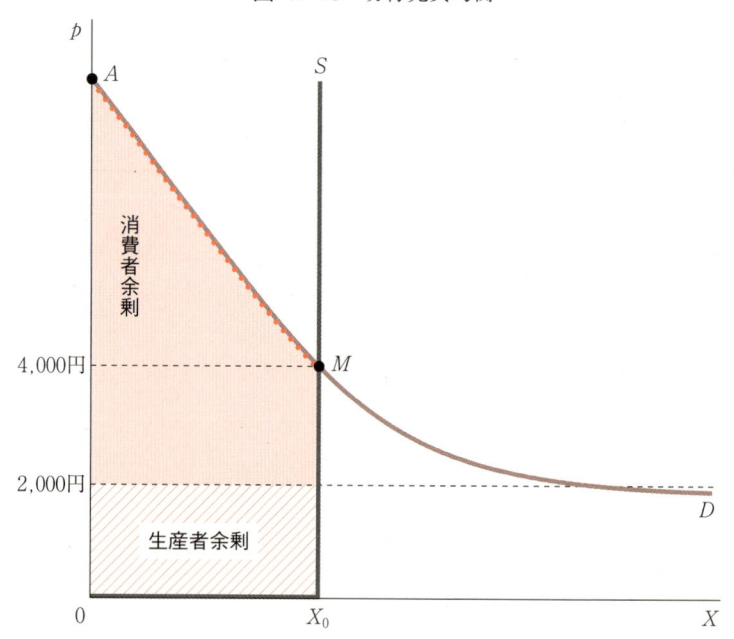

消費する分について配給切符を追加購入します．これによって，彼らの便益が上がります．一方，低い限界便益を持つ人は，配給量より少なく消費する分について，一度政府から割り当てられた配給切符を売却できます．これによって彼らの便益も上がります．つまり，配給切符を売るほうも買うほうも得をしています．こうして，切符売買均衡では，配給均衡の「硬直的配分効果」が除去されます．そのために死重の損失が消滅します．

より具体的に説明しましょう．図 11-12 のパネル A の限界便益曲線によれば配給均衡では，（価格が安いために）1人当たり配給量の下での限界便益が2500円しかない人たちまで配給量を消費します．実際，この図のパネル B-1 が示すように，ヒデは，配給量を消費することによって限界便益は2500円です．しかし，切符売買均衡では，彼は，使わない切符を2000円で売却できるから，1単位買い控えることによって4000円節約できます．このため，彼は，限界便益が4000円になるまで消費を抑制します．一方，この図のパネル B-2 が示すようにゴンの配給量下での限界便益は，4000円を超えています．しかし切符売買

均衡では，彼は，2000円で切符を買ってくることによって限界便益が4000円になるまで消費量を増やすことができます．

したがって，切符売買均衡では，すべての人の限界便益が4000円になります．図11-15の限界便益曲線がM点を通っていることはこのことを反映しています．切符売買均衡では，このように消費抑制や増大のインセンティブがあります．このことが死重の損失を完全に取り除くのに役立っています．

切符売買均衡と市場均衡の違い

市場均衡と切符売買均衡とでは，総余剰の水準は完全に一致します．しかし，総余剰の分配という点で異なります．図11-10のパネルAと図11-15を比べると，ベージュの面積で示される消費者余剰は，切符売買均衡の下で，市場均衡下より増加していることがわかります．

価格を2000円に規制したうえでの配給切符の売買制度の下では，すべての人が合計価格4000円に直面します．この切符売買均衡で配給量以下の購入をする消費者は，①市場均衡の下での購入量を2000円で購入できるだけでなく，②余った配給切符を売却することができます．このために，生活水準は市場均衡における水準より上昇します．一方，配給量以上に購入する消費者は，配給量を超える分については，切符購入価格と合わせて市場価格と同一の4000円の価格を支払いますが，配給量分については2000円しか支払わなくてすみます．彼らの生活水準も市場均衡における水準より上昇します．

したがってこの切符売買均衡は，市場均衡に比べてすべての消費者の生活水準を上昇させます．切符売買均衡では，最終的には2000円の価値がある配給切符を，すべての人が当初に政府からもらいますから，配給切符を買う人も売る人も，ともに市場均衡よりはその分だけ得をしています．これが，すべての人の消費者余剰が増大する理由です（なお，すべての消費者が利益を得ることが可能になるのは，生産者余剰が減少しているためです）．

この売買可能な配給切符制と価格規制の組み合わせがもたらす再配分効果は，単なる価格規制や配給制よりも大きく，しかもより効率的です．

7 価格規制による生産抑制

　価格規制および配給の分析を通じて，供給曲線は垂直であると想定してきました．つまりこれまでは一時的均衡を分析してきたわけです．その前提の下に，価格規制と売買可能な配給切符制を導入すれば，死重の損失や低所得者の負担を引き起こすことなく，急激な価格変化に対応できることが示されました．したがってこのような措置は一時的な価格激変への対策としてはきわめて有効だと言えます．

　しかしながら往々にしてこのような価格規制・配給制度が長期にわたって継続されることがあります．そのような場合には**生産の抑制**という弊害を避けることができません．

　図 11-16 は，図 11-11 のパネル A の価格規制の分析に一時的供給曲線だけ

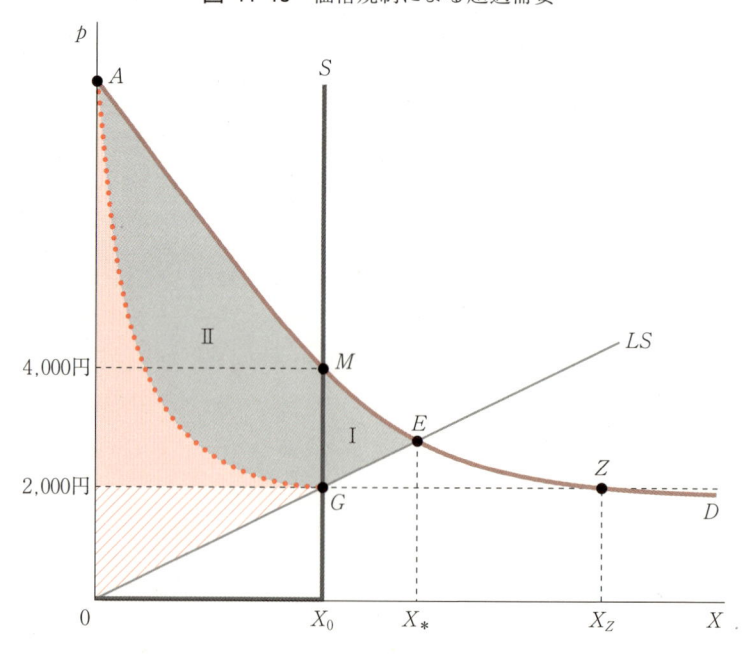

図 11-16　価格規制による超過需要

でなく長期の供給曲線 LS を重ねて描いたものです．この場合価格規制がなければ E 点が長期の均衡点になります．対応する余剰は，グレーの三角形を含めたすべての色付き図形の面積の合計です．

しかし価格規制が2000円で導入されると生産も消費も G 点で行われることになります．この場合，消費者余剰はベージュの，生産者余剰はベージュの斜線の面積になります．したがって，価格規制が発生させる死重の損失はグレーの面積です．このうちⅠの部分は生産量が X_* から X_0 に抑制されることによって必然的に発生する第 1 次の死重の損失です．Ⅱの部分は，規制のランダム配分効果によって発生する第 2 次の死重の損失です．

これまでの分析で明らかなように，売買可能な配給切符を導入するとⅡの部分を取り除くことができます．しかしⅠの部分は存続します．長期にわたって価格規制や配給を存続することの弊害はここにあります．

一時的な価格変化のショックに対して人びとが何らかの調整を行えるようになるにつれて，価格規制は廃止されるべきものであると言えるでしょう．

キーワード

生産調整カルテル　　数量カルテル　　生産量規制　　第 1 次の死重の損失　　第 2 次の死重の損失　　生産許可証　　生産許可証の自由な売買　　物品税　　減産補助金　　排出権取引　　キャップ＆トレード　　COP3で決められた温室効果ガスの排出権取引　　入札　　メダリオン　　営業許可証　　ライセンス制　　配給制度　　配給切符　　価格規制　　超過需要　　価格規制均衡　　ランダム配分効果　　ランダム配分抑制効果　　硬直的配分効果　　切符売買均衡　　生産抑制

練習問題

1．生産者 A と B および市場全体の供給曲線が図 11-17 のパネル A，B，C に描かれている．いま，両生産者に10単位の生産許可証が与えられ，この許可証を持っていないとこの財を売れないとしよう．生産許可証の自由な売買

図 11-17

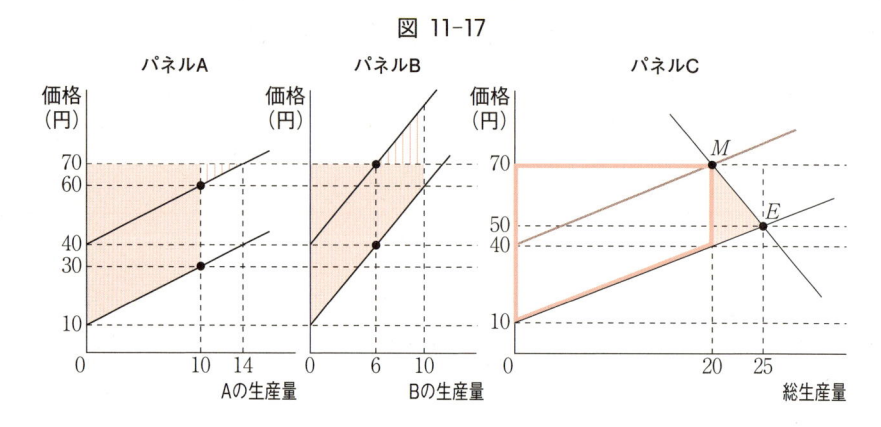

が許される時，パネル A とパネル B で両企業の生産者余剰が，それぞれの色付き（ベージ図形と縦じま図形）の面積で示される．この合計がパネル C のオレンジ線で囲まれた台形の面積と等しいことを示せ．

2．許可証の取引によって，生産者 A は図 11-18 のパネル A の a だけ，生産者 B はパネル B の b だけ，多くの利潤を得ることができる．三角形 a と b の面積の和が，パネル C の F に等しいことを，前問の結果を用いて示せ．
このことは，生産許可証の取引による社会的費用の減少は，許可証の取引による両企業の利潤増の結果であることを意味している．

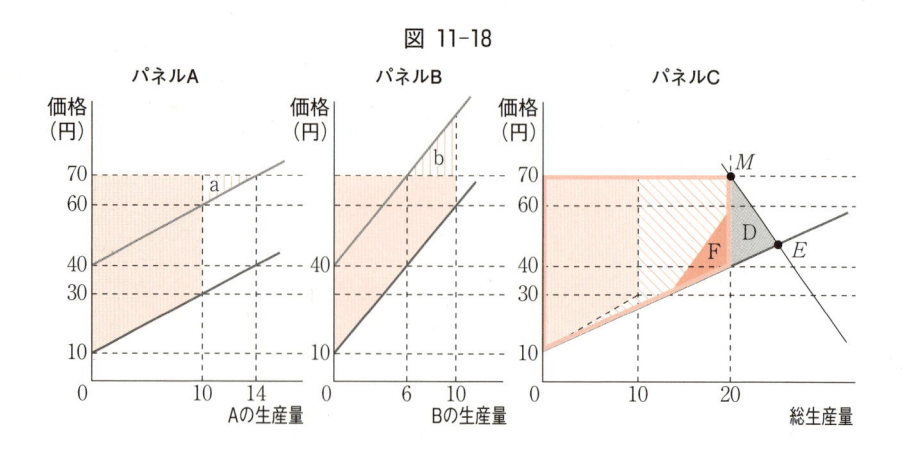

図 11-18

3. 生産者 A と B および市場全体の供給曲線が図 11-19 のパネル A, B, C に描かれている．いま，両生産者に 10 単位の生産許可証が与えられ，この許可証を添えないと，この財を売れないとしよう．この時の市場均衡価格は (a) [_____] であり，死重の損失は (b) [_____] である．また，この時の企業 B の限界費用は (c) [_____] である．

　ここで，生産許可証書の売買を認めると，生産許可証の均衡価格は (d) [_____] 円である．

(e) 生産許可証の均衡価格の下での生産者 A と B および市場全体の供給曲線をパネル A, B, C に描け．

(f) 許可証の売買を許可したことにより，生産者 A および B の生産者余剰は増加する．各生産者の余剰の増分をそれぞれ c, d としてパネル A, パネル B に記入せよ．

(g) 生産者 A および B の生産者余剰の増分の和の面積は，パネル C のどの部分の面積に等しいか．相当する部分を Z として，パネル C に記入せよ．

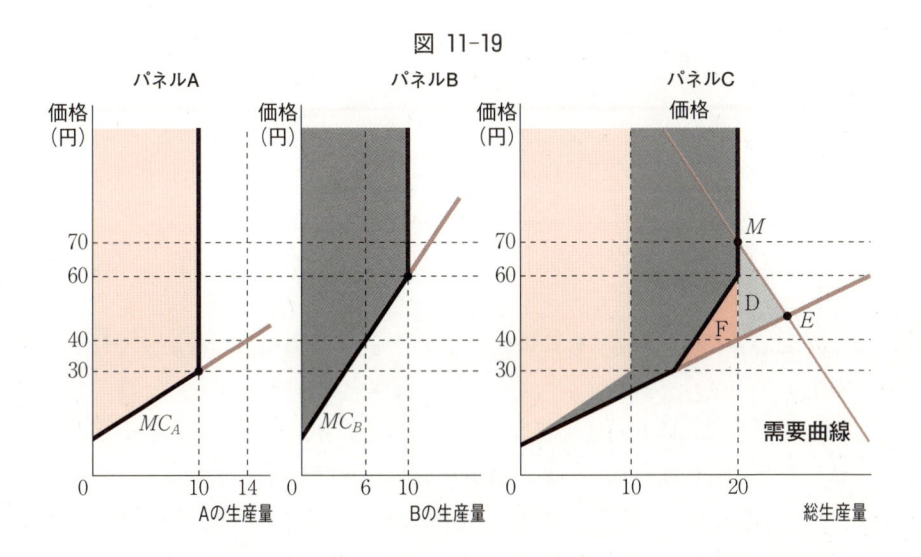

図 11-19

4. いま，ある市場に価格規制が導入され，図 11-20 のような均衡が生じていたとしよう．ここでさらに配給制度を加えるとした時，次の問いに答えよ．

(1) 価格規制下における配給のランダム配分抑制効果（「価格が2000円の下で，すべての人が配給切符を使い切る」と仮定する）を説明する図を下に描け．
(2) 価格規制下における配給の硬直的配分効果を説明する図を下に描け．
(3) 価格規制下で配給を行うことを前提として，この時，死重の損失をなくすには，どのような方策をとればよいと考えられるか．

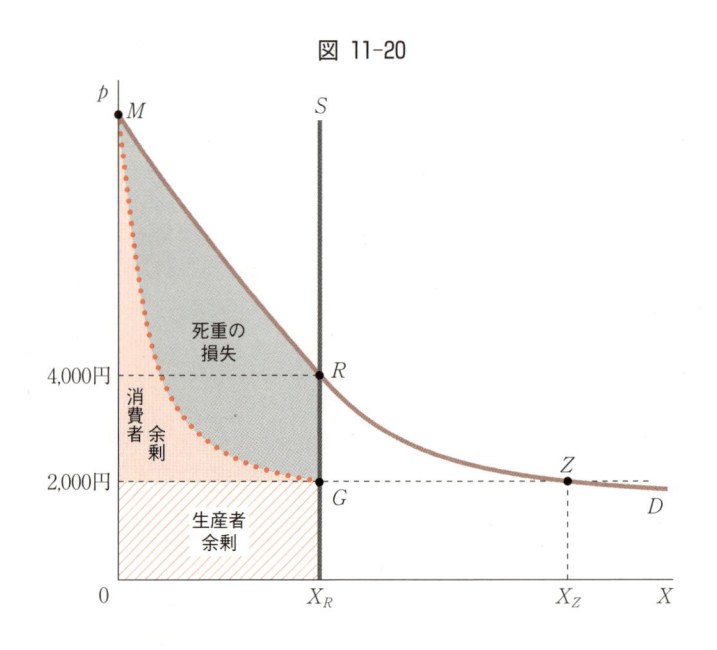

図 11-20

5. 図 11-21 のパネル A・B には，農家 A と農家 B の供給曲線が，それぞれ右上がりのグレー線で描かれている．市場供給曲線は，農家 A と農家 B の個別供給曲線を横方向に足し合わせたものであり，パネル C の右上がりのグレー線として描かれている．政府の介入がなければ，均衡は E 点で達成され，市場全体の生産量は25単位，価格は50円となる．いま，政府が，総生産量が20単位となるように生産量規制を行うとしよう．

図 11-21

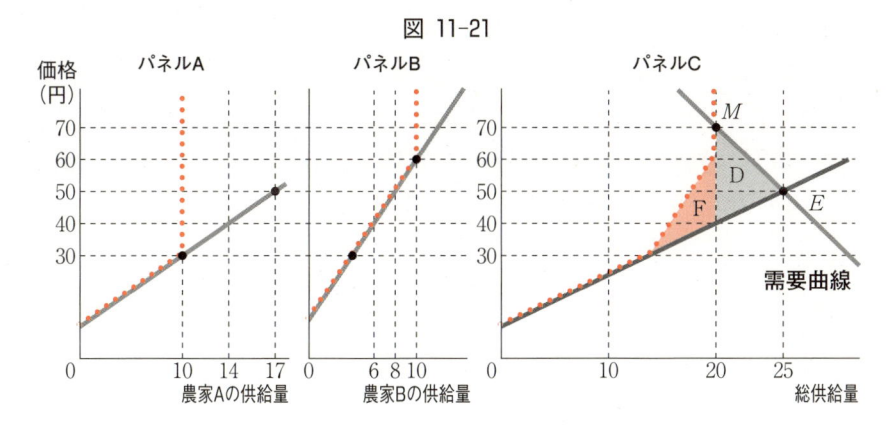

(1) 政府が，各農家に10単位ずつ生産するよう命じたとする．この時，死重の損失はどれだけになるか．図中の記号で答えよ．

(2) 政府が，農家 A に14単位，農家 B に 6 単位を生産するよう命じたとする．この時，死重の損失はどれだけになるか．図中の記号で答えよ．

(3) (1)と(2)で死重の損失の大きさが異なる理由を，「限界費用」「1 次の死重の損失」「2 次の死重の損失」の 3 語を入れて簡単に述べよ．

6. 図 11-22 は企業 A の限界費用曲線を左から，企業 B の限界費用曲線を右から描いたものである．政府が企業に10単位ずつ生産するように命じた時の2 次の死重の損失を，図中の番号を利用して記入せよ．（例：①＋②＋③）

図 11-22

7．本文中の図を参照しながら解答せよ．
 (1) 図 11-4 の三角形 F の面積は，図 11-2 パネル A, B の三角形 a, b の面積を合わせたものに等しいことを示せ．
 (2) 図 11-2 パネル C の三角形 F の面積は，図 11-2 パネル A, B の三角形 a, b の面積を合わせたものに等しいことを示せ．

補論：外部不経済発生企業の生産許可証売買における均衡

　外部不経済発生企業A，Bの間で生産許可証の自由な売買が認められ，効率的な資源配分が達成された時に，2社の生産者余剰がどうなるかを詳しく見てみましょう．

　10単位の生産許可証が各社に与えられているが，許可証の売買が禁止されている時には，企業Aの生産者余剰は図11-7のパネルAのベージュの面積，企業Bのそれはパネル B のベージュの面積です．

　図11-7の経済で許可証の取引が許され，許可証の価格がa円で取引されている場合には，企業Aが14単位まで増産すると，企業Aの私的生産者余剰は最大化されます．この時，販売による生産者余剰の増加は②+Rです．しかし企業Aは，Rの額の代金を支払って生産許可証を入手しますから，私的生産者余剰のネットの増加は，パネルAのベージュ縦じまの面積です．企業Aの最終的な私的生産者余剰は，パネルAのベージュとベージュ縦じまの面積の和です．

　許可証の価格がa円の場合には，企業Bが，6単位まで減産する時，この企業の私的生産者余剰は最大化されます．この減産がもたらす売上げ減少による生産者余剰の減少は，パネルBのQと記された部分のベージュの面積です．その一方で，この企業は，パネルBの点線で囲まれた面積に等しい生産許可証の売却益を得ます．したがって，ベージュ縦じまの面積④が企業Bの生産者余剰のネットの増加になります．許可証の取引後における企業Bの私的生産者余剰は，パネルBのベージュとベージュ縦じまの面積の和です．

　結局，パネルAとパネルBの色付き面積が，それぞれの企業の私的生産者余剰です．これらの面積の和は，パネルCの台形⑤+⑥の面積と同一です．まず，パネルAとパネルBの色付き面積の和は，(1)パネルAの点線枠図形にパネルBの点線枠図形を埋め込んだ図形（すなわちパネルAのベージュ図形+②+R）と，(2)パネルBの色付き図形から点線枠図形を取り除いた残りの図形（すなわちパネルBのベージュ図形からQを除いた図形）の和と等し

くなります．一方，注4から，この和は，パネルCの図形⑤＋⑥と等しくなります．

練習問題の解答

序 章

1.
「効率的」,「パレート効率的」,「パレート最適」のどれでも可.

2.
(1) ×   (2) ○

3.
改革によって生活水準が上がった人が,下がった人に対して補償を与えても,なお改革前よりも高い生活水準を維持しうるような改革.

4.
1960年代:石炭から石油への転換政策,1990年代:小泉首相が提唱した「構造改革」

1 章

1.
(1) 市場需要曲線が左方にシフトするので,均衡価格・均衡取引量共に低下する.

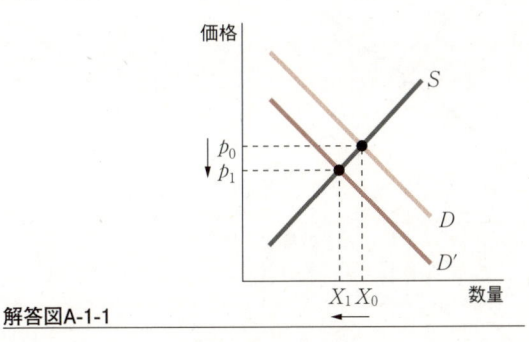

解答図A-1-1

(2) 市場供給曲線が右方にシフトするので，均衡価格は下落し，均衡取引量は増加する．

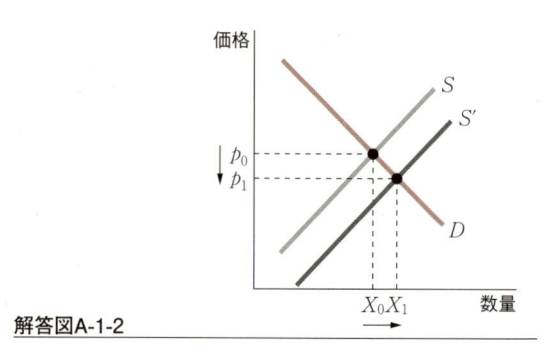

解答図A-1-2

2．

(1) 正　(2) 誤，需要→需要量

3．

原宿の買い手は，原宿における桃の価格が渋谷における桃の価格よりも高いかぎり，原宿での需要量を減らし，渋谷での需要量を増やすことによって得をする．消費する桃の量は変わらないのに，支払うお金は減るからである．この裁定によって，渋谷での桃の市場需要は増加し，原宿における市場需要は減少することになる．つまり，渋谷の桃の市場需要曲線が右方にシフトし，原宿の桃の市場需要曲線が左方にシフトする．最終的には，両地点における均衡価格が等しくなったところで裁定が止まる．したがって，以下の図 A-1-4 のように表される．

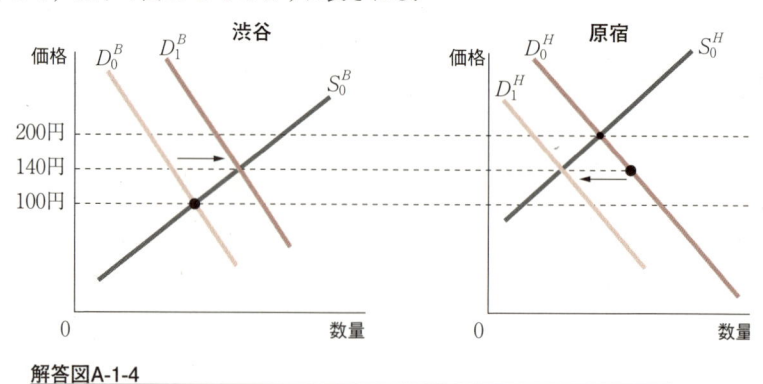

解答図A-1-4

2 章

1.

他の要素を一定にして労働の投入量だけを増やしていくと，最初は労働投入量に比例して生産量が増加する．しかし，労働投入量がある限度を超えると，混み合いが発生し，生産量は労働投入に比例しては増えなくなる．このことを限界生産力逓減の法則という．

2.
(1) ⑤　(2) ⑧　(3) ⑨　(4) (a)⑩, (b)⑧　(5) ⑩　(6) ⑤　(7) ③

3.
(1) 固定費用　(2) 可変費用　(3) ＞　(4) x^*　(5) 限界費用

4.

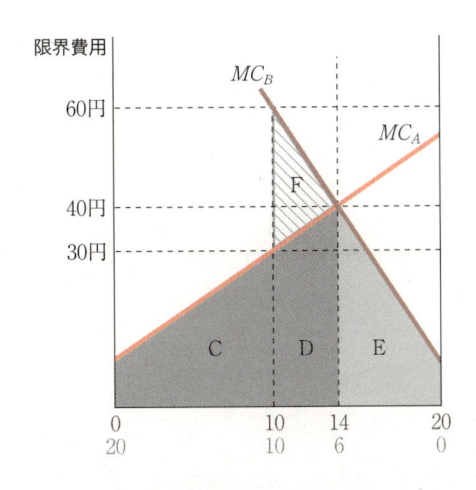

解答図A-2-1

限界費用曲線の下の面積が，それぞれの企業の可変費用である．したがって，市場均衡の下では，企業Aの可変費用は解答図のグレー図形C＋Dの面積であり，企業Bの可変費用は，薄いグレーの図形Eの面積である．これら2つの面積の合計が，市場均衡における産業全体での可変費用になる．一方，両企業が10単位ずつ生産する場合には，企業Aの可変費用はC，企業Bの可変費用はD＋E＋Fになるから，産業全体の可変費用は，市場均衡の下に比べて三角形Fの分だけ大きくなる．よって，

市場均衡のほうがより低い費用で生産していると言える．

3 章

1.

美容師，弁護士，薬局　等

2.

通常の株式会社が農地を購入して農業に参入することが，原則として法律で禁じられていること

3.

5万円．便益が価格を上回るときにのみ，カズはスケートボードを購入するので，購入するのは2台である．2台から得られる便益は7万円であり，2台に支払う額は2万円である．よって差し引きの5万円が消費者余剰となる．解答図A-3-1参照．

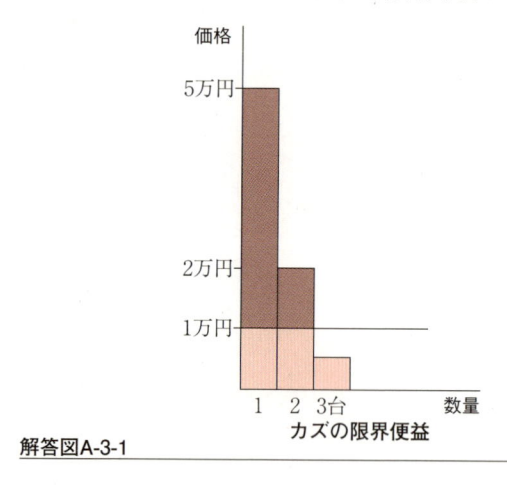

解答図A-3-1

4.

(1) ④　(2) ⑤　(3) ⑥

5.

(a) ①+②　(b) ⑤　(c) ①+④　(d) ①+④+⑤　(e) ③　(f) ①　(g) ②
(h) ①+④　(i) ①　(j) ④　(k) ③　(l) ③+④

6.
(1) 渋谷：消費者余剰は②だけ減少（①+②→①）．
　　　　　生産者余剰は②+③だけ増加（④→②+③+④）．
　　　　　総余剰は③だけ増加（①+②+④→①+②+③+④）．
　　　原宿：消費者余剰は⑥+⑦だけ増加（⑤→⑤+⑥+⑦）．
　　　　　生産者余剰は⑥だけ減少（⑥+⑧→⑧）．
　　　　　総余剰は⑦だけ増加（⑤+⑥+⑧→⑤+⑥+⑦+⑧）．
(2) (1)より，両地区を合計した総余剰は③+⑦だけ増加する．

4 章

1.
　(a) ⑥+⑦　(b) ②+⑥+⑦　(c) ⑥　(d) ①　(e) ②　(f) ③

2.
　(a) ②+③+④+⑤+⑥+⑦　(b) ⑥+⑦　(c) ②+③+⑥
　(d) ①+②+⑤　(e) ②+③+④+⑤　(f) ④

3.
　(1) 限界費用，−10円　(2) 限界便益，+10円

4.
正しい．
消費者は，財を追加的にもう1単位手に入れるのに必要な金額が，財から得られる限界便益と等しくなる数量だけ財を購入する．物品税がかけられた時，財を追加的にもう1単位手に入れるのに必要な金額は，財の価格に物品税を加えたものになる．

5.
　⑤

6.
　(a) E　(b) G　(c) A+B　(d) B　(e) A　(f) A

5 章

1.

$$\varepsilon = -\frac{\frac{\Delta x}{x}}{\frac{\Delta p}{p}}$$

2.

③

3.

まず点 L での DD への接線を引く．次に，この接線を，点 L 付近で DD を近似する擬似的な需要曲線とみなす．あとは，この接線のうち点 L より右下部分を α，左上部分を β とすれば，点 L での弾力性 ε は $\varepsilon = \alpha/\beta$ となる．

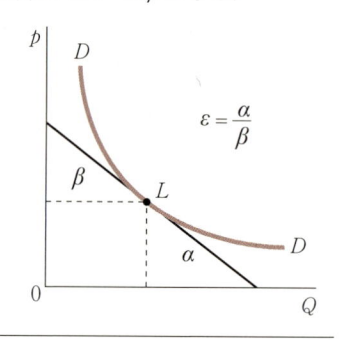

解答図 A-5-1

4.

(1) ① 宝石，ハンバーガー，サンマなど．

② たばこやアルコール，醤油，電池や蛍光灯，トイレットペーパー，胃薬，電力など．

(2) 宝石は嗜好性が強いが，電池や蛍光灯は生活必需性が強い．また，ハンバーガーやサンマは他に代わりとなる財がたくさんあり，代替性が強いが，醤油は代替性が低い．携帯電話サービスはプロバイダ間の代替性があるが，電力は代替性がない．たばこやアルコールは依存性が強い．

5.

図 4-14 の需要曲線の両軸との交点を端とする線分の中点に対応した価格は p_1 より上であるから，価格が p_1 の時も p_2 の時も需要の価格弾力性は 1 より小さい．

6.

2つの供給曲線 $α, β$ は共に原点を通る直線である．実はこの場合，点 S と点 T における価格弾力性はどちらも 1 で等しくなる．例えば，供給曲線 $α$ を $p=aQ$ で表せば（これは正確には逆供給曲線である），価格弾力性は $\eta = \dfrac{p}{Q}\bigg/\dfrac{\Delta p}{\Delta Q} = \dfrac{a}{a} = 1$ となる．供給曲線 $β$ についても同様．

7.

$$\eta = \frac{\Delta X}{\Delta P}\cdot\frac{p}{X} = \left(\frac{c}{b}\right)\left(\frac{a}{c}\right) = \frac{a}{b}$$

8.

(1) ×　(2) ×　(3) ○

9.

経済地代（経済レント）．

10.

(1) 正　(2) 負

6 章

1.

(1) 産業 A
(2) (a)（市場）需要曲線　(b) 価格（供給価格）　(c) 限界収入

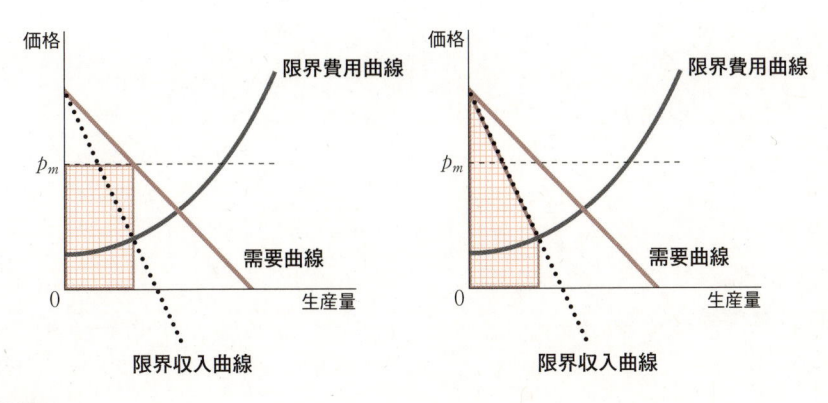

2.

解答図 A-6-1

3.

(1)

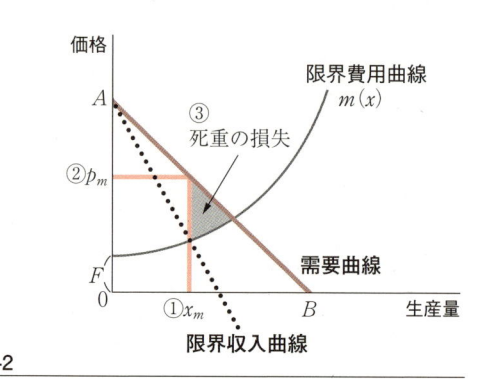

解答図A-6-2

(2)

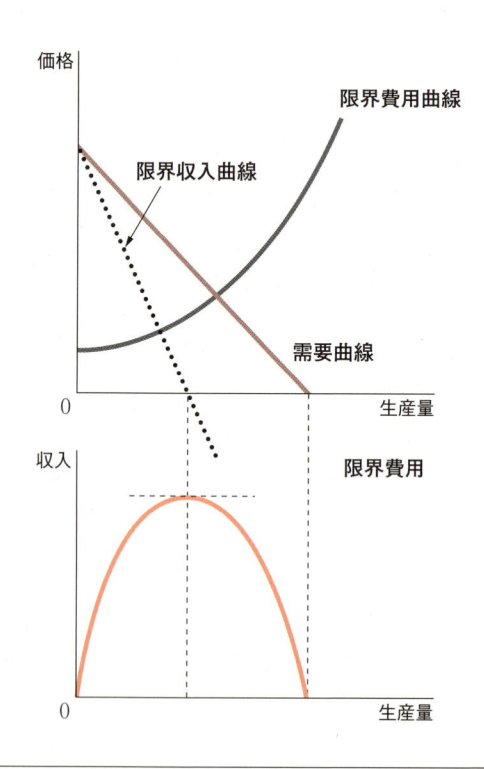

解答図A-6-3

4.

(1) $+$②$+$⑤

(2) $-$②$+$⑥

(3) 限界費用価格形成

規制前は独占企業による p_m という価格付けのため，市場での財の取引量は x_m でしかない．この場合，消費者余剰は，0から x_m までの需要曲線と価格線 p_m との間の面積であるから，①だけとなる．一方，価格規制によって，価格が p_r に，生産量が x_r になると，消費者余剰は0から x_r までの需要曲線と価格線 p_r との間の面積であるから，①$+$②$+$⑤となる．したがって，消費者余剰の変化分は①$+$②$+$⑤$-$①$=$②$+$⑤となる．

一方，生産者余剰は，価格規制前は0から x_m までの価格線 p_m と限界費用曲線との間の面積であるから，②$+$③となったが，価格規制後は，0から x_r までの価格線 p_r と限界費用曲線との間の面積であるから，③$+$⑥となる．したがって規制による変化分は③$+$⑥$-$(②$+$③)$=$⑥$-$②となる．

価格を p_r へ規制することにより，余剰の変化分の合計は⑤$+$⑥となり，死重の損失が回復されていることがわかる．

5.

(1) A が平均費用曲線，B が限界費用曲線．自然独占企業だから，平均費用は逓減する．この場合，限界費用はかならず平均費用より早く逓減する（これに関しては，15章も参照せよ）．

(2) (1)より，限界費用曲線は B である．限界費用価格形成原理とは，独占企業の限界費用曲線と市場需要曲線との交点の価格で規制することであるから，規制価格は p_c となる．

(3) 解答図 A-6-4 のグレー部分のように塗りつぶされる．

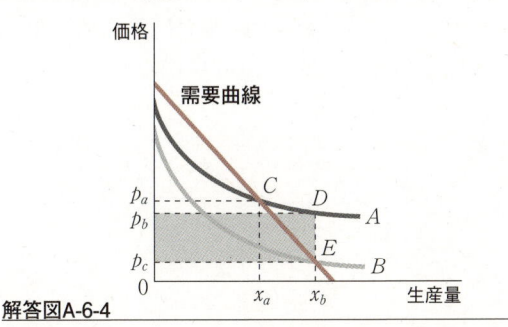

解答図A-6-4

p_c で価格規制されると，利潤最大化する企業は図の生産量 x_b で生産するので，収入は図の長方形 $0x_bEp_c$ となる．一方，平均費用曲線は A であるから，この場合の総費用は図の長方形 $0x_bDp_b$ となる．したがって利潤は

$$0x_bEp_c - 0x_bDp_b = -p_cEDp_b$$

となり，負になっている．これが図のグレー部分で表されている．したがって，自然独占企業を限界費用価格規制する場合には，このグレー部分を政府が補填する必要がある．

7 章

1.

(a) 可変費用　(b) 外部費用　(c) 便益　(d) 社会的費用　(e) 限界便益
(f) 社会的限界費用　(g) 市場価格　(h) 社会的限界費用

2.

(1) x_0　(2) A − D　(3) D　(4) x_*　(5) A　(6) D　(7) B + C

3.

(a) ①+②　(b) ③　(c) ①+②+③　(d) ⑨+⑩+⑪　(e) ①
(f) ③−④　(g) ①+③−④　(h) ②+④+⑨+⑩+⑪　(i) ②+④
(j) ②+④

4.

(1) 規制がない場合，各企業は価格＝私的限界費用となるような生産量を選ぶはずであるから，企業 A は，$40 = 10 + 0.5x$，すなわち $x = 60$ を選ぶ．企業 B も同様に，$40 = 10 + x$，すなわち $x = 30$ を選ぶ．

(2) 各企業の社会的限界費用は，私的限界費用に限界外部費用を足し合わせたものである．したがって，企業 A の社会的限界費用は $SMC_A = 25 + 0.5x$ となる．企業 B も同様に，$SMC_B = 20 + x$ となる．図は解答図 A-7-1 のようになる．

解答図A-7-1

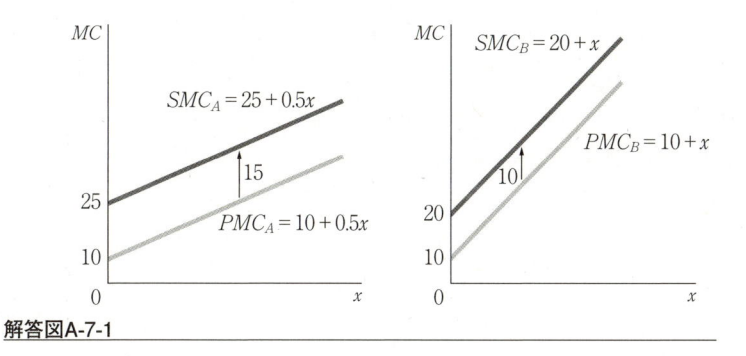

(3) ピグー課税をすることによって，各企業は価格と社会的限界費用が等しくなる生産量を選ぶから，企業 A は，$40 = 25 + 0.5x$，すなわち $x = 30$ を選ぶ．企業 B も同様に，$40 = 20 + x$，すなわち $x = 20$ を選ぶ．

(4) (3)における各企業の生産量の平均は，$(20+30)/2 = 25$ となる．この生産量をどちらの企業にも割り当てた場合，解答図 A-7-2 の図のグレー部分のように死重の損失が発生する．この図は，本文図 7-6 と同様に，企業 A の社会的限界費用曲線を左右反転させたものである．

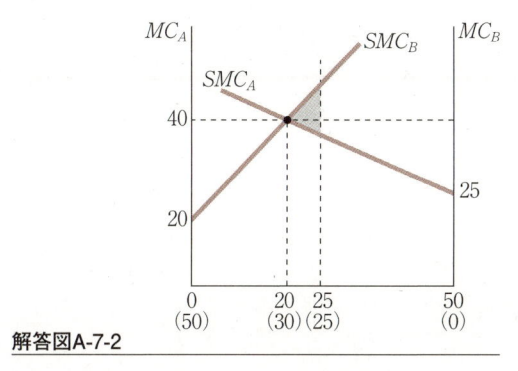

解答図A-7-2

5．
(1) (a) 金銭的外部不経済　(b) 技術的外部不経済　(2) 可変費用
(3) 金銭的外部不経済

6．
[解答例] 社会主義国ではすべての企業が国営であり，国全体からなる１つの巨大企業に統合されていると見ることができる．このため，各企業間の加害・被害関係は，

1つの企業内部の出来事だから，それも考慮したうえで最適な生産量の配分がなされているはずである．よって理想的な社会主義国では，各企業の生産量は効率的になっているはずである（実際の社会主義国では，すべての企業のモニタリングも，全体を見渡した最適な生産量の配分も不可能であり，各企業の固定費用を最小化するようなインセンティブも期待できないため，膨大な非効率が発生していたと考えられる）．

7.

ある生産工程が複数の結合生産物を生むとしよう．その内の1つの排除費用が高いならば，その結合生産物の市場が存在しない場合がある．このような，市場がない結合生産物が他の経済主体に便益を与える場合に外部経済が引き起こされる．

8.

(1) (a) 結合 (b) 排除費用 (2) 競争的な市場（競争市場）

8 章

1.

減産補助金の額を1単位当たり t とする．本文で分析されているように，この減産補助金によって，個別企業の供給曲線は t だけ上方にシフトする．市場供給曲線は，個別企業の供給曲線を横に足し合わせたものなのだから，やはり t だけ上方にシフトする．したがって，市場均衡点は解答図A-8-1の E から E' に移動する．すなわち，均衡価格は p から p' へ，均衡数量は x から x' へと変化する．

総余剰は，需要供給曲線ではさまれた図形の面積だから，赤枠で囲まれた面積に等しい．最大化された総余剰が，市場需要曲線，市場供給曲線，縦軸の3本で囲まれた

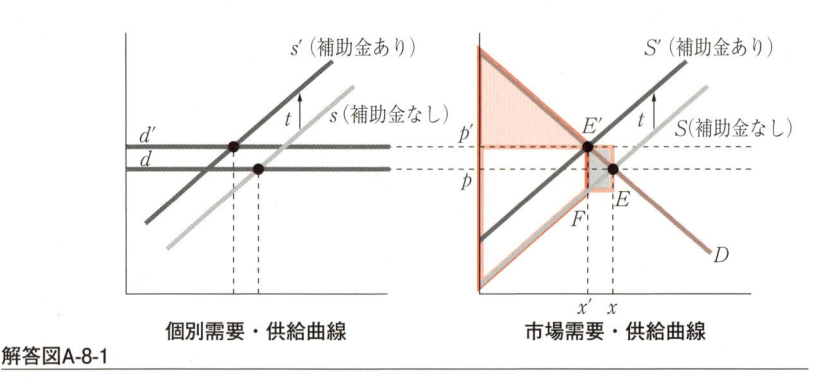

解答図A-8-1

部分の面積であることを考えれば，補助金によって三角形 EEF だけの余剰が失われていることがわかる．よって，この三角形の面積が死重の損失に等しい．

2.
(1) $C < \varepsilon < C + D$
(2) 上流企業の余剰額：$A + B + \varepsilon$
下流企業の余剰額：$-\varepsilon - B$
政府の余剰額：0
余剰の合計額：
上流企業の余剰額＋下流企業の余剰額＋政府の余剰額 $= A + B + \varepsilon - \varepsilon - B = A$
(3) $B < \mu < A + B$

3.
(a) ③＋⑤　(b) ⑤＋⑥　(c) ⑥　(d) ⑤　(e) ③＋⑤　(f) ①
(g) ②　(h) ③＋④＋⑤＋⑥　(i) ②＋③＋④＋⑤＋⑥

4.
　上流企業に環境権がある場合には，コースの定理では下流企業が負担した補償金を上流企業に対して与えるということであった．しかし，ピグー減産補助金の場合は，上流企業は確かに補助金を政府から得るが，下流企業は何らそのための負担をしていない．
　また，上流企業が環境権を持っている時，ピグー減産補助金の額は図 8-3 の $C+D$ であるが，コースの補償の場合は (8.2) 式が示すとおり，$C < \mu < C + D$ の範囲で下流企業が上流企業に補償する．したがって，ピグー補助金とコースの補償とでは，上流企業が受け取る金額が異なる．

5.
(a) -10　(b) -10　(c) 減る　(d) 減らす　(e) 0　(f) $+10$

9 章

1.
(1) ×　(2) ×　(3) ×　(4) ×

2.
(1) 逆選択　(2) モラル・ハザード　(3) 逆選択

3.

「逆選択」と「情報の非対称性」を用いる．解答例は次のとおり．

「家屋の耐火性は客観的に測れるので，火災保険市場における情報の非対称性は小さい．したがって，民間に供給させても市場は成立する．一方，医療保険の場合は，保険会社が契約者の健康について把握しきれないため，強い**情報の非対称性**が存在する．その結果，アメリカの美容師の例のように，特定の高リスク集団の人たちの市場で逆選択が発生し，市場が成立しなくなるおそれがある．したがって，医療保険は社会保険にすべきである．」(261文字)

4.

企業は，女性が，結婚や出産後に働き続けるか退職してしまうかを，雇用を決断する時に知ることができない（情報の非対称性）．集団としてみると，企業にとって女性は男性に比べて高リスク集団であるから，女性の雇用を控えたり，要職につけないなどの差別を行ってしまう．出産後に働かない理由が子育てにあるとすると，政府が子育て支援を積極的に行うことによって，出産後も働く女性の割合が増える．その結果，女性の集団としてのリスクが小さくなるため，労働市場における女性差別の軽減につながる．

5.

(1) モ　(2) モ　(3) キ　(4) キ　(5) モ

6.

(1) ①　(2) ①　(3) ②

10 章

1.

(1) 非競合性　(2) 排除費用　(3) 外部性　(4) 非競合性　(5) 準公共財．

2.

(1) ②　(2) ④

3.

(1) Ⅵ　(2) Ⅲ　(3) Ⅱ　(4) Ⅴ　(5) Ⅲ

4.

(1) (a) 非競合性，(b) 無料　(2) (a) 固定費用，(b) 総費用　(3) 費用便益分析

(4) ② 0 円　(5) (a) 競合性，(b) 非競合性　(6) 限界費用

5.

混雑がない高速道路は公共財だから，それを作るか作らないかは，黒字か赤字かではなく，「便益が費用を超えるかどうか」すなわち「総余剰が固定費用を超えるかどうか」で判断されるべきである．また，この道路に混雑はないと想定されているから，追加的自動車が引き起こす限界外部費用は 0 である．したがって，余剰を最大にするため料金を「無料」とすべきである．

11 章

1.

図 11-17 とまったく同じ図である．図 11-6 を使って説明する．図 11-6 のパネル A の色付き面積に，パネル B のオレンジ黒点線で囲まれた平行四辺形の面積を加えると，オレンジ実線で囲まれた図形となる．したがって，パネル A，B の色付き面積の合計は，両図のオレンジ実線で囲まれた台形の面積の合計に等しくなる．すなわち，生産者余剰の総計は，2 つのオレンジ実線の台形の面積の和としても表すことができる．

パネル A，パネル B のオレンジ実線の台形をそれぞれ 40 円の価格線の上と下で長方形と三角形に分割して，三角形は三角形どうしで長方形は長方形どうしで足し合わせると，パネル C のオレンジ台形の面積に等しいことがわかる．したがって，生産者余剰の総計はパネル C のオレンジ台形の面積と等しい．

2.

前問で，図 11-17 パネル A の色付き図形とパネル B の色付き図形（それぞれ縦じま部分も含む）の合計が，図 11-17 のパネル C のオレンジ枠で囲まれた部分の面積となることを確認した．また，本章第 1 節（図 11-2）で，図 11-18 パネル C のベージュ部分とパネル A のベージュ部分とが同じ面積であり，パネル C の斜線部分とパネル B のベージュ部分とが同じ面積であることを示した．各図で残るのは，パネル C のオレンジ枠の中では F の部分であり，一方，パネル A では a の部分，パネル B では b の部分である．結局 F＝a＋b となることがわかる．

3.

(a) 70　(b) D＋F　(c) 60　(d) 30　(e)(f)(g) 解答図 A-11-1 参照．（Z≡F）

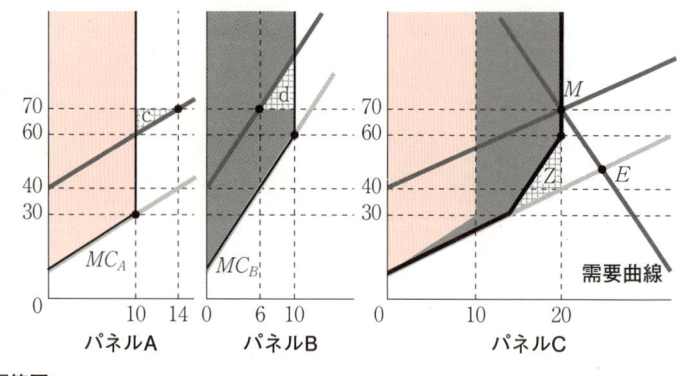

解答図A-11-1

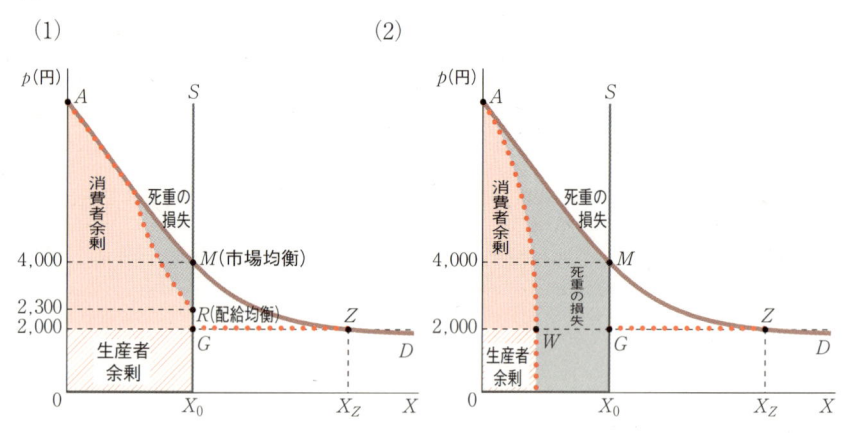

4.

(1) 解答図A-11-2

(2) 解答図A-11-3

((1) 配給均衡を GM 上に描いてあれば，点 R 上でなくとも正解とする．)

(3) 配給切符の売買を許可する．

5.

(1) D + F

(2) D

(3) (2)の場合は，両企業の**限界費用**が一致しているため，総生産量を抑制したことによる**1次の死重の損失** D だけが発生している．しかし，(1)の場合には，両企業の**限界費用**が異なることにより生産量の配分が非効率的になっており，F の **2次の死重の損失**が発生している．したがって，(1)のほうが(2)より F の分だ

け死重の損失が多くなっている．

6.

⑥＋⑦

効率的に生産した時には，企業Ａは14単位生産，企業Ｂは6単位生産するため，企業Ａの可変費用＝④＋⑧＋⑨，企業Ｂの可変費用＝⑬＋⑮となる．このとき，産業全体での可変費用＝④＋⑧＋⑨＋⑬＋⑮である．他方，10単位ずつ生産した時には，企業Ａの可変費用＝④，企業Ｂの可変費用＝⑥＋⑦＋⑧＋⑨＋⑬＋⑮であるから，産業全体での可変費用＝④＋⑥＋⑦＋⑧＋⑨＋⑬＋⑮となる．よって，⑥＋⑦が死重の損失となる．

7.

(1) 図11-4の三角形Ｆを限界費用40の水平線で上下に分離して2つの三角形にすると，下の三角形は図11-2の三角形ａと合同であり，上の三角形は図11-2の三角形ｂと合同である．したがって，図11-4の三角形Ｆの面積は，図11-2パネルＡ，Ｂの三角形ａ，ｂの面積を合わせたものに等しい．

(2) 図11-2パネルＣの三角形Ｆを限界費用40の水平線で上下に分離して2つの三角形にすると，上の三角形はパネルＢの三角形ｂと合同である．下の三角形は底辺の長さと高さがパネルＡの三角形ａのそれに等しく，面積も三角形ａに等しい．したがって，図11-2パネルＣの三角形Ｆの面積は，図11-2パネルＡ，Ｂの三角形ａ，ｂの面積を合わせたものに等しい．

上巻索引

【ア行】

一物一価の法則　48-50,55
一括税　183,200
一括補助金　221-222,232,284,287,292
違法建築対策　260
医療保険　329-330,339-341,347
インセンティブ　221,224-226,232,259-260,289-290,324-325,342,367,425
陰費用　81-82,84,90
売り手
　——価格　137-139,146,149,151,153-154,165,177-178,181,183
　——の税負担　177,200
　——への課税　135,138,148
　——への補助金　152
営業許可証　407,409,427
X 非効率性　215-218,221,**224**,227,230,232

【カ行】

会計費用　80,**81**,82-83,90
介護保険　339-340,344,345,347
買い手
　——価格　137-138,146-147,149,151,153,165,177-178,181
　——の税負担　177,200
　——への課税　143-148,165
　——への補助金　153
外部性, 外部
　——経済　6,10,19,239,**261**-273,369
　——効果　256,**261**-266,269,273,319,322,362-363
　——費用　241-242,248,273,302,309
　——費用の内部化　302,309
　——不経済　6,**240**-241,245-248,

251-253,255-258,260-261,263,265,272-273,279,289,292,302-306,308-309,369,400,433
技術的［外部］経済　**265**-266,269-270,273
金銭的［外部］経済　264-265,268-**269**,272-273
正の［外部］効果　**261**,273
負の［外部］効果　**261**,273
価格規制　52,**55**,133,160-165,216-221,232,267,352-355,372,385,412-421,425-427
　最低賃金法　53-55
　物価統制令　52,55,160,165
価格の上限（下限）規制　52,160,161,165,412
価格規制均衡　162-163,165,414,427
価格支配力を持っている売り手　26,55
価格支配力を持っている買い手　27
価格弾力的　171-173,200
価格非弾力的　173,200
家計　21-24,28-30
寡占　26,55,**208**,232,410
ガソリン税　133,134,251,273,371-373,375,377,381
可変投入物　58-65,90
可変費用　62-66,72,74,78-79,85,88-90,94,113-116,135,139,206,209,220-221,223,232,242,244,248,254,255,287,314,317-318,352-354,356-357,391,396
環境権　279,295-298,301,302,303,305,309
完全競争的　**25**-27,28,30,33,42-47,54,67,90,207,209,225,240
　——市場　27,55
　——な売り手　25,27,42,54

454 上巻索引

――な買い手　26,27,47,54
完全弾力的　172-173,200,287,313
完全非弾力的　172,174-175,200
企業　3,21-25,28-29
企業分割　216,227-228,230-232
技術的外部経済　265-266,269-270,273
規制
　――緩和　3,13,105-106,122-123,125
　価格――　52-55,133,160,162-165,
　　216-221,232,267,352-355,367,372,
　　385,412-421,425-427
　価格の上限（下限）――　52,
　　160-162,165,226,412
　参入――　7,11,97-98,100-106,
　　119-123,125,157
　数量――　251-252,255,273,385-386,
　　391,412
　生産量――　251-255,260,273,385,
　　386,387,394,400-402,427
　料金――　216-218,223-225,232
帰属所得　57,82-84,82,90,223-224
帰属地代　82,90
帰属賃金　82,90
帰属家賃　82,90
帰属利子　82,90,223-224
切符売買均衡　421,423-425,427
既得権　10-13,14,17,19,100,103,105,
　106,162,250,273,290,297,305,309,
　406,409,411
規模の経済　5-6,18,205-207,217-218,
　227-228,230,264,266-270,272-273,
　319,349,351-352,360,362-363,367,
　380
逆選択　319-320,321-324,326,327,
　330-332,336-342,344,346-347,380
供給
　――の価格弾力性　173,195,200
　超過――（品余り）　35-36,49-50,52,
　　55,175
　供給曲線　29,33-34,37-38,40-42,
　　44-45
　個別――　40-41,45,55,57,90,113,
　　125,387
　最長期――　175,200,270-272
　市場――　38-39,40,41,45,55,57-58,

　　85,90,113,120,135-136,139,145,
　　272,287,387,389,391,394,396
供給法則　34,48,55
競合性　349-350,359,368,381
強制貯蓄　342,347
競争価格　5-6,19
競争均衡　34,55
均衡
　――価格　35-36,49-50,55,85,97-98,
　　135,157,160-162,165,175
　――取引量　35,55,135,148,154,162
　――の移動　37
金銭的外部経済　264-165,268-269,270,
　272-273
経済主体　21,23,38,54,121,241,
　248-249,255-258,261,263,265,291,
　362
経済地代　175-176,200
経済利潤　→　超過利潤
結合生産物　262-264,273,360,364,
　380-381
限界収入　169,183,186-190,196-200,
　211,213,219,224,352,410
限界収入曲線（MR）　186,189,196-197,
　200,209,211,212,236
　――による図示　209
限界生産力　61,62,65,90,258
　――逓減の法則　59,62,64,65,90
限界生産力曲線　62,90
限界費用　19,55,64-66,69-71,76,
　85-90,93,211-215,352-354,356
　――価格形成原理　218-221,224,
　　232,353-355
　――逓増の法則　64,65,69,72,90
　私的――　242,248,252,273,289,
　　292-293,309
　社会的――　241-242,246-248,253,255,
　　273,289,291,293,304,309,369
限界便益　110-112,114,125,144,147,
　154,163-164,215,246,273,321,416,
　418,424-425
　――曲線　111-112,125,128-130,140,
　　143-144,147,414,418-421,423-425
限界利潤　69-71,74-76,90,232,236,
　283,314-315

上巻索引

【ア行】

一物一価の法則　48-50, 55
一括税　183, 200
一括補助金　221-222, 232, 284, 287, 292
違法建築対策　260
医療保険　329-330, 339-341, 347
インセンティブ　221, 224-226, 232, 259-260, 289-290, 324-325, 342, 367, 425
陰費用　81-82, 84, 90
売り手
　——価格　137-139, 146, 149, 151, 153-154, 165, 177-178, 181, 183
　——の税負担　177, 200
　——への課税　135, 138, 148
　——への補助金　152
営業許可証　407, 409, 427
X非効率性　215-218, 221, 224, 227, 230, 232

【カ行】

会計費用　80, 81, 82-83, 90
介護保険　339-340, 344, 345, 347
買い手
　——価格　137-138, 146-147, 149, 151, 153, 165, 177-178, 181
　——の税負担　177, 200
　——への課税　143-148, 165
　——への補助金　153
外部性, 外部
　——経済　6, 10, 19, 239, 261-273, 369
　——効果　256, 261-266, 269, 273, 319, 322, 362-363
　——費用　241-242, 248, 273, 302, 309
　——費用の内部化　302, 309
　——不経済　6, 240-241, 245-248, 251-253, 255-258, 260-261, 263, 265, 272-273, 279, 289, 292, 302-306, 308-309, 369, 400, 433
　技術的［外部］経済　265-266, 269-270, 273
　金銭的［外部］経済　264-265, 268-269, 272-273
　正の［外部］効果　261, 273
　負の［外部］効果　261, 273
価格規制　52, 55, 133, 160-165, 216-221, 232, 267, 352-355, 372, 385, 412-421, 425-427
　最低賃金法　53-55
　物価統制令　52, 55, 160, 165
価格の上限（下限）規制　52, 160, 161, 165, 412
価格規制均衡　162-163, 165, 414, 427
価格支配力を持っている売り手　26, 55
価格支配力を持っている買い手　27
価格弾力的　171-173, 200
価格非弾力的　173, 200
家計　21-24, 28-30
寡占　26, 55, 208, 232, 410
ガソリン税　133, 134, 251, 273, 371-373, 375, 377, 381
可変投入物　58-65, 90
可変費用　62-66, 72, 74, 78-79, 85, 88-90, 94, 113-116, 135, 139, 206, 209, 220-221, 223, 232, 242, 244, 248, 254, 255, 287, 314, 317-318, 352-354, 356-357, 391, 396
環境権　279, 295-298, 301, 302, 303, 305, 309
完全競争的　25-27, 28, 30, 33, 42-47, 54, 67, 90, 207, 209, 225, 240
　——市場　27, 55
　——な売り手　25, 27, 42, 54

454　上巻索引

──な買い手　26,27,47,54
完全弾力的　172-173,200,287,313
完全非弾力的　172,174-175,200
企業　3,21-25,28-29
企業分割　216,227-228,230-232
技術的外部経済　265-266,269-270,273
規制
　──緩和　3,13,105-106,122-123,125
　価格──　52-55,133,160,162-165,
　　216-221,232,267,352-355,367,372,
　　385,412-421,425-427
　価格の上限（下限）──　52,
　　160-162,165,226,412
　参入──　7,11,97-98,100-106,
　　119-123,125,157
　数量──　251-252,255,273,385-386,
　　391,412
　生産量──　251-255,260,273,385,
　　386,387,394,400-402,427
　料金──　216-218,223-225,232
帰属所得　57,82-84,82,90,223-224
帰属地代　82,90
帰属賃金　82,90
帰属家賃　82,90
帰属利子　82,90,223-224
切符売買均衡　421,423-425,427
既得権　10-23,14,17,19,100,103,105,
　　106,162,250,273,290,297,305,309,
　　406,409,411
規模の経済　5-6,18,205-207,217-218,
　　227-228,230,264,266-270,272-273,
　　319,349,351-352,360,362-363,367,
　　380
逆選択　319-320,321-324,326,327,
　　330-332,336-342,344,346-347,380
供給
　──の価格弾力性　173,195,200
　超過──（品余り）　35-36,49-50,52,
　　55,175
　供給曲線　29,33-34,37-38,40-42,
　　44-45
　個別──　40-41,45,55,57,90,113,
　　125,387
　最長期　175,200,270-272
　市場──　38-39,40,41,45,55,57-58,

85,90,113,120,135-136,139,145,
272,287,387,389,391,394,396
供給法則　34,48,55
競合性　349-350,359,368,381
強制貯蓄　342,347
競争価格　5-6,19
競争均衡　34,55
均衡
　──価格　35-36,49-50,55,85,97-98,
　　135,157,160-162,165,175
　──取引量　35,55,135,148,154,162
　──の移動　37
金銭的外部経済　264-165,268-269,270,
　272-273
経済主体　21,23,38,54,121,241,
　248-249,255-258,261,263,265,291,
　362
経済地代　175-176,200
経済利潤　→　超過利潤
結合生産物　262-264,273,360,364,
　380-381
限界収入　169,183,186-190,196-200,
　211,213,219,224,352,410
限界収入曲線（MR）　186,189,196-197,
　200,209,211,232,236
　──による図示　209
限界生産力　61,62,65,90,258
　──逓減の法則　59,62,64,65,90
限界生産力曲線　62,90
限界費用　19,55,64-66,69-71,76,
　85-90,93,211-215,352-354,356
　──価格形成原理　218-221,224,
　　232,353-355
　──逓増の法則　64,65,69,72,90
　私的──　242,248,252,273,289,
　　292-293,309
　社会的──　241-242,246-248,253,255,
　　273,289,291,293,304,309,369
限界便益　110-112,114,125,144,147,
　154,163-164,215,246,273,321,416,
　418,424-425
　──曲線　111-112,125,128-130,140,
　　143-144,147,414,418-421,423-425
限界利潤　69-71,74-76,90,232,236,
　283,314-315

上巻索引 455

健康保険　329,337-339,341,344,347
減産補助金　273,**279-280**,281-284,286-288,290-292,301,309,313-318,394,402,427
権利の売買　306,**385**
　切符売買均衡　421,423-425,427
　硬直的な配分効果　**419-421**,424,427
　生産許可証　**389**,394,404,406-408,427,433
　テレビ局の認可　410-411
　配給切符　52,385,**416**,421-427
　配給制度　52,55,385,412,**416**,418,426-427
　排出権取引　**404-405**,427
　メダリオン　407-410,427
　ライセンス制　410-411,427
　ランダム配分効果　**164-165**,412-414,421,427
　ランダム配分抑制効果　414,**418**,420,427
公益事業　218,232
公共財　7,19,231,264,349-**351**,355-356,358-372,378-381
　準──　368-**369**,381
交渉費用　300,309
厚生経済学の基本定理　**8-9**
厚生年金　150,343-344,347
公正報酬率原理　**224**,232
公設民営　231-232
構造改革　15-17,19
硬直的な配分効果　**419-421**,424,427
効用　**28**,55,131-132,255,261,364,423
効率性原則　**12-15**,18,19,372
効率的な生産　57,84,**85**,87,216,255,273,295-298,301-303,385,391,399,403-404
国民年金　342-343,347
国有化　216-217,221,232
コースの定理　279,293,295-298
コースの予備定理　293-295,309
固定投入物　58-59,62-63,90
固定費用　**62-63**,66,69,72-74,76,90,94,206,209,219-224,241-242,280,283,294,318,352-353,356-357,371,376-377,411

個別供給曲線　**40-41**,45,55,57,90,113,125,387
個別需要曲線　38,**39**,40,55,112,119,125,145,414
混み合い　**60-65**,90,258
混雑　60,257-258,260,265,355,359,365,368-370,374,410
混雑税　258,273,374,377-378
混雑料金　258,273,377-378

【サ行】

財・サービス　**21**,28,30,34,54,266,349-350,356,369
最長期　**174-175**,200,270-272
最長期供給曲線　175,200,270-272
裁定　**48-49**,50-51,55,124-125
最低賃金法　53-55
再分配　4-5,9,11,13,15,17-19,333
債務保証　336,347
産業　6,8,13,16-17,**24-25**,40-42,54,57-58,85,87-88,97,159,175,196,206-208,217-218,227-229,231-232,259-260,265,267-269,271-273,374-375,386-391,393,406
サンクコスト（埋没費用）　74
産出物　58,81,90,267
参入　4,7-8,10-12,19,41,**97-100**,105,114,120,122-123,125,137,175,207,216,218,228-229,231,267-268,329,407,409,410-411,419
参入規制　7,8,12,19,41,97,106,119-123,157
死荷重　→　死重の損失
資源　4,9,11,15-17,19,**29-30**,55,57,82,97,137,239,251,279,292,303-304,319,321,349,366,385,403,411,433
時差料金制　222,232
死重の損失（死荷重）　**121**,137,141,143,145-146,156,160,164-165,179-183,213-220,224,227,246,248,255,273,287-291,304,316,404,421,426-427
　第1次の──　163,165,391,394,427
　第2次の──　164-165,387,391,394,396,414,427
市場　3

市場価格　6,**25-26**,30-31,33,35-36,
　　41-43,45,67,80-82,105,109,112-113,
　　125,143-149,153-155,165,246,282,
　　289,293,394,400,423,425
市場供給曲線　38,**40**-41,45,55,57-58,
　　85,90,113,120,122,125,135-136,139,
　　145,272,287,387-391,394,396
市場均衡　**34-35**,55,57,85-90,135,162,
　　164-165,181,387-389,412,423,425
市場需要曲線　38-**39**,40,42,55,67,85,
　　97,107,109,112,117,125,135-136,
　　144-145,207,414
市場の失敗　**4-7**,9,13,19,206,208,248,
　　258,266-267,272,279,330,333-334,
　　380-381
自然独占　5-6,19,**207**,218-219,221,232
失業保険　339-340,347
私的限界費用　**242**,248,252,273,289,
　　292-293,309
私的財　7,19,**351**,381
品余り　→　超過供給
品不足　→　超過需要
資本　15,17,**22-24**,28-29,54,59,81,223
社会的限界費用　**242**-248,254-255,273,
　　289,291,293,304,309,360,369
社会的限界費用曲線　242-245,248-249,
　　253-254,273,289,292-293,309,400
社会的限界余剰　**246-247**,273
社会的費用　**241**-245,248,255,257,273,
　　309,364
社会的余剰　121,**243**-249,253-255,273,
　　289,291,309,400,402
社会保険料の負担者　149-151
従価税　**134**,165
収支均衡　223,232
集積の利益　239,265-269,272-273
収入　28-29,60-69,78-80,82,84,90,
　　113,209,232,281,317-318
収入曲線　67,90,93-94,**184**-186,200,
　　236
自由放任の非効率性　240,**245**,273
従量税　**133-134**,143-144,149,152,165,
　　282-283
需要
　　――の価格弾力性　169-171,183,190,
　　　193-195,199-200
　　超過――（品不足）　**35**,37-38,49,55,
　　　162,180,406,414,423,427
需要曲線　29,**30**-34,37,39,40,42-48,
　　55,114-115,141,143-148,181,183,
　　192-194,196,198
　　個別――　38,**39**,40,55,112,119,125,
　　　145,414,416
　　市場――　38-**39**,40,42,55,67,85,97,
　　　107,109,112,125,132,135-136,
　　　144-145,147,207,414,418
　　補償――　125,**128**,130-**132**
需要法則　**32**,48,55
需要量　**30**-32,35-36,39,47-48,52,55,
　　107,131-132,144,146-147,162-164,
　　169-170,179,190-193,195,199,208,
　　224,370,396,416-420,423
準競合性　**368-369**,381
準公共財　**369**,381
純粋地代　**176**,200
準地代　**176**,200
浄化費用　240-242,249,273,294-299,
　　302
消費者余剰　106-107,**108**,109-110,
　　112-116,119,122-125,128,132,
　　137-138,144-149,156,159-160,
　　161-164,211,221,313,354-355,412,417,
　　419-420,423-425,427
商品規格　265,269-270,273
情報開示　321,347
情報の非対称性　7,10,19,**319**,322,
　　324-328,330,332-337,339,343,
　　346-347,367,372,380
所得効果　125,**128**,**131-132**
所有権　**256**-258,263,271,273,367
人的資本　**29**,55
人頭税　**183**,200
数量カルテル　**386**,427
数量規制　**251**-252,255,273,385-386,
　　391,412
税
　　一括――　**183**,200
　　売り手への課――　135,148
　　買い手への課――　148
　　課税ルール　180,200

ガソリン―― 133-134,251,273,
    275,371,377,381
混雑―― 258,373-374,377-378
従価―― **134**,165
従量―― **133-134**,143-144,149,152,
    165,179,203,282-283
人頭―― **183**,200
炭素―― **250-251**,258-259,273
ピグー―― **247-248**,249,256,
    258-260,273,279,288-290,292-293,
    301,304,306,309,373-374,381,385,
    400-405
物品―― **133-135**,139-141,144,147,
    165,177,179,181,183,248,280,
    282-288,292,304,314-315,394,
    399-402,406,427
生活保護 5,18,137,340,342-343,347
生産許可証 389,394,404,406-407,427,
    433
生産者余剰 19,57,**72-80**,90,94-95,
    113-116,122-125,135-140,146,149,
    156,159,162,164,209-213,219,
    222-223,232,241,244,249,251,
    290-291,309,313-318,354-355,
    387-399,403,409,412,425-427,433
    ――の限界収入曲線(MR)による図示
        209
    ――の標準図示 209
生産調整カルテル 386,427
生産物 5,**21-29**,42,47,54,58,66,90,
    157,262-264,273,360,364,380,389
生産要素 21,**22**,23-25,54,83,225,386
生産量規制 252-255,260,273,385-387,
    386,394,400-402,427
正の外部効果 **261**,273
税引後の限界便益 144
政府の失敗 4,**7-8**,13,15-16,18-19
生命保険 326,331,338,347
総括原価主義 218,223-225,231-232
操業停止 94-95
総費用 **62**,65-66,90,223,356-357,377
総余剰 19,**113-125**,136-138,145-146,
    155-156,159,163,165,211-215,
    218-222,254,287-288,303,313,
    315-316,354-357,361,365,372,377,
    386,392,400,402,412,414,423,425
粗利潤 316-318
損失 18,**66-67**,69,72-73,84,90,94,
    106,123,125,216,219,220,222,224,
    253-254,321,365,371,391,393

【タ行】

第1次の死重の損失 163,165,391,427
退出 4,**97**,125,207,410
第2次の死重の損失 164-165,391,394,
    414,427
ただ乗り → フリー・ライダー
短期 94,**174-176**,200,318,356,412
炭素税 **250-251**,259,273
弾力性,弾力的 169
    ――と税負担 177
    価格―― 169-174,183,190-195,195,
        199,200
    価格非―― 173,200
    完全―― **172**,200,287,313
    完全非―― **172-175**,200
    供給の価格―― **173**,195,200
    需要の価格―― 169-171,183,
        190-191,193-195,200
地球温暖化 255,258,405
知的財産権保護 368,381
中間投入物 **22**,23,54,65
超過供給（品余り） **35-36**,49,52,55,175
超過需要（品不足） 35-38,49,55,162,
    180,406,414,423,427
超過利潤（経済利潤） **84**,90,219,224
長期 18,83,94,**174-176**,200,299,356,
    426-427
追加費用 34,40,207
テレビ局の認可 410,411
電力 26,134,206-207,218,222,
    225-230,232,259,367,380,404
道路公団 217,376-379
道路特定財源 251,370,373,375,381
道路無料公開の原則 354-356,371-375,
    381
独占 5-6,10,19,26,205,**206**,207-209,
    213-219,221,224-232,267,366-367,
    372-374,380,410-411,419
独占企業 5-6,19,26,55,206,208-209,

213,215-216,219-220,224,227-228,
230,232,236,352,372-373,410
土地　　**22-24**,28-29,54,58-62,65,82,
　　105,161,175-176,181,225,271,297,
　　307-308

【ナ行】

二部料金制　　221,231
ネットワーク外部性　　269
ネットワーク産業の自由化　　228
年金　　149,339-344,347-348

【ハ行】

配給切符　　52,385,417-418,421-427,430
配給制度　　52,55,385,412,416-418,
　　426-429
排出権取引　　404-405,427
排除費用　　256,263-264,273,358-364,
　　380-381
排除不可能　　263,273,**360-361**,362-364,
　　381
バウチャー　　329,334,347-348
パレート効率　　9,13,18-19
非競合性　　349,363-364,368,381
ピグー減産補助金　　288-292,301-302,
　　304,306,309
ピグー税　　**247-248**,249-260,273-274,
　　279,288-293,301-306,309-311,
　　373-374,381,385,400-405
ピグー補助金　　261,266,288,301
必要労働量曲線　　63
費用
　陰――　　81-84,90
　会計――　　80-81,82-83,90
　外部――　　241-242,248,273-274,302,
　　309,383
　限界――　　19,55,**64-66**,69-71,76,85-90,
　　93,211-215,352-354,356
　交渉――　　300,309
　固定――　　**62-63**,66,69,72-76,90,94,
　　126,206,209,219-224,241-242,276,
　　280,283,294,318,352-353,356-357,
　　371,376-377,381-383,411
　サンクコスト（埋没費用）　　74
　私的限界――　　242,248,273,289,293,
　　309
　社会的限界――　　242,273
　浄化――　　240-244,249,273,294-299,
　　302
　総――　　62,65-66,90,126,223,356-357,
　　377
　追加――　　34,40,207
　排除――　　256,263-264,273,358-362,
　　380-381
　平均――　　205-207,221,223,266-269,
　　271-272,352,359,382,411
　陽――　　81,90
費用便益分析　　357-358
不可欠施設　　229,232
物価統制令　　52,55,160,165
物品税　　133-135,139-141,144,147,
　　165,177,179,183,248,280-288,292,
　　304,314-315,394,399-400,402,406,
　　427
負の外部効果　　261,272
プライスキャップ制　　226,231
プライス・テイカー　　30,33,55
フリー・ライダー（ただ乗り）　　**299-300**,
　　309,363,381
平均費用　　205-207,221,223,266-269,
　　271-272,352,359,382,411
平均費用価格形成原理　　223,232
便益　　13,97,**106**-119,125,132,140,
　　143-144,163,167,215,243,244,251,
　　263-266,269,271,287,321,356-359,
　　363-365,372-373,376-382,412,424
保育所の不足　　326-329
豊作貧乏　　157-158,165,184,186
他の条件を一定として　　32,55
補償原理　　11-12,18-19,119-120,125
補償需要曲線　　125,**128**-132
補助金　　17,117,133,**151**-156,165,
　　221-223,249-250,256,259-261,266,
　　280,283-287,290,292-296,301-306,
　　313-314,327-329,332,347
　売り手への――　　152-153
　買い手への――　　153-154
　減産――　　273,**279**-284,286-292,306,
　　309,315,318,394,402,427
ホールディング・アウト　　299

【マ行】

メダリオン　407-410,427
モラル・ハザード　319-320,**336-337**,338,342,345,347

【ヤ行】

ヤードスティック　**226**,232
ヤミ市場　52
陽費用　**81**,90

【ラ行】

ライセンス制　410-411,427
ランダム配分効果　**164-165**,412,414,421,427
ランダム配分抑制効果　414,**418**,420,427
利益　**82**-84,90,106,114,117,121-123,126,227,229,239,263-273,330,378,394,400,425
利潤　6,**66**
利潤最大化　69
利潤曲線　**68-69**,90,236
料金規制　216,**217-218**,223-225,232
連担建築物設計制度　306,308-309
レント　**176**,271,410-411
労働　15,**22**-24,27-30,34,47,52-54,58-65,81-82,90,98,150-151,160,262,272,321,325-326,348

著者紹介

1943年東京都に生まれる．1966年国際基督教大学(ICU)教養学部卒業．1973年ジョンズ・ホプキンス大学経済学部博士(Ph.D.)．オハイオ州立大学経済学部助教授(1972–74年)，埼玉大学教養学部助教授(1974–77年)，ジョンズ・ホプキンス大学経済学部助教授・准教授・教授(1977–85年)，大阪大学社会経済研究所教授・所長(1986–99年)，東京大学空間情報科学研究センター教授(1999–2004年)，国際基督教大学教養学部教授(2004–07年)，を経て2007年より政策研究大学院大学(GRIPS)学長．

[主要論文] "The Paradox in Capital Theory and Complementarity of Inputs," *Review of Economic Studies*, 1976; "A Theory of Piecemeal Policy Recommendations," *Review of Economic Studies*, 1977; "A Recommendation for a Better Tariff Structure," *Econometrica*, 1977; "Structure of the Correspondence Principle at an Extremum Point," *Review of Economic Studies*, 1980; "The Generalized Theory of Transfers and Welfare: Bilateral Transfers in a Multilateral World," *American Economic Review*, 1983 (共著); "Welfare Effects of Changing Commodity Tax Rates toward Uniformity," *Journal of Public Economics*, 1986; "The Global Correspondence Principle," *American Economic Review*, 1987 (共著); "The Nakasone-Takeshita Tax Reform: A Critical Evaluation," *American Economic Review*, 1992．他．

[主要著作]『年金改革論』日本経済新聞社(共著，日経・経済図書文化賞受賞)，1999年;『電力自由化の経済学』東洋経済新報社(共編)，2004年．

ミクロ経済学 I ― 市場の失敗と政府の失敗への対策
〈プログレッシブ経済学シリーズ〉

2008年11月6日　第1刷発行
2011年2月11日　第4刷発行

著　者　八田達夫(はった たつお)
発行者　柴生田晴四

〒103-8345
発行所　東京都中央区日本橋本石町1-2-1　東洋経済新報社
　　　　電話　東洋経済コールセンター03(5605)7021
　　　　　　　　　　　　　　　　　　　印刷・製本　東洋経済印刷

本書の全部または一部の複写・複製・転訳載および磁気または光記録媒体への入力等を禁じます．これらの許諾については小社までご照会ください．
© 2008〈検印省略〉落丁・乱丁本はお取替えいたします．
Printed in Japan　ISBN 978-4-492-81298-3　http://www.toyokeizai.net/

プログレッシブ経済学シリーズ

[編集委員]
猪木武徳・岩田規久男・堀内昭義

(＊は既刊)

ミクロ経済学Ⅰ＊／Ⅱ＊	八田達夫
マクロ経済学	伊藤隆敏
金　融＊	筒井義郎
国際経済学＊	竹森俊平
国際金融	堀内昭義・大瀧雅之
企業経済学（第2版）＊	小田切宏之
労働経済学＊	樋口美雄
産業組織	岡田羊祐・後藤　晃・鈴村興太郎
計量経済学＊	森棟公夫
統計学（第2版）＊	刈屋武昭・勝浦正樹
都市経済学＊	金本良嗣
組織と体制の経済学	猪木武徳
別巻　現代の経済問題	岩田規久男